aktisches

Dalyan, Köyceğiz, Muğla

Marmaris und Umgebung,
Halbinsel Reşadiye

Bodrum und Umgebung

Zwischen Bafa-See
und Kuşadası

Ephesus
Selçuk
Tal des Großen Maander

Çeşme-Halbinsel

İzmir
Ausflug nach Pergamon

Text und Recherche: Michael Bussmann, Gabriele Tröger
Griechenlandausflüge: Thomas Schröder: Insel Sámos, Chíos
Frank Naundorf: Insel Sými, Kos
Hans-Peter Siebenhaar: Insel Rhódos
Lektorat: Brigitte Seitzer, Dagmar Tränkle
Redaktion und Layout: Nona-Andreea Kolle
Fotos: siehe Fotonachweis S. 6
Cover: oben: Idyllischer Bafa-See (Michael Bussmann)
unten: Blick auf Marmaris (Fotopresse Timmermann)
Karten: Carlos Borrell (Coverkarten), Gábor Sztrecska, Marcus Endreß

Danksagungen

Ein ganz besonderer Dank gilt Emin Aydın, dem Wanderführer aus Kapıkırı, der uns die Tour durchs Latmosgebirge gezeigt hat. Des Weiteren bedanken wir uns bei Aribert und Helga Besch aus Marmaris für ihre vielen guten Tipps zur Stadt und ihrer Umgebung. Ein herzliches Dankeschön geht zudem an folgende Leser für ihre Tipps und Anregungen: Dr. Reinhold Klinge (Lübeck), Ludwig Clauss (Balzhausen), Anja Schümann (München), Claudius Molz (Buckenhof), Erika Leuteritz, Karin Schmidt und Christiane Schneider (Bremen), Sandra Sinsch (Bremen), Monika Müller, Frederic Heisig, Dr. Markus Friedl (CH-Zürich), Susi Müller (Heppenheim), Irene Kittenberger, Anette Volpp, Susanne und Wolfgang Hoepfner, Bettina Michalski, Stefan Kemler, Fritz Bauer (Bamberg), Aras Orhon (Hamburg), Familie Borg, Brigitte Sager, Martin Köberl, Irene und Gert Wießner, Laura Thiemann, Kathrin Kehrer (Wachtberg), Kerstin Meisner (Waldbröl), Jens Langbein (İzmir), Heike Neyens und Armin Eickelbaum (Oberhausen), Petra Gocke (Bremen), Regine Viebahn-Meier, Tanyel und Sina Shirin-Sokhan (Neuss), Karl Kienbauer, Karin Schmidt (Köln), Nicole Jakobs, Matthias und Brigitte Fassig (Murnau), Gabriele Bedbur (Düsseldorf), Ralf Schmidt (Dalheim), Ilse Fath-Engelhardt, Siegrid Kohlmann (Erlangen), Reinhard Scheitler (München), Manfred Wytopil (Hausham), Eva und Reinhard Schäfer, Jürgen Wilkening, Dr. Ramming, Susanna Merz, Elke Grund, Manfred Fischer (Kraiburg), Philine Schweikert, Manfred Fischer, Beate Schrenk (Stuttgart), Françoise Münch (Oberkirch), Dr. Doris Pinkwart (Bonn), Michael Hofmeier, Susanne Schäfer (Ühlingen), Dietmar Bothe (Bremen), Isa und Georg Rosset, Christoph Herwig (Essen) und Carolin Jauch (Waldkirch).

ISBN 978-3-89953-420-7

1. Auflage 2008

TÜRKEI – SÜDÄGÄIS

Von Dalyan bis İzmir

Michael Bussmann
Gabriele Tröger

INHALT

Kartenverzeichnis

Zeichenerklärung für die Karten und Pläne

- Autobahn
- asphaltierte Verbindungsstraße
- asphaltierte Straße
- Nebenstraße
- Grünanlage
- Berggipfel
- Aussicht
- Weinanbau
- Campingplatz
- Windmühle
- Schloss/Burg
- Kloster/Kirche
- Moschee
- Flughafen/-platz
- Bushaltestelle
- Taxistandplatz
- Information
- Post
- Museum
- Parkplatz
- ärztliche Versorgung
- Reisebüro
- Wechselstube

Fotonachweis

alle Fotos Michael Bussmann außer S. 34 und 254 (Bernd Böhner), S. 203 und 253 Jochen Grashäuser, S. 100 (Nona-Andreea Kolle), S. 129 und 130 (Frank Naundorf) sowie S. 184, 185 und 228 (Thomas Schröder).

Was haben Sie entdeckt?

Trotz gründlicher Recherche kann es immer wieder passieren, dass uns etwas entgeht. Wenn Sie ein empfehlenswertes Hotel, ein neues gutes Restaurant oder einen idyllischen Strand entdeckt haben, lassen Sie es uns wissen. Auch für Kritik und Verbesserungsvorschläge sind wir dankbar.

Schreiben Sie an:

Michael Bussmann und Gabriele Tröger
Stichwort „Türkei Südägäis"
c/o Michael Müller Verlag, Gerberei 19, 91054 Erlangen
bussmann@michael-mueller-verlag.de
troeger@michael-mueller-verlag.de

Idylle bei Teos

Die Südägäis erleben

Sonne, Sand und Meer – der Dreiklang für gewöhnliche Urlaubsfreuden wird an der Südägäisküste aufgestockt: mit hochkarätigen Ausgrabungsstätten, faszinierenden Szenerien im Hinterland und der quietschlebendigen Mittelmeermetropole İzmir, der einstigen Perle der Levante.

Weit vorspringende Halbinseln und ausladende Meerbusen prägen die zerlappte Südägäisküste zwischen dem kleinen Ferienort Dalyan und İzmir. Es ist eine Küste „mit einer unerhörten Intensität, voller Sehnsucht, Schönheit und Schrecken", so der Literat Cevat Şakir Kabaağaçlı in den 1930ern. Eine Aussage, die bis heute nichts an Wahrheit eingebüßt hat.

Egal ob einsam-verträumte Buchten, die nur von unternehmungslustigen Individualtouristen oder Seglern aufgesucht werden, oder kilometerlange Sandstrände mit in Reih und Glied aufgestellten Liegestühlen – überall entlockt die Sonne dem Meer die strahlendsten Blau- und Grüntöne. Dahinter, in der abgeschiedenen, wilden Bergwelt und inmitten silbriger Olivenhaine, laden die stummen steinernen Zeugen mehrerer Jahrtausende zur Erkundung ein. Und dazwischen, in Bodrum, Kuşadası oder Çeşme, geht der türkische Jetset clubben.

Bei all der Vielfalt und Schönheit kommt leider auch der Schrecken nicht zu kurz: So mancher Küstenabschnitt fiel dem Bauwahn zum Opfer, sei es durch mehrstöckige Bettenburgen für den internationalen Tourismus oder durch monotone Ferienhaussiedlungen für den türkischen Mittelstand. Zum Glück steht der negativen Entwicklung auch ein Trend zum sanften Tourismus gegenüber. In alten griechischen Bergdörfern und an vergessenen Buchten entstehen mehr und mehr kleine stilvolle Unterkünfte – Toskanafeeling trifft Orientflair.

Die besten Aussichten muss man sich erarbeiten: Wanderung zwischen Turunç und İçmeler

Die Highlights ...

... für Liebhaber schöner Strände

Rund 800 km misst die alles andere als geradlinig verlaufende Küste zwischen Dalyan und İzmir. Badeplätze für jeden Geschmack gibt es dort, weite Sandstrände genauso wie kleine idyllische Kiesbuchten. Extra-Bonbons sind Bootsausfahrten zu vorgelagerten Inselchen. Hier eine kleine Auswahl der schönsten Spots:

İztuzu Plajı: Eine honigfarbene Sandbank, 4 km lang und vom Feinsten. Kein Hotelbau weit und breit. Von Dalyan u. a. per Boot zu erreichen – ein Erlebnis.

Dilek-Nationalpark: In diesem Nationalpark bei Kuşadası herrscht Bauverbot. Geboten werden vier Kies-Sand-Strände zwischen Kiefernwäldern und glasklarem Wasser.

Die Buchten von Mazıköy: Zwei Traumbuchten östlich von Bodrum am Golf von Gökova, einem der berauschendsten Abschnitte der gesamten türkischen Küste. Zuweilen schauen Ihnen hier Kühe beim Baden zu. Richtung Osten findet man weitere herrliche Bademöglichkeiten.

Hayıtbükü-Bucht: Ein Geheimtipp unter Seglern. Kleine geschützte Bucht mit Griechenlandflair ohne jede Spur von Massentourismus. Auf der Halbinsel Reşadiye westlich von Marmaris.

Domuzçukuru: Die „Schweinebucht" bei Datça ist nur durch einen laaaangen Fußmarsch oder mit dem Boot zu erreichen. Man kann hier auch übernachten. Etwas für absolut Ruhebedürftige.

Ilıca: Goldener Sandstrand vor einem türkisblauen Meer. Ilıca auf der Çeşme-Halbinsel ist jedoch alles andere als ein ruhiger Spot.

... für Archäologie- und Kulturinteressierte

Einige der imposantesten und berühmtesten Ruinenstädte der Antike befinden sich im Reisegebiet. Bei ihrem Anblick geraten nicht nur Trümmerfreaks ins Schwärmen. Selbst aus Übersee reisen Interessierte dafür an – eine kleine Auswahl:

Die Hanghäuser von Ephesus

Ephesus: Ein ganz heißer Tipp und ein unvergessliches Erlebnis. Ephesus war schon Weltstadt, als Athen noch tiefste Provinz und Rom nicht einmal gegründet war.

Aphrodisias stand in der Antike ganz im Zeichen des Aphroditekults. Und wer genau „hinfühlt", verspürt immer noch den Geist der Göttin der Liebe, der Schönheit und der Verführung …

Didyma, **Milet und Priene** liegen im Mäanderdelta nur einen Katzensprung auseinander. Die imposanteste Lage besitzt Priene, die spannendste Geschichte Milet, die eindrucksvollsten Ruinen Didyma.

Knidos: Eine beeindruckende Kombination aus steinernen Überresten antiker Kultur und der schroffen, wild zerklüfteten Küste. Zwei Jahrtausende lag die Hafenstadt an der Westspitze der Halbinsel Reşadiye vergessen da. Nun hat man sie wieder entdeckt.

Labranda: Auch wenn die Ruinen dieser Ausgrabungsstätte eher zweitklassig sind – von seiner Lage her stellt Labranda viele andere in den Schatten.

Pergamon: Hier lernen Sie die Ursprünge des Pergaments und des Äskulapstabs kennen, spazieren durch imposante Ruinen und bekommen mit Bergama noch ein ursprüngliches Landstädtchen als Zugabe.

… für Landschafts- und Naturgenießer

Flusslandebenen und Gebirge im steten Wechsel prägen die Landschaft der Südägäisküste. Wandern Sie durch bizarre Felsformationen, duftende Pinienwälder oder weite Olivenhaine und genießen Sie die Ausblicke auf zerklüftete Küsten oder hinüber nach Griechenland. Abseits der touristischen Zentren gibt es viel zu entdecken.

Halbinsel Reşadiye: Schroffe Berge, verträumte Buchten. Die dünn besiedelte Halbinsel bietet eine weite, unberührte Landschaft, zudem grandiose Ausblicke auf den Golf von Gökova und auf die griechische Insel Sými.

Bafa-See: Noch immer ein Geheimtipp unter Ägäisurlaubern. Im Naturreservat finden Sie ein zerklüftetes Bergmassiv, türkisfarbenes Wasser vor hellen Sandstränden, jede Menge Ruinen, ursprüngliches Bauernleben und nette Pensionen, die man ungern verlässt.

Pamukkale: Das Wunder der weißen Terrassen, ca. 200 km abseits der Küste. Das Bad in den natürlichen Becken der Sinterterrassen ist inzwischen zwar verboten, der Anblick aber noch immer etwas Besonderes.

Halbinsel Karaburun: Die gebirgige Halbinsel zwischen Çeşme und İzmir besitzt beschauliche Buchten und eine einsame Berglandschaft. Wer sich zur Erkundung Letzterer aufmacht, findet verlassene griechische Dörfchen und genießt imposante An- und Ausblicke.

Dalyan-Delta: Ein Naturparadies zwischen dem Köyceğiz-See und dem Meer. Eiablegeplatz der Caretta-caretta-Meeresschildkröte und Heimat vieler Vögel – ein Paradies für Ornithologen.

Mäander-Delta: Nochmal Delta und nochmal Naturparadies. Die aufregendsten Blicke auf die schilfgesäumte Lagunenlandschaft hat man bei einer Wanderung durch den Dilek-Nationalpark. Erschrecken Sie nicht, wenn auf einmal Wildpferde Ihren Weg kreuzen.

Land und Leute unterm Halbmond – die Türkei in Fakten und Zahlen

Offizieller Name: Türkiye Cumhuriyeti (Republik Türkei).

Geographie: Mit einer Fläche von 779.452 km² ist die Türkei gut zweimal so groß wie Deutschland. 3 % der Fläche befinden sich auf dem europäischen Kontinent, der Rest – allgemein als Anatolien bezeichnet – gehört zu Asien. Der höchste Berg ist der Ararat (5165 m ü. d. M.) ganz im Osten des Landes. Bedingt durch tektonische Aktivitäten mit Grabenbrüchen und Verschiebungen infolge des Aneinanderdriftens der Eurasischen und der Arabischen Platte kommt es immer wieder zu Erdbeben.

Politisches System: Die Türkei ist nach der Verfassung von 1982 eine parlamentarische Demokratie. Der Präsident, seit 2007 Abdullah Gül, wird für eine Amtszeit von 7 Jahren von der Nationalversammlung (Parlament) gewählt. Das Parlament ist zugleich Legislative und besteht aus 550 Sitzen. Die vorgezogenen Wahlen 2007 brachten der regierenden konservativen AKP 341 Sitze. Für die beiden Oppositionsparteien – die sozialdemokratische CHP und die nationalistische MHP – zogen 112 bzw. 71 Abgeordnete ein. Alle anderen Parteien scheiterten an der 10 %-Hürde. Die verbliebenen Sitze eroberten unabhängige Kandidaten (v. a. Kurden). Die Legislaturperiode wurde 2007 auf 4 Jahre verkürzt. Ministerpräsident ist seit 2003 Recep Tayyip Erdoğan (AKP). Der Laizismus (Trennung von Religion und Staat) ist in der Verfassung verankert.

Wirtschaft: Dank der AKP-Regierung, die lange geforderte Strukturreformen einleitete (z. B. Privatisierung unrentabler Staatsbetriebe, transparente Ausschreibungsverfahren, Autonomie der Zentralbank, bessere Rahmenbedingungen für internationale Investoren), erlebte die Türkei in den letzten Jahren einen Wirtschaftsboom mit Wachstumsraten zwischen 5 und 10 %. Nach Erhebungen der OECD gehört die Türkei mittlerweile zu den 20 größten Volkswirtschaften der Welt. Sorge in Bezug auf das gesamtwirtschaftliche Gleichgewicht bereitet jedoch die angespannte Haushaltslage. Immerhin konnte die Schuldentilgungsrate in den letzten Jahren auf unter 50 % reduziert werden. Die Bilanz könnte besser ausfallen, wenn von zehn Erwerbstätigen nicht nur einer Steuern zahlen würde. Wie die Staatsverschuldung besserte sich auch die jährliche Inflationsrate in den letzten Jahren extrem: 2001 betrug sie noch 54 %, 2004 wurde – erstmals seit 30 Jahren – ein Wert unter 10 % erreicht, für 2007 wurde eine Inflationsrate von 7,3 % prognostiziert.

Die Arbeitslosigkeit wurde zuletzt mit 9,8 % angegeben, das jährliche Pro-Kopf-Einkommen mit – je nach Quelle – 4000–9300 €. Dabei herrschen jedoch große Unterschiede zwischen West- und Osttürkei. Zudem können diesbezügliche Angaben aufgrund der beträchtlichen Schattenwirtschaft niemals exakt sein. 2007 mussten immerhin als Bruttomindestlohn 563 YTL (ca. 320 €) gezahlt werden. Auf das ganze Land bezogen, trägt zum BIP die Landwirtschaft, in der 40 % aller Erwerbstätigen ihr Auskommen finden, nur 11 % bei, die Industrie 25 %, der Bausektor 4,5 % und der Dienstleistungssektor 59,5 %.

Militär: Die Streitkräfte zählen 515.000 Mann und gehören so zu den größten der Welt. Der Anteil der Militärausgaben am Bruttosozialprodukt liegt rund ein Drittel höher als im Weltdurchschnitt. Gründe dafür waren lange Zeit der Krieg gegen die Kurden im Osten des Landes und das Kräftemessen mit Griechenland. Die Soldaten genießen übrigens bei der Bevölkerung großen Respekt.

Bevölkerungsstruktur: 2007 hatte die Türkei annähernd 73 Mio. Einwohner (1960: 28 Mio.), das Durchschnittsalter beträgt 28 Jahre (in Deutschland 42 Jahre). Die Bevölkerungsdichte ist sehr unterschiedlich. Der Verwaltungsbezirk İstanbul steht mit knapp 1330 Einwohnern je km² deutlich an der Spitze. Die geringste Bevölkerungsdichte haben die unterentwickelten Provinzen in Ostanatolien mit 16 Einwohnern pro km².

Bevölkerungsgruppen: 85,7 % Türken, 10,6 % Kurden, 1,6 % Araber, 2,1 % Armenier, Griechen, Lasen, Tscherkessen, Georgier und muslimische Bulgaren.

Gesundheit/Soziales: Auf 825 Einwohner kommt 1 Arzt. Die Lebenserwartung liegt für Frauen im Durchschnitt bei 73 Jahren, für Männer bei 68 Jahren. Eine Rentenversicherungspflicht gibt es nicht, ebenso keine Arbeitslosenversicherung.

Bildung: Seit 1997 existiert eine 8-jährige Schulpflicht. Ein Drittel aller Schulabgänger beginnt ein Hochschulstudium an einer der insgesamt 53 Universitäten. Die Analphabetenrate schätzt man bei Frauen auf ca. 18 %, bei Männern auf ca. 6 %, wobei diese jedoch einem starken Ost-West-Gefälle unterliegt: Im Westen sind vorwiegend ältere Menschen betroffen, im Osten auch Kinder; Kinderarbeit ist dort noch gang und gäbe.

Religion: 99 % der türkischen Bevölkerung bekennen sich zum Islam. Den verbleibenden Rest stellen Juden sowie syrisch- und griechisch-orthodoxe Christen.

Anreise

Das Gros aller Türkeibesucher reist bequem mit dem Flugzeug an. In ungefähr drei Stunden sind Büroalltag und die nervenden Nachbarn vergessen. Als Zielflughäfen im Reisegebiet stehen **Dalaman, Bodrum/Milas** und **İzmir** zur Auswahl. Abflugmöglichkeiten bestehen von allen größeren deutschen, schweizerischen und österreichischen Städten. Im Sommer ist das Angebot selbstverständlich größer als im Winter, wenn zudem viele Airlines Dalaman und Bodrum/Milas aus dem Programm nehmen. Eine Überlegung wert ist stets ein Gabelflug (z. B. hin nach İzmir, zurück von Dalaman). Bei Turkish Airlines (Türk Hava Yolları), kurz THY, sind solche Flüge jedoch meist mit einem Umsteigen in İstanbul verbunden. Welche Dokumente Sie für die Einreise in die Türkei benötigen, erfahren Sie unter Wissenswertes von A bis Z/Reisepapiere auf Seite 50.

Airlines im Internet

Air-Berlin: www.airberlin.de, **Atlasjet**: www.atlasjet.com, **Austrian Airlines/ Lauda Air**: www.aua.com, **Belair**: www.flybelair.com, **Condor (Thomas Cook)**: www.condor. de, **Edelweiss Air**: www.edelweissair.ch, **Flyair**: www.flyair.com.tr, **Germanwings**: www.germanwings.de, **LTU**: www.ltu.de, **Niki**: www.flyniki.com, **Öger**: www.flyoeger.de, **Onur Air**: www.onurair.de, **Pegasus**: www.flypgs.com, **Sun Express**: www.sunexpress.de, **Swiss**: www.swiss.com, **THY**: www.turkishairlines.com, **TUI**: www.flytui.com.

Wie sicher die Airlines sind, erfahren Sie unter www.aerosecure.de. Unter **www.michael-mueller-verlag.de/verlag/links/index.html** finden Sie weitere Links zur Anreise, Last-Minute-Anbieter usw.

Nur-Flug-Angebote: Ideal für alle, die individuell und auf eigene Faust unterwegs sein wollen. Um nicht nur zu erfahren, was wann, wie und wo angeboten wird, sondern auch noch, was am preiswertesten ist, kommt man um einen Gang ins Reisebüro und (!) einen Blick ins Internet kaum herum. Es lohnt zu vergleichen: Nicht jedes Angebot, das Sie im Internet finden, können Sie auch über ein Reisebüro buchen, den umgekehrten Sachverhalt gibt es aber auch, und das sehr oft. Zuweilen recht preiswert sind auch sog. Fly & Drive-Angebote, bei denen man für einen Aufpreis noch einen Mietwagen am Flughafen bekommt.

• *Preise* Je nach Saison und Sondertarif müssen Sie bei den meisten Airlines mit 275–550 € für einen Hin- und Rückflug rechnen. Sie können natürlich auch viel mehr bezahlen (z. B. in der Business-Class), ab7er auch viel weniger (z. B. mit Low-Cost-Airlines, die Flüge nach İzmir zuweilen bereits ab 20 € anbieten).

Last-Minute-Tickets bekommt man mit Glück ab 50 € (one-way) inkl. aller Gebühren.

Feierabend am Meer

Pauschalangebote: Um im Dschungel der Saison- und Sonderarrangements die besonders günstigen zu erhaschen, sollte man sich ebenfalls möglichst vielseitig informieren – die Veranstalter haben für ein und dieselbe Leistung z. T. erheblich unterschiedliche Preise. Im Reisegebiet werden in erster Linie große Hotels und All-inclusive-Anlagen rund um Marmaris, Bodrum, Kuşadası und Çeşme vermittelt. Ausflüge nach Pamukkale oder Ephesus kann man meist gleich mitbuchen. Angeboten werden ferner Segeltörns entlang der Küste, sog. „Blaue Reisen" (→ S. 21), Kreuzfahrten und Rundreisen. Die Türkeispezialisten haben auch Tauch- und Wanderreisen im Programm, zudem offerieren sie auch kleine, familiäre Hotels. Wenn Sie sich für ein Last-Minute-Pauschalarrangement entscheiden, lassen Sie sich am besten den Katalog mit dem regulären Angebot zeigen – einige findige Geschäftemacher bieten nämlich reguläre Reisen als „Last-Minute-Schnäppchen" an. Vorsicht zudem vor gewonnenen Reisen oder unglaublich günstigen „Specials"! Kein Veranstalter oder Hotelier hat etwas zu verschenken.

Informationen zu den Flughäfen im Reisegebiet finden Sie für **Dalaman** auf S. 65, für **Bodrum/Milas** auf S. 118 und für **İzmir** auf S. 236.

Transport von Gepäck und Sportgeräten: Die Freigepäckgrenze für Flüge in die Türkei liegt für gewöhnlich bei 20 kg pro Person und ist auf dem Flugschein vermerkt. Wer jedoch Business anstatt Tourist Class fliegt, länger als 28 Tage vor Ort bleibt oder im Besitz einer Kundenkarte der Airline ist, darf meist 30 kg mitnehmen. Für Übergepäck werden bei den meisten Airlines ca. 5–10 € pro Kilo berechnet (bei kleinen Überschreitungen wird i. d. R. ein Auge zugedrückt).

Die Gebühren und Freigewichtsgrenzen für Sportgeräte unterscheiden sich von Airline zu Airline z. T. erheblich. Bei den einen gehen Tauchausrüstungen oder Fahrräder bis 15 kg umsonst mit, andere verlangen dafür Gebühren zwischen 30 und 150 €. Rechtzeitige Anmeldung und sachgerechte Verpackung sind obligatorisch.

Rail & Fly: Egal ob Sie ein Nur-Flug-Angebot wahrnehmen oder ein Pauschalarrangement, oft ist das Zugticket zum Airport bereits inbegriffen oder gegen ein geringes Aufgeld erhältlich.

Weitere Anreisemöglichkeiten

Mit dem eigenen Fahrzeug: Dafür benötigen Sie einen gültigen Reisepass, eine grüne Versicherungskarte und Fahrzeugpapiere, die auf Ihren Namen ausgestellt sind. Lassen Sie sich zudem von Ihrer Kfz-Versicherung schriftlich bestätigen, dass Sie auch einen Versicherungsschutz für den asiatischen Teil der Türkei haben.

Es stehen zwei Routen für die Anreise zur Auswahl: Die eine führt über den Balkan, die bequemere zweite über Italien mit anschließender Fährpassage. Auf der Balkanroute müssen Sie bei der Fahrt durch Bulgarien und Serbien mit schikanierenden Grenzbeamten und falschen und echten Polizisten, die die Hand aufhalten, rechnen. Die Fahrzeit von Frankfurt nach İzmir (2441 km) z. B. beträgt ca. 29 Std. (ohne Pausen), hinzu kommen 10–20 Std. Wartezeit an den Grenzen, falls Sie zur Hauptreisezeit der Auslandstürken unterwegs sind. Eine Alternative auf dieser Route bildet der *Optima-Express* (s. u.), ein Autoreisezug der Kategorie „Holzklasse" von Villach (Österreich) nach Edirne (Türkei, europäischer Teil).

Wer sich hingegen für die Italienroute mit Fährpassage entscheidet, sollte für die Hauptferienzeit früh buchen, zumal 2007 nur noch *Marmara Lines* als einzige Fährgesellschaft zwischen Italien und der Türkei pendelte. Als Abfahrtshäfen in Italien stehen Ancona und Brindisi zur Auswahl. Zielhafen in der Türkei ist ausschließlich Çeşme. Von Frankfurt nach Ancona (1087 km) z. B. benötigen Sie ca. 11 Stunden, nach Brindisi (1660 km) ca. 15 Stunden.

• *Preise/Dauer Optima-Express* Fahrtdauer laut Optimatours 31 Std., laut Leserzuschriften ca. 40 Std. Pro Person einfach ab 108 €, Auto ab 229 €, Motorrad ab 137 €. Informationen in jedem türkischen Reisebüro oder direkt bei Optimatours, Karlsstr. 58, 80333 München, ✆ 089/548800111, www.optimatours.de.

• *Preise/Dauer Marmara Lines* **Ancona–Çeşme**, Fahrtdauer ca. 55 Std., einfache Passage in der HS pro Person ab 175 € (Pullmansitz, inkl. Frühstück, retour ab 316 €), Motorrad 50 € (hin/zurück 90 €), Pkw bis 5 m ohne Fahrer 195 € (hin/zurück 352 €). **Brindisi–Çeşme**, Fahrtdauer 30–35 Std. Die Tarife liegen ca. 20 % unter denen für die Fahrt ab Ancona. Marmara Lines fährt von Ende März–Ende Okt. 1-mal wöchentl. **Informationen** bei RECA-Handels-GmbH, Neckarstr. 37, D-71065 Sindelfingen, ✆ 07031/866010, www.marmaralines.com.

> Egal ob mit dem eigenen Fahrzeug, mit der Bahn oder mit dem Bus: Erkundigen Sie sich vor Reiseantritt über die Einreiseformalitäten der Transitländer: z. B. unter www.auswaertiges-amt.de, www.bmaa.gv.at oder www.eda.admin.ch.

Mit dem Bus: Die *Deutsche Touring GmbH* (www.touring.de) bietet ganzjährig Fahrten von verschiedenen deutschen Städten nach İstanbul an. Zwischen Österreich und İstanbul verkehren Busse der Gesellschaft *Varan* (www.varan.com.tr). Zuletzt führten die Routen von Österreich über den Balkan (30–40 Std.), die von Deutschland über Italien, wo es mit der Fähre nach Griechenland und von dort auf dem Landweg weiter nach İstanbul ging (Dauer 50–60 Std.). Einen Linienbusverkehr von der Schweiz in die Türkei gibt es nicht. Je nach Abfahrtsort bewegen sich die Preise für ein Retourticket zwischen 120 und 260 € zzgl. eventueller Fährgebühren. Endstation in İstanbul ist der Büyük İstanbul Otogarı, von wo regelmäßige Verbindungen zu allen Zentren der Südägäis (z. B. nach Bodrum, Dauer ca. 13–14 Std.) bestehen.

Abendstimmung bei den Ausgrabungen von Didyma

Mit der Bahn: Wer mit dem Zug in die Türkei reisen will, muss tief in die Tasche greifen, sofern er ein Ticket für die gesamte Strecke im Heimatland bucht – rechnen Sie mit dem Doppelten des Bustickets. Infos unter www.bahn.de, www.sbb.ch und www.oebb.at. Billiger wird es, wenn Sie das Ticket in jedem Land einzeln kaufen. Von Wien bis nach İstanbul sind Sie ca. 35 Std. unterwegs, von Zürich ca. 56 Std. Von Deutschland aus führen die Verbindungen i. d. R. über München (ab da noch ca. 41 Std.) und Salzburg nach Wien und von dort weiter über Budapest, Belgrad und Sofia (zuweilen auch über Bukarest) zum İstanbuler Bahnhof Sirkeci auf der europäischen Seite. Von dort gelangen Sie mit der Fähre zum Bahnhof Haydarpaşa auf der asiatischen Seite, von wo Sie İzmir über Bandırma (mit Fährpassage) in ca. 8 Std. oder Denizli nahe Pamukkale mit dem Nachtzug in 15 Std. (!) erreichen (Infos unter www.tcdd.gov.tr).

Unterwegs zwischen Dalyan und İzmir

Mit dem Auto oder Motorrad

Ein eigenes Fahrzeug, egal, ob geliehen oder mitgebracht, macht das Reisen an der Südägäis unkompliziert. Vorsicht ist jedoch geboten. Denn so kämpferisch und stolz, wie die Türken einst auf ihren Steppenpferden bis nach Wien jagten, so selbstbewusst geben sich ihre Ur-Ur-Ur-Enkel heute im Straßenverkehr. Nur der Kampfschrei wird durch die Hupe ersetzt. Doch trotz der leicht chaotischen Verhältnisse auf türkischen Straßen – Sorgen brauchen Sie keine zu haben und mit etwas Selbstvertrauen werden Sie die Sache meistern. Türkeineulingen empfehlen wir jedoch nicht, nach der Ankunft am Flughafen von İzmir mit dem Mietwagen auf Zimmersuche in der Millionenmetropole zu gehen. Fahren Sie besser über die

Autobahn Richtung Selçuk/Kuşadası oder Çeşme und halten dort nach einem Quartier Ausschau.

Mietfahrzeuge: Pkws kann man in den Touristenzentren fast an jeder Ecke mieten, das Angebot an Mopeds, Motorrädern und Fahrrädern ist dagegen bescheiden. Wer ein Fahrzeug mieten will, muss seinen Führerschein und Pass oder Personalausweis vorlegen. Manche Anbieter setzen voraus, dass der Fahrer mindestens 21 oder sogar 23 Jahre und jünger als 70 Jahre alt ist und seit mindestens einem Jahr den Führerschein besitzt. Der billigste und zugleich durstigste Leihwagen ist der Fiat 131, der in der Türkei *Şahin* heißt (haben nur noch unseriöse Verleiher im Programm). Da die Treibstoffpreise rund 20–30 % über denen in Deutschland liegen, können sich die Mehrausgaben für ein moderneres und sparsameres (am besten Diesel schluckendes) Fahrzeug schnell lohnen.

• *Verkehrsvorschriften* **Höchstgeschwindigkeit** in Ortschaften 50 km/h, außerhalb 90 km/h (mit Anhänger oder mit dem Motorrad 70 km/h, mit dem Wohnmobil 80 km/h). Auf Autobahnen für Pkw 120 km/h (mit Anhänger oder mit dem Motorrad 80 km/h, mit dem Wohnmobil 90 km/h). Die **Promillegrenze** für Fahrer von Pkws ohne Anhänger liegt bei 0,5 – ansonsten herrscht absolutes Alkoholverbot (auch für Motorradfahrer). **Mobiltelefone** dürfen während der Fahrt nur mit einer Freisprechanlage benutzt werden.

Besondere Hinweise

• Von **Nachtfahrten** sollte man absehen. Gefahr droht durch mangelhaft beleuchtete Lkws und Pkws, durch unvorhersehbare Schlaglöcher und nur mit Steinen abgesicherte Baustellen. Dazu kommen allzu sorglose Fußgänger jeden Alters.

• Stehen Sie an einer roten **Ampel** in der ersten Reihe, schauen Sie unbedingt nochmals nach rechts und links, wenn das Licht auf Grün springt. Nicht alle Verkehrsteilnehmer interessieren sich für das Farbenspiel.

• Drücken Sie auf die Hupe: vor dem Überholen (egal ob Fahrradfahrer oder Lkw), vor unübersichtlichen Kurven, wenn Kinder am Straßenrand spielen etc.! Mit der Hupe fordert man auch die Vorfahrt ein! Nur nicht schüchtern sein.

• Vorsicht vor **Rollsplitt**, insbesondere auf Neubaustrecken. Tausende von Frontscheiben gehen dadurch jährlich zu Bruch. Halten Sie hier zu Lkws einen großen Abstand!

• Um die Raserei einzudämmen, werden häufig **Radarkontrollen** durchgeführt (Mindeststrafe beim Blitzen 115 €), zudem wurden in den letzten Jahren an Ortseinfahrten und in Wohngebieten vielfach **Bodenwellen** geschaffen. Für Ortsunkundige sind sie oft heimtückisch, denn i. d. R. macht weder ein Schild auf sie aufmerksam, noch sind sie – bis auf größere Ölflecken – farblich markiert.

• **Verkehrsschilder – was heißt was? Bozuk satıh** – schlechte Wegstrecke; **Dikkat** – Achtung bzw. Vorsicht; **Dur** – Stop; **Düşük banket** – unbefestigte Straße; **Kaygan yol** – glatte Fahrbahn; **Otopark** – Parkplatz; **Park yapılmaz** – Parken verboten; **Şehir merkezi** – Stadtmitte; **Tamirat** – Straßenarbeiten; **Taşıt geçemez** – Durchfahrt verboten; **Yavaş** – langsam fahren; **Yasak** – verboten.

• *Tanken* Das Tankstellennetz ist sehr gut ausgebaut. Die Farbkennzeichnung der Kraftstoffe an den Zapfsäulen entspricht der daheim, Bleifrei heißt *kurşunsuz*, Diesel entweder *dizel* oder *motorin*. Auch Flüssiggas bekommt man problemlos.

• *Preise für Mietfahrzeuge* Die lokalen Verleiher sind i. d. R. erheblich billiger als die großen international operierenden Gesellschaften. Je nach Saison bezahlen Sie bei den Kleinanbietern 20–40 € pro Tag. Den Preisvorteil erzielen die lokalen Verleiher durch einen meist älteren und weniger gepflegten Fuhrpark. Die Preise der renommierten Verleiher unterscheiden sich wenig, je nach Saison muss man pro Tag mit ca. 40–80 € für das günstigste Modell rechnen. Egal wo, i. d. R. sind alle Kilometer frei. Etwas preiswerter ist es, wenn man bereits von zu Hause aus wochenweise bucht, eventuell gleich in Verbindung mit dem Flugticket. Die Preise für **Motorräder** beginnen ab ca. 30 €/Tag, für **Motorroller** ab 20 €/Tag und für **Mopeds** ab 15 €/Tag.

• *Kleingedrucktes* Achten sollte man auf den vertraglich festgelegten **Versicherungsschutz**, insbesondere auf den Eigenanteil im Schadensfall. Auch bei Vollkasko sind i. d. R. Unterbodenschäden und Reifenpannen nicht mitversichert. Die großen international operierenden Verleiher untersagen i. d. R. das Verlassen von asphaltierten Straßen, d. h., viele Buchten und Ausgrabungsstätten dürfen Sie theoretisch nicht ansteuern.

• *Unfall* Sollten Sie in einen Unfall verwickelt werden, muss die Polizei gerufen werden (für die Schadensklärung ist ein Polizeiprotokoll erforderlich). Unterschreiben Sie keine Protokolle, die Sie nicht lesen können, oder vermerken Sie auf dem Protokoll, dass Sie es nicht lesen konnten. Der gelegentlich zu hörende gut gemeinte Rat, nach einem Unfall mit Personenschaden nicht zu halten, sondern wegen drohender Lynchjustiz Gas zu geben bis zur nächsten Polizeistation, ist schlichtweg Quatsch. Das wäre Fahrerflucht und unterlassene Hilfeleistung, und das hat schlimmere Folgen als die Unannehmlichkeiten am Unfallort.

• *Pannenhilfe* Keine Sorge, man lässt Sie nicht im Regen stehen, die Türken sind sehr hilfsbereit. Fragen Sie nach dem **Oto Sanayi**, eine Ansammlung von Werkstätten, meist an den Ein- oder Ausfallstraßen der größeren Ortschaften.

Entfernungstabelle (in km, M = über Muğla/Milas, F = mit Fähre)

	Dalaman	*Marmaris*	*Datça*	*Bodrum*	*Selçuk*	*İzmir*	*Çeşme*	*Pamukkale*
Dalaman		85	160	200 M 172 F	236	305	390	242
Marmaris	85		76	167 M 78 F	203	272	357	243
Datça	160	76		243 M 10 F	279 M 188 F	348 M 259 F	466 M 344 F	319 M 300 F
Bodrum	200 M 172 F	167 M 78 F	243 M 10 F		178	249	334	290
Selçuk	236	203	279 M 188 F	178		72	155	195
İzmir	305	272	348 M 259 F	249	72		90	245
Çeşme	390	357	466 M 344 F	334	155	90		330
Pamukkale	242	243	319 M 300 F	290	195	245	330	

Selbstfahrer können auf diesen Strecken mit einer Durchschnittsgeschwindigkeit von 70–80 km/h rechnen. Wer den Bus wählt, kommt im Schnitt mit 50–70 km/h voran, je nachdem, wie oft man umsteigen muss und in wie vielen Städten unterwegs gehalten wird.

Warten auf den Bus

Mit dem Bus

Die Zahl der Gesellschaften, die das im ganzen Land dichte Netz bedienen, ist nahezu unüberschaubar, die preislichen Unterschiede sind gering. Bei den meisten Gefährten handelt es sich um moderne Mercedes- oder Mitsubishibusse, die in der Türkei in Lizenz hergestellt werden. Zum Standard gehören Klimaanlage (Pulli mit in den Bus nehmen!), Video und getönte Scheiben. Toiletten gibt es nicht immer, bei renommierten Unternehmen wie *Metro, Ulusoy, Uludağ, Kamil Koç, Pamukkale* oder *Varan* aber i. d. R. schon. Bei diesen Busgesellschaften bekommen Sie für Ihr verstautes Gepäck auch einen Jeton, mit dem Sie es am Ende der Fahrt wieder einlösen können, eine im Ganzen recht zuverlässige Sache. Unterwegs betreut ein meist jugendlicher Steward die Passagiere. Kostenlos verteilt werden Kekse und Getränke sowie eine türkische Kölnischwasser-Variante *(kolonya)* für verschwitzte und verklebte Handflächen. Rauchen ist in den Bussen verboten, im Abstand von ungefähr zwei Stunden wird jedoch eine Pause eingelegt. Die im Reiseteil angegebenen Fahrtzeiten dienen nur der groben Orientierung und beziehen sich auf die Angaben der größeren Busunternehmen. Kleinere, oft lokale Busgesellschaften, die einer Bummelbahn gleich in unzähligen Orten unterwegs halten, brauchen oft länger. Weitere Informationen zum Reisen mit dem Bus finden Sie unter „Verbindungen“ bei den jeweiligen Städten.

• *Preise* Durchschnittlich werden pro Kilometer 3,5–4,5 Cent gezahlt, bei Nobelfirmen etwas mehr. Eine Fahrt von İzmir nach Bodrum kommt demnach auf ca. 19 €. Mit der Buchung ist eine Platzreservierung verbunden, auf die Sie Einfluss nehmen können, indem Sie auf dem Plan den gewünschten Sitz bestimmen – die vorderen sind i. d. R. die besseren, jedoch auch meist dem Zigarettenrauch der Busfahrer (er ist der einzige, der rauchen darf) ausgesetzt!

Achtung, Abfahrt: Gestartet wird pünktlich bis 5 Min. zu früh!

• *Busbahnhöfe* Die türkischen Busbahnhöfe *(otogar, terminal oder garaj)* entsprechen in Funktion und Ausstattung (WC, Wartesäle, Kioske, Restaurants, Geschäfte) unseren Zugbahnhöfen. Falls es keine offizielle Gepäckaufbewahrung gibt, können Sie Ihre Siebensachen meist am Schalter Ihrer Busgesellschaft abstellen. Meist liegen die Busbahnhöfe einige Kilometer außerhalb des Zentrums, sind jedoch gewöhnlich mit öffentlichen Stadtbussen oder Dolmuşen erreichbar. Renommierte und vor Ort ansässige Busgesellschaften bieten zudem i. d. R. einen Zubringerservice mit Kleinbussen ins Zentrum. Kleinere Orte verfügen häufig nur über eine Ansammlung von schlichten Büros in der Nähe des Marktplatzes. In diesen Fällen gehen die Busse von dort ab oder halten kurz an der Umgehungsstraße.

• *Hinweis* An größeren Busbahnhöfen arbeiten Schlepper für diverse Busgesellschaften und werden versuchen, Sie mit irgendwelchen Argumenten an den einen oder anderen Schalter zu führen. Gehen Sie nicht darauf ein! Vergleichen Sie in Ruhe Abfahrtszeiten und Preise!

Mit dem Dolmuş (Sammeltaxi)

Das Sammeltaxi zählt im innerstädtischen Verkehr, aber auch auf Fahrten zwischen den Orten zu den wichtigsten Verkehrsmitteln. Dolmuş heißt auf Deutsch so viel wie „voll besetzt" – wesentliches Kennzeichen der Sammeltaxis, denn ein Dolmuş fährt in aller Regel erst dann ab, wenn alle Plätze belegt sind. Als Dolmuş verkehren Kleinbusse in der Größenordnung eines Ford Transit. Zu erkennen sind Dolmuşe an ihrem Schild auf dem Dach oder an einer Tafel hinter der Windschutzscheibe, die das Fahrtziel angibt. In Städten gibt es separate Dolmuş-Bahnhöfe für Verbindungen in die Region, ansonsten fahren sie vom Marktplatz ab. In Großstädten werden bestimmte Routen bedient, an denen entlang es Haltestellen gibt. Man kann ein Dolmuş aber auch per Handzeichen stoppen und irgendwo unterwegs zusteigen.

• *Preise* Die Preise (von den Stadtverwaltungen festgelegt) liegen im Stadtverkehr etwas höher als bei den Bussen, auf längeren Strecken etwas darunter. Bezahlt wird während der Fahrt. Es ist ratsam, sich an den Beträgen der Mitreisenden zu orientieren, wenn man keinen „Touristenzuschlag" zahlen will. Längere Routen sind in Teilstücke gegliedert. Sie zahlen nur den Abschnitt, den Sie mitgefahren sind.

Weitere Verkehrsmittel

Flugzeug: Direktflüge zwischen Izmir, Bodrum/Milas und Dalaman gab es 2007 nicht. Flugverbindungen zwischen diesen beiden Flughäfen waren mit einem Umsteigen in İstanbul oder Ankara verbunden. Es kann aber durchaus sein, dass es bis zu Ihrem Besuch Direktflüge zwischen İzmir und Bodrum/Milas oder zwischen İzmir und Dalaman gibt – auf dem innertürkischen Streckennetz tut sich viel. Informieren Sie sich diesbezüglich auf den Webseiten von *Atlasjet, THY, Onur Air* oder *Flyair* (→ Airlines im Internet, S. 12).

Taxi: Ein *Taksi* findet man in den Touristenzentren an jeder Ecke. Die Tarife für längere Fahren zu den umliegenden Sehenswürdigkeiten sind meist in verschiedenen harten Währungen auf einer Tafel angeschrieben. Für Fahrten innerhalb der Städte wählt man am besten ein Taxi mit Taxameter oder handelt den Preis im Voraus aus.

Achtung Manchmal drücken Taxifahrer „versehentlich" beim Taxameter auf den Knopf, der zum teureren Nachttarif abrechnet. Tagsüber muss auf dem Display *gündüz* erscheinen (*gün* = Tag, *gündüz* = tagsüber; *gece* = Nacht).

Bahn: Entlang der Südägäisküste verkehren keine Züge. Im Reisegebiet können Sie lediglich von İzmir über den Flughafen nach Selçuk (Ephesus) fahren und von dort

Begegnungen, die an der Westküste immer seltener werden

weiter über Aydın nach Denizli (nahe Pamukkale). Zugfahren ist billig: Die Strecke von Selçuk nach Denizli (rund 190 km) kostet 4,20 €. Informationen dazu im Reiseteil und unter www.tcdd.gov.tr.

Schiff: Es verkehren keine Fährschiffe entlang der Südägäisküste. Regelmäßige Verbindungen bestehen nur zu den vorgelagerten griechischen Inseln.

Fahrrad: Gibt es nicht allzu oft zu leihen – und wenn doch, dann meist in Kaufhausqualität. Wer Touren entlang der Südägäis plant, bringt am besten sein eigenes Bike mit und dazu einen Helm (unglaublich aber wahr: Pflicht!). Empfehlenswert ist ein sog. *Dog Chaser,* der einem durch Hochfrequenztöne die Hirtenhunde vom Leib hält. In der bergigen Landschaft sollte man über eine gute Kondition verfügen. Bei Pannen helfen kombinierte Moped-Fahrrad-Werkstätten weiter (sofern keine exotischen Ersatzteile beigeschafft werden müssen).

Trampen ist aufgrund der niedrigen Preise für öffentliche Verkehrsmittel nicht verbreitet, aber grundsätzlich überall möglich. Allein reisende Frauen sollten davon absehen.

Unter Segel

Die türkische Südägäis zählt zu den beliebtesten Segelrevieren des Mittelmeeres, Boote mit und ohne Skipper lassen sich vor Ort und von Deutschland aus chartern, ein Blick in die bekannten, überall erhältlichen Seglermagazine genügt. Im Gegensatz zu früher haben viele Vercharterer jedoch nur noch größere Boote im Programm, da die Kosten (Liegegebühr, Wartung, Crew usw.) für große und kleine Boote nahezu identisch sind, der Verdienst an großen Booten aber erheblich höher ist.

Zentren des Yachttourismus' sind im Reisegebiet Marmaris, Bodrum und Kuşadası; aber auch fast alle anderen größeren Urlaubsorte verfügen über eine Marina. Zudem lässt es sich in vielen abgeschiedenen Häfen und Buchten herrlich ankern. Wer mit dem eigenen Schiff unterwegs ist oder ein Boot ohne Skipper chartert, dem seien die Segelhandbücher „Türkische Küste. Vom Bosporus bis Antalya" und „Türkische Küste, Ostgriechische Inseln" empfohlen, beide im Delius Klasing Verlag erschienen. Die beste Zeit für einen Törn ist von Mai bis September.

Blau reisen – Segeltörns entlang der Küste

Einen wahren Boom erleben an der südägäischen Küste die sog. „Blauen Reisen". Dabei handelt es sich um eine Art All-inclusive-Urlaub auf einer *Gulet,* einer schönen, aus Holz gezimmerten, dickbäuchigen Yacht. Die Schiffe haben Masten und Segel, fahren aber meist unter Maschine. Das einzige Segel, das so gut wie immer gesetzt ist, ist das Schatten spendende Sonnensegel. Die Schiffe sind im Unterschied zu reinen Segelyachten nicht nur praktisch, sondern i. d. R. sehr komfortabel ausgestattet, denn bei der „Blauen Reise" steht nicht das sportlich ambitionierte Segeln im Vordergrund, sondern vielmehr das Genießen der Küste vom Boot aus, das Baden in einsamen Buchten und die gemeinsame Unterhaltung an Bord. Letzteres ist der Risikofaktor eines solchen Törns. Denn den engem Raum mit Spießern oder Kiffern zu teilen, kann je nach Einstellung Freude ins Gegenteil kehren. Daher empfiehlt es sich, eine solche Reise gleich als Gruppe zu buchen und am besten ein ganzes Schiff zu chartern.
Namensgebend für derartige Törns waren die Schiffsreisen eines illustren Philosophenzirkels um den Journalisten und Bohemien Cevat Şakir Kabaağaçlı. Der türkische Jean-Paul Sartre publizierte ab 1925 unter dem Pseudonym „Der Fischer von Halikarnas", nachdem er wegen seiner antimilitaristischen Gesinnung nach Bodrum verbannt worden war. Die jungen Intellektuellen, die sich um ihn sammelten, schipperten auf Schwammtaucherbooten die Ägäisküste entlang, ernährten sich in erster Linie von Fisch und Rakı und nannten ihre Seelenreinigungstrips *Mavi Yolculuk,* „Blaue Reise".

Organisierte Ausflüge

Zu Luft, zu Land und zu Wasser werden in allen touristischen Zentren Halbtages-, Tages- und Zweitagestouren zu den Sehenswürdigkeiten der näheren und weiteren Umgebung angeboten. Für alle, die die Planung und Durchführung eines Ausflugs nicht selbst in die Hand nehmen wollen, eine bequeme Art, mehr von der Türkei kennen zu lernen. Preislich rechnen sich solche Touren insbesondere für Alleinreisende, zu zweit kann man für das gleiche Geld schon oft einen Mietwagen nehmen. Lohnenswert sind insbesondere Bootsfahrten zu einsamen Buchten, die auf eigene Faust nicht zu erreichen sind.

Der große Haken vieler Bustouren oder Bootsausflüge: Die Routen der meisten Veranstalter sind annähernd identisch, und so erleben viele Buchten oder Sehenswürdigkeiten für ein paar Stunden am Tag einen herdenartigen Ansturm. Was wo angeboten wird, erfahren Sie im Reiseteil unter den Stichworten „Organisierte Touren" und „Bootsausflüge".

• *Preise* Große Preisunterschiede gibt es zwischen den meisten Veranstaltern nicht. Sollte jedoch eine Tour erheblich preiswerter angeboten werden als beim Gros der Veranstalter, dann sind unter Garantie weitaus mehr Shoppingpausen mit Teppichknüpfvorführungen im Programm als sonst. Bei allem, was Sie kaufen, verdienen die Tourenanbieter mit.

Wandern

Im Frühjahr und Herbst gibt es kaum eine schönere Art, die türkische Südägäis zu entdecken. Im Sommer dagegen ist Wandern aufgrund der hohen Temperaturen fast unmöglich. Markierte Wanderwege sind im Reisegebiet Mangelware, und die, die es gibt, sind bei weitem nicht so markiert, wie wir es aus den Alpen kennen. Dafür existieren unzählige Pfade, die sich fast immer zu einem Rundweg kombinieren lassen. Etwas Erfahrung und ein guter Orientierungssinn ist bei allen Touren vonnöten, denn exakte topographische Karten sind nirgendwo erhältlich. Bringt man aber guten Willen, Ausdauer und Kondition mit, dann wird man mit einer Fülle von Naturschönheiten belohnt, seien es kleine versteckte Fjorde, tiefe Schluchten mit tosenden Flüssen oder auch ausgedehnte Blumenteppiche, auf die man vor allem im Frühjahr stößt.

• *Basisausrüstung* Viele Wegstrecken sind steinig und steil, daher sind knöchelhohe und gut eingelaufene Wanderschuhe mit fester Profilsohle dringend zu empfehlen. Kniestrümpfe oder lange Hosen aus festem Stoff vermeiden bei Wegen durch stachliges Gebüsch böse Kratzer. Nicht zu vergessen: ausreichend Wasser, Sonnenschutzmittel, Sonnenbrille und eine Kopfbedeckung. Gehen Sie möglichst nicht alleine, als Frau niemals! Nehmen Sie eine Trillerpfeife als Notsignal mit und informieren Sie Ihre Hotelrezeption über die Route.

• *Gefahren am Wegesrand* Wirklich gemeine Köter am Wegesrand sind selten, wohl aber gibt es Hütehunde mit ausgeprägtem Beschützerinstinkt. In diesen Fällen tut ein *Dog Chaser* (→ Fahrrad) gute Dienste. Auch die meisten Schlangen sind harmlos und flüchten, wenn sich ein Mensch nähert, es gibt aber auch Vipern und die Taurische Bergotter, deren Biss gefährlich werden könnte. Im Unglücksfall sollten Sie die Schlange, falls Sie sie nicht identifizieren können, am besten töten (leichter gesagt als getan) und zum Arzt mitnehmen. Skorpionstiche sind zwar schmerzhaft, aber i. d. R. nicht lebensgefährlich. Um Bienenkästen sollte man stets einen großen Bogen machen. Ein Problem können ferner Zecken sein, diverse Anti-Mückenmittel schützen auch vor ihnen.

• *Wandervorschläge im Buch* In diesem Buch finden Sie eine Reihe von Wanderbeschreibungen inklusive Routenskizzen, die natürlich keine Wanderkarten ersetzen können. Die Wegbeschreibungen sind so detailliert, wie das im Rahmen eines Reiseführers möglich ist. Schwierige Passagen werden besonders ausführlich beschrieben – wenn Sie über ein wenig Orientierungssinn und Übung verfügen, dürften Sie keine größeren Probleme haben. Zu beachten bleibt allerdings, dass manche Wege und Pfade je nach Jahreszeit unterschiedlich gut zu finden sind. Die angegebene Dauer einer Tour bezieht sich auf die reine Gehzeit ohne Pausen – für ungeübte Wanderer verlängert sich die Gehzeit um ca. ein Drittel.

Übernachten

Das Angebot an Übernachtungsmöglichkeiten zwischen Dalyan und İzmir ist vielseitig. Von Clubanlagen, bei denen im Whirlpool die Caipirinha gereicht wird, bis zu Absteigen, deren Toiletten man ohne Badeschuhe in seinem Leben nie betreten würde, ist alles vorhanden.

Das Preis-Leistungs-Verhältnis der meisten Unterkünfte kann sich sehen lassen. Das Zimmerangebot ist groß – egal ob Pensionen oder Hotels, man hat vielerorts die Qual der Wahl. In kleinen Buchten mit nur wenigen Unterkünften ist eine Reservierung zur türkischen Ferienzeit im Juli und August jedoch empfehlenswert. In der Nebensaison purzeln vielerorts die Preise, zuweilen um 50 % und mehr. In den südlicheren Badeorten hat das Gros der Unterkünfte von Ostern bis Ende

Hafen von Datça

Oktober geöffnet, in den nördlicheren nur bis Ende September. Aber auch im Winter bekommt man immer ein Zimmer, nur ist die Auswahl dann bescheiden. Handeln ist prinzipiell möglich, wird aber in kleineren Häusern für gewöhnlich nicht gerne gesehen. (Ebenfalls nicht gerne gesehen – aber leider mancherorts vorhanden – sind Kakerlaken.) In Hotels der unteren Preisklasse und in vielen Pensionen müssen Sie sich darauf einstellen, dass es nicht immer heißes Wasser gibt und die Armaturen nicht immer einwandfrei funktionieren.

Preise: Die im Reiseteil angegebenen Übernachtungspreise beziehen sich auf die Hauptsaison (HS); Frühstück ist – wenn nicht anders angegeben – inbegriffen.

All-inclusive-Anlagen: Das Gros der All-inclusive-Anlagen im Reisegebiet findet man um Marmaris, Bodrum, Kuşadası und auf der Çeşme-Halbinsel. Die oft wie Hochsicherheitstrakte abgeriegelten Ferienanlagen, teils mit Kapazitäten von bis zu 2000 Betten, sind auf Individualreisende nicht eingestellt und daher vor Ort entweder gar nicht oder nur mit viel Aufwand buchbar. Der Begriff „all inclusive" ist übrigens nicht eindeutig definiert, und so manches Hotel führt diese Bezeichnung, ohne sie eigentlich zu verdienen. Erkundigen Sie sich daher im Voraus, ob das angebotene Sportprogramm oder alle Getränke im Preis inbegriffen sind. Und auch wenn alles „inclusive" ist, ist das, was „inclusive" ist, nicht immer das gleiche. Wird der O-Saft frisch gepresst oder als Chemiebrause serviert? Die Geiz-ist-geil-Mentalität vieler Urlauber, die für wenig Geld viel wollen, lässt die Qualität mehr und mehr sinken.

Preise Die Walk-in-Rate liegt nicht selten weit über dem Doppelten des Preises, den man bezahlt, wenn man pauschal aus dem Katalog bucht. Je nach Ausstattung, Service, Umfang des Büfetts, Sportangebot, Anzahl der Animateure 75–250 € pro Nacht und DZ.

Hotels: Wer seine Unterkunft nach der Anzahl der Sterne wählt, sollte bedenken, dass sich die Rubrizierung durch das Tourismusministerium an der Ausstattung der Unterkünfte (Minibar, Fernseher, Aufzug, Restaurant, Klimaanlage usw.) orientiert und Kriterien wie Lage, Sauberkeit, Architektur, Freundlichkeit des Personals usw. unberücksichtigt lässt. Hinzu kommt, dass die Kategorisierung bisweilen längst nicht mehr den aktuellen Verhältnissen entspricht, denn viele türkische Hotels sind aufgrund ihrer billigen Bauweise und Ausstattung oft schneller abgewohnt und daher erheblich im Wert gemindert, als die Rückstufung erfolgt. Das gilt insbesondere für Drei-Sterne-Hotels.

Noch ein Hinweis: Pauschaltouristen werden von ihrer Reiseleitung zuweilen darauf hingewiesen, dass man besser nie außer Haus etwas essen oder trinken sollte, um Magenproblemen vorzubeugen. Das ist Humbug! Man will Sie mit solchen Aussagen nur an die Hotelbar binden, wo die Bierpreise weitaus höher sind als außerhalb der Anlage.

• *Preise* Für ein DZ muss man in der HS in gehobeneren Hotels mit 80 € aufwärts rechnen, EZ kosten 30–50 % weniger. Kleinere Hotels bieten DZ mit Dusche oder Bad ab ca. 25 € an. Ein Zimmer in Billigabsteigen ohne Bad und WC bekommt man pro Person ab ca. 8 €.

Boutiquehotels: Dabei handelt es sich um kleine, stilvolle Unterkünfte (oft auch als Pensionen vermarktet), die nicht selten in alten restaurierten Natursteinhäusern oder osmanischen Stadtvillen untergebracht sind. Teils besitzen sie eine gepflegte Poolanlage, teils nur ein lauschiges Gärtchen. Bei der Unterkunftsauswahl für dieses Buch wurde ein besonderes Augenmerk auf Boutiquehotels gelegt. Aber Achtung: Nicht überall, wo „Boutiquehotel" draufsteht, ist auch Boutiquehotel drin! Einen guten Überblick über die schönsten Boutiquehotels des Landes bietet www.nisanyan.net (→ Information/Internet, S. 39). Boutiquehotels sind nicht rubriziert.

Preise Die Preise hängen zum einen von der Ausstattung ab, zum anderen sind sie extrem saisonabhängig: DZ in der HS ab 60 €, in der NS ab 30 €, EZ 30–50 % billiger.

Pensionen: Im Vergleich zwischen einfacheren Hotels und kleinen Pensionen sind Letztere meist die bessere Wahl, da ihre Betreiber sich i. d. R. mehr um das Wohl der Gäste kümmern. Auch gegenüber manch vornehmem Hotel macht die Freundlichkeit vieler Pensionsbesitzer den fehlenden, nicht selten überflüssigen Luxus wett. Eine Vielzahl an gemütlichen Pensionen findet man in Dalyan, auf den Halbinseln Bozborun, Reşadiye und Bodrum, am Golf von Gökova, am Bafa-See, in Selçuk und Şirince. Oft spartanisch ausgestattete, aber meist recht schön gelegene Zimmer, z. T. in Bungalows, vermieten zudem manche Campingplätze (s. u.).

Preise Es gibt erhebliche örtliche Preisunterschiede. Ein DZ mit Du/WC bekommt man für 20–50 €. Singles erhalten meist ein DZ zum ermäßigten Preis.

Apartments: Im Gegensatz zur türkischen Nordägäis werden in der Südägäis nur wenige Ferienwohnungen vermietet. Noch die beste Auswahl findet man auf der Bodrum-Halbinsel und in Akyaka am Golf von Gökova. Zur Grundausstattung gehören Küchenzeile oder kleine Küche, Salon mit Couch und TV und – je nach Größe – ein oder mehrere Schlafräume.

Preise Die Preise der Aparthotels variieren naturgemäß nach Größe, Ausstattung und Ort erheblich. Ein ordentliches Apartment für 4 Personen bekommt man in der HS ab ca. 50 €/Tag.

Jugendherbergen: Eine offizielle Jugendherberge existiert im Reisegebiet nicht, doch bieten einige Travellerherbergen in den größeren Zentren entlang der Küste (z. B. in Kuşadası) für ein paar Euro Betten in Schlafsälen.

Campingplätze: Die offiziellen, lizenzierten Campingplätze unterstehen der Kontrolle des Ministeriums für Kultur und Fremdenverkehr. Duschen (nicht immer warm), Camperküchen, Stromanschlüsse und Restaurants gehören zur üblichen

Ruinen aus dem 20. Jh. – einstiges Griechendorf auf der Karaburun-Halbinsel

Ausstattung. Manchmal ist zudem ein Pool angegliedert. Preislich liegen diese Plätze nicht selten um etwa das Doppelte über den nicht lizenzierten Campingplätzen, deren sanitäre Einrichtungen häufig stark zu wünschen übrig lassen.

Viele Campingplätze vermieten neben Stellplätzen für Zelt und Wohnmobil auch **Bungalows.** Dabei handelt es sich meist um einfache Holzhütten ohne jeden Komfort; z. T. sind sie aber auch mit gefliestem Boden, Bad und WC, Terrasse usw. ausgestattet. Gecampt werden darf i. d. R. auch auf diversen von der Forstverwaltung ausgewiesenen **Picknickplätzen** *(Orman İçi Dinlenme Yeri).* Sie sind mit Abfallkörben (leider werfen viele Besucher ihren Dreck daneben), Toiletten und Tischen, häufig auch mit bescheidenen Grillmöglichkeiten ausgestattet. **Wildcampen** kann aufgrund von neugierigen Dörflern und Polizeikontrollen zu einem nervigen Unterfangen werden.

• *Preise* Für 2 Personen mit Zelt oder Wohnmobil sollte man je nach Ausstattung des Platzes mit 6–20 € rechnen, Bungalows kosten je nach Ausstattung 14–55 €.

• *Öffnungszeiten* Viele Campingplätze haben nur Mai–Okt., manche auch nur Juni–Sept. geöffnet. Großer Andrang herrscht lediglich im Hochsommer. Bereits Ende Sept. kann es Ihnen passieren, dass Sie der einzige Gast auf dem Campingplatz sind und daher auch Bar, Restaurant und Supermarkt geschlossen vorfinden.

Essen und Trinken

„Der Imam ist in Ohnmacht gefallen", als er „Frauenschenkel" und den „Nabel der Dame" probieren sollte. „Dem Herrscher hat's gefallen", als man ihm den „Finger des Wesirs" servierte – mit den Namen türkischer Gerichte lassen sich ganze Dramen inszenieren. Sie deuten aber auch an, auf welche Tradition die Küche zurückgreift und mit wie viel Phantasie die Köche bei der Arbeit sind.

„Leben kommt aus dem Magen" heißt ein türkisches Sprichwort. Dementsprechend besitzt die türkische Küche ein ähnlich hohes Niveau wie die französische.

Grundlage der Gerichte ist frisches Gemüse, darunter Sorten, die in Mitteleuropa eher unbekannt oder vergessen sind, z. B. Kichererbsen *(nohut)*, Okraschoten *(bamya)*, Rauke *(roka)* oder Portulak *(semizotu)*. Anders bei den Gewürzen: Verwendet werden keinesfalls geheimnisvolle orientalische Exoten, sondern in erster Linie die uns vertrauten Klassiker wie Pfeffer, Paprika oder Petersilie. Auch Knoblauch kommt zum Zuge, aber bei weitem nicht in dem Maß, wie es sich mancher vorstellt.

Wo isst man

In den großen Touristenzentren gibt es vom Chinarestaurant über die italienische Pizzeria bis zum bayerischen Biergarten alle erdenklichen Lokalitäten. Bei den türkischen Speiselokalen unterscheidet man vornehmlich zwischen Lokanta und Restoran.

Lokanta: Hier isst man, um satt zu werden, nicht um seine Verlobte auszuführen. Lokantas sind einfach, gut und günstig: Ab 2,50 € is(s)t man dabei. Die Innenausstattung präsentiert sich mit gekachelten Wänden und kaltem Neonlicht äußerst spartanisch. Das vorgekochte Essen wird in Vitrinen warm gehalten, Sie können wählen zwischen Fleisch- und Gemüsegerichten, Suppen und Eintöpfen. Je besser die Lokanta besucht ist, desto frischer sind i. d. R. die Speisen. Lokanta-Varianten gibt es viele: Je nachdem, worauf sich eine Lokanta spezialisiert hat, heißt sie auch *kebapçı*, *köfteci* oder *pideci*. Beim *işkembeci* bekommt man Kuttelflecksuppe und andere Innereien. Die meisten Lokantas haben keine Alkohollizenz.

Restoran/Restaurant: Restaurants haben i. d. R. eine Alkohollizenz, die gediegenere Innenausstattung, den besseren Service und so auch die höheren Preise. Nur die Küche unterscheidet sich nicht immer von jener der einfachen Lokantas, das gilt insbesondere für Mittelklasserestaurants. Eine volle Mahlzeit mit einem Getränk beginnt dort bei ca. 6 €. Nach oben sind keine Grenzen gesetzt: Wer sein Candlelight-Dinner in einem eleganten Lokal am Meer genießt, bezahlt schnell 20 € und mehr pro Person (ohne Wein). Auch Fischlokale gehören zu den gehobeneren Restaurants, für ein komplettes Menü sollte man mit 20–30 € pro Person rechnen.

Tipping-Tipps: In einfachen Lokantas wird kein Trinkgeld erwartet, wohl aber in Restaurants. Ist der Service noch nicht in der Endsumme verrechnet, was in gehobeneren Restaurants und Touristenlokalen durchaus vorkommt, gibt man etwa 10 %. In Lokalen, die keine Speisekarten haben und in denen auch die Preise nicht aushängen, ist es ratsam, sich vor dem Bestellen nach den Preisen zu erkundigen – Schlitzohren unter den Kellnern gibt es einige.

Was isst man

Frühstück: Zu einem traditionellen türkischen Frühstück *(kahvaltı)* werden frisches Weißbrot, Marmelade, Ei (meist hartgekocht), Oliven, Gurken, Tomaten, Butter und Schafskäse gereicht. Letzteren genießen Türken zusammen mit Honig auf dem Brot. Dazu trinkt man Tee. Filterkaffee ist nicht üblich, wer will, bekommt Nescafé oder verwandte Surrogate. Türken essen als Brotaufstrich auch *Pekmez* (eingedickter Traubensaft) mit *Tahin* (Sesammus) zum Frühstück – sehr empfehlenswert, auf den Frühstücksbüfetts der Hotels ist beides allerdings nur selten zu finden. In den großen Hotels der Touristengebiete erwartet Sie am Morgen auch ein europäisches Frühstück – je nach Hotelkategorie als üppiges Büfett oder in der Magervariante mit Kaffee, Konfitüre, Schmelzkäse und Ei. Wer außer Haus frühstücken möchte, sucht am besten eine *pastane* auf, eine Konditorei, in der man neben leckeren Kuchen und Torten auch herzhafte Snacks bekommt.

Vorspeisen: Wählen Sie zwischen pikanten Joghurtcremes *(haydari),* würzigen Gemüsepürees *(ezme),* kaltem Gemüse in viel Olivenöl *(zeytinyağlı),* gefüllten Weinblättern *(yaprak dolması),* Melone mit Schafskäse (*peynirli karpuz*) und ähnlichen Köstlichkeiten. *Meze* nennen die Türken solche Vorspeisen, die in Vitrinen zur Auswahl stehen. Sie können auch auf den Hauptgang verzichten und nur Vorspeisen ordern; in vielen Restaurants ist das kein Problem. Dazu wird stets – wie zu allen Gerichten – frisches Weißbrot *(ekmek)* gereicht.

Suppen nehmen die Türken als Vorspeise außerhalb der eigenen vier Wände eher selten zu sich. Man isst sie als Frühstücksersatz, zwischendurch oder nach durchzechten Nächten. Viele Schnapsnasen schwören auf die Alka-Seltzer-Wirkung von Kuttelflecksuppe *(işkembe çorbası)* – sicher nicht jedermanns Geschmack. Wer dennoch als Vorspeise eine warme Suppe vorzieht, sollte die herzhafte Linsensuppe *(merçimek çorbası)* probieren.

Fleischgerichte: Am beliebtesten sind *kebap* und *köfte. Kebap* ist der Oberbegriff für Fleischgerichte jeglicher Couleur (i. d. R. Lamm, manchmal auch Kalb oder Geflügel), die gegrillt, geschmort, gebraten oder gebacken sein können. Zu *döner kebap* braucht wohl nichts mehr gesagt zu werden. Beim *şiş kebap* handelt es sich um einen zarten, auf Holzkohleglut gerösteten Fleischspieß, zu dem als Beilage gewöhnlich Reis oder Bulgur (Weizengrütze) gegessen wird. Beim *patlıcan kebap* wird der Spieß mit Hackfleisch und Auberginen bestückt. *Bursa kebap* (oft auch *İskender kebap* genannt) verdient seinen Namen nur dann, wenn das Fleisch zusammen mit Joghurt und Tomatensoße auf geröstetem Fladenbrot angerichtet wird. Kosten Sie auch den *Adana kebap,* einen scharf gewürzten Hackfleischspieß. Unbedingt probieren sollte man das vielerorts angebotene *güveç,* zartes Schmorfleisch mit Gemüse im Tontopf. Oder *saç kavurma:* Geschnetzeltes Fleisch wird in einer flachen Blechpfanne (türk. *saç* = Blech) zusammen mit Tomaten, Peperoni und Zwiebeln im eigenen Fett gebraten.

Unter die Bezeichnung *köfte* fallen frikadellenähnliche Hackfleischgerichte aus Hammel, Lamm oder Rind (gebraten oder gegrillt). Die leckeren „Frauenschenkel" *(kadınbudu),* die mit Reis und Zimt verfeinert und anschließend paniert werden, haben ihren Namen übrigens von der Form der Frikadelle.

Türken lieben zudem Innereien wie z. B. gebratene Leber *(ciğer)* oder Nieren *(böbrek).* Als Innereiensnack wird an vielen Straßenecken *kokoreç* angeboten: gegrillte Därme, die mit Zwiebel und Tomate ins Brot kommen (mancherorts auch *boklu sandviç* – „Sandwich mit Scheiße" – genannt). Nebenbei haben Sie auch noch die Möglichkeit, eine Vielzahl anderer Kuriositäten zu probieren, z. B. gegrillte Schafshoden *(koç yumurtası),* gedünstete Schafsköpfe *(kelle)* oder gekochte Hammelfüße *(paça).*

Gemüsegerichte: Gemüse *(sebze)* ist weniger Beilage als vielmehr die Grundlage türkischer Gerichte. Die Auswahl an Schmortöpfen, Aufläufen und Eintöpfen ist riesig. Beliebt sind insbesondere die Dolma-Gerichte. Dabei handelt es sich um gefülltes Gemüse, z. B. mit Reis und Hackfleisch gefüllte Zucchini *(kabak dolması)* oder Paprikaschoten *(biber dolması).* In der Regel wird dazu Joghurt gegessen. Ebenfalls schmackhaft sind diverse Eintöpfe wie *kıymalı ıspanak* (Spinat mit Hackfleisch). Ein Genuss sind aber auch Kichererbsen *(nohut)* oder Okraschoten *(bamya)* mit Lamm. Achtung: Vielfach schwimmt das Essen in Olivenöl – auf Mägen, die dergleichen nicht gewöhnt sind, hat dies die gleiche Wirkung wie eine gehörige Dosis Rizinusöl.

Fischgerichte: An Meeresfischen werden häufig Seebarsch *(levrek),* Steinbutt *(kalkan),* Mittelmeermakrele *(kolyos),* Goldbrasse *(çipura),* Makrele *(uskumru)* und fangfrische Sardinen *(sardalya)* angeboten. Auch Tunfisch *(palamut* oder *orkinos)* kann in verschiedenen Zubereitungsarten genossen werden. Oktopus *(ahtapot)* und Calamares *(kalamar)* finden auch in leckeren Vorspeisensalaten Verwendung. Unter den Süßwasserfischen ist insbesondere die Forelle *(alabalık)* sehr beliebt, im Hinterland findet man viele auf Forellen spezialisierte Restaurants.

Süßspeisen und Obst: Eine der beliebtesten Süßspeisen *(tatlı)* ist *baklava,* ein Gebäck aus mehreren Teigschichten, zwischen die Mandeln und Pistazien eingestreut sind. Die kleinen Rechtecke werden mit einem Sirup aus Zucker, Zitronensaft und Honig übergossen. Genauso süß und klebrig ist *helva,* eine Kalorienbombe aus Weizenmehl, Sesamöl, Honig und Zucker. Unserem Geschmack vertrauter sind Mandelpudding *(keşkül)* oder Milchreis *(sütlaç).* Experimentierfreudige sollten einmal *aşure* probieren, eine gallertartige Süßspeise, die, in bester Qualität zubereitet, mehr als 40 Zutaten enthalten muss, darunter Rosenwasser, Nüsse, Zimt und sogar Bohnen. Der Legende nach wurde sie auf der Arche Noah kreiert – man schüttete alle Speisereste zusammen und kochte sie auf. Ähnlich seltsam liest sich die Zusammensetzung von *tavuk göğüsü:* Hier werden klein gehackte Hühnerbrust, Reismehl, Milch und Zucker verarbeitet. All das und noch viel mehr bietet der *muhallebici* an, eine Art Süßspeisenschnellimbiss.

Auch mit Obst *(meyve)* schließt man gerne eine Mahlzeit ab. Je nach Jahreszeit werden Melonen, Feigen, Trauben, Pfirsiche, Kirschen, Erdbeeren, Granatäpfel oder Zitrusfrüchte serviert. Gründlich waschen!

Die Türkei für Vegetarier

Ein müdes Lächeln ist alles, was der gewöhnliche Türke einem Vegetarier entgegenbringt: Denn wer freiwillig auf so leckere Dinge wie *şiş kebap, köfte* oder Kuttelflecksuppe verzichtet, muss krank sein – oder verrückt. Doch keine Sorge: Auch ohne Fleisch kann man in der Türkei Köstlichkeiten genießen. Das Gros der Vorspeisen ist rein vegetarisch, zudem warten schmackhafte Gemüseeintöpfe, sämige Suppen, Salate und gefüllte Teiggerichte auf ihre Entdeckung. Um keine bösen Überraschungen zu erleben, vergewissern Sie sich am besten mit „Etsiz mi?“ („Ist das ohne Fleisch?“, gesprochen: „Ätsis mi?“) und bekräftigen Ihre Frage mit „Et yemiyorum“ („Ich esse kein Fleisch“, gesprochen: „Ät jämijorum“).

Snacks: Nahezu eine komplette Mahlzeit ersetzt *börek,* eine blätterteigähnliche Strudelspezialität, die mit Hackfleisch, Spinat oder Schafskäse gefüllt wird. Mit ähnlichen Zutaten belegt man die *pide,* ein knuspriges Teigschiffchen. Eine Kostprobe wert ist auch *lahmacun,* die türkische Pizza mit Hackfleisch und Kräutern. *Mantı* nennen sich die türkischen Ravioli, die so klein sein sollen, dass 30 davon auf einen Löffel passen. Man isst sie mit Knoblauchjoghurt, zerlassener Paprikabutter und Minze. Unübersehbar sind die *Simit*-Verkäufer; ihre Sesamkringel sind in der Früh am knusprigsten. Oft sieht man zudem Frauen *gözleme* zubereiten, eine Art Pfannkuchen, der auf verschiedene Arten süß oder herzhaft gefüllt wird. Und: Kosten Sie *kumpir,* wenn sich die Möglichkeit ergibt. Die gefüllten Riesenkartoffeln stopfen für etliche Stunden.

Was trinkt man

Candlelight-Dinner in der Hayıtbükü-Bucht

Softdrinks: Ob *Pepsi* oder *Coke,* überall werden die auch bei uns bekannten Softdrinks angeboten. Zum Essen wird oft Wasser *(su)* auf den Tisch gestellt. Kommt es aus der Leitung, sollten Sie darauf verzichten. Empfehlenswert sind frisch gepresste Fruchtsäfte *(meyve suyu).* Auch in der Dose werden überall leckere Fruchtsäfte verkauft. *Ayran* ist ein erfrischendes Mixgetränk aus Joghurt, Salz und kaltem Wasser, das ein wenig an Buttermilch erinnert.

Heißgetränke: Das türkische Nationalgetränk ist der *çay.* Der gute schwarze Tee aus den Plantagen der Schwarzmeerküste wird zu jeder Gelegenheit getrunken. Ob beim Frühstück, bei Geschäftsbesprechungen, im Teppichladen oder beim Friseur – nirgends fehlen die kleinen bauchigen Gläser. Für Nachschub wird stets gesorgt. *Elma çayı* nennt sich der unter Touristen sehr beliebte Apfeltee. Türkischen Mokka *(Türk kahvesi),* den man entweder süß *(şekerli),* mittelsüß *(orta şekerli)* oder ohne Zucker *(sade)* bestellt, trinkt man für gewöhnlich nach einem üppigen Essen. Wer auf Krümel zwischen den Zähnen wenig Wert legt, bestellt *Neskafe.* In schickeren Cafés bekommen Sie auch Cappuccino, Espresso oder Latte Macchiato.

Alkohol: Beliebt ist v. a. der Rakı, ein ca. 45-prozentiger Anisschnaps, der geschmacklich dem griechischen Ouzo ähnelt. Die Türken trinken ihn mit Eis und Wasser verdünnt aus schmalen, hohen 0,2-Liter-Gläsern. Er erhält dann eine milchig-trübe Färbung und wird nicht zuletzt deswegen auch „Löwenmilch" genannt. Rakı gilt als Magenelixier und Heilmittelchen gegen alle möglichen Beschwerden – zum Wohle des Landes werden daher jährlich 70 Millionen Liter abgefüllt. Hochgeschätzt ist die Marke „Tekirdağ". Guter Rakı unterscheidet sich von minderwertigem dadurch, dass er am Glasrand einen Film zieht.

Neben Rakı wird auch gerne ein Bier *(bira)* zum Essen getrunken, am weitesten verbreitet ist das *Efes.* Daneben bekommt man auch das dänische – aber in der Türkei gebraute – *Tuborg,* das etwas herber als *Efes* schmeckt. Neu auf dem Markt ist das Weizenbier *Gusta.*

Vielen unbekannt ist türkischer Wein *(şarap).* Die besseren Sorten können sich jedoch durchaus sehen lassen. Dazu gehören insbesondere Weine der Kellereien „Doluca" und „Kavaklıdere". Türkische Weine sind aufgrund ihres geringen Säuregehaltes ausgesprochen magenfreundlich.

Wissenswertes von A bis Z

Ärztliche Versorgung

Auch wenn zwischen Ihrem Land (Deutschland, Österreich oder Schweiz) und der Türkei ein Sozialversicherungsabkommen besteht, ist der Abschluss einer privaten **Auslandskrankenversicherung** (Formulare liegen z. B. in Banken aus) dringend zu empfehlen: Die privaten Krankenhäuser sind besser ausgestattet als die staatlichen, zudem gewährleistet eine private Auslandskrankenversicherung i. d. R. auch den Krankenrücktransport. Das vorgestreckte Geld für Behandlung und Medikamente wird in der Heimat nach Vorlage einer Quittung mit Stempel, Datum und Unterschrift des türkischen Arztes bzw. Apothekers erstattet.

Für kleinere Fälle reicht es häufig auch aus, wenn Sie eine der zahlreichen Apotheken aufsuchen und dem Apotheker irgendwie Ihr Leid verdeutlichen. Dieser beherrscht zwar häufig keine Fremdsprache, die Mittelchen gegen die gängigsten Touristenleiden hat er aber schon unzählige Male über den Ladentisch gereicht. Bei Durchfall hilft oft auch schon, einen kleinen Löffel Teeblätter und/oder gesalzenen Schwarzen Tee herunterwürgen.

Deutschsprachige Ärzte und das jeweils nächstgelegene Krankenhaus sind im Reiseteil unter der Rubrik „Adressen“ aufgeführt. Auch die Konsulate und Botschaften des Heimatlandes erteilen Auskünfte über deutschsprachige Ärzte.

Apotheken: In türkischen Apotheken (*eczane*, Mo–Sa 9–19 Uhr geöffnet) gibt es kaum etwas, was es bei uns nicht gibt, vieles jedoch unter einem anderen Namen, zudem rezeptfrei und preiswerter. Arzneimittel, auf die Sie ständig angewiesen sind, sollten Sie trotzdem sicherheitshalber von zu Hause mitbringen. Im Schaufenster ist der nächstgelegene Notdienst (*nöbetçi*) vermerkt.

Falls Sie während Ihres Aufenthaltes ein Schnupfen plagt: Öffentliches Naseputzen gilt in der Türkei als sehr unfein!

Schutzimpfungen sind nicht vorgeschrieben. Es wird jedoch geraten, sich vor Reiseantritt gegen Tetanus, Diphtherie, Polio und Gelbsucht (Hepatitis A) impfen zu lassen. Eine Malariaprophylaxe ist für Reisen in die Südägäis nicht notwendig. Informieren Sie sich über aktuelle Entwicklungen bei den Gesundheitsämtern oder den Tropeninstituten.

Ausgrabungsstätten und Museen

Ephesus, Milet, Aphrodisias oder das in einem Extra-Ausflugskapitel behandelte Pergamon sind antike Ausgrabungsstätten von Weltrang. Im Reisegebiet stoßen Sie aber auf eine Vielzahl weiterer Ausgrabungsstätten, braune Schilder machen auf sie aufmerksam. Die bedeutendsten und sehenswertesten sind im Reiseteil beschrieben. Was in der Beschreibung fehlt, lohnt unseres Erachtens für den Laien nicht, außer man hat Gefallen an langen, schweißtreibenden Fußwegen durchs Dickicht, um ein paar verwitterten Steinen gegenüber zu stehen.

Die Eintrittspreise für antike Stätten und Museen sind nicht einheitlich und werden jährlich neu festgesetzt. Dabei kam es in der Vergangenheit hier und dort zu extremen Preissprüngen, nicht nur nach oben, sondern – wie zuletzt – auch nach unten, da nun für Türken und Ausländer weitestgehend derselbe Eintrittspreis verlangt wird. Grundsätzlich gilt: Je berühmter die Stätte, desto teurer. Ermäßigungen für Studenten mit einer ISIC-Karte gab es 2007 nur noch selten – das kann sich jedoch wieder ändern. Fotografieren oder Filmen (Video) kostet gelegentlich extra und dann meist nicht wenig (bis zu 10 €). Es gibt aber auch eine Vielzahl von Ausgrabungen, die frei und kostenlos zugänglich sind. Nicht selten versuchen dort allerdings selbsternannte Aufseher dem Touristen ein paar Lira abzuknöpfen. Lassen Sie sich nicht übers Ohr hauen – wer von offizieller Seite dazu befugt ist, kann Ihnen eine Eintrittskarte aushändigen. Für Öffnungszeiten → S. 50.

Antike Kunst in Aphrodisias

Antike Stätten – die wichtigsten Begriffe

Agora: Markt und Versammlungsplatz in der griechischen Antike; meist von einem Säulengang mit Geschäften umringt

Akropolis: Burgberg, auch Oberstadt

Andron: Männerhaus

Architrav: Auf Säulen ruhender Hauptbalken (meist aus Stein)

Basilika: Zentrale römische Halle, bei der die Seitenschiffe niedriger als das Hauptschiff liegen, erst später für Kirchen verwendet

Bouleuterion: Ratssaal des Senats in hellenistischer und römischer Zeit

Cavea: Zuschauerraum des antiken Theaters, in römischer Zeit meist halbkreisförmig, in griechischer meist darüber hinausgehend

Cella: Hauptraum eines Tempels, meist mit einer oder mehreren Kultstatuen

Gymnasion: Zentrum für athletisches Training, ursprünglich Teil einer Schule

Heroon: Kultbau zu Ehren eines Helden oder Würdeträgers

Kapitell: Oberster Abschluss einer Säule

Nekropole: Gräberfeld

Nymphäum: Brunnenanlage

Odeion: Theaterähnliches Gebäude für kleinere kulturelle Veranstaltungen

Orchestra: Spielfläche des Theaters

Pantheon: Tempel für alle Götter

Peristyl: Säulenhalle um einen Hof

Pronaos: Vorhalle eines Tempels

Propylon: Torbau

Stoa: Säulenhalle

Baden

Die Sehnsucht nach Sonne, Strand und Meer lockt jährlich Millionen an die Südägäisküste. Nicht ohne Grund: Schöne Buchten und Strände gibt es zuhauf – viele mit Blick auf die vorgelagerten griechischen Inseln. Die Wasserqualität ist fast überall sehr gut, viele Strände besitzen die blaue Flagge (Infos unter www.blueflag.org). Die folgenden Werte gelten für die Bucht von Bodrum, ziehen Sie für İzmir und die Çeşme-Halbinsel 1–2 °C ab.

Durchschnittliche Wassertemperatur in °C

Januar	Februar	März	April	Mai	Juni
16	16	16	17	20	23
Juli	August	September	Oktober	November	Dezember
25	27	26	23	20	18

Nacktbaden ist in der Türkei verboten. Oben ohne wird vor den Clubhotels der touristischen Zentren praktiziert, andernorts aber nur von schnauzbärtigen Spannern aus dem Hinterland gern gesehen.

In den Gassen von Alaçatı

Diplomatische Vertretungen

Die Botschaften Deutschlands, Österreichs und der Schweiz befinden sich in Ankara. Alle drei Länder sind jedoch durch Konsulate im Reisegebiet vertreten, in İzmir unterhält Deutschland ein Generalkonsulat und die Schweiz ein Konsulat, für Österreicher steht ein Honorarkonsulat in Bodrum zur Verfügung (Adressen → unter den jeweiligen Städten im Reiseteil).

• *Türkische Botschaften* **Deutschland**, Rungestr. 9, 10179 Berlin, ✆ 030/275850, www.tuerkischebotschaft.de.

Österreich, Prinz-Eugen-Str. 40, 1040 Wien, ✆ 01/ 5057338-0, tuerkische-botschaft@chello.at.

Schweiz, Lombachweg 33, 3000 Bern 15, ✆ 031/3597070, www.tr-botschaft.ch.

• *Botschaften in der Türkei* **Deutsche Botschaft**, Atatürk Bul. 114, 06540 Ankara, ✆ 0312/4555100, www.ankara.diplo.de.

Österreichische Botschaft, Atatürk Bul. 189, 06680 Ankara, ✆ 0312/4190431, ankara-ob@bmeia.gv.at.

Schweizer Botschaft, Atatürk Bul. 247, 06692 Ankara, ✆ 0312/4573100, www.eda.admin.ch/ankara.

Ein- und Ausfuhrbestimmungen

Zollfrei in die Türkei eingeführt werden dürfen neben Gegenständen des persönlichen Gebrauchs 50 Zigarren oder 200 g Tabak oder 200 Zigaretten (400 Zigaretten, sofern diese in einem Duty-free-Shop eines türkischen Flughafens vor der Zollabfertigung gekauft werden – die Zigaretten sind dort übrigens billiger als im heimischen Duty-free-Shop), eine 1-l-Flasche oder zwei 0,7-l-Flaschen Spirituosen sowie Geschenke im Wert von bis zu 300 €. Überaus teure Wertgegenstände (wie z. B. hochkarätigen Brillantschmuck) muss man bei der Einreise vom türkischen Zoll in den Reisepass eintragen lassen.

Für die Ausfuhr antiker Gegenstände aus der Türkei benötigt man die schriftliche Genehmigung eines Museumsdirektors. Das gilt für alte, behauene Steine genauso

Knoten für Knoten: Teppichknüpferinnen bei der Arbeit

Hinweise zum Teppichkauf

Die Türkei ist bekannt als ein Land, in dem man preiswert Teppiche kaufen kann. Das setzt aber voraus, dass man sich mit der Materie auskennt und genau weiß, was man will. Nur dann wird der Teppich zum Schnäppchen. Das Gros der Urlauber jedoch, das sich spontan zu einem Kauf hat überreden lassen, bringt i. d. R. einen überteuerten und dazu noch einen viel zu großen oder viel zu kleinen Teppich mit nach Hause, der zudem oft farblich nicht einmal in die Wohnung passt.

Um einen guten Preis aushandeln zu können, sollten Sie in der Lage sein, Qualität von Billigware zu unterscheiden. Vergessen Sie den Ratschlag, ein Produkt um ein Drittel herunterzuhandeln, um einen guten Preis zu erzielen. Das gelingt jedem beim zehnten Tee. Auch die Händler kennen diesen Ratschlag, und wer sagt Ihnen, dass diese nicht bei einem hundertfach höheren Preis anfangen?

Daher unser Tipp für alle, die keine Ahnung von Teppichen haben: Kaufen Sie wenn überhaupt ein billiges Stück als Souvenir, das notfalls in einer Kiste auf dem Dachboden die Motten ernährt, oder gehen Sie zu Hause in ein Fachgeschäft. Dort dürfen Sie den Teppich gegen Pfand mitnehmen und können ihn einmal in Ihren vier Wänden zur Probe auslegen.

Wer dennoch als Ahnungsloser sein Glück versuchen will, sollte wenigstens den Eindruck eines Teppichexperten erwecken. Dazu gehört der fachmännische Blick auf die Dicke der Knoten sowie die Frage nach der Anzahl der Knoten je Quadratzentimeter. Hantieren Sie mit dem Stück unter freiem Himmel etwas herum, teilen Sie gar den Flor mit den Fingern, um die Farbechtheit zu testen. Passen Sie auf, dass Sie beim berüchtigten Gewebetest mit dem Feuerzeug kein Loch in den Teppich brennen, sonst sind Sie unten durch. Fragen Sie zudem, ob der Teppich fliegen kann. Wenn nicht, drücken Sie sofort den Preis um 50 %. Beherzigen Sie die Ratschläge, dann weiß der Händler, dass Sie zumindest gewisse Grundkenntnisse besitzen. Und noch etwas: Lassen Sie sich niemals aus Bequemlichkeit auf das Angebot des Händlers ein, dass er Ihnen den Teppich mit der Post nach Hause schickt!

wie für Siegel, Orden, Teppiche usw. Bei Zuwiderhandlung drohen hohe Haftstrafen. Die Mitnahme von Mineralien bedarf ebenfalls einer schriftlichen Bestätigung (zuständig dafür MTA in Ankara, ✆ 0312/2873430). Bei der Ausfuhr von Teppichen muss eine Quittung vorgelegt werden. Auf der Rückreise dürfen für den privaten Gebrauch gekaufte Waren (wie z. B. Kleidung) nach Deutschland und Österreich bis zu einem Wert von 175 € zollfrei eingeführt werden, für Schweizer gilt die Obergrenze von 300 sfr.

Einkaufen und Handeln

Lederwaren, Teppiche, Goldschmuck, Keramik, Tee, Gewürze, Onyxprodukte und alle Dinge, die einen Hauch von Orient erwecken, zählen zu den beliebtesten Souvenirs. Hoch im Kurs stehen zudem T-Shirts, Jacken und Hosen mit dem Schriftzug bekannter Designer. Das sind Imitate, die zumindest ihren Zweck erfüllen: Man kann sie tragen. Achtung aber vor den täuschend echt verpackten Parfüms – sie stinken mehr als dass sie riechen.

Am besten kauft man in Boutiquen und Einkaufszentren der größeren Städte, wo die Waren mit Preisen versehen sind und sich so auch Preisvergleiche durchführen lassen. In den Shoppingcentern der größeren Städte bekommt man Markenklamotten z. T. 30 % billiger als daheim. Wo es keine Festpreise gibt, müssen Sie handeln. Um aber gut handeln zu können, sollten Sie den Wert und die Echtheit einer Ware einschätzen können. Türkische Händler sind leider, ohne es böse zu meinen, fast durch die Bank Schlitzohren. Lassen Sie sich also kein Kunstleder als Nappa verkaufen und glauben Sie nur einen Bruchteil von dem, was Ihnen erzählt wird ... Falls Sie schon vor der Abreise wissen, dass Sie sich für Goldschmuck oder einen Teppich interessieren, so machen Sie sich am besten im Heimatland mit den Produkten und deren Preisen vertraut.

Unter *pazar* verstehen die Türken übrigens einen Wochenmarkt mit Gemüse-, Käse-, Klamotten- und Schuhständen. Feste Einrichtungen wie den Basar von Antalya oder Marktviertel mit richtigen Läden nennt man in der Türkei hingegen *çarşı*.

Mehrwertsteuerrückerstattung: Wer in Geschäften und Boutiquen mit dem Taxfree-Symbol am Schaufenster Waren im Wert von umgerechnet ca. 70 € und mehr einkauft, kann sich bei der Ausreise in sog. „Cash Refund Offices" (am Flughafen Dalaman 24 Std. geöffnet, am Flughafen Milas/Bodrum über die rund um die Uhr geöffnete Post und am Flughafen İzmir, ebenfalls über die Post, 8–20 Uhr) die Mehrwertsteuer (uneinheitlich, auf Textilien z. B. 8 %) zurückerstatten lassen. Dafür bedarf es eines vollständig ausgefüllten Tax-free-Schecks vom Verkäufer.

Elektrizität

Die elektrische Spannung beträgt 230 Volt. In der Regel benötigt man für mitgebrachte Geräte keine Adapter. Zur Sicherheit kann man jedoch einen für Südosteuropa ins Gepäck stecken.

Feste und Feiertage

Von vielen Feiertagen bekommt man in den Touristenzentren an der Küste nur wenig mit. Dort herrscht nämlich stets Festtagsstimmung – allerdings nur unter den Touristen.

1. Januar: Neujahr

23. April: Unabhängigkeitstag – am 23.4.1920 versammelte sich das Parlament in Ankara zu seiner ersten Sitzung. Wird heute auch als „Tag der Kinder" gefeiert.

1. Mai: Frühlingsfest (inoffizieller Feiertag,

Abkük-Bucht am Golf von Gökova

Ersatz für den ehemaligen Tag der Arbeit).

19. Mai: Beginn des nationalen Befreiungskriegs (1919). Heute Tag der Jugend und des Sports.

30. August: Tag des Gedenkens an den Sieg über die Griechen im Jahre 1922.

28.09.2008, 17.09.2009 u. 06.09.2010: Nacht der Kraft (Kadir Gecesi), → S. 42.

1.–3.10.2008, 20.–22.09.2009 u. 9.–11.09.2010: Zuckerfest (Şeker Bayramı), → S. 42.

29. Oktober: Tag der Republik – am 29.10.1923 wurde die Türkische Republik ausgerufen. Aufmärsche begleiten das Fest.

10. November: Todestag Atatürks (1938) – quasi ein halbamtlicher Feiertag, aber nicht gesetzlich verankert. Ein Großteil der Bevölkerung gedenkt des Gründers der Türkischen Republik und bleibt der Arbeit fern.

8–11.12.2008, 28.11.–1.12.2009 u. 17–20.11.2010: Opferfest (Kurban Bayramı), → S. 42.

Flora und Fauna

Eine typisch mediterrane Vegetation mit Pinien- und Zypressenwäldern sowie gestrüppartiger Macchia, bestehend aus Oleander, Stechpalme, Kermeseiche, Buchsbaum, Myrte, Lavendel, Johannisbrotbaum usw., prägt die Südägäis. Dazwischen stößt man auch immer wieder auf silbrig schimmernde Olivenhaine. In höheren Lagen ist die Brutische Kiefer die vorherrschende Baumart, vereinzelt finden sich dort auch Tannen, Schwarzföhren und die Libanonzeder. Die Schwemmlandebene des Großen Mäander überziehen Baumwollfelder. Angebaut werden zudem Melonen, Tabak, Pfirsiche, Zitrusfrüchte, Tomaten u. v. m.

Unkontrollierte Jagd auf jegliches Wild hat dazu geführt, dass sich die Tierbestände in freier Natur stark dezimiert haben. Die Löwen starben in der Türkei schon im 19. Jh. aus. Vor Wölfen, Bären und Schakalen braucht man sich an der Südägäisküste auch nicht mehr zu fürchten. In den Wäldern tummeln sich jedoch noch Rehe, Hirsche, Füchse, Wildschweine, Dachse, Iltisse, Baum- und Steinmarder, die vom Aussterben bedrohten Stachelschweine oder Nagetiere wie das dem Murmeltier verwandte putzige Ziesel.

Am Boden kriechen Eidechsen, Geckos und Schildkröten (Letztere gibt's zu Land und zu Wasser). Bei Wanderungen sieht man gelegentlich auch Schlangen, von den 37 in der Türkei vorkommenden Arten gehören die meisten zu den Familien der Nattern, Vipern und Ottern, und sind größtenteils ungiftig (bezüglich der Gefahren am Wegesrand → Wandern, S. 22). Nicht selten sind ferner Chamäleons – allerdings fallen sie naturgemäß wenig auf.

Unter den Vögeln faszinieren Störche, die in der Türkei nicht gejagt werden dürfen, zudem gibt es viele Raubvögel wie Adler, Falken und Bussarde. Ornithologen können sich am Dalyan-Delta, am Delta des Großen Mäander und am Bafa-See zudem auf Stelzenläufer und Pelikane, Grau- und Purpurreiher, Eisvögel, Weißstörche, Cistensänger, Nachtschwalben und andere Piepmätze freuen.

Zum Schluss noch ein Hinweis in Sachen „tierische Quälgeister“: Moskitos, Flöhe und Kakerlaken sehen nicht nur die Wälder als ihre Heimat an!

Frauen

Die Stellung der Frau in der modernen Türkei ist nicht mit der der Frauen in arabischen Ländern gleichzusetzen. Dies hängt zum einen mit Atatürks Reformen aus den 1920ern zusammen, zum anderen mit dem 2005 in Kraft getretenen, neuen Strafgesetzbuch, mit dem Ankara Forderungen der EU erfüllt hat. Das Gesetzbuch stärkt die Rechte der Frauen enorm: Vergewaltigung in der Ehe ist nun Straftatbestand und sog. „Ehrenmördern“, denen im Gerichtssaal zuvor viel Milde gewährt wurde, drohen lebenslange Haftstrafen.

Zwischen den Rechten der Frauen und den von der männlichen Gesellschaft auferlegten Zwängen herrscht jedoch, je nachdem, wo man sich in der Türkei aufhält, eine große Diskrepanz. Das Emanzipationsgefälle in der Türkei hat wesentlich mit der Ausbildung der Frauen zu tun. Während an der Mittelmeerküste und in den modernen Städten des Landes über 50 % der weiblichen Arbeitskräfte eine Ausbildung besitzen, die über das Grundschulniveau hinausgeht (ein Drittel aller Hochschulabsolventen sind Frauen), sind es auf dem Lande gerade 5 % – mehr als jede dritte Frau dort ist Analphabetin. Ganz nebenbei: An der İstanbuler Börse arbeiten im Gegensatz zu Frankfurt mehr Frauen als Männer.

• *Allein reisende Frauen* Es ist kein Problem, als Frau alleine die türkische Mittelmeerküste zu bereisen. In touristischen Zentren oder westlich orientierten Städten wie Marmaris, Bodrum oder İzmir, wo auch Türkinnen mit hohen Absätzen und Minirock über die Gehwege flanieren, fällt die Anmache – wenn überhaupt – nicht anders aus als in Italien oder Spanien. Um prinzipiell Unannehmlichkeiten vorzubeugen, ist es ratsam, dezente Kleidung zu tragen und dazu einen Ehering (auch wenn er aus dem Automaten ist). Zu einer ehrbaren, unantastbaren Frau werden Sie auch, wenn Sie Fotos von Ihrem Mann und Kind mitbringen (falls Sie beides nicht haben, tut's auch ein Bild mit dem Schwager und dessen Kindern). Spricht man Sie an, bleiben Sie formell und höflich, aber vermeiden Sie übertriebene Freundlichkeit und Augenkontakt, beides wird gerne fehlinterpretiert. Wandernde Hände im überfüllten Dolmuş oder Ähnliches (passiert selten) kommentiert man lautstark, egal in welcher Sprache. Die Schande für den Betroffenen wird groß und die Empörung der Umgebung offensichtlich sein. Auch in gehobenen Bars und Diskotheken brauchen Touristinnen ohne männliche Begleitung keine Rüpeleien zu befürchten, dafür sorgen Türsteher. Den nächtlichen Heimweg sollte man am besten in einem Taxi zurücklegen.

Geld

Gesetzliches Zahlungsmittel ist die Neue Türkische Lira (Yeni Türk Lirası, kurz YTL, nur in Finanzkreisen Try). In Umlauf sind Banknoten im Wert von 1, 5, 10, 20, 50 und 100 YTL, zudem Münzen zu 1 YTL sowie zu 1, 5, 10, 25 und 50 Yeni Kuruş (YKR, 100 YKR = 1 YTL).

1 € = 1,71 YTL, 1 sfr = 1,04 YTL (Stand Dezember 2007)

Devisenvorschriften: Sie dürfen so viel Bargeld in Devisen oder YTL einführen, wie Sie wollen. Bei der Ausreise jedoch müssen Beträge im Gegenwert von über 5000 US-Dollar deklariert werden.

Geldwechsel: Banken (i. d. R. Mo–Fr 9–12 u. 13.30–17 Uhr geöffnet) und Wechselstuben gibt es en masse, zumal auch die Türken ihr Erspartes in harten Devisen anlegen. Die Kursunterschiede sind insgesamt gering.

Bankomaten sind weit verbreitet. Der Kurs beim Abheben mit der Bankkarte *(Maestro)* ist besser als beim Barumtausch. Jedoch fressen die dafür anfallenden Gebühren (Infos dazu bei Ihrer Bank) den Kursvorteil beim Ziehen niedriger Summen wieder auf. Daher am besten in die Vollen gehen, je nach Bankomat sind max. 1000 YTL pro Tag möglich, viele rücken jedoch nicht mehr als 600 oder 800 YTL heraus.

Kreditkarten werden in allen besseren Restaurants, Hotels und Geschäften akzeptiert.

Reiseschecks: Nicht jede Bankfiliale ist dazu autorisiert, Schecks einzulösen. *American-Express-Cheques* können – sofern das Personal davon unterrichtet wurde – bei den Filialen der *Akbank* provisionsfrei eingelöst werden.

Bei Verlust der Kredit- oder Maestro-Karte wählen Deutsche die Servicenummer 0049-116116. Abhängig vom Ausstellungsland der Karte gelten zudem folgende Sperrnummern: Für **American Express**: ✆ 0049-69-97971000 (D/A), ✆ 0041-446-596333 (CH). **Diners Club**: ✆ 0049-69-661660 (D), ✆ 0041-1-8354444 (CH), ✆ 0043-1-501350 (A). **Visa**: ✆ 001-4105819994 (D/CH, Sperrdienst über die USA), ✆ 0043-1-71111-770 (A). **Master/ Eurocard**: ✆ 0049-69-79331910 (D), ✆ 0043-1-717014500 (A), ✆ 0800218235 (CH). **Maestro-Karte**: ✆ 0049-1805021021 (D), ✆ 0043-1-2048800 (A), ✆ 0041-800800488 (Credit Suisse), ✆ 0041-800811000 (UBS), 0041-442712230 (für alle Schweizer Maestro-Karten außerhalb der Schalterzeiten).

Trinkgeld: In Restaurants (→ Tipping-Tipps, S. 26) gibt man i. d. R. 10 %, Masseuren, Zimmermädchen oder Friseuren rund einen Euro. Lediglich Taxifahrer gehen in der Türkei leer aus.

Ermäßigungen für Studenten → Ausgrabungsstätten und Museen, S. 31.

Preisschwankungen: Die im Buch angegebenen Preise entsprechen dem Stand der letzten Recherche (2007). Diese können sich von den Preisen, die Sie vor Ort erfahren, erheblich unterscheiden. Das hängt zum einen mit extremen Wechselkursschwankungen zusammen, zum anderen auch damit, dass in der Türkei die Preise vielfach nicht linear zur Inflationsrate angepasst werden, sondern nach einer längeren stabilen Preisetappe um einen umso größeren Schritt.

Haustiere

Das Halten von Hunden und Katzen ist in der Türkei nicht sehr populär, lediglich die Oberschicht schafft sich schicke Rassehunde als Vorzeigeobjekte an. Für viele Hotels gilt: Reisende mit Hunden oder Katzen müssen draußen bleiben. Hinzu kommt, dass die Tiere die Anreise im Flugzeug i. d. R. in einer Transportbox verbringen müssen – vor dieser qualvollen Gefangenschaft warnen Tierschützer ausdrücklich. Um an der Grenze keinen Ärger zu bekommen, benötigen Hunde und Katzen den EU-Heimtierausweis bzw. das schweizerische Pendant, in

Beliebte Mitbringsel

welchem vermerkt ist, dass Katzen mindestens 15 Tage vor der Einreise gegen Tollwut, Hunde zusätzlich noch gegen Parvovirose, Distemper, Hepatitis und Leptospirose geimpft sind.

Information

Vor Ort finden Sie in allen Urlaubszentren Touristeninformationen, deren Mitarbeiter i. d. R. sehr hilfsbereit sind (→ Reiseteil, Rubrik Information). Offiziell heißen die Büros **Turizm Danışması**. Die ausländischen Filialen des **türkischen Fremdenverkehrsamtes** (www.reiseland-tuerkei.info, www.turkinfo.at, www.tuerkei-info.ch) halten zudem diverses Informationsmaterial bereit, das auf Wunsch gern verschickt wird – Anruf genügt.

Baseler Str. 37, 60329 **Frankfurt/M.**, ✆ 069/ 233081.

Tauentzienstr. 9–12, 10789 **Berlin**, ✆ 030/ 2143752.

Singerstr. 2/8, 1010 **Wien**, ✆ 01/5122128.

Stockerstraße 55, 8001 **Zürich**, ✆ 01/2210810.

Internet

Sofern vorhanden bzw. mit Gewinn zu nutzen, sind die Internetadressen diverser Einrichtungen wie Hotels oder Fluggesellschaften im Buch angegeben. Nur äußerst wenige Touristeninformationen vor Ort unterhalten bislang offizielle Webseiten. Allgemeine und spezielle Informationen zum Land und Reisegebiet finden Sie z. B. auf folgenden Seiten:

www.istanbulpost.net: Wöchentliches deutschsprachiges Internetmagazin; viel zu Gesellschaft und Politik, aber auch Sport und touristische Themen werden behandelt.

www.kultur.gov.tr: Informiert u. a. über die Museen und Ausgrabungsstätten des Landes, auch auf Deutsch.

www.nisanyan.net: Englisch-türkische Seite; stellt die schönsten Boutiquehotels der Türkei vor. Die Hotelbeschreibungen findet man in gedruckter Form im jährlich neu erscheinenden „Küçük Oteller Kitabı/ The Little Hotel Book" (Verlag Boyut Yayın Grubu, İstanbul).

www.tuerkei-netz.de: Infos zum Land, Webcams in der Türkei, Wettervorhersage etc.

www.neredennereye.com: Englisch-türkische Seite; informiert über Bahn-, Flug- und Busverbindungen, leider werden nicht alle Strecken und Transportunternehmen berücksichtigt.

www.holidaycheck.de: Erfahrungsberichte und Gästebewertungen diverser großer Hotels.

www.reisemangel.de: Informiert über Schadensersatzansprüche laut Frankfurter Liste, wenn Ihr Flug Verspätung hat, Ihr Hotel zu laut ist usw.

www.turkishdailynews.com: Webseite der englischsprachigen Tageszeitung.

Internetzugang: Viele Hotels und Pensionen verfügen über einen oder mehrere Terminals mit Internetzugang für ihre Gäste. Bars oder Cafés mit *WLAN* sind selten, aber im Kommen. Zahlreich hingegen sind die klassischen Internet-Cafés. Je schicker das Café, desto teurer der Ausflug in den Cyberspace: eine halbe Stunde kostet 0,70–1,20 €. Internet-Cafés sind nicht im Reiseteil aufgeführt, da sich deren Adressen erfahrungsgemäß ständig ändern.

Interessante Links und aktuelle Informationen zu diesem Buch finden Sie auch im Internet auf den Seiten des Michael Müller Verlages unter der Adresse: www.michael-mueller-verlag.de.

Islam

Der Islam (arab. = Unterwerfung, Hingabe), die jüngste der großen Weltreligionen, ist ebenso wie das Judentum und das Christentum eine streng monotheistische Religion, d. h. seine Anhänger glauben an den einen allmächtigen Gott. Nach islamischer Auffassung ist Allah Schöpfer und Bewahrer aller Dinge und allen Lebens. Er versorgt, führt und richtet die Menschen, wobei sich das Richten auf den Tag des Jüngsten Gerichts bezieht, an dem die „Geretteten" ins Paradies eingehen, während die „Verdammten" in die Hölle absteigen.

Religionsstifter war Mohammed (um 570–632), der als Waisenkind in ärmlichen Verhältnissen in Mekka aufwuchs. Sein religiöses und politisches Wirken begann um 610, nachdem ihm in einer Vision der Erzengel Gabriel erschienen war. In seiner Geburtsstadt stand man seinen öffentlichen Auftritten zunächst sehr skeptisch gegenüber. Erst in Medina, wohin er 622, dem Beginn der islamischen Zeitrechnung, abgewandert war, verschaffte sich Mohammed weltliche und geistliche Autorität und wurde als Gesetzgeber und Prophet allgemein akzeptiert. Einige der von ihm verbreiteten Botschaften hatten für die damalige Zeit geradezu revolutionäre Inhalte, z. B. die Verdammung der Sklaverei im Namen Gottes.

Die Rolle, die der islamische Glaube in der Türkei einnimmt, ist von Region zu Region, teils aber auch von Stadtviertel zu Stadtviertel verschieden. Mancherorts, wie in den unbeschwerten, westlich orientierten Küstenorten, scheint sie gar gegen null zu tendieren. Doch schon ein paar Kilometer weiter im Landesinnern kann alles anders aussehen. Dem Militär sind islamische Strömungen ein Dorn im Auge. Und um Hasspredigern vorzubeugen, ernennt der Staat die Imame und schreibt vor, was gepredigt und in Korankursen gelehrt werden darf.

Koran und Sunna sind die grundlegenden Quellen der islamischen Glaubenslehre. Dabei wird der Koran, der aus 114 Suren (Kapitel) besteht, als das authentische Wort

Gottes verstanden, das Mohammed durch den Erzengel Gabriel übermittelt wurde. Daraus erklärt sich der Unfehlbarkeitsanspruch, der dem Koran zugeschrieben wird.

Grundlage der Sunna (arab. = Gewohnheit) hingegen bilden die Hadithe, die Überlieferungen der Aussagen und Taten Mohammeds. Die Sunna wird im Unterschied zum Koran nicht für unfehlbar gehalten.

Propheten: Da die Menschen moralisch schwach und fehlbar sind, schickt Gott ihnen Propheten, welche die göttliche Botschaft verbreiten, an der sich das Handeln der Menschen orientieren soll. Zu diesen Propheten zählt im Islam neben Abraham und Moses u. a. auch Jesus. Die christliche Auffassung, nach der es sich bei Jesus um den Sohn Gottes handelt, wird vom Islam nicht geteilt. Die Muslime glauben dagegen, dass sich das Prophetentum mit Mohammed vollendet hat und der Koran die letztgültige und vollkommenste Offenbarung Gottes ist.

İsa-Bey-Moschee in Selçuk

Islamische Gruppierungen: Streitigkeiten um die Nachfolge des Propheten führten nach Mohammeds Tod zu einer Spaltung der Muslime in zwei Hauptgruppen: Sunniten und Schiiten. Über 70 % der Türken sind Sunniten. Die Sunniten sahen im Kalifen den rechtmäßigen Nachfolger Mohammeds und das Oberhaupt der muslimischen Welt. Für die Schiiten (ihr Name leitet sich vom arabischen Wort *Schia* für „Partei“ ab) hingegen konnte diesen Führungsanspruch nur ein Blutsverwandter des Propheten wahrnehmen. Da dieser aber keine überlebenden Söhne hinterlassen hatte, sahen die Schiiten in Ali, Vetter und Schwiegersohn Mohammeds, und seinen Nachkommen die legitimen Nachfolger (Imame).

Rund 25 % der Türken sind Aleviten (darunter viele Kurden), die der Schia zugerechnet werden. Mit der Schia iranischer Prägung hat der Alevismus nur die Nachfolgeregel gemein, lehnt als libertäre Glaubensrichtung jedoch z. B. die Scharia ab. Dieses antiquierte islamische Rechtssystem beruht auf einer über 1000 Jahre alten, nahezu unveränderten Auslegungsvariante des Korans und der Sunna und beschreibt die Rechte und Pflichten des Einzelnen in der Gemeinschaft.

Die fünf Säulen des Islam: Die als die fünf Säulen des Islam bekannten Pflichten werden als zentrale Bestandteile im Leben eines jeden Muslims angesehen. Die erste Pflicht ist das Glaubensbekenntnis *(kelimei şahadet:* „Ich bezeuge, dass es keinen Gott gibt außer Allah, und Mohammed ist sein Prophet ...“), die zweite sind die fünf täglichen Gebete *(namaz)* mit den vorgeschriebenen Waschungen, die dritte ist die Almosengabe an Bedürftige *(zekat)*, die vierte das Einhalten des Fastenmonats Ramadan *(oruç)* und die fünfte die Pilgerfahrt nach Mekka *(hac)*. Bei einigen Geboten gibt es etwas Spielraum. So braucht der Muslim seine Pilgerfahrt nur dann durchzuführen, wenn er gesund ist und es ihm (finanziell) möglich ist. Die Waschungen können notfalls ohne Wasser, d. h. als bloßes Ritual, ausgeführt werden, und schwangere Frauen können aus gegebenem Anlass die Fastenzeit verschieben.

Moschee: Moscheen (türk. *cami*) sind die islamischen Sakralbauten, in denen nicht nur gebetet wird, sondern auch Versammlungen und theologische Unterrichtsstunden abgehalten werden. Darüber hinaus dienen sie traditionell als Stätte der persönlichen Andacht, aber auch als Ort für politische Versammlungen und als temporäre Unterkunft für Pilger und Obdachlose. Für gewöhnlich betritt man eine Moschee über einen Vorhof *(avlu)*, wo am Reinigungsbrunnen *(şadırvan)* die rituellen Waschungen vor dem Gebet vorgenommen werden. Zur Grundausstattung des mit Teppichen ausgelegten Gebetssaals gehören eine Gebetsnische *(mihrab)*, die stets in Richtung Mekka weist, eine Kanzel für die Freitagspredigt *(minbar)* und ein Stuhl oder eine Art Thron *(kürsü)*, von dem der Vorbeter *(İmam)* Passagen aus dem Koran verliest. Männer und Frauen beten getrennt, stets jedoch Richtung Mekka. Indem man kniet und den Kopf zu Boden neigt, zeigt man Allah Demut und Respekt. Zum Gebet ruft fünfmal am Tag der Muezzin vom Minarett der Moschee. Die Minarette kamen übrigens erst im 8. Jh. auf, zuvor kletterten die Muezzins dazu aufs Dach. Heute ertönt der für Europäer so verheißungsvoll und orientalisch klingende Gebetsruf meist nur noch aus dem Lautsprecher.

> **Hinweis**: Türkische Moscheen können von Nichtmuslimen jederzeit besucht werden – nur zur Gebetszeit werden Touristen oft abgewiesen. Beachten Sie die Kleidervorschriften: Herrenbeine und -arme dürfen nicht entblößt sein, der Rock der Dame sollte mindestens knielang sein, ihr Kopf (Kopftuch!) und die Oberarme bedeckt. Vor dem Betreten der Moschee zieht man die Schuhe aus. Betende sollten nicht fotografiert werden.

Religiöse Feiertage: Die genaue Terminierung wird Jahr für Jahr nach dem islamischen Mondkalender neu bestimmt (→ Wissenswertes von A bis Z/Feiertage, S. 36). Nach islamischer Konvention beginnt ein Feiertag jedoch bereits mit dem Sonnenuntergang am Vortag, bei großen religiösen Festen sind sogar ab Mittag des Vortages alle Läden, Büros usw. geschlossen. Besonders hervorzuheben sind:

Kadir Gecesi („Nacht der Kraft"): In der 27. Nacht des Fastenmonats Ramadan wird die Offenbarung des Koran gefeiert. Mohammed soll in dieser Nacht durch den Erzengel Gabriel zum Boten Gottes ernannt worden sein. Nach dem Volksglauben gehen Wünsche und Gebete, die in dieser Nacht ausgesprochen werden, in Erfüllung.

Şeker Bayramı (Zuckerfest): Es bildet den Abschluss des Fastenmonats Ramadan. Man besucht Verwandte, und die Kinder ziehen von Haus zu Haus und bitten um Süßigkeiten. Daher rührt auch der Name der dreitägigen Feierlichkeiten, bei denen Behörden, Banken und Geschäfte geschlossen bleiben.

Kurban Bayramı (Opferfest): Das höchste Fest des Islam dauert vier Tage. Hintergrund des Opferfestes ist die (auch biblische) Geschichte von Abraham, der, um Gott seine Treue zu beweisen, seinen Sohn Isaak opfern will. Das Fest ist gesetzlich verankert, sodass alle öffentlichen Einrichtungen geschlossen bleiben.

Der Ramazan

So nennen die Türken den islamischen Fastenmonat, der in den meisten anderen islamischen Ländern Ramadan heißt. 30 Tage lang darf der Gläubige zwischen Sonnenauf- und -untergang nicht essen, trinken, rauchen oder Geschlechtsverkehr haben. Nach Anbruch der Dunkelheit wird jedoch alles ausgiebig nachgeholt. In den konservativen ländlichen Gegenden sind während der Fastenzeit viele Lokale geschlossen. In den Ferienzentren an der Küste merkt man kaum einen Unterschied zu den restlichen Monaten.

Kinder

Die Türkei ist ein wahres Paradies für Reisen mit Kindern: Ob Ihr Nachwuchs im Restaurant Tellersegeln spielt oder längere Zeit im Bus seinen Weltschmerz hinausschreit: Niemand wird sich darüber aufregen, die Scherben werden lächelnd beseitigt, das Kind wird allseits getröstet und mit Bonbons versorgt. Egal ob Sie sich für eine einfache Pension oder ein Luxushotel entscheiden – überall sind Sie mit Kindern willkommen. Letztere bieten zum Teil Mini-Clubs mit Animateuren, die ein buntes Kinderprogramm zusammenstellen, erstere eine oft unglaubliche Herzlichkeit, wo der Hausherr die Kleinen auch einmal mit auf sein Boot zum Fischen nimmt. Für Abwechslung zum Sandburgenbau sorgen Kamelritte am Strand, Aquaparks mit Riesenrutschen, Delphinshows usw. Die beste Windelmarke soll übrigens *Ultra Prima* sein, bei Babynahrung haben die Produkte von *Ülker* und *Milupa* einen guten Ruf – in großen Supermärkten und in Apotheken erhältlich.

Bucht zwischen Mesudiye und Palamutbükü

Kleidung

Abseits der Ferienorte wird in der Türkei großer Wert auf ein korrektes, sauberes und gesittetes Erscheinungsbild gelegt. Fürs Kofferpacken orientieren Sie sich am besten an der Klimatabelle. Für einen Badeurlaub an der Küste reicht insgesamt leichte Kleidung, möglichst aus Baumwolle. Bedenken Sie, dass im Frühjahr abends von See her noch eine kühle Brise weht. Für den Besuch von Moscheen → Islam/ Moscheen.

Klima

In der Südägäis folgen auf heiße, niederschlagsarme Sommermonate milde, verregnete Wintermonate. Im Hochsommer sorgt zum Glück der Westwind *İmbat,* auch *Meltem* genannt, für Erfrischung. Die folgenden Werte gelten für Bodrum, ziehen Sie für İzmir und die Çeşme-Halbinsel 1–2 °C ab.

Monat	Mittlere Höchsttemperatur in °C	Mittlere Tiefsttemperatur in °C	Sonnen-stunden	Regentage
Januar	15	6	5	11
Februar	16	7	7	9
März	18	8	7	6
April	21	11	9	4
Mai	26	16	11	3
Juni	30	19	12	1
Juli	34	23	13	1
August	33	22	12	1
September	31	19	11	1
Oktober	27	15	9	4
November	22	11	7	5
Dezember	17	8	5	11

Reisezeit: Die Badesaison reicht zwischen Dalyan und Kuşadası von Anfang Mai bis Mitte Oktober, auf der Çeşme-Halbinsel nur bis Ende September. Die Monate April, Mai, Juni sowie September und Oktober sind für Besichtigungen am besten geeignet.

Kriminalität

Delikte wie Diebstahl oder Raub treten in der Türkei verhältnismäßig selten auf. Korruption nennt sich das Übel des Landes, aber die tut dem Touristen nicht weh. In Großstädten und Touristenzentren müssen Urlauber jedoch wie überall auf der Welt damit rechnen, dass Betrüger und Trickdiebe die Reisekasse plündern wollen.

- *Sperrnummern* Für Maestro- oder Kreditkarte → Geld, S. 38.
- *Drogen* Illegale Drogen werden in der Türkei genauso gehandelt und konsumiert wie überall auf der Welt. Die Strafen für die Ein- und Ausfuhr oder den Genuss von Drogen sind drastisch und die türkischen Gefängnisse international für ihre miserablen Zustände bekannt.

Achtung: Wenn Sie gebeten werden, ein Päckchen nach Deutschland mitzunehmen, schauen Sie sich den Inhalt sorgfältig an.

Griechen und Türken – Nachbarn, die sich wieder lieben lernen

Noch zu Anfang des 20. Jh. waren die Griechen die größte nichtmuslimische Minderheit im Osmanischen Reich. In İstanbul stellten sie rund ein Viertel der Einwohner, und auch viele Orte der Mittelmeer- und Schwarzmeerküste sowie Zentralanatoliens waren fest in griechischer Hand. Über Jahrhunderte hinweg hatten sie friedlich mit den Türken zusammengelebt, Spannungen waren die Ausnahme. Doch mit der Zerschlagung des Osmanischen Reiches nach dem Ersten Weltkrieg und dem Versuch Griechenlands, sich Kleinasiens zu bemächtigen (→ Geschichte, S. 60), änderte sich die Situation. Es folgte der türkische Befreiungskrieg, an dessen Ende ein „Bevölkerungsaustausch“ – eine Vertreibung bzw. ethnische Säuberung – stand: Ca. 1,4 Millionen Griechen mussten die Türkei verlassen, in entgegengesetzter Richtung waren rund 350.000 Türken aus Griechenland unterwegs.

Lediglich die Griechen İstanbuls, ohne welche die Wirtschaft der Stadt von heute auf morgen zusammengebrochen wäre, und die Bewohner der Ägäisinseln Tenedos (heute Bozcaada) und Imbros (heute Gökçeada) durften bleiben. Doch auch sie kehrten in den folgenden Jahrzehnten der Türkei den Rücken: Die neue Republik belegte Nichtmuslime mit diskriminierenden Steuern. Ab den 50er Jahren verschärfte zudem der Zypernkonflikt das Verhältnis zwischen Griechen und Türken auf eine Weise, die ein friedfertiges Miteinander kaum mehr zuließ. Vor allem die Regierung Menderes verstand es, Hass zu säen. Um den Mob zu mobilisieren, ließ sie durch den türkischen Geheimdienst einen Bombenanschlag auf das Geburtshaus Atatürks in Thessaloniki verüben und schob die Tat den Griechen in die Schuhe. In der Nacht vom 6. auf den 7. September 1955 kam es daraufhin zur antigriechischen Pogromnacht: Tausende von griechischen Geschäften und Häusern wurden geplündert und zerstört, mehrere Hundert Frauen vergewaltigt, Geistliche verstümmelt, über 70 Kirchen und 20 Schulen verwüstet. Wieder war Abwanderung die Folge.

Viele Jahre betrachteten die NATO-Partner mit Besorgnis das Verhalten der beiden „verfeindeten“ Verbündeten, noch bis in die 1990er kam es immer wieder zu militärischen Provokationen in der Ägäis. Die Verbesserung der bilateralen Beziehungen bahnte sich erst in jüngerer Zeit an, als sich die beiden Nationen bei schweren Erdbeben und Waldbränden wechselseitig Hilfe leisteten. Mittlerweile ist Griechenland gar ein Befürworter des türkischen EU-Beitritts.

Literaturtipps

Zu Land und Leuten: *Erzeren, Ömer: Der lange Abschied von Atatürk.* ID-Verlag, Berlin 1997. Ein Buch voller erstklassige Reportagen.

Koydl, Wolfgang: Gelobt sei der Hl. Staat. Türkische Tragikomödien. Picus Verlag, Wien 2001. Authentische, unterhaltsame Features aus der ganzen Türkei, vom ehemaligen SZ-Korrespondent in İstanbul.

Schlötzer, Christiane: Das Mädchen mit dem falschen Namen. Türkische Tabus. Picus Verlag, Wien 2006. Ebenfalls von einer Ex-SZ-Korrespondentin in İstanbul. Spannende Reportagen, die vom gesellschaftlichen Wandel in der Türkei erzählen.

Alanyalı, Iris: Gebrauchsanweisung für die Türkei. Piper Verlag, München 2004. Humorige Einblicke in den türkischen Alltag.

Seufert, Günter: Café Istanbul. C.H. Beck Verlag, München 1999. Eine brillante

Analyse der Türkei in all ihren Widersprüchen. 2004 erschien von Seufert in Zusammenarbeit mit Christopher Kubaseck im gleichen Verlag der Titel: *Die Türkei.* Ebenfalls lesenswert für alle, die mehr über Politik, Wirtschaft, Gesellschaft und Kultur des Landes wissen wollen.

Belletristik: *Fait, Saik: Ein Lastkahn namens Leben.* Unionsverlag, Zürich 1996. Eine Anthologie des lange Zeit vergessenen türkischen Erzählers.

Kemal, Yaşar: Memed, mein Falke. Unionsverlag, Zürich 1990. In 40 Sprachen übersetzter Roman über den Kampf eines türkischen Robin Hood gegen Hass und Unterdrückung.

de Bernières, Louis: Traum aus Stein und Federn. Fischer TB, Frankfurt 2006. Epischer Monumentalroman (670 Seiten) über das türkisch-griechische Zusammenleben in einer westanatolischen Kleinstadt vor dem Bevölkerungsaustausch.

Orhan Pamuk – erster Nobelpreisträger der Türkei

Die Ernennung Orhan Pamuks zum Träger des Literaturnobelpreises 2006 spaltete die Nation. „Unser Stolz“, titelte die liberale Tageszeitung *Radikal*. Als einen Mann, „der sein Volk verkauft hat“ und „keiner von uns“ sei, bezeichnete ihn das Boulevardblatt *Sabah*. Zu oft hatte der Literat Missstände in der Türkei angeprangert und damit die Nationalisten im Land gegen sich aufgebracht. In einem Interview mit dem Zürcher *Tages-Anzeiger* im Frühjahr 2005 bedauerte er z. B., dass sich kaum jemand in seinem Land traue, die Verbrechen an den Armeniern und Kurden anzusprechen. Die Folgen für ihn: Gewaltandrohungen und ein Verfahren wegen „Herabsetzung des Türkentums“, das später jedoch eingestellt wurde.

Orhan Pamuk, Jahrgang 1952, entstammt der kosmopolitischen, westlich geprägten Oberschicht İstanbuls. Drei Jahre lang lebte er in New York, ansonsten konnte er der Bosporusmetropole nie länger den Rücken kehren. Seine Romane handeln größtenteils von den Identitätskonflikten der im Spannungsfeld zwischen westlicher und östlicher Welt stehenden türkischen Gesellschaft. Die meisten spielen in İstanbul, und meistens schneit es. „Das schwarze Buch“ (Carl Hanser Verlag 1995) erzählt von der verzweifelten Suche eines Mannes nach seiner Frau in den dunklen Gassen der Stadt. „Rot ist mein Name“ (Carl Hanser Verlag 2001) ist eine faszinierende Mischung aus historischem Kriminalroman, orientalischem Märchen und Liebesgeschichte. Viel beachtet wurde auch „Schnee“ (Carl Hanser Verlag 2002), ein politisches Lehrstück vor der Kulisse der tristen ostanatolischen Stadt Kars. Pamuks Kindheitserinnerungen sind Schwerpunkt von „İstanbul. Erinnerungen an eine Stadt“, 2006 im Carl Hanser Verlag erschienen.

Medien

Die türkische Medienlandschaft ist so bunt gemischt wie unsere. Die Pressefreiheit ist zwar in der Verfassung verankert, doch in der türkischen Gesetzgebung finden sich Paragraphen, die sich nicht mit dem Recht auf freie Meinungsäußerung vertragen – z. B. der umstrittene Paragraph 301 des Strafgesetzbuchs („Herabwürdigung des Türkentums und des Staates“), der fast willkürlich gegen jede Kritik am Staat auszulegen ist. Über die Abschaffung des Paragraphen wird seit langem diskutiert.

Deutsche Zeitungen und Zeitschriften bekommt man überall, wo sich deutsche Urlauber tummeln. Die aktuelle Tagesausgabe der meisten überregionalen Zeitungen erhält man i. d. R. bereits am frühen Nachmittag. Die bekannten Vorabendserien

Play it again, Kemal!

von daheim können über Satellit in allen besseren Hotels gesehen werden. Will man im Radio die Bundesliga live miterleben oder Nachrichten aus der Heimat hören, ist ein Weltempfänger Voraussetzung. Frequenzpläne und Programmhefte erhalten Sie unter www.dw-world.de, www.swissinfo.org und www.ors.at.

Musik und Bauchtanz

Auch wenn sich für das mitteleuropäische Ohr alles ziemlich gleich anhört – türkische Musik unterteilt sich in unterschiedliche Stilrichtungen.

Volksmusik: Bei der traditionellen türkischen Volksmusik *(Halk müziği)*, die auch *Türkü* genannt wird, steht die *saz*, eine Laute mit meist drei Saiten, im Vordergrund. Alleinunterhalter oder kleine Combos besingen dabei Themen aus dem Leben des einfachen Landvolkes: Geburt, Tod, Liebe. Nach Jahrzehnten der Absenz ist auch kurdische Volksmusik wieder im Kommen. Die Musik hört man vorrangig in gemütlich-orientalischen Kneipen, fragen Sie nach einer „Türkü-Bar".

Klassische Kunstmusik: Im Gegensatz zur Volksmusik wird die auch *Fasıl* genannte Kunstmusik in Restaurants präsentiert. Die schwer zu definierende, anspruchsvolle Musik hat ihre Ursprünge in der osmanischen Palastmusik, doch haben auch modernere Einflüsse Spuren hinterlassen. Folgende Instrumente begleiten meist den Gesang: *kanun* (Zither), *darbuka* (Handtrommel), *tef* (Tamburin) und *ud* (Laute). Eine der erfolgreichsten Interpretinnen der klassisch-türkischen Kunstmusik ist Bülent Ersoy: Die prallbusige, grell geschminkte und mit Nerzen und Glitterkleidung wie eine korpulente Barbie geschmückte Dame war bis 1979 ein Mann.

Popmusik: Die türkische Popmusik spricht in ihren Liedern das gleiche Thema an wie deutsche Schlager: Liebe. Türkpop vermischt traditionell-türkische Melodien mit modernen Einflüssen. Die Interpretenpalette reicht dabei von niveauvollen Songwriterinnen wie Sezen Aksu (die „Madonna vom Bosporus") über trendige Teeniestars wie Tarkan (der „türkische Ricky Martin") bis hin zu Schnulziers wie İbrahim Tatlıses oder Mahsun Kırmızıgül (jeder Vergleich wäre eine Beleidigung).

Arabeske Musik: Die arabeske Musik, die (wie der Name schon sagt) Einflüsse aus Arabien aufweist, hat die ausweglose Liebe zum Thema. Die singsangartigen, orientalisierenden Trauergesänge hört man für gewöhnlich im Fernsehen *TRTint* oder im Dolmuş. Als Idol schlechthin gilt Müslüm Gürses, der aussieht wie „ein liebeskranker Dackel auf Entzug" (so Wolfgang Koydl in „Gelobt sei der Hl. Staat", → Literaturtipps, S. 45). Berühmt-berüchtigt sind die aufwühlenden Konzerte des angeblich meist bekifften Sängers, bei denen das Publikum in kreischend-heulende Ekstase verfällt und sich dabei mit Rasierklingen Schnittwunden beibringt.

Bauchtanz: Der Bauchtanz gilt für viele Europäer als Inbegriff türkisch-orientalischer Sinneslust. Dabei hat diese Kunst in der Türkei bis heute etwas Anrüchiges, das man gerne anderen Kulturen in die Schuhe schiebt. So behaupten konservative Türken, die erotisierend klimpernde Nabelschau stamme aus Ägypten, während die Araber davon überzeugt sind, die osmanischen Besatzer hätten den Tanz eingeschleppt. Zu sehen ist Bauchtanz heute in erster Linie als Touristenspektakel.

Rock und elektronische Beats: Einprägsamen Gitarrensound liefern die Schrammlerinnen Özlem Tekin und Şebnem Ferah, der Solist Teoman oder das Trio Duman. Punkig ist die Musik von Rashit. In die Funrockschublade kann man Mor ve Ötesi einordnen, Psychedelisches hört man von Baba Zula. Der Percussionist Burhan Öçal trommelte sich in den letzten Jahren in die internationale Worldmusicszene, und die Band Orient Expressions kombiniert anatolische Volkslieder mit Beats aus der Maschine. Und für türkischen Ska steht, das wissen seit dem *Eurovision Song Contest 2004* Gott und die Welt: Athena. Zu den populärsten DJs des Landes zählen Emre und Murat Uncuoğlu, die mit Progressive House, Deep Trance und Deep Garage einheizen. Nicht verpassen sollte man – sofern sich die Gelegenheit bietet – eine Performance des in Montreal und İstanbul lebenden DJs und Allroundkünstlers Mercan Dede (auch Arkın Allen genannt). Er präsentiert eine skurrile Mischung aus Ambient und traditioneller Sufi-Musik. Nicht selten bläst er hinter dem DJ-Pult auch die *Ney*-Flöte oder lässt ein Roma-Kind singen.

Was türkische Namen aussagen können

Stellen Sie sich vor, Ihr Metzger würde *Etyemez* („Er isst kein Fleisch") heißen oder der Getränkehändler ums Eck *Suiçmez* („Er trinkt kein Wasser"). In der Türkei kann das vorkommen. Die Fülle lustig-blumiger Familiennamen geht auf ein Gesetz von 1934 zurück. Im Zuge von Atatürks Reformen mussten sich nämlich die bis dato nachnamenlosen Türken einen solchen zulegen. Teils konnten sie den Namen selbst wählen, teils wurde ihnen einer zugewiesen. Manche trafen zum damaligen Zeitpunkt vielleicht eine passende Wahl, bedachten aber nicht, dass der Name an ihre Söhne und Töchter weitervererbt würde. Und so kann der Klavierspieler an der Hotelbar auch *Parmaksız* („Ohne Finger") heißen ...

Heute bleibt leider nur noch die Wahl der Vornamen übrig, aber auch diese stehen den Nachnamen an Einfallsreichtum kaum nach: Der Freude über die Geburt des ersten Kindes wird z. B. gerne mit Namen wie *Devletgeldi* („Das Glück ist gekommen") oder *Gündoğu* („Die Sonne ist aufgegangen") Ausdruck verliehen. Wem die Familie irgendwann aber zu groß ist, hofft, mit Namen wie *Yeter* („Es reicht") oder *Dursun* („Es soll aufhören") den Kindersegen stoppen zu können – relativ egal, ob gerade ein Männlein oder ein Weiblein das Licht der Welt erblickt hat.

Notrufnummern → S. 53.

Öffnungszeiten

Der islamische Ruhetag ist der Freitag, der gesetzliche Ruhetag in der Türkei seit Atatürks Reformen jedoch der Sonntag.

Banken: → S. 38.

Behörden: Mo–Fr 8.30–12 und 13–17.30 Uhr, Sa/So geschlossen.

Geschäfte: Für den Einzelhandel gibt es keine einheitlichen Öffnungszeiten. Für gewöhnlich öffnen die Geschäfte Mo–Sa 9–19 Uhr, So sind sie dicht. Kleine Lebensmittelhändler haben vielfach bis in die Nacht geöffnet. In Touristenzentren ist jeder Tag ein Verkaufstag. Auch große Shoppingcenter haben meist täglich bis spät in den Abend geöffnet.

Post: → unten.

Museen/Ausgrabungsstätten: In der Regel Di–So 8.30–17 Uhr. Exakte Angaben → Museen/Ausgrabungsstätten im Reiseteil.

Restaurants: In der Regel tägl. ab 11 Uhr bis mind. 23 Uhr. Kleine Lokantas schließen oft schon früh am Abend.

Polizei

Die türkische Polizei ist überall präsent. So schlecht, wie sie bezahlt ist, so schlecht ist sie meist auch gelaunt. Gegenüber Touristen verhält sie sich jedoch i. d. R. korrekt und überaus zuvorkommend. Ferner sorgt die **Jandarma,** eine militärische Einheit in grünen Uniformen, für Ordnung und Sicherheit.

Post

Postämter (PTT für „Posta, Telefon, Telegraf", i. d. R. Mo–Fr 8–12 und 13–17 Uhr; in größeren Städten und in manchen Touristenzentren auch Sa/So bis spät in die Nacht) sind im Reiseteil bei allen größeren Orten und Touristenzentren unter „Adressen" angegeben. Das Hauptpostamt *(Merkez Postane)* liegt in großen Städten meist in der Nähe des Hauptplatzes oder des Banken- bzw. Einkaufsviertels. Bis eine Postkarte in der Heimat angekommen ist, vergeht ungefähr eine Woche (zum Telefonieren → S. 52).

- *Postgebühren* Egal ob die Grüße nach Deutschland, Österreich oder in die Schweiz gehen, Luftpostansichtskarten kosten ca. 0,45 €, Briefe bis 20 g ca. 0,50 €.
- *Poste Restante* An die Hauptpostämter können Sie sich postlagernd Briefe senden lassen. Sie können dort nur gegen Vorlage eines Ausweises abgeholt werden. Adressierbeispiel: *Müller, Michaela – poste restante – Merkez Postane – Stadtname – Turkey.*

Preise

Im Vergleich zu Deutschland, Österreich oder der Schweiz ist die Türkei immer noch ein günstiges Reiseziel, auch wenn die Preise in den letzten Jahren angezogen haben und in den internationalen Ferienorten weit über dem Landesdurchschnitt liegen. Selbstverständlich korrelieren die Kosten einer Reise mit den Ansprüchen des Urlaubers, das breit gefächerte Angebot an touristischen Leistungen hält aber für fast jeden Geldbeutel etwas parat. Wer mit einem Minimum an Komfort zufrieden ist, benötigt pro Tag – Übernachtung inklusive – keine 30 €.

Reisepapiere

Für Deutsche und Schweizer Urlauber genügt bei der Einreise auf dem Luftweg in die Türkei der Personalausweis bzw. die Identitätskarte. Empfehlenswert ist dennoch die Mitnahme des Reisepasses, da manche Beamte (z. B. bei Verkehrskontrollen) darüber nicht informiert sind. Österreicher brauchen ein Visum, das man an der Grenze bzw. am Flughafen zum Preis von ca. 15 € erhält. Türkische Staatsangehörige dürfen mit einem von deutschen, österreichischen oder Schweizer Behörden ausgestellten Reisedokument nicht einreisen. Kinder benötigen ab dem 10. Lebensjahr einen Kinderausweis mit Lichtbild, davor genügt der Eintrag der Kinder in den Reisepass der Eltern. Alle, die länger als drei Monate am Stück im Land verweilen möchten, benötigen in jedem Fall ein Visum. Führen Sie Ihren Ausweis stets bei sich. Bei Kontrollen kann es sonst gehörig Ärger geben.

Einreise mit Haustieren: → Haustiere, S. 38.

Visitenkarten sind in der Türkei sehr beliebt: Oft bekommt man eine gereicht oder wird nach der eigenen gefragt. Bevor Türken ihre Karten aushändigen, pflegen sie diese auf der Rückseite mit einem Kringel zu versehen. Damit „entwerten" sie die Karte. Früher nämlich konnte man mit einer unentwerteten Karte essen oder einkaufen gehen, der Name darauf hatte für die Rechnung aufzukommen.

Schwule und Lesben

Homosexualität ist in der Türkei verpönt, ein Outing führt zu gnadenloser Diskriminierung. Homosexualität wird auch als einer der ganz wenigen Gründe akzeptiert, sich vom Militärdienst befreien zu lassen. Noch bis vor kurzem musste das Schwulsein dabei mit Fotos oder Videos bewiesen werden! Und es galt: „Nur der, der penetriert wird, ist homosexuell", so der türkische Schwulenaktivist Kürşat Kahramanoğlu in einem Interview mit dem Magazin *Stern*. Ausweichen können türkische Schwule und Lesben lediglich in die Anonymität der Millionenstadt İstanbul. So findet sich dort eine Vielfalt an Clubs und Kneipen, die europaweit ihresgleichen suchen kann. Über die türkische Schwulen- und Lesbenszene informiert die Zeitschrift Kaos (www.kaosgl.org, z. T. auch deutschsprachig).

Wer sich nicht rasiert, verliert

Buschig und prächtig oder eher spärlich und zierlich, immer jedoch gepflegt: Erst der Schnurrbart macht den Türken zum richtigen Mann – zumindest in der anatolischen Provinz und in konservativen Kreisen. Noch heute wachen in vielen Dörfern altgediente Schnurrbartträger darüber, dass keinem jungen Bengel vor dem „schnauzerwürdigen" Alter ein solches Exemplar wächst.

In vielen Orten der Mittelmeerküste will man von solchen antiquierten Traditionen aber nichts mehr wissen. Die Jugend zeigt sich glatt rasiert oder im schicken Dreitagesbart. Die klassischen Schnauzerträger mit grauem Kaufhaus-Standard-Jackett haben dort den Status eines Dorftrottels aus Hinteranatolien. Als schmierige Anmacher, als *Röntgenci* (Glotzer mit Röntgenaugen), sind sie unter jungen Frauen verpönt. In manchen trendigen Clubs sorgen gar Türsteher dafür, dass „Schnauzer" draußen bleiben. Draußen bleiben, zumindest aus öffentlichen Ämtern und Universitäten, müssen auch Vollbartträger. In der laizistischen Türkei wird der Vollbart als ein islamistisches Bekenntnis gewertet, ähnlich wie das Kopftuch bei Frauen.

Sport und Freizeit

Wo Türken Urlaub machen, tendiert das Sport- und Freizeitangebot traditionell gegen null – schließlich sind die kostbaren Erholungswochen zum Nichtstun da. Anders verhält es sich in den internationalen Clubhotels und Touristenzentren.

Golf: Es gibt bislang keine Golfplätze an der Südägäisküste.

Paragliding: Ein Geheimtipp für die Südägäis ist der Kocadağ (640 m) bei Ören am Golf von Gökova, → S. 144. Das Fliegermekka aber ist der Baba Dağı (1900 m) über der Lagune von Ölüdeniz bei Fethiye an der Lykischen Küste.

Bibliothek von Ephesus

Reiten: In der Nähe der größeren Touristenzentren liegen Reiterhöfe, die Ausritte ins Hinterland anbieten; auch über Tourenveranstalter vor Ort buchbar.

Segeln: → Unter Segel, S. 20.

Surfen: Die Halbinseln von Çeşme (→ Alaçatı, S. 230) und Bodrum gelten als die besten Surfreviere der Türkei. Die Surfschulen verleihen auch Boards.

Tauchen: Nahezu an allen Küstenabschnitten darf getaucht werden. Das Auflesen und die Mitnahme historischer bzw. antiker Gegenstände und die Unterwasserjagd sind strengstens verboten. Für eine Tagesausfahrt mit 2 Bootstauchgängen inkl. Equipment müssen Sie im Schnitt mit 40–70 € rechnen, für einen PADI-Anfängerkurs mit rund 300 €.

Sonstiger Wassersport: In den internationalen Touristenorten an der Küste werden diverse Fun-Sportarten auf dem Wasser angeboten. Mit folgenden Preisen müssen Sie rechnen: 15 Min. Wasserski 25–30 €, 10 Min. Parasailing ca. 30–35 €, 10 Min. Jetski 25–30 €, 15 Min. Bananafahrt 8–9 €, 15 Min. Ringo ca. 15 €, 1 Std. Speedboat mit 50 PS 70–80 €, mit 115 PS 110–120 €. Die Veranstalter finden sich i. d. R. an den Stränden.

Tennis: Viele größere Hotelanlagen verfügen über Tennisplätze, auf denen auch Nichtgäste gegen ein Entgelt spielen können.

Wandern: → Wandern, S. 22.

Telefonieren

Das Telefonieren mit dem **Mobiltelefon** ist problemlos fast im gesamten Reisegebiet möglich, aber teuer. Wer keines hat oder Geld sparen will, telefoniert am einfachsten von **Kartentelefonen.** Darüber hinaus kann man vom Postamt aus telefonieren (man lässt sich eine Kabine zuweisen und zahlt dann nach Zählerstand am Schalter), von Kiosken oder von Geschäften mit dem Hinweisschild *kontörlü telefon* (Telefon mit Zähler).

Internationale Vorwahlnummern: Nach **Deutschland** ✆ 0049, nach **Österreich** ✆ 0043, in die **Schweiz** ✆ 0041, in die **Türkei** ✆ 0090. Danach die Ortsvorwahl ohne die Null am Anfang, dann die Rufnummer. Nach **Griechenland** wählt man einfach die Rufnummer nach der internationalen Landesvorwahl ✆ 0030.

Telefonkarten (telefon kartı): Gibt es in Postämtern, an Kiosken und kleinen Verkaufsständen an der Straße. Wer mit einer solchen ins Ausland telefonieren will, kauft

Eines der besten türkischen Surfreviere: Alaçatı-Bucht bei Çeşme

am besten eine *Arakart* (50 Einheiten reichen für 25 Minuten nach Deutschland und kosten 2,50 €).

Call-by-Call: Den günstigsten Anbieter von Deutschland in die Türkei erfahren Sie z. B. unter www.billiger-telefonieren.de.

Prepaid SIM Card: Mit dem Kauf einer *Prepaid SIM Card (hazır kart)* vor Ort entfallen die Kosten, die sonst entstehen, wenn man angerufen wird. Zudem telefoniert man so billiger in der Türkei und billiger ins Heimatland. SIM-Karten mit einer türkischen Mobilnummer gibt es ab rund 10 € Gesprächsguthaben. Türkische SIM-Karten jedoch, die in mitgebrachte Mobiltelefone eingesetzt werden sollen, können seit 2007 nur noch durch *Turkcell-Extra*-Filialen freigeschaltet werden. Diese Läden gibt es nur in großen Städten (die Adressen finden Sie unter www.turkcell.com, kann Ihnen aber auch jeder Turkcell-Händler sagen). Bei der Anmeldung ist ein Ausweisdokument vonnöten, auch kann für das Mobiltelefon eine Zollbestätigung (also bei der Einreise mit Quittung anmelden) verlangt werden.

Notrufnummern

Polizei ✆ 155
Verkehrspolizei ✆ 154
Ambulanz ✆ 112
Feuerwehr ✆ 110

Toiletten

Männer finden das stille Örtchen hinter Türen mit der Aufschrift *Bay*, Frauen achten auf *Bayan*. In Touristenzentren haben die Toiletten i. d. R. mitteleuropäischen Standard, abseits der Urlaubsorte ist das Stehklo noch weit verbreitet. Papier gibt es auf diesen stillen Örtchen nicht immer; ein eigener kleiner Vorrat ist daher dringend angeraten. Steht in der Toilette ein kleiner Eimer, dann werfen Sie das Papier dort hinein und spülen es bitte nicht runter. Die zu dünnen Abwasserrohre verstopfen schnell, zudem verzögert das Toilettenpapier in den Sickergruben den Zersetzungsvorgang.

Hinweis Wenn Sie das dringende Bedürfnis bei einer Stadtbesichtigung ereilt – Toiletten finden Sie immer bei einer Moschee.

Wo Körper und Seele ein Bad nehmen – Erholung im Hamam

In den Hamams, so sagt man, sei die osmanische Vergangenheit noch lebendig. Und wer eines der historischen Dampfbäder besucht, glaubt in eine andere Welt einzutauchen. Man spürt die Schwere der heißnassen Luft, atmet den Geruch von Seife, vernimmt das Geplätscher des Wassers und lauscht dem Gemurmel von nackten Menschen, die in geheimnisvollem Licht auf marmornen Steinen liegen.

Ein Hamam ist in drei Bereiche gegliedert. Den *camekân,* den Eingangsbereich, schmückt meist ein ausladender Brunnen. Drum herum befinden sich die Rezeption und die Umkleidekabinen. *Soğukluk* heißt der Durchgang in den Schwitzbereich und Hauptteil des Hamams, den *hararet.* Die große, von unten erwärmte Marmorplattform in der Mitte nennt sich *göbek taşı,* Nabelstein. Auf ihn legt man sich zum Schwitzen und zur Massage. Bevor die Massage beginnt, werden Sie mit einem rauen Lappen kräftig abgerieben, *kese* heißt diese Prozedur. Bei den Frauen verrichten diese Tätigkeit i. d. R. schwergewichtige Masseurinnen, bei den Männern drahtig-muskulöse Meister ihres Faches. Auch wenn Sie bei der anschließenden Massage malträtiert werden wie ein Wiener Schnitzel vorm Panieren – hinterher fühlen Sie sich gut und entspannt.

Die meisten Hamams besitzen separate Abteilungen für Männer *(erkekler)* und Frauen *(kadınlar).* Bei kleineren Bädern baden die Geschlechter zu unterschiedlichen Zeiten oder an unterschiedlichen Tagen. In touristischen Zentren ist z. T. auch ein gemeinsames Bad möglich. Übrigens tragen Männer ein Tuch um die Lenden, Frauen baden nackt. Handtücher braucht man nirgendwo mitzubringen.

Leider ist die Hamamkultur in der Türkei im Niedergang begriffen. Die Zeiten, als die Hamams noch „Badeanstalten" für die breite Gesellschaft waren, sind passee. Viele junge Türken haben noch nie einen Hamam besucht, die Dusche zu Hause ist bequemer. Wer auf dem Lande noch ins traditionelle Badehaus geht, gehört nicht selten zu den sozial Schwachen. Anders verhält es sich in den Hamams der Touristenorte. Der Eintritt kostet dort zwar das Drei- bis Fünffache, dafür ist auch Geld für Pflege und Restaurierung vorhanden.

Verständigung

In den Touristenzentren an der Küste kommt man mit Englisch oder Deutsch recht gut durch. Deutsch ist übrigens in der Türkei vor Englisch die führende Fremdsprache. Viele türkische Arbeiter haben im deutschsprachigen Ausland ihr Geld verdient, selbst in den entlegensten Ortschaften wohnt jemand, der bei Verständigungsproblemen zu Hilfe gerufen werden kann.

Zeit

Gegenüber der Mitteleuropäischen Zeit (MEZ) besteht eine Stunde Zeitunterschied. Das heißt, bei Ankunft die Uhr eine Stunde vorstellen, egal ob im Sommer oder Winter (12 Uhr Frankfurt = 13 Uhr İzmir)! Die Umstellung von Sommerzeit auf Winterzeit erfolgt in der Türkei am gleichen Tag wie in Deutschland.

Der Tempel von Euromos bei Milas, einer der besterhaltenen seiner Art

Geschichte im Abriss

ab 150.000 v. Chr.	Höhlenfunde bezeugen, dass nomadisierende Jäger und Sammler die türkische Mittelmeerküste bereits im Paläolithikum durchstreiften.
8000–5500 v. Chr.	Im Landesinnern entstehen erste stadtähnliche Siedlungen – sie zählen heute zu den ältesten „Städten" der Welt. Für den Bau von Behausungen wird Lehm verwendet, damit einhergehend entwickelt sich die Töpferei. Bei Grabungen nahe Konya entdeckten Archäologen u. a. Kleinplastiken wie schwerbrüstige Göttinnen als Symbole der Fruchtbarkeit. Mit der Sesshaftwerdung beginnen auch Ackerbau und Viehzucht.
5500–3200 v. Chr.	Chalkolithikum (Kupfersteinzeit). Feiner gearbeitete Töpferwaren und einfache Werkzeuge aus Kupfer brachten z. B. die Ausgrabungen von Hacılar bei Burdur, rund 100 km östlich von Pamukkale, zu Tage.
3200–2000 v. Chr.	Frühe Bronzezeit. Die Spinnerei und Weberei breitet sich aus, zudem wird Schmuck aus Bronze gefertigt. Händler aus Assur (am Tigris im heutigen Nordirak) treten mit den Kulturen Zentral- und Ostanatoliens in Kontakt und bringen die Schrift nach Anatolien. Spuren erster fester Siedlungen lassen sich nun auch an der Ägäisküste, z. B. in Troja (ca. 300 km nördlich von İzmir), nachweisen.

2000–1200 v. Chr.	Mit dem Vordringen der Hethiter über den Kaukasus wird Zentralanatolien Teil des Althethitischen Reiches, aus dem später das Großhethitische Reich hervorgeht. Zu ihrem Zentrum machen sie Hattuşa (ca. 170 km östlich von Ankara). Gleichzeitig dehnen die Mykener (frühe Griechen) ihr Herrschaftsgebiet über die Ägäis hinweg bis zum minoischen Kreta aus. Troja entwickelt sich zu einer mächtigen Handelsstadt.
Um 1200 v. Chr.	Die sog. Seevölker, über die nur wenig bekannt ist, fallen von Norden her über Thrakien ein. Darunter sind auch die Phryger, die einen wesentlichen Anteil an der Zerstörung Trojas haben sollen. Sie beenden zudem die Vormachtstellung der Hethiter und Mykener.
1200–700 v. Chr.	Nach dem Untergang Trojas lassen sich vermehrt griechische Kolonisten (Äolier, Ioner, Dorer) an den Küsten Kleinasiens nieder. Sie treten in Konkurrenz zu den heimischen Völkern der Leleger, Karer, Lykier und Lydier. Bereits im 9. Jh. sind viele dieser griechischen Siedlungen zu ansehnlichen Hafenstädten angewachsen.
690–550 v. Chr.	Die Lydier gründen ein großes Reich mit Sardes (90 km östlich von İzmir) als Hauptstadt. Legendär wird ihr König Krösus. Kunst, Kultur und Wissenschaft beginnen in den Städten zu blühen.
ab 545 v. Chr.	Unter Kyros dem Großen dringen die Perser bis nach Westanatolien vor und zerstören das Lydierreich. Zur Verwaltung Kleinasiens setzen sie Satrapen (Provinzregenten) ein. Immer wieder kommt es zu Aufständen gegen die Perser.
ab 479 v. Chr.	Die Perser ziehen sich von der Ägäisküste zurück. Vorübergehend können sich Stadt- und Kleinstaaten bilden.
334/333 v. Chr.	Alexander der Große erobert Kleinasien. Es beginnt die sog. Hellenistische Zeit, die bis zur römischen Kaiserzeit andauert und gewaltige Kulturleistungen hervorbringt.
ab 323 v. Chr.	Nach Alexanders Tod teilen seine Heerführer das Weltreich unter sich auf. An der Nordägäis errichten die Attaliden mit dem Vermögen des Alexandergenerals Lysimachos († 281 v. Chr.) das Reich von Pergamon (→ S. 249). Weitere bedeutende Diadochenreiche werden das der Seleukiden (in Syrien) und der Ptolemäer (in Ägypten).
190 v. Chr.	Die Attaliden schlagen mit Unterstützung von Rom und Rhódos die Seleukiden in der Schlacht von Magnesia (dem heutigen Manisa, 50 km nordöstlich von İzmir). Damit geht fast das gesamte Seleukidenreich im mit Rom verbündeten Pergamenischen Reich auf.

ab 133 v. Chr. Mit dem Tod Attalos III. fällt Pergamon testamentarisch an Rom und wird erste Hauptstadt der neuen Provinz „Asia".

42 v. Chr. Nach der Ermordung Cäsars (44 v. Chr.) steigt Marc Anton zum Imperator über den Osten des römischen Reiches auf.

ab 31 v. Chr. Mit dem Sieg Oktavians, des späteren Kaisers Augustus, über die Flotte Marc Antons in der Schlacht von Actium beginnt eine fast 250 Jahre währende Friedensepoche im Römischen Reich. Während der *Pax Romana* durchdringt die römische Kultur alle Städte Kleinasiens. Tempel, Prachtstraßen, Theater, Aquädukte usw. zeugen noch heute von dem Glanz dieser Epoche.

45–60 n. Chr. Missionsreisen des Apostels Paulus, der u. a. in Ephesus Station macht. Die ersten Christengemeinden entstehen.

330 Konstantin der Große ernennt das ehemalige Byzantion (heute İstanbul) unter dem Namen *Nea Roma* (Neues Rom) zur neuen Hauptstadt des Römischen Reiches. Schon bald nach dem Tod des Kaisers setzt sich der Name Konstantinopel durch.

380 Das Christentum wird Staatsreligion, alle heidnischen Kulte werden verboten.

395 Endgültige Teilung des Imperiums in West- und Oströmisches Reich. Letzteres, später Byzantinisches Reich genannt, wird Kerngebiet des Christentums mit römischem Recht und griechischer Sprache.

527–565 Unter Kaiser Justinian I. erreicht das Oströmische Reich seine größte Ausdehnung und Blüte. Es erstreckt sich von Süditalien über die Balkanhalbinsel und ganz Kleinasien bis zum Rand des iranischen Hochlands. Jegliche Bautätigkeit konzentriert sich aber nun auf Konstantinopel. Die Küstenstädte spielen fortan eine untergeordnete Rolle, auch wenn viele von ihnen zu Bischofssitzen erhoben werden.

622 Mit der Hedschra, Mohammeds Flucht nach Medina, beginnt das erste Jahr islamischer Zeitrechnung.

ab 636 Der Osten des Byzantinischen Reiches wird von den Arabern erobert. Angeleitet von syrischen Seeleuten wagen sich die Wüstensöhne aufs Meer und plündern mit ihren Flotten die byzantinischen Küstenstädte. Zum Schutz werden Festungen verstärkt oder neu errichtet – nicht selten muss dafür antikes Baumaterial herhalten.

1014 Eine der letzten großen erfolgreichen Schlachten des Byzantinischen Reiches führt Basil II. (976–1025) gegen die Bulgaren. 15.000 Bulgaren nimmt er gefangen, und fast alle lässt er blenden. Nur jeder Hundertste behält sein Augenlicht – um die geschlagene Armee zurück ins Zarenreich führen zu können.

Damit ist der Gipfel der Macht des Reiches überschritten, und ein siechender Zerfall setzt ein.

1054 Bruch zwischen der römisch-katholischen und der griechisch-orthodoxen Kirche.

ab 1071 Die Seldschuken, ein Turkmenenstamm, der von den kirgisischen Steppen nach Westen vordringt, schlagen die Truppen von Byzanz in der Schlacht von Manzikert. Sie bringen den Islam mit, breiten sich in Zentralanatolien aus, machen Konya zu ihrer Hauptstadt und halten den noch verbliebenen Rest des Byzantinischen Reiches in Angst und Schrecken.

ab 1096 Hilfe für Byzanz kommt aus dem Abendland, das in der Folgezeit Kreuzzüge unternimmt, um die verlorenen heiligen Stätten von islamischer Herrschaft zu befreien.

1204–1261 Der 4. Kreuzzug richtet sich gegen Konstantinopel selbst, und zwar mit der Absicht, den römisch-katholischen Glauben wiederzubeleben. Nach der Einnahme der Stadt etablieren die Ritter dort das Lateinische (katholische) Kaiserreich. Die griechischen Byzantiner ziehen sich nach Nikaia (İznik) zurück und können erst 1261 unter Michael VIII. Paläologos die Lateiner wieder aus Konstantinopel vertreiben.

1226 Die Seldschuken erobern weite Teile der Küstenregion. Venezianer und Genueser erhalten in der Folgezeit die Erlaubnis, Handelsniederlassungen zu errichten.

1243 Das Seldschukenreich zerfällt unter dem Ansturm der Mongolen. An seine Stelle treten in Anatolien mehrere kleine Fürstentümer turkmenischer Dynastien.

ab 1309 Der Johanniterorden begründet auf Rhódos einen Ritterstaat und lässt in den folgenden Jahren an der ägäischen Küste, u. a. auch in Bodrum, Festungen errichten.

1326 Osman (1281–1326), Heerführer und Emir eines turkmenischen Stammes, erobert die westanatolische Stadt Bursa, die daher gerne als die Wiege des Osmanischen Reiches bezeichnet wird. Da der Osten von mongolischen Reiterheeren beherrscht wird, orientieren sich Osmans Nachfolger nach Norden und Westen.

1354 Die Osmanen betreten erstmals europäischen Boden.

1402–1406 Der Tatarenherrscher Timur Lenk (1365–1405), auch Tamerlan genannt, gibt ein kurzes und blutiges Gastspiel in Anatolien. Zurück bleiben unzählige verwüstete Städte. Dem Aufstieg des Osmanischen Reiches tut dies aber keinen Abbruch.

1453 Die Osmanen erobern Konstantinopel und löschen damit das Byzantinische Reich von der Landkarte, das an seinem Ende aus nichts mehr anderem als seiner Hauptstadt bestanden hatte. Von nun an ist *Konstantiniya*, das spätere İstanbul, Hauptstadt des

Osmanischen Reiches, dessen Machtbereich in der Folgezeit beständig wächst.

1517
Selim I. (1512–1520) erobert Syrien und Ägypten. Damit kommt das Kalifat an den Bosporus.

1520–1566
Süleyman I., genannt der Prächtige, erobert Bagdad, Belgrad, Rhódos, Ungarn, Georgien, Aserbeidschan und Gebiete Nordafrikas. 1529 wird Wien erstmals belagert. Er führt das Osmanische Reich an den Zenit seiner Macht – 75 Minuten braucht nun die Sonne, um über dem Imperium unterzugehen. Für die Entwicklung an der Ägäis zeigt er wie seine Nachfolger wenig Interesse.

Das Sultanat der Frauen

Mit Süleyman dem Prächtigen (1520–1566) und seiner Hauptfrau Roxelane begann das sog. „Sultanat der Frauen", eine Umschreibung und Erklärung für den langsamen, über drei Jahrhunderte dauernden Niedergang des Osmanischen Reiches. Durch Intrigen und Anstiftung zum Mord brachte Roxelane ihren Sohn Selim II. (1566–1574) auf den Thron. Als „Selim der Säufer" ging er in die Geschichte ein. Noch bevor dieser beschwipst in der Badewanne ausrutschte und ertrank, verlor das Osmanische Reich seine Flotte. Fünf Söhne hatte Selim II., vier davon ließ seine Frau Nurbanu umbringen, damit ihr eigener Sprössling als Sultan Murat III. (1574–1595) den Thron besteigen konnte. Dieser zeigte sich, wie so viele Sultane, im Harem reger als in der Politik. Er brachte es auf über 100 Kinder, von denen allein seine Frau Safiye 19 ermorden ließ, damit ihr Sohn als Sultan Mehmet III. (1595–1603) den Thron ...

Die Geschichte der weiblichen Einflussnahme auf die Thronfolge könnte man noch lange weiterführen. Und die Tatsache, dass die angehenden Sultane verhätschelt und verwöhnt in der realitätsfernen Welt des Harems heranwuchsen, umschmeichelt von intriganten Höflingen, die nur ihre eigenen Interessen befriedigt sehen wollten, führte dazu, dass überwiegend unfähige Regenten nachkamen. Viele von ihnen waren nicht einmal stark genug, bis ans natürliche Ende ihres Lebens zu regieren. Schon vorher wurden sie erdrosselt, vergiftet oder wegen Geistesschwäche abgesetzt.

ab 1683
Die Niederlage bei der zweiten Belagerung Wiens bedeutet das Ende der Expansion und läutet den allmählichen Niedergang des Reiches ein. Peu à peu schrumpft es in den nächsten Jahrhunderten zusammen, zudem flammen immer wieder innenpolitische Unruhen auf.

ab 1808
Unter Mahmut II. (1808–1839) erfolgen die ersten Versuche, das Reich schrittweise zu reformieren. Mit einem Massaker löst er z. B. die Janitscharen (militärische Eliteeinheit) auf, die gegen alle fortschrittlichen Strömungen gekämpft hatten. Er verbietet auch den Turban und führt dafür den Fez ein.

1853–1856	Krimkrieg. Rückeroberung der russisch besetzten Gebiete.
1875	Der „kranke Mann am Bosporus" bekommt die Quittung für den verpassten Anschluss an die industrielle Revolution und die vielen kostspieligen Kriege. Frankreich und England streichen die notwendigen Kredite. Die Folge ist der Staatsbankrott.
1908	Mit der Jungtürkischen Revolution erzwingen Offiziere die Abdankung von Sultan Abdül Hamit II. zugunsten seines Bruders. Die tatsächliche Macht liegt nun in den Händen des Militärs.
1912/13	In den Balkankriegen verliert das Osmanische Reich den größten Teil der ihm noch verbliebenen europäischen Gebiete.
1914–1918	Im Ersten Weltkrieg schlagen sich die Türken auf die Seite der Deutschen. Letztere schauen zur Seite, als die jungtürkischen Nationalisten das Gros der armenischen Bevölkerung Anatoliens in die syrische Wüste schicken, was einem Genozid gleichkommt. Am Ende des Krieges verteilen die Siegermächte die Beute: Griechische Truppen marschieren auf Ankara zu, Italien besetzt den Küstenstreifen um Antalya, Frankreich Kilikien, englische Truppen kontrollieren den Bosporus. Das Osmanische Reich besteht nur noch aus Inneranatolien.
1919/20	Der für das Osmanische Reich schikanöse Friedensvertrag von Sèvres wird zwar von İstanbul notgedrungen akzeptiert, nicht jedoch von den Nationalisten. In Ankara konstituiert sich die Große Nationalversammlung und setzt eine neue Regierung unter Mustafa Kemal, dem späteren Atatürk (→ Kasten), ein. Dieser organisiert den militärischen Widerstand.
1921/22	Kemals Truppen schlagen die griechische Armee am Sakarya-Fluss. Die Italiener und Franzosen ziehen freiwillig ab.
1923	Mit dem Vertrag von Lausanne erkennen die Alliierten die Unabhängigkeit und Souveränität der neuen Türkei an. In Ankara als neuer Hauptstadt proklamiert die Nationalversammlung die Republik und wählt Mustafa Kemal zum Staatspräsidenten. Noch im gleichen Jahr schlägt Völkerbundskommissar Fritjof Nansen einen Bevölkerungsaustausch zwischen Griechen und Türken vor. Ankara stimmt sofort zu. Damit endet die dreitausendjährige Geschichte des kleinasiatischen Griechentums (→ Kasten „Griechen und Türken ...", S. 45).
1924	Eine neue Verfassung tritt in Kraft, die u. a. die Trennung von Staat und Religion vorsieht. Das islamische Recht wird vom Schweizer Zivilrecht, italienischen Strafrecht und deutschen Handelsrecht abgelöst.

Atatürk, Vater der Türken

Atatürks Konterfei grüßt in jedem Büro, Geschäft und Restaurant, verabschiedet sich mit jeder Note beim Bezahlen – und lähmt den Einfallsreichtum der türkischen Bildhauer, denn außer für Atatürk-Statuen werden nur selten öffentliche Aufträge vergeben. Kaum einem anderen Staatsmann wird posthum noch solch ein Personenkult zuteil. Mustafa Kemal, um 1881 als Sohn eines Zollbeamten und einer Bauersfrau im damals weltoffenen Saloniki (das heutige Thessaloniki) geboren, zeichnete sich nicht nur als Offizier aus, sondern auch als Präsident, der die Türkei in einem gewaltigen Kraftakt säkularisierte und europäisierte. Er vertrat den Kurs einer strikten Trennung von Staat und Religion. Für den Staatsgründer war der Islam das größte Hindernis bei der Modernisierung des Landes („Der Politiker, der zum Regieren die Hilfe der Religion braucht, ist nichts anderes als ein Schwachkopf"). Kemal verwarf die islamische Jahresrechnung und hob die Stellung des Islam als Staatsreligion auf. Für seine Verdienste verlieh ihm das Parlament 1934 den Namen Atatürk, „Vater der Türken". Und selbst Winston Churchill erkannte neidvoll an: „Jedes Jahrhundert bringt nur eine geniale Person hervor, leider gab Gott in diesem Jahrhundert diese geniale Person den Türken." So ruhmreich Atatürks militärische und politische Laufbahn war, im privaten Leben sah es nicht so rosig aus. Er war ein Bewunderer schöner Frauen, doch das Glück der großen Liebe blieb ihm versagt. Nur kurz war er verheiratet, die Ehe ging in die Brüche. Um nicht kinderlos zu sein, adoptierte er mehrere bedürftige Mädchen. Seine berühmteste Tochter sollte Sabiha Gökçen werden, die erste türkische Pilotin, nach der auch İstanbuls neuer Flughafen benannt ist. Halt im Leben fand er insbesondere beim Rakı. 1938 verstarb er an Leberzirrhose in İstanbul. Seine Gebeine ruhen im Atatürk-Mausoleum in Ankara.

1925–1938 Bis zu Atatürks Tod werden zahlreiche Reformen durchgeführt, um die Türkei zu europäisieren: Bildungs- und Schriftreform (Übergang zum lateinischen Alphabet), Einführung von Familiennamen, Umstellung des Ruhetags von Freitag auf Sonntag usw.

1945 Die Türkei erklärt Deutschland den Krieg, zuvor hatte sie Flüchtlinge aus Deutschland ohne Wenn und Aber aufgenommen. Im selben Jahr wird sie Gründungsmitglied der UNO.

1952 Die Türkei tritt der NATO bei.

ab 1960 Mehrere Male greift das Militär korrigierend in die Politik des Landes ein. 1960 putschen kemalistische Offiziere und lassen den Ministerpräsidenten Adnan Menderes hinrichten (→ S. 206). 1971 wird das Kabinett zum Rücktritt gezwungen. 1980 übernimmt abermals das Militär die Macht und löst das Parlament auf. Bis heute sieht sich das Militär als Hüter des Laizismus (Trennung von Religion und Staat) und als Verwalter von Atatürks geistigem Erbe. Es steht in klarer Gegnerschaft zu islamischen Fundamentalisten und linksradikalen Gruppierungen.

1974 Nach Jahren des Terrors griechischer Zyprer gegen die türkischen Inselbewohner und ihrem brutalem Kampf für einen Anschluss an Griechenland, besetzen türkische Truppen den Norden Zyperns.

1983 Die Türkische Republik Nordzypern wird ausgerufen, die völkerrechtlich bislang nur von der Türkei anerkannt wird. Eine von Blauhelmen bewachte Grenze trennt die nördliche Inselhälfte von der Republik Zypern, die 2004 der EU beigetreten ist.

ab 1984 In den südöstlichen Provinzen des Landes beginnen türkische Kurden gewaltsam einen eigenen Staat zu fordern. 15 Jahre lang kommt es immer wieder zu heftigen Kämpfen zwischen PKK-Rebellen und der türkischen Armee. 25.000–30.000 Menschen verlieren dabei ihr Leben. Mit der Verhaftung des PKK-Chefs Abdullah Öcalan 1999 entspannt sich die Lage. Ein Waffenstillstand wird vereinbart, den lediglich ein paar Scharmützel stören. 2004 kündigt die PKK den Waffenstillstand wieder auf. Seitdem meldet sie sich mit Terroranschlägen zurück, scheut dabei auch nicht vor Ferienorten an der Mittelmeerküste zurück. Die Stützpunkte der PKK-Kämpfer befinden sich im Nordirak. Bislang führte die türkische Armee dort nur kurze militärische Operationen durch, ein längerfristiger Einmarsch war zum Zeitpunkt der Drucklegung nicht ausgeschlossen.

1995–1998 Die islamistisch-fundamentalistische Wohlfahrtspartei Refah Partisi (RP) gewinnt die vorgezogenen Neuwahlen, ihr Führer Necmettin Erbakan wird Ministerpräsident. Die Partei wird 1998 als verfassungsfeindlich verboten, Erbakan selbst aus der politischen Arena verbannt.

Viele Mandatsträger wechseln in die neu gegründete Tugendpartei Fazilet Partisi (FP), die ihrerseits 2001 verboten wird. Als Auffangbecken dienen diesmal die Glückspartei Saadet Partisi (SP) und die heute regierende „Partei für Gerechtigkeit und Entwicklung" AKP.

1999 Am 17. August trifft ein schweres Erdbeben den Nordwesten der Türkei, mehr als 20.000 Menschen sterben.

2001 Zwei Jahre später ist auch die makroökonomische Stabilität des Landes erschüttert, die Türkei steckt in einer ihrer schwersten Finanzkrisen. Ohne Milliardenkredite des Internationalen Währungsfonds stünde sie vor dem Bankrott. Allein im Februar 2001 verliert die Türkische Lira 40 % an Wert.

2002 Aus der Parlamentswahl, bei der viele kleine Parteien aufgrund der 10%-Hürde den Einzug ins Parlament verfehlen, geht die AKP als klarer Sieger hervor. Parteiführer Recep Tayyip Erdoğan, der schon mal die „Minarette als seine Bajonette" bezeichnet hatte, wird ein Jahr später Regierungschef. Doch den starken islamistisch-konservativen Strömungen in seiner Partei gibt Erdoğan nicht nach, bewegt hingegen das Land in großen Schritten auf Europa zu. Unter seiner Führung geht man gegen den wirtschafts- und rechtspolitischen Reformstau vor. Gesetze werden im Akkord verabschiedet, um die Kopenhagener Kriterien zu erfüllen, die EU-Beitrittsverhandlungen ermöglichen.

2003/2004 Im November 2003 und im Juni 2004 kommt es zu mehreren Terroranschlägen in İstanbul, für die eine türkische Terrorzelle, die Verbindungen zur Al-Qaida haben soll, verantwortlich gemacht wird. Ziel der Terroristen ist es, die demokratische Ordnung im Land zu destabilisieren, aber auch Europa Angst vor einer Türkei in der EU zu machen.

2006 Die EU-Beitrittsverhandlungen werden aufgenommen. Der Abschluss der Verhandlungen wird nicht vor 2016 erwartet. Ob die Türken bis dahin überhaupt noch in die EU wollen, ist eine andere Frage. Die Ihr-seid-doch-gar-nicht-willkommen-Haltung vieler EU-Länder führte immerhin schon dazu, dass nur noch 30 % der Bevölkerung den EU-Beitritt befürworten (2004: 70 %).

2007 Die AKP will ihren Außenminister Abdullah Gül zum Präsidenten machen. Das Militär horcht auf, das Volk geht auf die Straße: Man hat Angst vor einer schleichenden Islamisierung des Landes, aber auch davor, dass das Militär putscht. Es kommt zu vorgezogenen Neuwahlen. Die AKP gewinnt haushoch und Gül wird doch Präsident. Er ist der erste Präsident des Landes, dessen Frau ein Kopftuch trägt – ein Tabubruch in der Geschichte der Türkei. Güls Aktivitäten stehen unter scharfer Beobachtung der Militärs.

Bootsfahrt durch das Dalyan-Delta

Dalyan

(ca. 4100 Einwohner)

Das überschaubare Städtchen liegt nicht direkt am Meer, sondern am östlichen Ufer des flussartigen Zulaufs, welcher den Köyceğiz-See mit dem Dalyan-Delta verbindet. Am gegenüberliegenden Ufer prangen weit sichtbar lykische Felsengräber in einer senkrecht abfallenden Felswand. Etwas weiter entfernt ruhen die Reste der antiken Stadt Kaunos.

Dalyan besitzt trotz fehlender Küstenromantik Flair. Aber obwohl das Städtchen 10 km abseits der Küste liegt, dürfen Sie keine vom Tourismus unberührte Oase erwarten. Tagsüber herrscht reges Kommen und Gehen bei den Ausflugsbooten am Kai, abends bummeln die Gäste, insbesondere Deutsche und Holländer, gemütlich von Bar zu Bar.

Es ist gar nicht allzu lange her, da zählte Dalyan keine 1000 Einwohner, die vom Fischfang und dem Anbau von Gemüse, Sesam, Baumwolle und Obst lebten. Doch dann geriet der Name des Ortes in die Schlagzeilen. Ende der 1980er sollte am İztuzu-Strand, der das Dalyan-Delta vom Meer abschirmt, ein 2000-Betten-Clubhotel entstehen. Da den wunderschönen Strand auch die Caretta-caretta-Meeresschildkröte (→ S. 78) zur Eiablage aufsucht, liefen Naturschutzverbände aus aller Welt Sturm gegen die Pläne. Mit Erfolg, das Projekt wurde abgeblasen. Der Traumstrand aber war fortan in aller Munde und der Garant für Dalyans kometenhaften Aufstieg zum Urlaubsort abseits der Küste. In großem Stil wurde neu gebaut, angebaut, aufgestockt, und einem Wunder gleich blieb die Zahl der architektonischen Sündenfälle bescheiden. Binnen weniger Jahre entstanden über hundert Unterkünfte im Grünen, zudem zahlreiche Restaurants, Souvenirläden und Bars. Den Urheber des rasanten Aufschwungs hat man dabei nicht vergessen: Auf einem kleinen Platz vor dem Kai grüßt heute eine fröhliche, in Erz gegossene Schildkrötenfamilie.

Die einstigen Fischer haben allesamt zum Bootstouranbieter umgelernt. In der Saison schleusen sie Tausende von Tagesgästen auf dem Weg zum berühmten Strand durch das Dalyan-Delta, einem außergewöhnlichen Naturparadies mit rund 150 Vogelarten, darunter Adler, Eisvogel, Kormoran und Pelikan. Mit der Folge, dass heute die tägliche Armada von Ausflugsbooten das ökologische Gleichgewicht des Deltas gefährdet.

Information/Verbindungen/Ausflüge

- *Telefonvorwahl* ✆ 0252.
- *Information* **Touristeninformation** im Rathaus neben Gerda's Café. Wer will, kann sich hier auch ausführlich über die Schildkröten informieren. Auskünfte meist nur auf Englisch. Im Winter nur Mo–Fr 8.30–17 Uhr, im Sommer tägl. (mit Ausnahme des einen oder anderen Wochenendes) 8–19 Uhr. ✆/℻ 2844235. Eine informative kommerzielle Seite ist www.dalyan.com.
- *Verbindungen* **Flugzeug**: Der **Flughafen Dalaman** liegt Luftlinie ca. 20 km südöstlich von Dalyan bzw. 7 km südlich von Dalaman. Im Ankunftsbereich des internationalen Terminals befinden sich eine Tourist-Information, Geldwechselmöglichkeiten und Vertretungen von *Avis*, *Europcar* und *Hertz*. Den internationalen Terminal trennen rund 500 m vom nationalen. Der Flughafen ist nicht mit öffentlichen Verkehrsmitteln zu erreichen, sog. **Havaş**-Busse steuern vom Flughafen lediglich Marmaris an (→ Verbindungen Marmaris, S. 83; Abfahrt vorm Ankunftsbereich des internationalen Terminals). **Taxi** direkt nach Dalyan 27 €. Günstiger ist es jedoch, ein Taxi zum zentral gelegenen Busbahnhof von Dalaman (ca. 12 €) zu nehmen und dort in einen **Bus** oder einen **Dolmuş** umzusteigen. Die Dolmuşe entlang der Küste fahren nur bis 20 Uhr, die großen Busse auf der Strecke Izmir–Antalya dagegen auch nachts. Einen Direktdolmuş nach Dalyan gibt es nicht, dafür muss man in Ortaca (ungefähr auf halber Strecke) umsteigen, was jedoch kein Problem ist.

Dolmuş: Mind. 1-mal tägl. nach Fethiye (hin/zurück 11 €, 1 ½ Std.) und Marmaris (hin/zurück 11 €, 2 Std.). Häufigere Verbindungen bestehen nach Köyceğiz (hin/zurück 5,50 €) und nach Ortaca (einfach 1,10 €); von Ortacas Busbahnhof gelangt man in nahezu alle Orte der Südwestküste. Zum İztuzu-Strand mind. stündl. ein Dolmuş (retour 2,20 €). Die Sammeltaxis fahren wenige Meter vom Kai mit den Ausflugsbooten ab.

Dolmuşboot: Zum İztuzu-Strand (über Kaunos) 5,50 € (hin/zurück). Diese Zwölf-Mann-Boote legen bei Vollbesetzung ab, auf dem Rückweg nach Dalyan genauso.

> **Zum anderen Ufer**: Eine Brücke soll gebaut werden – wann, steht jedoch in den Sternen. Bis dahin kann man vom kleinen Steg auf Höhe des Caria Hotels mit einem Ruderboot übersetzen (pro Person 1,40 € hin/zurück). Bis nach Kaunos sind es dann noch ca. 20 Fußminuten, sofern man nicht auf die von einem Traktor gezogene Bummelbahn aufspringt (→ Wanderung 1, S. 73).

Taxi: Dalyans Taxifahrer arbeiten nach festen Tarifen. İztuzu-Strand 14 €, Köyceğiz 36 € und Marmaris 61 €.

- *Bootsausflüge* Vielfältiges, fast verwirrendes Angebot, doch bei der **Bootskooperative** (Infostand am Kai, ✆ 2842094) wird dem Fremden geduldig alles auseinanderklamüsert. Es gibt Boote zum Schlammbad (hin/zurück 8,30 €) und nach Kaunos (8,30 €), zum Montagsmarkt von Köyceğiz (8,30 €) und Boote, die alles miteinander verbinden (14 €). Ein Tipp ist der Nachtausflug samt Barbecue (14 €/Person). Wer dabei von einer Mücke gestochen wird, zahlt die Hälfte. Außerdem gibt es Bird- und Turtle-watching-Ausfahrten (8,30 €). Neben der Bootskooperative bieten auch etliche private Kapitäne ihre Dienste an, die meisten sind – sofern man das Feilschen nicht auf dem Basar von Marrakesch gelernt hat – jedoch erheblich teuerer.
- *Organisierte Touren* Touren per Bus zu diversen Zielen der Umgebung werden überall angeboten. Die Preise ähneln sich. Eine Empfehlung für einen Veranstalter haben wir jedoch nicht auf Lager. Preisbeispiele: Saklıkent (23 €), Fethiye/Markt und Ölüdeniz (23 €), 2-Tages-Trip Pamukkale/Ephesus (85 €), Jeepsafari (30 €), Dalyan-Tour mit İztuzu-Strand und Schlammbad (15 €).

Adressen

• *Ärztliche Versorgung* Die örtliche **Krankenstation** liegt in der Nähe des Restaurants Riverside beim Fluss. ✆ 2842033.

• *Autoverleih* Im Angebot diverser Reisebüros. Bei **Europcar**, durch Kaunos Tours (s. u.) vertreten, gibt es das billigste Gefährt ab etwa 40 €/Tag.

• *Einkaufen* Souvenirs jeder Art ersteht man am gemütlichsten am Abend, wenn die Maraş Cad. für den Verkehr gesperrt ist und sich zur Fußgängerzone und Shoppingmeile verwandelt.

Lebensmittel bekommt man im Supermarkt **Migros (5)** am Atatürk Bul. neben der Shell-Tankstelle.

Markt (3) jeden Sa gegenüber der Dolmuşstation.

• *Polizei* **Jandarma** an der Belediye Sok. ✆ 2842031.

• *Post* Im Zentrum (am Kreisverkehr) nicht zu übersehen.

• *Türkisches Bad (Hamam)* Moderner, zum **Kiparis Park Hotel** gehörender Touristenhamam an der Belediye Sok. Das Angebot ist alles andere als das eines klassischen Hamams: 30 Min. mit Massage 15 €, 45 Min. mit Aromatherapiemassage 22 €, 45 Min. mit Schokoladenmassage (!) ebenfalls 22 €. Auf Wunsch Abholservice vom Hotel (✆ 2842424).

• *Zeitungen* Deutschsprachige Zeitungen im **Köşe Market (12)** nahe der Albatros Bar an der Maraş Cad.

• *Zweiradverleih* Bei **Kaunos Tours** gegenüber der Post zahlt man für ein Mountainbike 12–14 €/Tag. ✆ 2842816, www.kaunostours.com. Scooter hat immer irgendjemand im Angebot, die Adressen wechseln häufig.

Übernachten/Camping

Jede Menge Pensionen und etliche Hotels bieten Zimmer für jeden Geldbeutel – immerhin gibt es knapp 7500 Gästebetten. Die schönsten Unterkünfte liegen ganz im Süden am Fluss, doch je mehr von diesem entfernt, desto moskitofreier die Nächte. Im Zentrum geht es nachts recht lebhaft zu.

Happy Caretta (21), schöne Anlage mit Palmen- und Zypressengarten im Süden des Städtchens direkt am Wasser, kleiner Boots- und Liegesteg. Auch das Frühstück gibt's mit Flussblick. Deutschsprachig. Am Abend türkische Küche auf Wunsch. Kleine DZ, dazu größere Zimmer für bis zu 4 Pers., allesamt gepflegt. Freundlicher Service. DZ 55 €, Vierer 77 €. Ada Sok., ✆/℻ 2842109, www.happycaretta.com.

Dalyan Garden Pension (18), ca. 20 Fußmin. außerhalb des Zentrums in idyllischer Lage. Lesertipp. Von einem freundlichen türkisch-englischen Ehepaar geführt. 8 große, gepflegte Zimmer, lauschiger Garten mit Palmen, Bananenstauden, 2 Pools und Bar. Radverleih. DZ 45–52 €. Auf dem Weg zum İztuzu-Strand ausgeschildert, ✆ 2843196, www.dalyangardenpension.co.uk.

Mandal-inn (10), etwa 300 m vom Fluss entfernt. Kleine, sehr gepflegte Hotelanlage mit 22 Zimmern, die neueren im OG. 3 Zimmer mit Jacuzzi, eines davon mit Jacuzzi auf dem privaten Balkon! Alle sehr groß, sehr sauber, hell und angenehm kühl. Marmorboden. Pool mit kleiner Bar. Ganzjährig geöffnet. Sehr gutes Preis-Leistungs-Verhältnis. DZ je nach Ausstattung 39–47 €. 11 Sok. 1, ✆ 2842286, ℻ 2842049, www.mandalinnhotel.com.

Pension Dervişhan (1), ca. 20 Gehmin. nördlich des Zentrums (noch vor dem Ortsbeginn von Dalyan ausgeschildert). Direkt am Fluss, Liegestühle am Ufer, blumiger Garten mit Hängematte, herrliche Terrasse – paradiesisch. 9 Zimmer. Unter sympathischer, schwäbisch-türkischer Leitung. Auf Wunsch wird abends gekocht. DZ mit Klimaanlage 45 €, ohne 40 €. Gülpınar Mah. 101/A, ✆ 2842479, ℻ 2843539, www.dervishan.com.

Hotel Caria (14), von der Georgierin Maria geführtes, freundliches Haus nahe dem Fluss. Lesern gefiel's hier. Große Dachterrasse mit Felsengrabblick, 20 Zimmer mit Plastikblumen (!), Aircondition und großen Balkonen, z. T. mit Flussblick. DZ 27 €, EZ 20 €. Yalı Sok. 9, ✆ 2842075, ℻ 2843046, www.cariahotel.cjb.net.

Pension Midas (16), unter deutsch-türkischer Leitung. Gemütliche Terrasse direkt am Fluss, Garten mit Hängematten. 10 ein-

Dalyan Karte S. 67

fache, aber nette Zimmer, alle mit Aircondition. DZ 25 €. Maraş Mah. Kaunos Sok. 30, ✆ 2842195, ℻ 2843154, www.midasdalyan.com.

Gül Pension (13), in einer Parallelstraße zur Einkaufsmeile. Sehr gut in Schuss, diskrete Atmosphäre, hilfsbereite Betreiber. Leckeres Frühstück mit Honig aus der eigenen Imkerei. Von der Dachterrasse Blick auf die Felsengräber. Angenehme Zimmer mit Bad und kleinen Balkonen, für Familien gibt's Dreibettzimmer. Von Lesern gelobt. DZ mit Aircondition 20 €. 10 Sok., ✆ 2842467, ℻ 2844803, www.gul-rosepension.com.

• *Camping* **Dalyan Camping (22)**, im Süden Dalyans bei der Sweet Discobar (ist zu hören!) in schöner Lage direkt am Wasser. Kleiner, einfacher Platz mit ein paar Bäumen. Sanitäreinrichtungen sind o. k. Vermietet werden auch Holzbungalows. Campen für 2 Pers. mit Wohnmobil teure 20 €, mit Zelt 8 €, Bungalows mit Bad 25 €, ohne Bad 14 €. Maraş Cad, ✆ 2842872, aksu@aksumakina.com.

• *Außerhalb* **Villa Gökbel (17)**, nahe dem Dorf Gökbel, von der Straße zum İztuzu-Strand (von der „Villa" ca. 4 km entfernt) ausgeschildert. Architektonisch interessantes Landhaus in dörflicher Idylle. Von der Lounge mit großem Kamin traumhafter Blick aufs Delta. 6 großzügige, sehr komfortable Zimmer, deren Einrichtung mit dicken Teppichböden, schweren Möbeln und aufdringlichen Kunstdrucken allerdings Geschmackssache ist. Pool im Garten. Sehr freundliche Betreiber. Auf Wunsch wird abends lecker gekocht. Nur für Selbstfahrer geeignet. Pro Person 30 €. Gökbel, ✆ 2890046, ℻ 2890047, www.villagokbel.com.

Essen & Trinken/Nachtleben

Dutzende Restaurants am Kai, in der langen Parallelstraße dahinter und um den Dolmuşbahnhof bieten türkische und internationale Gerichte in allen Preisklassen.

Spezialität ist Fisch aus dem See – am idyllischsten in einem der lauschigen Restaurants am Fluss.

Restaurant Riverside (15), etabliertes Lokal am Fluss (Richtung Süden). Schönes Ambiente im großen Garten, Blick auf die Felsengräber, große Auswahl an Vorspeisen, Lamm, Fisch und Meeresfrüchten. Guter Service. Hg. 5–14 €. Leser meinen: „Das beste Essen unseres Urlaubs!" ✆ 2843166.

Sini Restaurant (11), auch dieses nette Gartenlokal wird von Lesern immer wieder sehr gelobt („Zum Fingerablecken!"). Auf den Tisch kommen anatolische Spezialitäten wie *Çöp Şiş* (Spieß mit ganz kleinen Lammfleischstückchen), *Testi Kebap* (Kebab aus dem Tontopf) oder *Hünkar Beğendi* („Dem Herrscher hat's gefallen" – Fleischstücke mit Auberginenpüree). Hg. 7,20–11 €. Geçit Sok. (Yalı Sok.) 12, ✆ 2845033.

Metin Pizza & Pide Restaurant (6), innen recht simpel, die auf der anderen Straßenseite gelegene Terrasse ist jedoch recht nett hergerichtet. Serviert wird auf beiden Seiten aber das gleiche: gute Steaks, Meze, Kebabs und Pide zu fairen Preisen. Unaufdringlicher Service. Zu Recht sehr beliebt. Hg. 4,50–11 €. Sarı Su Sok., ✆ 2842877.

Fırat Pide-Pizza (7), in einer Seitengasse der Maraş Cad. versteckt. Ähnliches Angebot und ähnliche Preise wie Metin, besonders lecker das *Güveç*. ✆ 2844585.

Atay Dostlar Sofrası (4), schräg gegenüber der Dolmuşstation. Gegrilltes, leckere Meze, Eintöpfe und *Mantı*. Viele Gerichte auch für Vegetarier geeignet. Günstig. ✆ 2842156.

Gerda's Café (8), neben dem Rathaus. Nettes Gartencafé unter deutscher Leitung. Im Angebot sind stets ein paar hausgemachte Kuchen.

Demet Café (9), in der Flaniermeile Maraş Cad. Ein weiterer Tipp für Schleckermäuler. Sehr guter Kaffee und vorzügliche Baklava. Auch kleine Gerichte.

• *Außerhalb* **Gölbaşı Restaurant (19)**, ca. 3 km außerhalb von Dalyan an der Straße zum İztuzu-Strand. Superidyllisches Terrassenlokal mit Holzstegen über dem Fluss. Es gibt Steaks, Fisch, Meze und *Gözleme* der mittleren Preisklasse, außerdem gutes Frühstück. Schildkröten, Enten und Pfauen auf dem Gelände. Mit dem Tretboot kann man kostenlos das Delta erkunden. Moskitospray nicht vergessen! Von Lesern empfohlen. Freier Abholservice vom Hotel. ✆ 2844410.

• *Nachtleben* Abends ist mehr los im Städtchen, als man am Tage glaubt. Die meisten Bars gibt es in der Maraş Cad. Eine beliebte Anlaufstelle ist dort u. a. das **Albatros (12)** mit Hippiesound und Straßentheke.

Jazz Bar (2), in der Gülpınar Cad. nördlich der Dolmuşstation. Kleine rustikale Bar mit offenem Kamin, Terrasse unter Weinreben. Mo/Mi/Fr/Sa Livemusik.

Die Diskothek vor Ort ist die **Sweet Discobar (20)** am südlichen Ortsende (direkt am Fluss): sehr gemütlich, wenn die Musik passt.

Baden/Sport

• *Baden* Der 4 km lange **İztuzu plajı** (oft auch als *Turtle Beach* bezeichnet) trennt das Delta vom Meer. Es handelt sich um einen Sandstrand vom Feinsten, das Meer davor ist meist wellenlos und ausgesprochen kinderfreundlich. Es geht sehr flach ins Wasser. Außerdem sind immer Plätze zu finden, an denen man nicht den Sonnenölgeruch des Nachbarn in der Nase hat. Sonnenschirm- und Liegestuhlverleih. Lifeguards. Über den Landweg (10 km, Dolmuşverbindungen) gelangt man an das Westende des Strandes. Wer mit dem eigenen Auto kommt, zahlt Parkgebühren. Die Bootsfahrt (→ Bootsausflüge) ab Dalyan führt zur Ostseite und dauert etwa 45 Min. Für die Schildkröten wurde übrigens eine badefreie Zone reserviert: Von 20–8 Uhr ist der Strand geschlossen.

Aşı Koyu (Aşı Beach): Ein sehr idyllischer Fleck, allerdings nur für Selbstfahrer erreichbar. Die von Felsen umrahmte traumhafte Bucht besitzt einen grauen Kiesstrand, ein kleiner Steg führt ins Wasser. In einer Taverne wird türkische Hausmannskost (leider zu Abzockerpreisen) serviert. Strandgebühr pro Auto 4,50 €, pro Person 1 €. Man kann auch campen. Anfahrt: Von Dalyan der Straße zum İztuzu-Strand folgen. Nach ca. 7 km links abbiegen (ausgeschildert). Nach weiteren 5 km, kurz hinter dem Ortsschild von Mergenli (Kopf drehen), rechts abbiegen, bei der T-Kreuzung weitere 1,7 km später geht es

Schildkrötenheimat İztuzu-Strand

ebenfalls rechts ab. Wenig später verliert die Straße ihre Teerschicht, die letzten 6,5 km legt man auf einem befahrbaren Schotterweg zurück.

Kargıcak Koyu („Kamelhalsschlucht-Strand") bzw. Bacardi Beach: Ein von Felswänden eingerahmter Sand-Kies-Strand, ca. 150 m lang und komplett unverbaut. Auch wunderschön! Um ihn zu finden, folgt man der Wegbeschreibung zum Café Şahin Tepesi (→ Wandern), lässt dieses aber links liegen und fährt einfach den Schotterweg weiter bergab. Ca. 1,5 km nach dem Café biegt man rechts auf einen anderen Schotterweg ab (sehr breite Abzweigung). Nach weiteren 500 m, bevor es in Serpentinen bergab geht, parken (Weg wird immer schlechter). Von dort noch ca. 20 Min. zu Fuß.

Eine nette Abwechslung (v. a. für Selbstfahrer oder Wanderer, → S. 76) verspricht auch ein Ausflug zum Strand der **Ekincik-Bucht**, mit öffentlichen Verkehrsmitteln nur schwer zu erreichen.

• *Kajak* Kajaktouren auf dem Meer bietet **Kaunos Tours** (→ Adressen/Zweiradverleih). Pro Person 35 €.

• *Rafting* Rafting auf dem harmlosen Dalaman-Fluss (entfällt im Hochsommer zuweilen wg. Wassermangel) organisiert ebenfalls **Kaunos Tours**. Inkl. Transfer und Lunch pro Person 45 €.

• *Reiten* Ist über den **Adrenalin Safari Park**, ca. 10 km außerhalb von Dalyan (von der Straße zum İztuzu-Strand ausgeschildert), möglich. 2-mal tägl. finden Ausritte statt (2 ¼ Std., 8 km, 37 € pro Person inkl. Transfer vom Hotel; Equipment wird gestellt). Überwiegend Araber. ✆ 2882224.

• *Tauchen* **Dalyan Dive**, an der Maraş Cad. 2 Bootstauchgänge mit Equipment und Lunch 58 €. CMAS Anfängerkurs (3 Tage) 290 €. Deutschsprachig. ✆ 2842332, www.dalyandive.com.

• *Wandern* → Wanderung 1.

Geführte Wanderungen kann man zudem mit **Şahin** vom **Café Şahin Tepesi** (ca. 16 km außerhalb von Dalyan) unternehmen. Das schlichte Lokal mit herrlicher Panoramaterrasse (toll zum Sundowner!) ist von der Straße zum İztuzu-Strand ausgeschildert (mit dem Taxi ca. 17 €). Wer mit dem Dolmuş anreist und an der Abzweigung aussteigt, muss noch 5 km laufen! Anmeldung unter ✆ 2890113 o. 0537/7850812 (mobil). Preis pro Wanderung (für Gruppen von bis zu 5 Pers.) je nach Länge 30–50 €. Der freundliche Şahin hat 2 ½ Jahre in Deutschland gelebt und spricht gut Deutsch. Er hat insgesamt vier verschiedene Touren auf Lager: in die Berge, aber auch in Buchten mit antiken Ruinen. Übernachtungsmöglichkeiten vorhanden (DZ 40 €).

Felsengräber über Dalyan

Umgebung von Dalyan

Felsengräber: An der steilen Felswand auf der Dalyan gegenüberliegenden Flussseite sind sie eindrucksvoll in den Stein geschlagen: lykische Königsgräber, griechischen Tempeln ähnlich. Sie entstanden im 4. Jh. v. Chr. Manche hatten einst kolossale Drehtüren. Beim Bau der Gräber arbeiteten sich die Steinmetze in der Regel von oben nach unten vor, d. h. sie fingen mit dem Giebel an. Das mächtigste Grab der Felswand ist unvollendet, es besitzt lediglich Säulenansätze unterhalb der Kapitelle. In den Grabkammern selbst wurden, obgleich ursprünglich nicht vorgesehen, im Laufe der Jahrhunderte mehrere Persönlichkeiten bestattet.

Kaunos (antike Stadt): Vor gar nicht allzu langer Zeit war Kaunos noch eine nahezu unbeachtete Ruinenstadt mit wenigen weit verstreuten Überresten der antiken Kultur. Die Ruinen sind immer noch mittelmäßig, aber alle Welt macht sich plötzlich auf, um sie zu bewundern. Der Grund ist einfach: In Ermangelung anderer kultureller Attraktionen in der Region wurde die Trümmerstätte im letzten Jahrzehnt vom Tourismusmanagement (insbesondere in Marmaris) derart hochgepuscht, dass der Ausflug nach Kaunos mittlerweile zum obligatorischen Programmpunkt geworden ist. Die Schiffsanfahrt durch das Dalyan-Delta ist dabei noch der interessanteste Teil des Ausflugs.

Oben am Burgberg liegt die *Akropolis*. Wer sich der Mühe des Aufstiegs unterzieht, wird immerhin mit einem schönen Rundumblick belohnt. Noch relativ gut erhalten sind das *römische Theater* und das allerdings völlig schmucklose *Nymphäum*. Von der *Agora* ist nichts weiter übrig geblieben als ein hübscher antiker Kreis im verbrannten Gras. Die spätrömische *Therme* gehörte zu den monumentalsten

Badeanlagen Kleinasiens. Daneben stehen die Reste einer frühchristlichen *Basilika,* im Innern liegen Säulentrommeln, verzierte Kapitelle und Architekturfragmente mit griechischen Inschriften.

In der Geschichte spielte Kaunos, ein bescheidenes Landstädtchen an der Grenze zwischen Karien und Lykien, nie eine bedeutende Rolle. Man lebte vom Schiffbau und vom Export von Salz, Sklaven und dem Harz des Amberbaumes. Es gab zwei Grundübel, die die Bewohner über Jahrhunderte plagten und an denen die Stadt letztlich auch zugrunde ging: die Malariafliege und die fortschreitende Verschlammung des Hafens, die ihn am Ende verlandete.

• *Öffnungszeiten* Tägl. 8–18 Uhr. Eintritt 2,80 €.

• *Anfahrt* Kaunos liegt schräg gegenüber von Dalyan auf der anderen Seite des Flusses. Man kann sich mit einem Ruderboot übersetzen lassen und 20–25 Min. zu Fuß bis zum Eingang der Ausgrabungsstätte (→ Wanderung 1) laufen oder auf die von einem Traktor gezogene Transfer-Bummelbahn aufspringen (hin/zurück 2,80 €). Alternativ lässt man sich mit einem Ausflugsboot hinbringen. Diese fahren meist einen Sightseeing-Umweg durchs Delta (→ Dalyan/Ausflüge).

Kaunos hat einen oberen und einen unteren Eingang; nicht immer jedoch sind beide geöffnet.

Einmal sich wie ein Schwein im Schlamm suhlen: das „Mudbath“

Dalyan
Karte S. 67

Mudbath: Das „Schlammbad“ liegt links des Flusses auf dem Weg zum See und wird im Rahmen der Bootsausflüge angelaufen. Den Ausflüglern macht es sichtlich Spaß, sich im Schlamm zu suhlen, doch der angepriesene Verjüngungseffekt tritt mit Sicherheit nicht ein. Seit Jahren wird der Schlamm zum Bad wegen des großen Besucherandrangs von auswärts angefahren. In der Hochsaison springen bis zu 1000 Menschen täglich in das kleine Becken. Achtung: Wer's mit dem Herzen hat, sollte von einem Bad absehen!

Öffnungszeiten Tägl. 8–19 Uhr. Eintritt 2,20 €. Vormittags liegt das Bad noch im Schatten.

Wanderung 1: Von Dalyan zur Ekincik-Bucht

Route/Dauer: Dalyan – Kaunos – Çandır – Dikmen Tepe – Ekincik-Bucht. Gehzeit ca. 3 ½ Std.

An- und Weiterfahrt: Wer nicht auf demselben Weg, den er gekommen ist, von der Ekincik-Bucht wieder zurückmarschieren möchte, gelangt auf dem Landweg nur per Taxi (teuer, ca. 55 €!) oder Dolmuş über Köyceğiz zurück nach Dalyan (→ Verbindungen Ekincik-Bucht S. 77, lassen Sie sich vor Antritt der Wanderung die angegebenen Abfahrtszeiten von der Tourist Information bestätigen). Alternativ dazu bietet sich auch eine Bootsfahrt entlang der Küste und durch das Delta zurück nach Dalyan an. Eine solche wäre an sich der krönende Abschluss der Tour, doch vor allem in der Nebensaison kann es ebenfalls mächtig teuer werden. Es ist nämlich durchaus möglich, dass man mangels Masse ein Boot für sich allein chartern muss, und das kostet mindestens 80 € (in der Hauptsaison kommen gewöhnlich mehr Leute zusammen, so dass man sich die Gebühren teilen kann und nur ca. 15 € fällig werden). Um unliebsamen Überraschungen vorzubeugen, sollte man sich vorher bei einem Reisebüro in Dalyan erkundigen, wann eine organisierte Bootstour in die Bucht angeboten wird und ob die Möglichkeit besteht, mit zurückgenommen zu werden. Eine entsprechende Auskunft kann man auch bei der Bootskooperative Ekinciks einholen (✆ 2660192).

Allgemeines/Voraussetzungen: Die Wanderung führt durch schattige, grüne Nadelwälder mit Blick auf das tiefblaue Meer. Der größte Teil der Strecke verläuft auf schmalen Pfaden. Einkehrmöglichkeiten bestehen unterwegs nur in einem Café in Çandır (2007 jedoch geschlossen). Achtung: Sehen Sie Bienenkästen auf der Strecke, machen Sie darum besser einen großen Bogen.

Wegbeschreibung: Bevor die Wanderung als solche beginnt, muss man erst den Fluss überqueren; Ruderboote setzen auf Höhe des Hotels Caria über (ca. 200 m flussabwärts vom Kai der Ausflugsboote, pro Person 1,40 €). Auf der anderen Flussseite folgt man dem gepflasterten Weg, der an ein paar einfachen Cafés vorbeiführt. Rechter Hand liegt ein Friedhof, darüber erheben sich die imposanten Felsengräber. Der Weg verläuft relativ eben, passiert ein paar Felder und schwenkt schließlich nach rechts leicht bergauf zum Haupteingang des antiken Kaunos. Wer auf eine Besichtigung der Ruinen verzichtet, wandert einfach rechts des umzäunten Ausgrabungsgeländes weiter; der Pflasterweg (links bald herrliche Aussichten auf das Delta und den İztuzu-Strand) führt direkt in das Bauerndorf Çandır.

Dort geht es links an der Moschee des Ortes vorbei. Kurz darauf steigt das Sträßlein in Serpentinen an. In der dritten Rechtskurve (rechter Hand eine Natursteinmauer) verlässt man die Straße und geht geradeaus auf einem Schotterweg weiter. Von diesem zweigt man nach ca. 200 m (erste Möglichkeit) auf einen bergauf führenden Waldweg ab (linker Hand zu Beginn eine erste rote Markierung). Etwa 100 m später hält man sich bei einem Strommast (der erste, der vor Ihnen auftaucht) links. Nun beginnt der markierte und schönste Teil der Wanderung – auf alten Pfaden und Wegen über den Hügel Dikmen Tepe (200 m) bis in die Ekincik-Bucht. Der Wegverlauf ist überwiegend mit roten Pfeilen markiert, teils auch mit roten Punkten. Sollten Sie längere Zeit keine Markierung mehr sehen, dann haben Sie sich verlaufen. Drehen Sie bis zur letzten Markierung um, und überprüfen Sie bei allen Weggabelungen, ob sie nicht eine Abzweigung übersehen haben. Am häufigsten verpasst man folgende Abzweigungen: Beim Aufstieg zum Dikmen Tepe stößt der Pfad auf einen befahrbaren Waldweg; hier überquert man den Waldweg, hält sich links und sieht schon nach ca. 10 m rechter Hand wieder die roten Markierungen. Der Pfad geht hier so fließend in den Waldweg über, dass man leicht in Versuchung gerät, diesem zu folgen.

Den Dikmen Tepe überquert man bei einem alten Friedhof, den man links liegen lässt. Danach passiert man ein Gatter mit Stacheldraht (stets geöffnet und bei unserer letzten Begehung schon arg

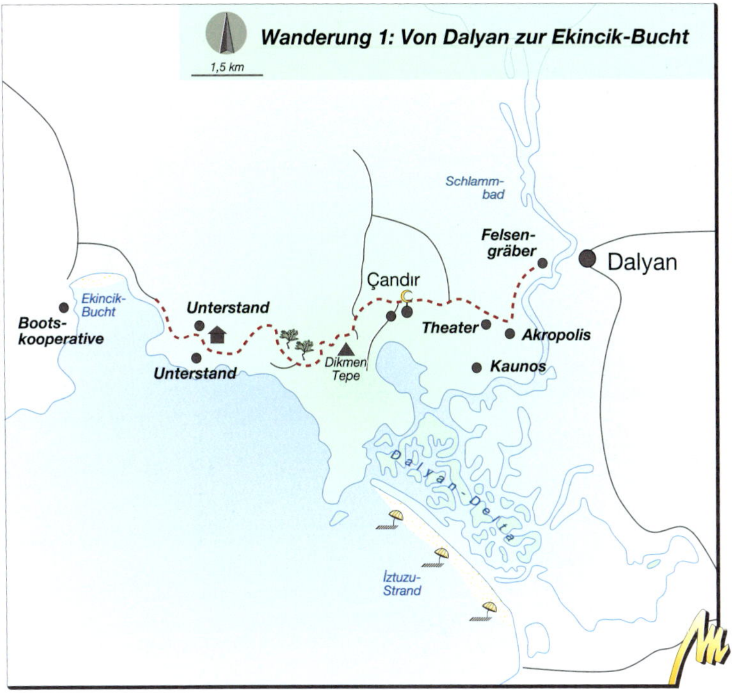

mitgenommen) und gelangt so auf einen Pfad, der sich kurz darauf zu einem Schotterweg verbreitert. Achten Sie auch hier weiterhin gut auf die Markierungen. Die Küste liegt zu Ihrer Linken. Evtl. müssen Sie etwas Abstand zu hier aufgestellten Bienenkasten halten – Vorsicht!

Wenn Sie ein kleines Häuschen und zwei einsam gelegene, verfallene Unterstände passieren, liegen noch ungefähr 1 ½ Wegstunden vor Ihnen. Haben Sie unmittelbar hinter den Unterständen Schwierigkeiten mit der Orientierung, halten Sie linker Hand etwas bergab nach Markierungen Ausschau.

Ca. 5–10 Min. nach den Unterständen trifft Ihr Pfad auf einen Waldweg. Diesem folgt man geradeaus leicht bergab (nicht nach rechts bergauf). Hier fehlen die roten Markierungen! In einer Linkskurve nach ca. 200 m verlässt man den Waldweg wieder und zweigt nach rechts auf einen bergauf führenden Pfad ab (die Stelle ist hier ausnahmsweise durch einen gelben Punkt an einem Stein markiert). Von nun an ist Ihr Weg wieder mit roten Pfeilen und Punkten versehen. Sehen Sie andersfarbige Markierungen, darunter in alle Himmelsrichtungen zeigende Pfeile, so ignorieren Sie diese!

Der Pfad, der nun keine Schwierigkeiten mehr machen sollte, endet schließlich an einer Schotterstraße, wo Sie sich rechts halten, also gen Westen, und so nach ca. 20 Min. in die Bucht von Ekincik gelangen.

Dalyan
Karte S. 67

Köyceğiz

(ca. 7000 Einwohner)

Tagsüber döst das Städtchen vor sich hin, abends sind die Stühle der Uferpromenade traurig verwaist. In Köyceğiz am gleichnamigen See herrscht alles andere als reges Treiben – die Touristen tummeln sich in Dalyan und sparen Köyceğiz aus.

Auf den ersten Blick macht das Städtchen einen freundlichen Eindruck: Eine palmengesäumte Eingangsallee führt ins Zentrum. Doch angesichts der freien Sitzplätze an der breiten Uferpromenade und der Ständer mit den verblichenen Postkarten überfällt den Besucher schnell die Melancholie. Köyceğiz ist einer der wenigen Orte an der hiesigen Küste, dem die Teilnahme am großen, profitablen Geschäft mit dem Tourismus verwehrt bleiben will. Lediglich ein paar türkische Familien belegen zur Ferienzeit die Hotels, was das Seestädtchen für „Rummelflüchtige" auch wieder attraktiv macht. Es besticht noch durch seine Natürlichkeit. Manche Einwohner des Ortes wünschen sich, dass sich am gegenwärtigen Zustand nie etwas ändert – Dalyan ist für sie ein abschreckendes Beispiel. Andere dagegen blicken neidvoll das Seeufer hinab.
Zu den wenigen Attraktionen des Ortes zählt der große Markt, der allwöchentlich montags stattfindet.

Der Köyceğiz-See

Der 65 km² große und durch einen schmalen Fluss mit dem Meer verbundene Köyceğiz-See ist eine verlandete Meeresbucht. Einen Zufluss hat der See nicht, er wird aus teilweise warmen Quellen gespeist. Da die meisten Uferbereiche schilfbestanden und unzugänglich sind, ist es mit dem Schwimmen im See aufgrund schlechter Einstiegsmöglichkeiten weniger gut bestellt.
Neben einer fast unberührten Natur und einer einzigartigen Fauna bietet der Köyceğiz-See auch eine biologisch-kulinarische Besonderheit: Steigt das Meer, fließt Salzwasser in den See und bringt Meeräschen *(kefal)* und Seebarsche *(levrek)* mit, die in dem ruhigen Gewässer laichen. Den Weg zurück ins offene Meer finden aber die wenigsten. Nach getaner Arbeit werden sie im schmalen Fluss gefangen, schmackhaft zubereitet und verzehrt.

Eine botanische Rarität in den sumpfigen Gebieten rund um den See sind Auwälder mit Amberbäumen, die zur Gattung der Zaubernussgewächse gehören. Sie werden anderenorts bis zu 45 m hoch, erreichen hier jedoch selten die halbe Größe und haben Blätter ähnlich denen des Ahorns. Diese seltenen Bäume liefern durch Anritzen ein Harz, das im Altertum für medizinische Zwecke genutzt wurde. Das Amberharz sollte nicht mit dem Amberöl verwechselt werden, einer wachsartigen grauen Masse, die bis in die Mitte des letzten Jahrhunderts aus dem Darm des Pottwals gewonnen wurde und als wohlriechend (!) und appetitanregend (!) galt.

Information/Verbindungen/Sonstiges

- *Telefonvorwahl* ✆ 0252.
- *Information* **Tourist Information** beim Hauptplatz. Zuweilen nur türkischsprachig. Mo–Fr 8–17 Uhr, Sa/So geschl. Atatürk Kordonu, ✆ 2624703.

Ganz schön kindisch: Thermen von Sultaniye, im Hintergrund der Köyceğiz-See

• *Verbindungen* Der Busbahnhof liegt weit außerhalb des Zentrums nahe der Küstenstraße (Taxi ins Zentrum 2,80 €). Mehrmals tägl. **Busse** nach Marmaris und Antalya, stündl. nach Fethiye und halbstündl. nach Muğla. Büros der Busgesellschaften an der Eingangsallee (mit Shuttleservice zum Busbahnhof).

• *Baden* In Köyceğiz selbst lockt nur der **Delta Plajı**, ein kleiner Strand gegenüber dem Delta Camping. Leicht salziges Süßwasser, nichts Umwerfendes, dafür meist wellenlos, und beim Hinausschwimmen haben Sie zur Abwechslung Bergpanorama statt der Weite des Meeres vor der Nase.

• *Bootsausflüge* Werden am kleinen Hafen und an der Promenade am Paşa Parkı angeboten. Die Standard-Tagestour führt zum İztuzu-Strand, nach Kaunos, zu den Thermen von Sultaniye und zum Schlammbad (pro Person 8,50 €).

• *Ärztliche Versorgung* Das städtische **Krankenhaus** liegt an der Straße nach Marmaris. ✆ 2624718.

• *Auto- und Zweiradverleih* **Özay Turizm Travel**, gegenüber der Moschee am Hauptplatz. Falls niemand da ist, im Özay Café fragen (beim Özay Hotel). Autos ab 39 € pro Tag, Scooter 15 €, Fahrrad 8 €. ✆ 2621822, www.ozaytours.com.

• *Einkaufen* Am besten auf dem **Montagsmarkt**, einem der größten und schönsten Märkte der Region, den sich auch Urlauber aus Dalyan nicht entgehen lassen.

• *Polizei* An der Eingangsallee. ✆ 2623766.

• *Post* Westlich der Eingangsallee, vorletzte Straße rechts abzweigen.

• *Veranstaltungen* **Altın Arslan** („Goldener Löwe"), das hiesige nationale Filmfestival, findet Mitte August statt und dauert fünf Tage.

Übernachten/Camping

Hotel Alila, an der Seepromenade. Besseres aber leicht in die Jahre gekommenes Haus mit 20 Zimmern, alle mit Aircondition. Bis auf zwei haben alle Seeblick. Restaurant. Kleiner Pool. Das ganze Jahr geöffnet. DZ 30 €, EZ 20 €. Emeksiz Cad., ✆/℻ 2621150.

Flora Hotel, im Westen der Stadt direkt an der Uferstraße (Eingangsallee bis zu ihrem Ende durchfahren, dann rechts ab). Hellgrün gestrichene, ordentliche Zimmer mit großen Balkonen. Dazu 4 orangefarbene Apartments. Freundlicher Service, der Besitzer spricht deutsch. Gesellige Bar davor.

Von Lesern gelobt. DZ 27 €, Apartment ab 39 €. Kordon Boyu 98, ☏ 2624976, ℻ 2623809, www.florahotel.info.

Oba Pension, etwas im Abseits, von der Eingangsallee ausgeschildert. Einfache Familienpension mit 10 Zimmern, alle mit Balkon. Ganzjährig geöffnet. DZ 17 €. Gümüşlü Cad. 10, ☏ 2624181, ℻ 2624972.

Tango Pension, Pension und Hostel in der Parallelstraße zur Uferstraße (Eingangsallee bis zu ihrem Ende durchfahren, dann rechts ab, dann ausgeschildert). Beliebter Travellertreff. Saubere Zimmer mit Bad und Betten im Schlafsaal. Gemütliche, feuchtfröhliche Gartenbar davor. Organisiert werden auch Ausflüge in die Umgebung. Fremdsprachig. DZ 27 €, Bett im Schlafsaal 8,50 €. Alihsan Kalmaz Cad., ☏ 2622501, ℻ 2624345, www.tangopension.com.

• *Camping* **Delta Camping**, eine ruhige Oase 1,5 km westlich des Zentrums gegenüber dem Delta Plajı (Eingangsallee bis zu ihrem Ende durchfahren, dann rechts ab und immer geradeaus). Viel Schatten unter hohen Bäumen. Mäßige Sanitäranlagen, dafür Tennisplatz und Minizoo. Billig. 2 Pers. mit Zelt oder Wohnmobil 5 €. Köyceğiz, ☏ 2625502.

Essen & Trinken/Nachtleben

Mehrere einfache und gute Lokantas im Zentrum. Frischen Fisch aus dem See, der bis zu seiner Zubereitung in einem Aquarium auf der Terrasse schwimmt, bekommt man im **Thera Restaurant**. Innen etwas nüchtern. Große Terrasse, nur durch einen Grünstreifen vom See getrennt. Fisch ab 8 €, Meze ab 1,70 €. ☏ 2623514.

Das **Mona Lisa** direkt am See serviert neben „Schipigel Eiye" gute Snacks. Von Lesern empfohlen.

• *Nachtleben/Frühstück* Nachts ist außer dem Zirpen der Grillen wenig Unterhaltung geboten. Die einzige Diskothek **Han 48** nahe dem Hotel Özay ist leider auch nichts Besonderes. Dafür kann man am nächsten Morgen gut ausgeschlafen in den Teegärten am See nett frühstücken.

Yuvarlakçay Restaurant, mitten im Wald gelegen. Man hat eine Terrasse über einen Gebirgsbach gebaut, dessen Rauschen die idyllische Lage des Lokals vervollkommnet. Serviert werden frische Bachforellen oder das berühmte *Tandır Kebap*, eine Hammelfleischspezialität aus dem Backofen. Nach der Hitze des Tages ist es hier angenehm kühl. Anfahrt: Von Köyceğiz 10 km Richtung Fethiye, dann links ab (Hinweisschild), nach 5 km rechts im Wald das Restaurant. Wer noch ein paar Kilometer weiter fährt, findet weitere Restaurants. ☏ 2648018.

Umgebung von Köyceğiz

Thermen von Sultaniye: 10 km von Köyceğiz am Südwestufer des Sees speist eine 39 °C warme, schwefelhaltige und leicht radioaktive Quelle den See. Die Thermen sind eine ursprünglich römische Anlage, die von den ebenfalls hier kurenden Osmanen architektonisch verändert wurde. Für die Touristen von heute kamen noch zwei Außenbecken, ein Schlammbad und eine Cafeteria hinzu. Das Wasser hilft gegen Depressionen, Gallenleiden, Darmerkrankungen u. Ä. mehr (ohne Gewähr). Als Kurbad ist Sultaniye eine ziemlich konservative Angelegenheit, als Spaßbad im Rahmen eines Tagesausflugs aber okay.

• *Verbindungen/Eintritt* Nur im Rahmen eines Bootsausflugs oder mit einem Privatfahrzeug erreichbar. Von der Zufahrtsstraße zur Ekinicik-Bucht aus beschildert. Kein Dolmuş. Für Bäder und Schlammbad jeweils 1,70 € Eintritt.

Bucht von Ekincik

Die extrem ruhige, von hohen Bergen umrahmte Bucht liegt etwa 40 km südwestlich von Köyceğiz. Ein Ausflug lohnt nicht nur wegen des sichelförmig geschwungenen, rotbraunen Kiesstrandes – allein die Anfahrt entlang dem Köyceğiz-See ist ein Erlebnis. Die Bucht ist traditioneller Anlaufpunkt für Segelyachten und Ausflugsboote aus Marmaris, deren Passagiere auf dem Weg ins Dalyan-Delta hier in kleinere Boote umsteigen. Hinter dem Strand und an der Straße zu diesem findet man ein paar nette Pensionen und Hotels sowie einen provisorischen Campingplatz, dazu die etwas triste Ruine einer nie fertiggestellten Clubanlage. Ansonsten steckt die touristische Infrastruktur noch in den Kinderschuhen – für Erholungssuchende, denen ein schöner Strand und ein gutes Buch reichen, sehr angenehm. Das gleichnamige Dörfchen Ekincik liegt übrigens ein paar Kilometer hinter der Uferfront.

• *Anfahrt/Verbindungen* In Köyceğiz der Uferstraße (vorbei am Delta Plajı) gen Westen folgen. So gelangt man (vorbei an Obstplantagen) zum Dörfchen Hamitköy. Am Ortsende von Hamitköy links ab (auf Pensionsschilder achten), etwa 1 km hinter dem Ort beginnt eine gut ausgebaute Straße nach Ekincik. Bislang lediglich Mitte Juni–Mitte Sept. 1-mal tägl. ein **Dolmuş** von Köyceğiz in die Ekincik-Bucht gegen 9.30 Uhr, zurück um 17.30 Uhr (Stand 2007).

• *Bootsausflüge* Am kleinen Hafen im Westen der Bucht bietet die lokale Bootskooperative Ausflüge ins Dalyan-Delta an. ✆ 0252/2660192.

• *Übernachten* **Ekincik Hotel**, in der ersten Reihe am Strand. Überschaubare Anlage mit 27 klimatisierten Zimmern. Lassen Sie sich eines mit Meeresblick geben. Zimmer okay, z. T. mit nagelneuen Bädern, aber nichts Besonderes – die Lage macht's. Pro Person mit HP 43 €. Ekincik, ✆ 0252/2660203, 📠 0252/2660205, www.hotelekincik.com.

Hotel Falcon Crest, von Lesern zigmal empfohlen. Hoch über Ekincik, ca. 4,5 km vor der Bucht (zu Fuß über einen Schleichweg in ca. 25 Min. zu erreichen), ausgeschildert. Schöne Anlage auf 12.000 m² Fläche, Restaurantterrasse mit Wahnsinnsblick und Ruhe pur. 38 überaus großzügige, komfortable Zimmer mit Terrasse, 8 davon mit grandiosen Weitsichten. Schöner Poolbereich. Regelmäßiger Transfer zum Strand. April–Okt. Reservierung ratsam. Der hilfsbereite Besitzer Cem Kalkan hat 37 Jahre in Deutschland gelebt. Sehr gutes Preis-Leistungs-Verhältnis. DZ mit HP 44 €. Ekincik, ✆ 0252/2660221, 📠 0252/2660220, www.hotelfc.com.

Pension Ekincik, 5 Fußmin. vom Strand entfernt. 17 sehr saubere Zimmer und ein Apartment, die meisten mit Balkon oder Terrasse. Nette Innenhofterrasse. Liebenswerte Inhaber. Sehr leckeres Essen. DZ 44 € mit HP. Ekincik, ✆ 0252/2660179, 📠 0252/2660003, www.ekincikpansiyon.com.

Hotel Akdeniz, 5 Fußmin. vom Strand entfernt. Große, helle und gepflegte Zimmer mit Balkon und Aircondition. Super Dachterrasse. Sehr freundlich und sehr sauber – man spricht mit schwyzerdütschem Einschlag. Exzellente Küche. Ganzjährig geöffnet. DZ mit HP 39 €. Ekincik, ✆ 0252/2660255, www.akdenizotel.com.

Zwischen Köyceğiz, Milas und Marmaris

Das Gebiet um den Köyceğiz-See bildet die Grenze zwischen den historischen Landschaften Lykien und Karien. Der lykische Kulturraum erstreckte sich gen Osten entlang der Küste bis nach Antalya. Eine Eigenheit der Lykier sind die im 6. bis 4. Jh. v. Chr. entstandenen Felsengräber, wie man sie heute noch in Dalyan sehen kann. Die antike Küstenlandschaft Karien reicht im Westen bis zum Tal des Großen Mäander. Wie die Lykier besaßen auch die Karer eine eigene Schrift und Sprache. Ihr Haupttheiligtum war der Zeustempel von Labranda.

Verlässt man Köyceğiz auf der gut ausgebauten D 400 gen Westen, erreicht man keine halbe Stunde später das Städtchen Gökova, das v. a. als Verkehrskreuz am gleichnamigen Golf von Bedeutung ist. Von dort verläuft die D 550 gen Norden über den Sakar-Pass (tolle Strecke!) nach Muğla. Unterwegs bietet sich eine Badepause in Akyaka (→ S. 145) an. Zweigt man rund 20 km hinter Muğla bei Yatağan auf die D 330 ab, gelangt man vorbei am antiken Stratonikeia nach Milas (→ S. 149).

Nach Marmaris wiederum folgt man von Gökova weiter der D 400, die hier nach Süden abschwenkt. Auch auf dieser Strecke bieten sich Badeabstecher an.

Caretta caretta

Die bis zu zwei Zentner schwere und bis zu einem Meter lange „Unechte Karettschildkröte“ *(Caretta caretta)* verbringt wie alle Meeresschildkröten ihr gesamtes Leben im Wasser. Lediglich zur Eiablage kommen die weiblichen Tiere an Land. Dabei suchen sie – wie Touristen auch – insbesondere von Mitte Juni bis Mitte August feinsandige Strände auf. Während die Touristen jedoch tagsüber kommen, erscheinen die Schildkröten nachts. Werden die Schildkröten auf dem Weg zur Eiablage durch Geräusche, Lichtquellen oder auch Hindernisse wie Sonnenliegen gestört, kehren sie unverrichteter Dinge ins Meer zurück und verlieren dort unter Umständen ihre Eier. Für die Eiablage selbst graben die Schildkröten ein Nest. Nach getaner Arbeit bedecken sie die tischtennisballgroßen Eier mit Sand. Nach ca. 60 Tagen ist das Gelege von der Sommersonne ausgebrütet und die Schlüpflinge graben sich einen Weg ins Freie. Das geschieht meist nachts. Um dann den Weg ins Meer zu finden, orientieren sich die winzigen Kröten an der hellsten Fläche – in der Regel dem im Mondlicht glänzenden Wasser. Diesen Weg prägen sich die weiblichen Tiere für ihr ganzes Leben ein: Nach 20 bis 30 Jahren und tausenden geschwommenen Kilometern kehren sie genau an diese Stelle zurück, um ihrerseits Eier abzulegen. Das bedeutet, dass die wenigen, noch heute von Schildkröten aufgesuchten Strände in ihrer natürlichen Form erhalten bleiben müssen, will man nicht das Aussterben der noch verbliebenen Population verantworten. Verhaltensmaßnahmen zum Artenschutz:

- Meiden Sie Niststrände zwischen Sonnenuntergang und -aufgang.
- Schaffen Sie keine künstlichen Lichtquellen hinter dem Strand (Lagerfeuer, Autoscheinwerfer etc.) – die Jungtiere krabbeln sonst in die falsche Richtung und vertrocknen am Folgetag qualvoll in der Sonne!
- Halten Sie sich beim Sonnenbad möglichst nicht weiter als 5 m von der Uferlinie auf. Im meernassen Bereich vergraben die Schildkröten keine Eier. Hier können Kinder bedenkenlos im Sand buddeln und Sie einen Sonnenschirm hineinstecken, ohne Gefahr zu laufen, ein Gelege zu zerstören oder den Brutvorgang durch künstlichen Schatten zu verlängern.
- Berühren Sie auf keinen Fall frisch geschlüpfte Jungtiere.

Muğla

(50.000 Einwohner)

Muğla ist eine der reichsten Provinzen des Landes, umfasst sie doch die gesamte Küste von Fethiye bis Bodrum und profitiert so wie kaum eine andere Provinz vom Tourismus. Im Gegensatz dazu präsentiert sich die gleichnamige nette, kleine Provinzhauptstadt fast bescheiden. Sie liegt weit abseits der Küste auf erfrischenden 680 m ü. d. M.

Großzügig ist die moderne Neustadt Muğlas samt Universitätsviertel (ca. 12.000 Studenten) angelegt. Dahinter ziehen sich von weißen Häuschen gesäumte Gassen den Hang hinauf, einst gerade breit genug für ein Pferdefuhrwerk. Die Altstadt, überragt von roten Ziegeldächern und hohen Schornsteinen, präsentiert ein Stück unversehrte osmanische Stadtarchitektur, bei deren Restaurierung man sich Mühe gibt. Mittelpunkt des Alltagslebens ist das Basarviertel zwischen Neu- und Altstadt, das jeden Donnerstag zum Schauplatz tausendfacher Geschäftsverhandlungen wird. Von alters her ist der Markttag der wöchentliche Höhepunkt der Stadt.

Zu den Sehenswürdigkeiten Muğlas gehören die **Kurşunlu Camii** aus dem 15. Jh., die nahe stehende **Ulu Cami** aus dem 14. Jh. und das kleine, liebevoll eingerichtete **Museum** (mit „Müze" ausgeschildert, tägl. außer Mo 9–12 und 13–17 Uhr, Eintritt 1,20 €). Im Innenhof präsentiert es archäologische Funde aus Stratonikeia (s. u.) und der näheren Umgebung – die Geschichte Muğlas reicht über 3000 Jahre zurück. Zudem besitzt es eine Abteilung mit Fossilien und eine ethnographische Sammlung mit Schaufensterpuppen in traditionellen Gewändern. Des Weiteren bietet sich der Besuch des gepflegten **Vakıflar Hamamı** aus dem 14. Jh. nahe dem Museum an der General Mustafa Muğlalı Caddesi an (tägl. 6–24 Uhr, Eintritt mit Massage 17 €, separate Eingänge für Männer und Frauen). Zwischen Museum und Hamam liegt das **Hacıkadı Evi,** eines von mehreren alten Herrenhäusern *(Konaklar),* die in den letzten Jahren restauriert und der Öffentlichkeit zugänglich gemacht wurden (tagsüber i. d. R. geöffnet, kein Eintritt).

Vom Cumhuriyet Meydanı, dem zentralen Platz mit Kreisverkehr und Atatürk-Statue in der Mitte, sind alle Sehenswürdigkeiten ausgeschildert. Man stößt automatisch auf ihn, wenn man der Beschilderung ins Zentrum folgt.

• *Information* **Turizm İl Müdürlüğü** am Marmaris Bul. 24/1. Vom zentralen Kreisverkehr der Beschilderung zum Dalaman-Flughafen folgen, nach ca. 300 m rechter Hand. Viel Personal, doch wenig Freude an fragenden Touristen. Mo–Fr 8.30–17 Uhr. ✆ 0252/2141261, www.muğla-turizm.gov.tr.

• *Verbindungen* **Dolmuşe** nach Marmaris, Milas, Ören, Akyaka und in die Umgebung fahren rund um den Busbahnhof (die meisten neben dem dortigen Uhrturm) ab, lassen Sie sich die genaue Stelle zeigen. Busbahnhof ca. 10 Fußmin. südlich des Zentrums. Um ins Zentrum zu gelangen, folgt man vom Uhrturm dem begrünten Boulevard leicht bergauf.

• *Übernachten* Die Auswahl an guten Hotels ist ziemlich mager, das Preis-Leistungs-Verhältnis schlecht.

*** **Hotel İzothan**, etwas außerhalb des Zentrums an der Ausfallstraße nach Yatağan. Bestes Haus vor Ort. Pool (das Beste am Hotel!), Zimmer mit billigen dunklen Furniermöbeln, gut in die Jahre gekommen. Sauna, Fitnesscenter. Keine Klimaanlage! DZ 55 €, EZ 40 €. Abdi İpekçi Cad. 71/75, ✆ 0252/2122700, ℻ 0252/2122610, www.izan.com.tr.

Hotel Yalçın, ca. 100 m unterhalb des Cumhuriyet Meydanı. Von innen besser als von außen. Bis auf die dicken Teppiche, die man mal austauschen könnte, gepflegt und ordentlich. 48 Zimmer mit TV, Bad und Balkon. Freundlicher Service, gutes Restaurant. DZ 44 €, EZ 30 €. Özer Türk Cad. 7/A, ✆ 0252/2141599, ℻ 0252/2141050.

Otel Saray, beim Marktgelände. 51 etwas abgewirtschaftete, aber saubere Zimmer mit Laminatböden, Bäder z. T. neu, alle Zimmer mit TV und Balkon. DZ 27 €, EZ 17 €. Açık Pazar Yeri 11, ✆ 0252/2141594, ✆ 0252/2141950.

• *Essen & Trinken* Spezialitäten sind *Muğla Köfte* (ganz kleine Köfte) und *Muğla Kebabı* (gekochtes Fleisch, das als eine Art Suppe auf den Tisch kommt).

Das beste Restaurant des Städtchens – auch wenn's nicht danach aussieht – befindet sich im **Hotel Yalçın** (→ Übernachten). Sehr gute Topfgerichte und die üblichen Verdächtigen vom Grill, faire Preise. Abends auch Meze. ✆ 0252/2141165.

Ardore, Café und Restaurant am zentralen Kreisverkehr. Große Terrasse mit türkischer Rockmusik aus den Boxen, geleckte Kellner, junges Publikum. Große Auswahl: Spieße, Meze, Pide und Fastfood.

Saklı Bahçe, der „Versteckte Garten". Bar mit nettem Gärtchen, in dem allabendlich türkische Volksweisen live geboten werden. Kleine Gerichte. Kocamustafaefendi Sok. (auf dem Weg zum Museum linker Hand).

Eine paar schickere Studentenlokale zudem zwischen dem Cumhuriyet Meydanı und dem Hotel İzethan.

Eskihisar mit Stratonikeia

Die Überreste der **antiken Stadt** Stratonikeia aus dem 3. Jh. v. Chr. liegen in und um das Geisterdorf Eskihisar verstreut, einer weitestgehend aufgegebenen, ehemals türkisch-griechischen Siedlung rund 35 km nordwestlich von Muğla nahe der Straße nach Milas. Das Gros der Einwohner kehrte dem Ort in den 1980ern den Rücken, als die riesigen Abraumhalden der angrenzenden Braunkohlemine bedrohlich nahe rückten. Ein paar Kilometer weiter baute man mit staatlicher Unterstützung ein neues Eskihisar auf. Lediglich acht Familien blieben im alten Dorf zurück. Ein Spaziergang hindurch führt vorbei an der eingestürzten Moschee, dem aufgegebenen Teehaus und leer stehenden, unkrautumrankten Häusern. Dazwischen die antiken Ruinen Stratonikeias: Teile der Stadtmauer (ganz im Norden), des Gymnasions (im Westen), des Zeustempels und des Theaters (im Süden). Reste Stratonikeias überdauerten aber auch als Bausubstanz in den Häusern Alt-Eskihisars – es lohnt der Blick aufs Detail.

Ein Ritt durch die Vergangenheit: Stratonikeia

• *Verbindungen/Anfahrt* Den **Dolmuş** Muğla–Milas nehmen und an der Abzweigung nach Stratonikeia aussteigen. Die Ruinen befinden sich ca. 800 m abseits der Straße. Stets zugänglich, Eintritt 3,10 € (der Wächter findet Sie bestimmt). Alles ist bestens ausgeschildert. Lediglich das Schild „Müze" weist nicht zum Museum, sondern zum Depot des türkischen Grabungsteams.

Zwischen Gökova und Marmaris

Insel Sedir: Die Insel im Süden des Golfs von Gökova ist auch als *Kleopatra-Insel* bekannt. Denn einer liebenswürdigen Legende nach ließ Mark Anton für seine geliebte Kleopatra eine Bucht mit Kalksand aus Ägypten aufschütten. Schade nur, dass es ihm kein Sultan für seinen Harem gleichtat, denn dann wäre der Strand größer ausgefallen. So ist er heute leider von Ausflugsgästen gnadenlos überlaufen. Auf der Insel befinden sich zudem die Reste der antiken Stadt *Kedreia* mit den Ruinen eines Theaters, Apollontempels, einer Agora, Nekropole usw. Die Bewohner sollen laut Xenophon halbe Barbaren gewesen und allesamt 405 v. Chr. von den Spartanern versklavt worden sein. Bis vor wenigen Jahren war die Insel noch größtenteils in Privatbesitz, heute ist sie dem Ministerium für Tourismus unterstellt.

• *Verbindungen/Anfahrt* Die Insel ist am einfachsten mit einer organisierten Tour von Marmaris aus zu erreichen, am preiswertesten mit dem Dolmuş (in der Saison bis zu 6-mal tägl.). Überfahrt pro Person 5,50 €, „Inseleintritt" zusätzliche 2,80 €. Von der D 400 Marmaris–Gökova ist die Abzweigung zur Fährstelle beim Dorf Çamlı mit „Sedir Adası" ausgeschildert.

> **Hinweis**: Man darf keinen Sand von der Insel als Souvenir mitnehmen!

• *Camping* **Boncuk Camping**, traumhaft-idyllisch gelegener Platz in einer palmenbestandenen Bucht mit schmalem Kiesstrand. Durchschnittliche sanitäre Anlagen, Vermietung von mäßig gepflegten Zimmern mit Bad. Pro Wohnwagen oder Wohnmobil 14 €, DZ 27 €. 24 km von Marmaris entfernt; die Straße vorbei an der Anlegestelle zur Sedir-Insel noch ca. 7 km weiterfahren (die letzten 2 km sind unbefestigt), ✆ 0252/4958116.

• *Essen & Trinken* Auf der **Sedir-Insel** ein einfaches *Büfe*.

An der Straße zur Fährstation passiert man das Restaurant **Çınar**, ein liebevoll angelegtes Gartenlokal, das von alten Karrenrädern geziert wird. Enten quaken am plätschernden Bach, während man im Schatten unter Bäumen sitzt. Frischer Fisch, für das Gebotene faire Preise. Sehr beliebt, manchmal sogar überfüllt. Es werden auch nette Zimmer vermietet. Von Lesern gelobt. ✆ 0252/4950000.

Karacasöğüt-Bucht: Die Bucht im Süden des Golfs von Gökova, vor der die kleine Insel Karaca liegt, ist ein Treffpunkt von Seglern, die in der dortigen noch überschaubaren Marina einen Stopp einlegen. Zu ihnen gesellen sich in der Ferienzeit ein paar Türken, die hier ein Ferienhaus haben. Nur zum Baden lohnt die lange Anfahrt nicht, es gibt schönere Buchten in der näheren Umgebung von Marmaris.

Anfahrt Von Marmaris die Straße Richtung Muğla nehmen, nach ca. 14 km geht es links ab. Von da aus sind es noch 12 km. Kein Dolmuş.

Halıcı Ahmet Urkay Müzesi: Ahmet Urkay stieg vom armen Teppichknüpfer zum reichen Teppichhändler auf und hatte irgendwann genug Geld und Zeit, wahllos allerhand kostbaren Plunder zu sammeln, der heute den Grundstock des 2005 eröffneten Museums bildet: Schmuck, Möbel, Kaffeemühlen, alte hölzerne „Flipflops" mit Perlmutteinlagen, Teppiche etc. Falls keine Busladung antanzt, sind Sie hier alleine.

Anfahrt/Öffnungszeiten An der D 400 nahe der Abzweigung zur Karacasöğüt-Bucht. Im Sommer tägl. 9–18 Uhr, im Winter 8–17 Uhr. Eintritt 2,20 €.

Seglermekka Marmaris

Marmaris

(ca. 30.000 Einwohner)

Marmaris – das bedeutet, Urlaub zu machen und alle Zwänge abzulegen, das Jackett, die Krawatte, das Hemd und die Hose. In Marmaris kann man in Badeshorts essen gehen, was zugleich den Vorteil birgt, dass man nicht am T-Shirt in einen Laden gezerrt werden kann. Dem einen gefällt's, der andere kann sich Schöneres vorstellen.

In dem Städtchen mit der Sonnenscheingarantie (an die 300 Sonnentage jährlich) herrschen andere Sitten, keine türkischen, sondern die freizügigen des Massentourismus. Auf der gepflegten Uferpromenade, die rund um den alten Stadtteil bei der Burg verläuft, geben sich Maler, Gaukler und Musikanten ein Stelldichein. Zur See hin liegt Luxusyacht an Ausflugsboot vertäut, gegenüber stehen die Aufreißer der Restaurants Spalier und laden zum Candle-Light-Dinner auf ihre gepflegten Terrassen ein. Dazwischen trägt man offen seinen sonnenverbrannten Bauch spazieren, tagsüber Schatten spendend über den noch weißen Füßen. Nur wer kein Tattoo hat, lässt das Shirt an! Marmaris präsentiert sich hier um ein Vielfaches schicker als sein durstiges Publikum. Allabendlich fällt es von der Hotelvorstadt ins Zentrum ein, vor allem dann, wenn die *Big Screens* der dortigen Bars schwarz bleiben, da keine Spiele der *Premiers League* auf dem Programm stehen. Dann wird auch der moderne, alles andere als orientalische Basar durchstreift. Alles, auf das sich der Schriftzug bekannter Designer drucken lässt, wird hier an jeder Ecke und auf jedem Meter angeboten.

Ansonsten steht Marmaris ganz und gar im Zeichen des Segelsports. Weit über 1500 Liegeplätze bietet die Bucht. In der größten und schicksten Marina, der *Netsel Marina* östlich der Burg, trifft sich auch die Schickeria des Landes. Ins Zentrum spaziert sie selten: Die nationalen Promis wollen mit den internationalen „Prollis" nichts zu tun haben.

Orientierung: Das alte Zentrum mit dem Basar, den Restaurants und den Bars liegt rund um die Burg. Gen Westen, Richtung İçmeler, erstreckt sich rechts und links des K. Seyfettin Elgin Bulvarıs, der fließend in den Kenan Evren Bulvarı übergeht, die Hotelvorstadt *Siteler*. Von dort erreicht man das Zentrum per Dolmuş rund um die Uhr. Steigt man an der Atatürk-Statue am Beginn der Kordon Caddesi aus, kann man rund um die Burg zum Yachthafen schlendern.

Geschichte

Marmaris, als *Phiscus* um 1000 v. Chr. von dorischen Einwanderern gegründet, war einst Handelshafen und Tor Kleinasiens nach Rhódos und Ägypten. Im 6. Jh. v. Chr. geriet die Ansiedlung unter die Herrschaft Lydiens. Im 5. Jh. v. Chr. bezeichnete sie Herodot schon als Marmarissos – man nimmt an, dass sich der Name von den Marmorvorkommen in der Umgebung ableitete. Vom 4. bis zum 2. Jh. v. Chr. dominierte Rhódos den Hafen. Danach war Marmaris ständig wechselnden Machtverhältnissen ausgesetzt, bis schließlich die Osmanen 1408 die ganze Gegend besetzten; seitdem ist Marmaris türkisch. Die Bucht von Marmaris spielte für Strategen seit jeher eine wichtige Rolle: Wo einst Süleyman der Prächtige seine Expedition nach Rhódos startete und Lord Nelson seine Flotte zum Angriff auf die Franzosen bei Abukir klarmachte, befindet sich heute ein NATO-Stützpunkt (die Aksaz-Bucht östlich von Marmaris ist militärisches Sperrgebiet).

Die größten Veränderungen in der Geschichte von Marmaris brachten jedoch weder Römer noch NATO-Militärstrategen, sondern Touristen. Übernachteten noch Anfang der 1980er lediglich ein paar Globetrotter in der Bucht, so sinken heute jede Sommernacht annähernd 100.000 Urlauber aus aller Herren Länder in ihre Gastebetten. Das einst verschlafene Fischernest ist einer der größten internationalen Rummelorte der Türkei geworden. Sämtliche Baulücken an der Küste sind verschwunden, auch in zweiter, dritter und gar in neunter oder zehnter Reihe ist kein grüner Fleck zu sehen. Die Roh- und Neubauten ziehen sich immer weiter ins Hinterland und zeugen von einer ungebrochen optimistischen Zukunftssicht. Viele der neuen Apartments beziehen Ausländer. Für das Gros der Türken sind die Preise zu hoch. Selbst das Leben ist für Ali-Normalverdiener in Marmaris zu teuer geworden. So konnte eine neu eingerichtete Bankfiliale erst einmal nicht eröffnet werden, weil sich kein Personal fand, das es sich leisten konnte, in Marmaris für das landesübliche Gehalt zu leben und zu arbeiten.

Information/Verbindungen/Ausflüge/Veranstaltungen

- *Telefonvorwahl* ✆ 0252.
- *Information* **Tourist Information** an der Uferpromenade Richtung Burg. Professionell, sehr zuvorkommend und informativ. Im Sommer tägl. 8–17 Uhr, im Winter Mo–Fr 8–17 Uhr. İskele Meydanı, ✆ 4121035, marmarisinformation@yahoo.com.
- *Verbindungen* **Busse** mehrmals tägl. nach Denizli/Pamukkale (8,30 €, 4 Std.), Datça (6,60 €, 1 ½ Std.), Ephesus (mit Umsteigen in Aydın, ca. 9 €, 4 Std.), Fethiye (8,30 €, 3 Std.) und Antalya (17 €, 6 ½ Std.). Busbahnhof etwas außerhalb des Zentrums am Mustafa Münir Elgin Bul. Zweigstellen der Busgesellschaften (mit Shuttle-Service zum Busbahnhof) im Gebäude des Supermarkts Tansaş an der Mustafa Muğlalı Cad.

Ebenfalls vom Busbahnhof starten 3-mal tägl. **Havaş**-Busse zum Airport Dalaman, die genauen Zeiten erfahren Sie bei THY (→ Reisebüros) oder unter www.havas.com.tr. 13 €/Person.

Marmaris Karte S. 84/85

Dolmuş: Die Dolmuşe nach İçmeler und zum Uzunyalı-Strand (ständig) starten vor dem Supermarkt Tansaş an der Ulusal Egemenlik Cad. (zusteigen in Fahrtrichtung zum Meer), halten aber auch an der Rechtskurve bei der Atatürk-Statue am Hafen und entlang der Atatürk Cad. Die Dolmuşe zur Cennet Adası und zum Busbahnhof halten ebenfalls vorm Tansaş (in die andere Fahrtrichtung zusteigen!). Die Dolmuşe nach Muğla, Datça und Akyaka starten hinter dem Supermarkt Tansaş an der Mustafa Muğlalı Cad., die nach Turunç und zu den Dörfern der Bozburun-Halbinsel

Marmaris
Karte S. 84/85

vom Dolmuşbahnhof etwas weiter nördlich an der Ulusal Egemenlik Cad.

Bootsdolmuşe bzw. **Taxiboote** zu den Stränden rund um Marmaris legen von mehreren Stellen an der Uferpromenade ab, z. B. alle 30 Min. nach İçmeler (einfach 4 €) und jede Std. nach Turunç (einfach 5,50 €).

Taxis stehen überall bereit. Zum Flughafen Dalaman oder nach Datça ca. 55 €, nach İçmeler 11 €, nach Turunç 14 €.

Fährverbindung nach Rhódos: Mit dem **Katamaran** erreicht man die griechische Insel vom Fährterminal östlich der Netsel-Marina von Anfang April–Ende Okt. 2-mal tägl. in nur ca. 60 Min. (→ Ausflug auf die Insel Rhódos, S. 100), keine Fahrten im Winter. Mit der **Autofähre** im Sommer 1-mal wöchentl. (zuletzt Do), im Winter 2-mal wöchentl. (zuletzt Di/Fr). Einfach oder hin/zurück am gleichen Tag 45 €, offenes Rückfahrtticket 73 €. Auto zusätzlich jeweils 120 €. Infos z. B. bei **Yeşil Marmaris** (→ Reisebüros).

Fähren nach Bodrum: → Bodrum/Verbindungen, S. 119. Infos bei **Agora Turizm**, Atatürk Cad. Belediye Pasajı 3, ✆ 4123488, www.bodrumexpresslines.com.

• *Bootsausflüge* Rund um die Bucht von Marmaris oder zu den Badeorten der Umgebung bieten unzählige Schiffe an der Mole. Auf den ersten Blick scheinen die Angebote identisch, es ist jedoch ein Unterschied, ob der Strandaufenthalt 30 Min. oder 3 Std. dauert oder ob ein Boot bis zum Anschlag mit Holzbänken vollgestellt ist oder genug Platz zum bequemen Aufenthalt bietet. Oft wird an Bord Live-Musik geboten. Auch sie kann die Stimmung heben oder senken. Die Schiffe legen i. d. R. um 10 Uhr ab und kehren zwischen 17 und 19 Uhr zurück. Mondscheinfahrten beginnen um 22.30 Uhr und enden gegen 0.30 Uhr. Bootsausflug inkl. Lunch je nach Länge 14–20 €/Person.

• *Organisierte Ausflüge* Diverse Agenturen, die Palette ist riesig. Der gängige Preis für eine Fahrt nach Dalyan/Kaunos beträgt rund 25 €, nach Ephesus 42 €, nach Pamukkale 30 €, Zweitagestrip nach Ephesus und Pamukkale 75 €, „Village Trip" (sprich: ein Trip in ein Dorf, das zufällig ein Teppichknüpfzentrum ist) 14 €.

• *Veranstaltungen/Festival* Mitte Mai einwöchiges internationales **Yacht-Festival** mit Ausstellungen und Vorträgen, daran schließt das Frühlingsfest **Marmaris Bahar Şenliği** mit viel Musik, Spaß und sportlichen Aktivitäten an. An den **Balletttagen** Mitte–Ende Juni nehmen Ensembles der großen türkischen Theater teil, für die Zukunft ist auch eine internationale Beteiligung geplant. Im August häufig **Konzerte** und **Theateraufführungen**. Ende Okt./Anfang Nov. die internationale Regatta **Marmaris Race Week**.

• *Yachtcharter* Im Eldorado des Yachtsports gehört es fast zum guten Ton, sich für eine Woche eine Yacht mit Besatzung und Kapitän zuzulegen. Reichlich Angebote in den Reisebüros oder direkt am Yachthafen bei den einzelnen Kapitänen oder Bootsbesitzern. Bei **Eser Yachting** kann man zuweilen eine einwöchige Tour als Last-Minute-Angebot buchen, dann mit VP (ohne Getränke) rund 250 €/Person. 35 Sokak 21, ✆ 4123527, www.eser-yachting.com.

Adressen (siehe Karte S. 84/85)

• *Ärztliche Versorgung* In der **Privatklinik Ahu Hetman** in der 167 Sok. wird ein wenig Deutsch, in jedem Fall aber Englisch gesprochen. ✆ 4131415.

Dr. Hülya Elmas, die Deutsch sprechende **Zahnärztin** bohrt an der Mustafa Muğlalı Cad. 8 (Efe Apt.). ✆ 4126342.

• *Autoverleih* Zahllose Agenturen, darunter nationale (ab ca. 40 €/Tag inkl. Versicherung) und internationale Verleiher (ab ca. 55 €). **Avis** (über Setur), Atatürk Cad. 10/D, ✆ 4122771, www.avis.com.tr. **Europcar**, Yunus Nadi Cad. 126 (Stadtteil Armutalan), ✆ 4174588, www.europcar.com.tr.

• *Einkaufen/Souvenirs* Die Gassen des alten Ortskerns, von einer modernen Glas-Stahl-Konstruktion überdacht, sind ein einziger riesiger und etwas steriler **Basar,** aufgelockert durch türkische Fastfoodlokale und einige Cafés.

Läden, die sich vom dortigen Imitatenangebot unterscheiden, findet man im Shoppingcenter **Solaris (6)** an der Atatürk Cad. Dazu gehören **Mudo City**, das neben Klamotten auch hübsche Accessoires wie Vasen, Handtücher, Kerzenständer usw. anbietet, und **Paşabahçe** mit Glaswaren aus dem gleichnamigen Bosporusdorf.

Ein weiteres Shoppingcenter mit einer Reihe namhafter Markenshops und einem Supermarkt ist das **Point Center (23)** hinter dem Uzunyalı-Strand. Mehrere edlere Boutiquen findet man zudem in der **Netsel Marina**.

Eine große Auswahl an Lebensmitteln hält der Supermarkt **Tansaş** an der Ulusal Egemenlik Cad. bereit.

Außerdem jeden Do **Markt** in einer festen Markthalle östlich der Hasan Işık Cad.

Ein beliebtes Mitbringsel aus der Region ist **Tannenhonig** *(Çam Balı)*. Man bekommt ihn z. B. beim **Birtat Bal Honey Market (1)** an der Ulusal Egemenlik Cad. 7.

Olivenöl kauft man am besten im **Ege Yurt Olive Oil Museum (4)**, 33 Sok. 25. Das „Museum" ist im Namen ist etwas hochgegriffen, denn außer ein paar alten Pressen zur Olivenölherstellung ist nicht viel zu sehen. Dafür gibt es hervorragendes Olivenöl (auch *bio*) und ca. 50 verschiedene Olivenölseifen.

• *Post* Etwas zurückversetzt von der Kordon Cad. im Basar, ausgeschildert.

• *Polizei* Mehrere Polizeistationen vor Ort, z. B. im Basar und etwas zurückversetzt von der Atatürk Cad. ✆ 4121494.

• *Reisebüro* **Yeşil Marmaris**, Tickets für *Atlasjet*, *Fly Air* usw., dazu Fährtickets. Barbaros Cad. 11 (Uferpromenade), ✆ 4122290, www.yesilmarmaris.com.

THY-Büro an der Atatürk Cad. 26 B. ✆ 4123751.

• *Türkisches Bad (Hamam)* Namenloses historisches Bad in der Altstadt nahe der alten Karawanserei. Eintritt mit Massage 17 €.

• *Waschsalon* Es gibt mehrere, z. B. die **Çağdaş Laundry** an der 33 Sok. (in der Nähe des Yachthafens). Eine Trommel waschen 8,30 €.

• *Zeitungen* In deutscher Sprache v. a. entlang der Atatürk Cad. und der Seyfettin Elgin Cad. erhältlich.

• *Zweiradverleih* Beispielsweise bei **Best motorcycle rental**, 158 Sok., ✆ 4129436, www.bestmotortr.com. Mountainbike pro Tag 10 €, Scooter (100 ccm) 25 €, Motorräder von 40 € (z. B. Honda XLR 125) bis 130 € (Harley Davidson Sportster 1200). Bei längerer Mietdauer etwas billiger.

Marmaris Karte S. 84/85

Übernachten/Camping (siehe Karte S. 84/85)

Das Gros der Unterkünfte, das in den letzten Jahrzehnten entstand, wurde für den billigen Massentourismus geschaffen. Freundliche Pensionen und kleine Hotels mit Stil gibt es mittlerweile so gut wie keine mehr. Für wen auch – Individualreisende machen um Marmaris einen großen Bogen. Die meisten Hotels findet man westlich der Altstadt hinter der Atatürk Cad. und noch weiter westlich, rund um den Seyfettin Elgin Cad. im Hotelviertel Siteler, hier ist die Unterkunftsdichte am höchsten. Je näher die Hotels am Zentrum liegen, desto älteren Baujahrs sind sie i. d. R., desto abgewohnter ist die Ausstattung. Wer moderne Zimmer sucht, egal welcher Kategorie, aber ohne Brandlöcher im Teppich, nächtigt außerhalb des Zentrums fürs gleiche Geld komfortabler. In der NS fallen die angegebenen Preise um ca. 30 %. Empfehlenswerte Ausweichorte sind Akyaka, Turunç und die Ortschaften auf der Halbinsel Bozburun. Vor Ort haben Sie die Wahl zwischen rund 800 Quartieren, im Folgenden eine kleine Hilfe bei der Vorauswahl.

• *Hotels/Pensionen* ***** **Maritim Hotel Grand Azur (27)**, an der Straße nach İçmeler linker Hand. Extravagante Herberge, von außen fast futuristisch. Herrlicher Eingangsbereich mit Marmorsäulen und elegant-minimalistischer Einrichtung. Geschmackvolle, komfortable Zimmer, jedes mit Balkon. Großer Pool, Hallenbad und eigener Strandabschnitt, Tennisplätze. DZ satte 280 €. Kenan Evren Bul. 17, ✆ 4174050, ℻ 4174060, www.maritim.com.tr.

**** **Royal Maris Hotel (8)**, 2004 komplett restauriertes Haus, zentrumsnah am Uferboulevard. 71 Zimmer. Nach vorne mit Palmen- und Meeresblick, jedoch laut. Nach hinten ruhig, dafür blickt man aufs triste Nachbarhotel. Modern ausgestattet. Dachterrasse mit Pool und Bar. EZ 60 €, DZ 88 €. Atatürk Cad. 34, ✆ 4128383, ℻ 4124112, www.royalmarishotel.com.

** **Pupa Yacht Hotel (18)**, ca. 6 km außerhalb des Zentrums in schöner ruhiger Lage. Gut geführtes Haus direkt am Meer. 19 kleine Zimmer mit Teppichböden und türkisfarbenem Mobiliar, alle mit herrlicher Aussicht. Garten mit Hängematten, idyllische Bar, kleiner Privatstrand. Für Selbstfahrer leicht zu finden, zudem weitaus empfehlenswerter als die meisten zentralen Hotels der gleichen Preisklasse. Anfahrt: das Zentrum über die Ulusal Egemenlik Cad. verlassen, Richtung Otogar/Günluce fahren, stets der Küstenstraße folgen, dann rechter Hand. DZ 60 €. Adaağazı Mevkii Yalancı Boğaz, ✆ 4133566, ℻ 4138487, www.pupa.com.tr.

Candan Otel (12), 39 klassisch-moderne Zimmer in hellen Farbtönen. Gepflegt und komfortabel, einladender Eingangsbereich. Nach vorne schöne Aussicht, nach hinten trostlos, aber ruhig. EZ 35 €, DZ 50 €. Atatürk Cad. 66, ✆ 4129302, ℻ 4125359, www.candanhotels.com.

Gülşah Pansiyon (13), gepflegte, kleine Familienpension in zentraler Lage, eine der wenigen in Marmaris verbliebenen Pensionen. Etwas zurückversetzt von der Atatürk Cad., daher auch etwas leiser. Zimmer mit

Laminat- oder Teppichböden und Balkon, lockere Betreiber. Internet frei, Tee und Kaffee ebenfalls stets kostenlos. DZ 27 €. Atatürk Cad. 52, ✆ 4126642, ✆ 4126641, www.gulsahpansiyon.com.

Öktem Motel (5), keine 10 Min. vom Strand und Zentrum entfernt. Sauberes Haus mit 14 kleinen, rustikal ausgestatteten Zimmern. Bäder etwas veraltet, aber okay. Pool. DZ 27 €. 156 Sok. 10, ✆ 4125383.

• *Apartments* Man findet zwar viele Aparthotels, insbesondere ab der vierten Reihe, doch verfügen nur wenige über Kapazitäten, die an Individualreisende vergeben werden, da meist große Reiseveranstalter die gesamten Häuser belegen. Allgemein gilt: Was die Häuser von außen versprechen, halten sie von innen nicht. Eine ordentliche Adresse:

Selenya Apart's Otel (14), sauberes Haus mit 13 soliden Apartments (Wohnküche, Schlafzimmer, Bad, Balkon). Planschpool. Apartment für 2 Pers. ab 22 €. 160 Sok. 9, ✆ 4135306, ✆ 4139346, www.selenyaapart.com.

• *Camping* **Pekuz Camping (15)**, der nächstgelegene Campingplatz, 5 km östlich der Stadt. Einfacher Platz an einem wenig reizvollen Küstenabschnitt, aber eigener kleiner Strand. Mäßige Sanitäreinrichtungen, Schatten. Dolmuşverbindung ins Zentrum. Es werden auch 7 schlichte Zimmer vermietet. 2 Pers. mit Wohnmobil 5,50 €, DZ je nach Ausstattung 17–27 €. Das Zentrum über die Ulusal Egemenlik Cad. verlassen, dann Richtung Otogar/Günlüce fahren und weiter bis ausgeschildert, ✆ 4121963, www.pekuzcampingtpipot.com.

Schönere Plätze auf dem Weg nach Datça (→ S. 103) und nahe der Sedir-Insel (→ S. 81).

Essen & Trinken (siehe Karte S. 84/85)

Die Auswahl ist riesig: türkische, englische, französische, italienische, deutsche, asiatische Küche, alles ist vorhanden, selbst die international operierenden Fastfood-Restaurants sind vertreten. Für jeden Geldbeutel ist etwas dabei. Am teuersten speist man an der Uferpromenade rund um die Burg, wo die Cola dreimal so viel kostet wie anderswo, dafür manche Speisekarte sogar ins Finnische übersetzt ist. Das Bier ist hingegen meist überall recht billig.

• *Restaurants* **An der Uferpromenade** von der Tourist Information Richtung Yachthafen reiht sich ein gehobeneres Terrassenrestaurant ans andere. Fast alle servieren Fisch und internationale Gerichte und fast alle haben einen nervenden Schlepper vorm Eingang.

Das unten angesprochene **Fellini (24)** ist etabliert und arbeitet mit Reiseveranstaltern zusammen. Pizza, Steaks, türkische Gerichte und Fisch. Äußerlich hebt es sich durch gelbe Stühle ab, zudem nette Dachterrasse. Hg. 7,20–17 €. ✆ 4130826.

Das einfachste Lokal an der Uferpromenade ist das **Fiskos Restaurant (22)**. Freundlicher Familienbetrieb, wo man auch Haus-

„No more hassle“ am Hafen – schön wär's!

Mit aufdringlichen Schleppern, satten Preisen und oft nicht nachvollziehbaren Rechnungen vergraulten die Hafenlokale von Marmaris in den letzten Jahren mehr und mehr die Kundschaft. Die Belästigung nahm solche Ausmaße an, dass viele Urlauber nicht mehr wagten, auch nur die Speisekarten anzusehen. Wer stehen blieb, wurde fast ins Lokal gedrängt. Viele Tische blieben leer und eine neue Strategie musste her. Das Fellini (s. o.) war eines der ersten, das auf einen Schlepper verzichtete und ein Schild mit der Aufschrift „No hassle, no service charge“ anbrachte. Der Erfolg blieb nicht aus. Und wie es in der Türkei so üblich ist, bastelten sich ruck, zuck auch fast alle anderen Restaurants an der Uferpromenade ein solches Schild an den Eingang. Nur verzichteten die meisten nicht auf ihre Schlepper. Zwar ziehen diese ihre potenziellen Gäste nun nicht mehr am Hemdsärmel ins Lokal, machen aber dennoch marktschreierisch auf sich aufmerksam: „I say nothing, come in, no hassle, no tax, no service charge“. Was wohl die Zukunft bringt?

Bucht von Marmaris

Marmaris
Karte S. 84/85

mannskost wie leckeres *Güveç* bekommt, dazu Fisch und Grillgerichte. Hg. 5–10 €. ✆ 4131258.

Am östlichen Ende der Bar Street liegt das simple Restaurant **Azmak Başı (10)**. Klein, ein paar Tische davor, viel türkisches Publikum. Günstige Fischgerichte, Portion Sardinen mit Salat 5,50 €. ✆ 4131206.

Edler und dezenter geht es in den teuren Restaurants der Netsel Marina zu. Dort ist v. a. das **Pineapple (19)** mit Blick auf die Boote zu empfehlen. Schöne Dachterrasse. Exzellente Meze (2–8 €) und internationale Küche zu 9–18 €. Im Sommer auch Döner – der als einer der besten der Südägäis gilt. ✆ 4130431.

Alin's Restaurant (3), Schnellrestaurant, innen wie außen sehr gepflegt, mit großer Auswahl. Auch Sandwiches, Pizza oder Crêpes. Dazu wechselnde Tagesgerichte, alles auf hohem Niveau und gar nicht teuer (bis aufs Bier – doch damit will man wohl trinkfreudige Briten fernhalten …). Viel einheimisches Publikum, flotte Kellner. Zur Mittagszeit sehr voll. Mustafa Muğlalı Cad. 1, ✆ 4122983.

• *Lokantas* Die Lokantas im und nahe dem **Basar** sehen zwar günstig aus, verstehen sich manchmal aber nur aufs Abkassieren – wo keine Preise aushängen, sollte man jeden Preis (auch für die Cola) im Voraus erfragen.

Özyiğit Lokantası (11), bei der Post, und dort gleich 2-mal vertreten – einmal als Pide- und Kebablokal und einmal mit leckeren Topfgerichten. Freundlich, günstig und gut. 24 Std. geöffnet. 44 Sok. 40.

Bergama Steak House (16), hinter der Polizei im Basar. Einfache Lokanta, die neben Döner und Pizza auch Steaks serviert. Ebenfalls recht günstig und ebenfalls 24 Std. geöffnet. Rıhtım Cad. 22.

Auch nördlich der Bar Street gibt es einige Adressen für türkische Hausmannskost. Aus der Reihe fällt das Lokal **Anadolu Ev Yemekleri (9)**. Die außergewöhnlichen Topfgerichte – darunter Spezialitäten aus dem ganzen Land – werden appetitlich in Steinschüsseln präsentiert. Dazu Meze mit viel gutem Olivenöl. Eine gute Adresse auch für allein reisende Frauen. 34 Sok. 13.

Gut und preiswert isst man ferner in den einfachen Lokantas gegenüber dem Supermarkt Tansaş an der Ulusal Egemenlik Cad. Das dortige **Ali Baba (2)** ist für eine Lokanta sogar ganz nett eingerichtet und bietet Spieße, Döner, grandiosen *İskender Kebap* und Topfgerichte. Freundlicher Service. Pro Person mit einem Bier ca. 7 €. Einziger Haken: Es liegt recht laut an der Straße!

• *Außerhalb* **Uçurtma (20)**, 5 km östlich des Zentrums. Gemütliches Terrassenlokal mit

An der Uferpromenade von Marmaris

privatem Strand (etwas eng bestuhlt), Hängematten; ungezwungene Atmosphäre. Meze, Fisch und Pizza zu fairen Preisen. ✆ 4123986. Anfahrt: Das Zentrum über die Ulusal Egemenlik Cad. verlassen, dann Richtung Otogar/Günlüce fahren, der Beschilderung zum Pekuz Camping folgen, ca. 200 m hinter dem Campingplatz rechter Hand. Halbstündl. Dolmuşverbindungen (Abfahrt gegenüber dem Supermarkt Tansaş, auf die Aufschrift „Adaağzı" achten).

• *Süßes* **Karen Patisserie (12)**, an der Atatürk Cad. neben dem Candan Hotel. Moderne Konditorei, leckere Kuchen, Torten, Süßspeisen und Frühstück. Außergewöhnlich ist eine Reihe von inneranatolischen Spezialitäten, die an der Küste sonst nur schwer zu bekommen sind.

Nachtleben (siehe Karte S. 84/85)

Es gibt zwei Zentren, zunächst einmal am Strand von **Uzunyalı** (parallel zur Seyfettin Elgin Cad.): In unzähligen austauschbaren Bars (gleiche Musik, manchmal sogar gleiche Bestuhlung) vergnügt sich hier Abend für Abend eine feuchtfröhliche englische Gemeinde. Zu den beliebtesten Spots gehören der **Beach Club (25)**, wo man als Tina Turner oder Freddie Mercury verkleideten Spaßmachern zujubeln kann, und das **Talk of the Town (26)**, wo abgefahrene Transvestitenpartys stattfinden.

Der zweite Nightspot ist die **Bar Street**, die parallel zur Uferpromenade Richtung Netsel Marina verläuft (ausgeschildert) und unzählige Bars und Discobars aufweist. Insgesamt recht niveauvoll, auch vergnügen sich hier viele besser situierte türkische Partypeople. Bei den meisten Clubs kein Eintritt, von größeren Events einmal abgesehen. Beliebt sind der recht stilvolle und mit Aquarien bestückte Club **Green House (17)**, wo es hin und wieder Lasershows gibt, und die Open-Air-Sommeradresse **Back Street (7)**, wo unter Palmen getanzt wird. Gleich daneben liegt der ebenfalls ganz coole **Club Areena (7)**.

Wer lieber türkische Musik statt Elektrobeats hören will, findet in der Bar Street auch einige **Türkü Bars**, d. h. teppichlastige Bars, in denen traditionelle türkische Volksweisen vorgetragen werden.

Ruhigere Naturen zieht es schließlich in das gemütliche Wasserpfeifencafé **Ali Baba (21)** mit Orientambiente und Backgammonspielern.

Baden/Sport

Der Stadtstrand von Marmaris, eingeklemmt zwischen Meer und Hotelklötzen, ist in der Saison mit Liegestühlen so vollgepflastert, dass nicht einmal Platz zum Sandburgenbau bleibt – besser mit dem Dolmuş oder dem Ausflugsboot zu einem der schönen Badeplätze in der Umgebung aufbrechen.

• *Aquapark* **Atlantis Waterpark** am Uzunyalı-Strand nahe dem Shoppingcenter Point Center. Große Rutschen. Tägl. 10–17 Uhr. Eintritt 14 €, Kinder 8,50 €.

• *Strände in der Umgebung* **Çiftlik**: Einer der schönsten Strände rund um Marmaris. Am bequemsten mit dem Schiff zu erreichen, man passiert unterwegs die Kumlubükü-Bucht (→ S. 94). Langwierig ist dagegen die Anfahrt mit dem Auto (→ Halbinsel Bozburun, S. 98).

Bucht von İçmeler: An sich schöner Strand, aber mit Liegestühlen zugepflastert → S. 92.

Sedir-Insel: Im Golf von Gökova, am einfachsten per organisierter Ausflugstour zu erreichen (→ Zwischen Gökova und Marmaris, S. 81).

• *Tauchen* Angeboten werden Wrack-, Höhlen- und Rifftauchgänge. Die Schiffe der Tauchbasen liegen zwischen denen der Ausflugsboote vertäut. Kaum Preisunterschiede. 2 Bootstauchgänge inkl. Mittagessen ca. 40 €. P.A.D.I.-Open-Water-Kurs (4 Tage) 300 €. Welche Basis gerade deutschsprachige Tauchlehrer unter Vertrag hat, erfahren Sie vor Ort. Hinweis: Erkundigen Sie sich nach der Teilnehmerzahl bei Bootstauchgängen. Von manchen Booten springen bis zu 50 Taucher gleichzeitig ins Wasser.

• *Sonstige Wassersportarten* Reichliches Angebot an allen größeren Stränden – Wasserski, Kanu, Bananaboat usw.

• *Wandern* → Wanderung 2, S. 95. Mehr zum ausgedehnten Spazieren als zum Wandern lädt die **Cennet Adası**, die „Paradiesinsel" im Süden der Bucht von Marmaris ein. Zu erreichen mit dem Dolmuş (Aufschrift „Adaağzı", Abfahrt gegenüber dem Supermarkt Tansaş, bis zur Endstation fahren).

Sehenswertes

An kulturhistorischen Sehenswürdigkeiten hat Marmaris so gut wie nichts zu bieten. Vom antiken *Phiskus* sind lediglich noch ein paar spärliche Mauerreste auf einem Hügel im Norden der Stadt erhalten. Einen Besuch lohnt schon eher das **Marmaris Kalesi,** das ursprünglich mittelalterliche Kastell, das Süleyman der Prächtige 1522 ausbauen ließ. Arg viel mehr als einen schönen Blick über Altstadt und Hafen genießt man von ihm aber nicht. Im Inneren des kleinen Gevierts ist ein Museum eingerichtet: Öltiegelchen, Töpfchen, Väschen, Näpfchen und Amphörchen. Obwohl alles liebevoll hergerichtet ist, insgesamt wenig aufregend (tägl. außer Mo 8–12 u. 13–17 Uhr, Eintritt 1,10 €). Der Burg zu Füßen (nahe der Tourist Information) ließ Süleyman der Prächtige 1545 eine **Karawanserei** errichten. Deren Gewölbe belegen heute ein paar Kneipen. Etwas weiter steht eine alte **Markthalle** *(Bedesten),* in die mittlerweile Souvenirshops eingezogen sind, ihr Hof dient als Café.

Umgebung von Marmaris

Landschaftlich ist die Gegend rund um Marmaris äußerst reizvoll. Insbesondere die sich südwestlich erstreckende Halbinsel Bozburun lädt zu ausgedehnten Ausflügen oder Aufenthalten ein. Durch Wälder und Täler mit Bächen, in denen Forellen tanzen, gelangt man zu abgeschiedenen Buchten und Dörfern. Als Grundregel gilt: Je weiter man sich von Marmaris entfernt, desto ruhiger und gemütlicher wird es.

Die Bucht von İçmeler

İçmeler (10.000 Einwohner)

„Früher gab es angeblich Heilwasser in İçmeler, aber suchen Sie nicht danach, begnügen Sie sich mit abgefülltem Mineralwasser." (Zentrale für Tourismus, Muğla) Früher war İçmeler auch noch ein völlig unbedeutendes Dörfchen am westlichen Rand der Marmaris-Bucht. Aber suchen Sie nicht danach, heute gehört İçmeler zum unmittelbaren Einzugsgebiet der Urlaubshochburg. Damals war der Strand von İçmeler auch ein weites unberührtes Paradies, aber suchen Sie nicht danach, heute finden Sie sich in einem Sonnenschirmwald wieder, in dem für ein mitgebrachtes Badetuch gar kein Platz bleibt. İçmeler ist fest in der Hand von britischen und holländischen Pauschaltouristen. Viele, die sich in der gesichtslosen, aber gepflegten Hotelzone einquartiert haben, schaffen es kaum weiter als bis zum Strand mit seinem großen Wassersportangebot und zu den Cafés im Grünstreifen dahinter. Wer mehr sehen will, findet aber auch diverse Zweigstellen von Tourenveranstaltern, Auto- und Zweiradverleihern aus Marmaris.

Eine außergewöhnliche Adresse ist das Restaurant **Mona Titti**, abseits vom Schuss (von der Straße nach Turunç ausgeschildert). Gemütliche Terrasse, Tische rund um einen kleinen Pool, dazu duftender Jasmin. Drinnen ein abgefahren dekorierter Speiseraum. Serviert werden so verführerische Gerichte wie *Spagetitti*, *Chicken Titts* oder *Moby's Dick* – lassen Sie sich überraschen. Das alles betört die Sinne: Von 2002 bis 2007 wurden hier 42 Heiratsanträge ausgesprochen (und keiner abgelehnt). Reservierung erforderlich (✆ 0252/4554046). Geöffnet ab 19 Uhr, Abholservice vom Hotel. Hg. 12–17 €. Ach ja: Vergessen Sie nicht, zum Aperitif die „Geschichte der Mona Titti" zu lesen. Der angeschlossene Souvenirladen hält schräg-kitschige Mona-Titti-Andenken bereit.

• *Telefonvorwahl* ✆ 0252.

• *Verbindungen* **Dolmuş** im 10-Min.-Takt von 7–1.30 Uhr nach Marmaris. Endstation im Südosten der Bucht. Schöner ist die Fahrt mit dem **Taxiboot** nach Marmaris (ca. alle 30 Min., einfach 4 €). Des Weiteren Taxibootverbindungen nach Turunç (im Sommer stündl., in der NS nur wenige Fahrten) und (seltener) nach Amos, Kumlubükü und Çiftlik.

• *Markt* Mi großer **Markt** am Çevre Yolu (der Straße nach Turunç und Datça).

• *Übernachten* Die Anzahl der Hotels ist gigantisch, die Anzahl empfehlenswerter für Individualtouristen jedoch gering, nicht zuletzt deshalb, da viele Unterkünfte nur im Rahmen eines Pauschalarrangements vom Ausland aus zu buchen sind.

• *Essen & Trinken* Im Ortskern viel Austauschbares. Unser Tipp ist das **Mona Titti**.

• *Nachtleben* Angesagtester Treffpunkt war zuletzt die zentral gelegene **Megadiskothek Pleasure**.

Turunç

(2500 Einwohner)

Turunç ist der türkische Name für eine bittere Orangensorte. Dabei ist Turunç im Vergleich zu Marmaris oder İçmeler eigentlich ganz süß. In dem kleinen Ex-Fischerdörfchen geht es noch immer beschaulich zu, auch wenn der gepflegte Ort in den letzten Jahren in touristischer Hinsicht aufgeholt hat wie kaum ein anderer der Gegend. Turunç, an einer langen, teilweise feinsandigen Bucht südlich von İçmeler gelegen, ist mit seinen vielen Cafés und Restaurants nicht mehr nur ein beliebtes Ausflugsziel, sondern mittlerweile auch Anlaufpunkt v. a. holländischer und englischer Pauschaltouristen. Rechts, links und über der Bucht haben sich einige Clubhotels angesiedelt, die keine Wünsche offen lassen. Dennoch findet man auch noch einfache, freundliche Unterkünfte. Die Cumhuriyet Caddesi, die Hauptstraße hinter dem Strand, wird allabendlich zu einer für den Verkehr gesperrten Fußgängerzone. Immobilienmakler und Teppichhändler, Bars und Reisebüros säumen sie.

• *Telefonvorwahl* ✆ 0252.

• *Verbindungen* Alle 30 Min. mit dem **Dolmuş** nach Marmaris. Im Sommer stündl. **Taxiboote** nach Marmaris und İçmeler, 1-mal tägl. nach Amos, Kumlubükü und Çiftlik (Abfahrt meist gegen 10.30 Uhr, zurück gegen 16.30 Uhr).

• *Ausflüge* Diverse Anbieter offerieren die gleichen Touren wie in Marmaris. Gleiches gilt für Bootstouren.

• *Auto- und Zweiradverleih* **Star Moto**, an der Hauptstraße. Scooter ab 26 €/Tag, Autos ab 47 €. ✆ 4767286, ℻ 4767286.

• *Übernachten* **Internationale Akademie Marmaris**, eine Adresse für Kreative nahe der Hotelanlage Loryma Resort (Zubringerservice mit deren Traktor-Shuttle) oberhalb von Turunç. Kunst- und Kulturzentrum, in dem neben Workshops auch Übernachtungsmöglichkeiten geboten werden. Die Anlage wurde von türkischen Künstlern gestaltet und besitzt Ateliers und ein Amphitheater. Zum Frühstück am Pool lauscht man zuweilen klassischer Musik. 23 sehr freundliche Zimmer mit Bad, größtenteils mit Balkon. Da der Kommerz nicht im Vordergrund steht, sind sie verhältnismäßig preiswert. EZ mit HP 39 €, DZ 58 €, ✆ 4767081, buchbar auch in Deutschland unter ✆ 02233/686734, www.akademionline.net. Um die Akademie zu finden, folgen Sie der Wegbeschreibung von Wanderung 2.

Barbaros Beach Hotel, freundliches, 2007 neu restauriertes Hotel. Ruhige Lage. Nur durch den eigenen Pool (Wasser könnte öfters mal gewechselt werden) vom Meer getrennt. 31 große helle Zimmer, knapp die Hälfte davon mit Meeresblick. DZ 45 €. Ganz im Norden der Bucht, ✆ 4767040, ℻ 4767008, www.barbarosbeachhotel.com.

Motel Han, direkt hinterm Strand. 15 schlichte, aber ordentliche und saubere Zimmer mit Massivholzmöbeln und Klimaanlage – nach vorne mit traumhaftem Meeresblick. Restaurant. Freundlicher Service. DZ 36 €. Turunç, ✆ 4767006, ℻ 4767021, hanrestaurant@hotmail.com.

Şule Pansiyon, ebenfalls in erster Reihe direkt hinter dem Strand – ein Wunder, dass dieses Haus noch keinem teuren Hotel gewichen ist. 9 spartanische, aber saubere Zimmer mit Bad, unten mit kleinem Balkon samt Kochzeile zum Meer hin, oben mit herrlicher Terrasse und Gemeinschaftsküche. Hoffentlich bleibt dieses „Pensionsfossil" noch länger erhalten. DZ ohne Frühstück 25 €. ✆ 4767314. Falls niemand da ist, beim Burak Aparthotel 100 m landeinwärts fragen.

• *Essen & Trinken* Zum Essen lohnt auch ein Ausflug in die Amos- oder in die Kumlubükü-Bucht (s. u.).

Arcade, gepflegt-gediegenes Lokal in zweiter Reihe an der Hauptstraße. Da man nicht mit einer tollen Terrasse trumpfen kann, muss man mit Qualität überzeugen. Reiche Auswahl – neben einfacheren Topfgerichten, Pide und Pizza auch leckere Vorspeisen und fantastische Güveç-Variationen. Zum Schluss gibt es eine Überraschung! Dezente Musik, sehr zuvorkommender Service. Von Lesern gelobt. Hg. 5,50–14 €. ✆ 4767372.

Yakamoz Restaurant, nahe dem Barbaros Beach Hotel im Norden der Bucht. Idyllisches Gartenrestaurant unter alten Bäumen überm Strand. Keine Karte, nur wenige Gerichte, stets aber Fisch und *Köfte*. Preiswert. Freundlicher Service.

• *Nachtleben* Spielt sich in diversen Musikkneipen, vorrangig jedoch im **Fidan** an der Hauptstraße hinter dem Strand ab: Restaurant zur Meeresseite, Terrasse zur Straße (gelegentlich Fußballübertragungen). Laut Lesermeinung eine „wirklich nette Disco", die in der Saison tägl. bis 4 Uhr morgens geöffnet ist.

• *Wassersport* Von Jetski bis Parasailing wird alles angeboten.

Amos und Kumlubükü-Bucht

Von Turunç führt eine Stichstraße hoch über der Küste gen Süden. Nach ein paar Kilometern zweigt ein schmales Sträßlein nach links steil hinab in die kleine, schöne Amos-Bucht. Den ca. 100 m langen Sandkiesstrand mit Liegestuhl- und Sonnenschirmverleih sowie einem guten Restaurant (s. u.) erreicht man vorbei an den Ferienhäuschen des Lehrkörpers der Universitäten *Marmara* und *Anadolu*.

Lässt man die Abzweigung außer Acht, passiert man bald darauf den *Asarcık-Hügel*, auf dem die steinernen Überreste des **antiken Amos** liegen und der die Amos-Bucht von der Kumlubükü-Bucht trennt. Umgeben von beeindruckenden Mauerresten der Stadtumwallung sind u. a. ein schlecht erhaltener Tempel und ein gut erhaltenes Theater zu besichtigen. Apollon, der in dieser Gegend *Samnaios* genannt wurde, war der Schutzgott der Stadt.

In der weiten Kumlubükü-Bucht fällt eine riesige, großzügig ummauerte Villa ins Auge. Sie gehört dem Vorsitzenden der *Garanti Bankası*. Ansonsten gibt die Bucht nicht viel her, der Kiesstrand zählt auch nicht zu den schönsten der Gegend. Man findet weit auseinanderliegende Restaurants und Unterkünfte, die meisten sind jedoch nicht allzu attraktiv. Rund 2 km südlich der Bucht kann man eine Höhle besuchen, lassen Sie sich den Weg zeigen.

• *Verbindungen* Die Buchten sind auch mit **Taxibooten** von Turunç und İçmeler zu erreichen (→ Verbindungen dort).

• *Übernachten/Essen & Trinken* **Dionysos Sea Club Restaurant und Villa Florya**. Ersteres ist ein schickes Terrassenlokal mit Beachclub in der Kumlubükü-Bucht, ideal für ein romantisches Essen. Eins-a-Küche. Kleine ausgewählte Karte (u. a. Fisch-Carpaccio, gegrillte Garnelen oder *Kalamar* in Knoblauchbutter). Hg. 11–20 €. ✆ 0252/47677352. Direkt darüber liegt die Villa Florya, ein 2005 eröffnetes Boutiquehotel mit 12 Zimmern, alle mit schmiedeeisernen Betten, Meeresblick und toller Terrasse. Die freie Benutzung des Beachclubs versteht sich von selbst. DZ 100 €. ✆ 0252/4767553, ℻ 0252/4767554, www.villaflorya.com.

Amos Beach Restaurant, schönes hinter dem gleichnamigen Strand gelegenes Restaurant, in welchem tagsüber die Ausflugsgäste abgefüttert werden. Abends hingegen geht es recht ruhig zu. Dann gibt es auch einen Bootsservice von Turunç aus (halten Sie um 19.30 Uhr am Kai nach dem Boot namens „İpek" Ausschau, gegen 22.30 Uhr geht es wieder zurück, Infos unter ✆ 0252/4767294). Serviert wird alles, was auf der typischen südägäischen Karte steht, dazu Pide. Faire Preise.

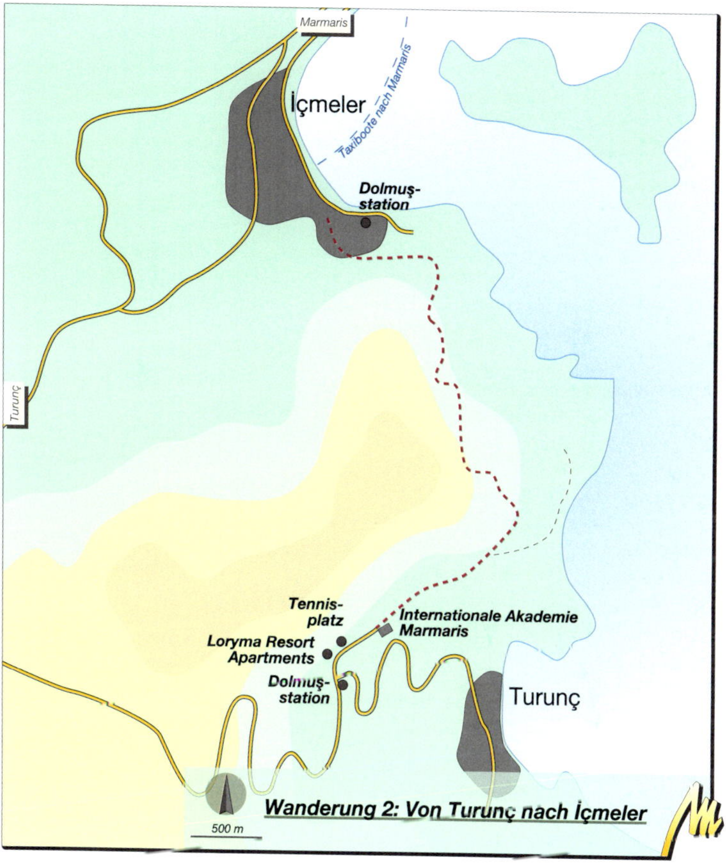

Wanderung 2: Von Turunç nach İçmeler

Route/Dauer: Von Turunç geht es auf einem alten Pfad über einen Höhenrücken nach İçmeler, die wohl kürzeste Verbindung zwischen den beiden Ortschaften. Gehzeit ca. 3 Std.

An- und Weiterfahrt: Ausgangspunkt der Wanderung ist die Abzweigung zur Hotelanlage Loryma Resort, 1,5 km oberhalb von Turunç an der Straße nach İçmeler.

Wer in Marmaris einquartiert ist, kann die Wanderung mit einer Taxibootsfahrt verbinden, eine schöne Ergänzung der Tour. Wählt man diese Anreisevariante, durchquert man nach der Ankunft in Turunç den Ort in nördlicher Richtung und folgt danach für ca. 1,5 km der bergauf führenden Straße nach İçmeler bis zur Hotelanlage Loryma Resort. (Die Hotelleitung setzt allerdings auch ein Pendelfahrzeug – einen Traktor mit gelbem Freiluftanhänger – zwischen Turunç und der Anlage ein; wer Glück hat, kann aufspringen.) Am Ende der Wanderung bietet sich für die Rückfahrt von İçmeler nach Marmaris ebenfalls eine Taxibootsfahrt an.

Selbstverständlich kann man auch auf dem Landweg per Dolmuş von Marmaris über İçmeler nach Turunç gelangen, sie verkehren jede halbe Stunde auf dieser Strecke. Steigen Sie dann aber nicht erst in Turunç aus, sondern bereits an der Dolmuşhaltestelle vor der Hotelanlage Loryma Resort. Im Winter fährt kein Taxiboot, auch über Land sind die Verbindungen dann stark eingeschränkt.

Allgemeines/Voraussetzungen: Die herrliche Wanderung bietet z. T. großartige Ausblicke auf die weite Bucht von Marmaris. Da man bis auf annähernd 400 m ansteigt, ist der Weg im Hochsommer trotz Schatten äußerst schweißtreibend. Achten Sie darauf, die Wanderung vor Einbruch der Dunkelheit abzuschließen, da der Weg teilweise durch den Wald führt und sonst zu einer endlosen Stolperfalle werden kann. Vorsicht auch bei Regen – Rutschgefahr! Einkehrmöglichkeiten bestehen in Turunç und İçmeler.

Wegbeschreibung: Von der Verbindungsstraße zwischen Turunç und İçmeler führt ein Sträßlein in die Hotelanlage Loryma Resort. Wenn dieses unmittelbar hinter dem Pool nach links bergauf abschwenkt, wandert man geradeaus weiter; ein Schotterweg führt unterhalb des Tennisplatzes der Anlage vorbei. Dieser endet bei einem Haus vor einem Waldstück, der Internationalen Akademie Marmaris (→ Übernachten). An einem mit einem blauen Strich auf der Rückseite markierten Baum beginnt der Fußpfad nach İçmeler. Er ist ab hier durchgehend mit roten Punkten bzw. Pfeilen markiert (z. T. sehr verblasst – gut aufpassen!), zuweilen auch zusätzlich mit Steinmännchen. Der Weg ist gut ausgetreten und klar zu erkennen, verläuft zuerst auf mehr oder weniger gleicher Höhe gen Osten und bietet herrliche Ausblicke auf Turunç.

Nach ca. 10 Min. schwenkt der Pfad nach links steil bergauf. Nachdem Sie ca. 3–4 Min. angestiegen sind, erreichen Sie einen kleinen Sattel, von dem sich ein schöner Blick auf einen neuen Küstenabschnitt auftut. Hier müssen Sie Obacht geben, denn nun gabelt sich der Weg. Sie müssen sich links weiter bergauf halten und dem roten Pfeil folgen. Der Weg nach rechts (leider auch markiert) führte einst ebenfalls entlang der Küste nach İçmeler, ist mittlerweile wegen Felsabbrüchen jedoch lebensgefährlich!

Fortan gibt es keine Schwierigkeiten mehr: Bis auf ein paar Ziegenpfade zweigen von dem weitgehend breiten Fußpfad keine Wege ab. Sollten Sie längere Zeit keine Markierung mehr sehen, drehen Sie um bis zur letzten Markierung, und versichern Sie sich, ob Sie nicht vom Weg abgekommen sind. Auf mehreren Abschnitten begeistert die grandiose Aussicht über die üppige, fast tropisch anmutende, grüne Vegetation hinweg aufs Meer und die weite Bucht von Marmaris.

In stetem Bergauf und Bergab geht es weiter, bis Sie schließlich auf die Bucht von İçmeler blicken können. Nach weiteren ca. 40 Min. kommen Sie in Eski İçmeler („Alt-İçmeler") heraus, das ein ganzes Stück vom Meer zurückversetzt liegt.

Von İçmeler-Strand starten die Taxiboote nach Marmaris (in der Saison alle 30 Min.) und Turunç (in der Saison stündl.). Die Dolmuşe nach Marmaris fahren im Südosten der Bucht ab. Will man hingegen mit dem Dolmuş nach Turunç zurückfahren, hält man am Ende der Wanderung auf die Moschee von Eski İçmeler zu, passiert diese und erreicht so die Straße nach Turunç, wo man auf ein Dolmuş aufspringen kann.

Idylle pur: Saranda-Bucht auf der Bozburun-Halbinsel

Halbinsel Bozburun

Südwestlich von Marmaris erstreckt sich die lange, wenig verbaute und landschaftlich reizvolle Halbinsel Bozburun, die nach ihrer größten Ortschaft benannt ist.

Das verschlafene Städtchen **Bozburun** liegt 54 km von Marmaris entfernt und ist ein traditionelles Zentrum des Bootsbaus. In den letzten Jahren hat sich der Ort ein wenig herausgeputzt, um am einträglichen Geschäft mit dem Tourismus teilhaben zu können. Dabei setzte Bozburun ganz und gar auf den Yachttourismus und ließ eine Marina bauen, verzichtete aber auf Hotelklötze. Das verleiht dem noch immer beschaulichen Ort mit der gemütlichen, aber kurzen Uferpromenade Charme und Natürlichkeit. Bislang hat sich erst ein Teppichverkäufer eingefunden.

Die restlichen Orte der kargen Halbinsel sind überwiegend Bauern- oder Fischerdörfer oder beides zusammen – wie **Söğüt.** Die eine Hälfte des Ortes liegt hoch am Hang mit tollen Ausblicken über die Küste und bis nach Sými, die restlichen Häuser der Ortschaft verteilen sich auf die beiden Buchten **Kızılyer** (im Norden) und **Saranda** (im Süden).

Das einst verschlafene Dorf **Bayır** ist mittlerweile ein beliebter Zwischenstopp von Ausflugsgruppen. Aus den charmanten Teehäusern rund um eine alte Platane wurden inzwischen 08/15-Touristencafés. Angeblich ist die Platane über 2000 Jahre alt. Zu ihrer Unterhaltung – viel Abwechslung gab es lange Zeit ja nicht – bastelten die alten Herren des Dorfes ein Schild an den Baum, das darauf hinweist, dass jedem, der die Platane umrundet, ein glückliches Leben beschert wird. Anfangs wurde noch geschmunzelt, wenn Touristen ihre Runden zogen, mittlerweile schenkt man dem aber keine Beachtung mehr.

Über Bayır gelangt man in die reizvolle **Çiftlik-Bucht,** deren Strand zum Besten gehört, was die Gegend rund um Marmaris zu bieten hat. Weil zu viele das Idyll aufsuchen wollten, ist es heute allerdings keines mehr. Täglich macht sich von Marmaris eine Armada von Ausflugsbooten mit mehreren Tausend Gästen zur Einnahme der Bucht auf den Weg und verschreckt die russischen Urlauber, die das bislang einzige Clubhotel belegen. Damit die „Cluberer" nicht mehr in der Minderzahl sind, sollen neue Hotelanlagen gebaut werden.

Ganz im Süden der Halbinsel, wo Ödnis die Pinienwälder abgelöst hat, kann man vom vergessenen Dorf **Taşlıca** mit seiner spacigen Moschee zu den Ruinen des antiken **Loryma** wandern (weiter Weg, Einstieg zeigen lassen!). Erhalten blieben u. a. Mauern einer Festung zum Schutz der **Bozukkale-Bucht** – ein beliebter Stopp auf der Blauen Reise.

Wie das Dorf Bayır ist auch die Ortschaft **Turgut** Programmpunkt der Jeepsafaris und jener Ausflugsfahrten, die für gewöhnlich mit dem Label „Visit Turkey Tour" versehen werden. Versprochen wird der Besuch eines typisch türkischen Dorfes, das man sich selbstverständlich als Teppichzentrum vorzustellen hat. Verbunden wird diese Tour in der Regel noch mit einem Stopp bei einem nahe gelegenen **Wasserfall** (mit „Şelale" ausgeschildert). Auch hiervon sollte man nicht allzu viel erwarten. Im Sommer rauscht's kaum mehr als die heimische Klospülung. Das Wasser sammelt sich dafür in mehreren kleinen Becken, in denen man auch baden kann (Eintritt 0,60 €). Am Bachlauf findet man Forellenrestaurants.

Landschaftlich schön gelegen präsentiert sich die **Selimiye-Bucht,** die von den Ruinen eines alten Kastells überragt wird. Die Bucht ist jedoch im ganzen mehr etwas fürs Auge, Badestrände sind Mangelware. Einladend sind dafür die dort unmittelbar am Meer gelegenen Restaurants. In den letzten Jahren entstanden hier auch ein paar Hotels, nicht jedoch Klötze, sondern kleine, charmante Häuser.

Ein paar einfache Unterkünfte und gute Restaurants findet man auch in der fjordartigen **Orhaniye-Bucht.** An deren Eingang liegt eine Marina. Kapitäne, die mit ihrem Boot noch weiter in die Bucht einlaufen wollen, müssen aufpassen: Knapp unter der Wasseroberfläche erstreckt sich eine Sandbank.

Einen langen, aber schmalen und z. T. auch ungepflegten Strand besitzt die weite **Bucht von Hisarönü.** Dahinter liegen verstreut ein paar Pensionen und Hotels.

• *Anfahrt/Verbindungen* Die beschriebenen Buchten und Ortschaften der Halbinsel sind im Sommer ca. 5-mal tägl. mit dem **Dolmuş** zu erreichen, im Winter und an Wochenenden jedoch kaum Fahrten (→ Marmaris/Verbindungen, S. 84). Das Städtchen Bozburun wird von Marmaris (Busbahnhof) je nach Saison 4- bis 6-mal tägl. mit dem **Bus** angefahren.

• *Bozburun* Die Qualität der **Restaurants** ist durchwegs gut, die Preise sind im Vergleich zu Marmaris günstig. Im Zentrum ist das **Zuhal Restaurant** (an der Uferstraße nahe der Jandarma) zu empfehlen. Lauschiger Garten, innen jedoch etwas steril. Nur kleine Karte, Hg. 9–14 €. ✆ 0252/4562457.

Eine ganz außergewöhnliche Adresse ist das **Orfoz Restaurant**. Idyllischer geht's kaum: Man sitzt in einem verwunschenen Gärtchen vor einem hübsch restaurierten Natursteinhaus. Griechenlandflair! Fisch und Meeresfrüchte von ausgezeichneter Qualität. Natürlich auch kein Billiglokal. Nur zu Fuß oder mit dem Boot zu erreichen, Abholservice vom Hotel Mete (→ Übernachten/Sabrinas Haus). ✆ 0252/4562209.

Abends trifft man sich u. a. in der Bar des **Hotels Möwe** am Hafen. Die Zimmer sind einfach, besitzen jedoch alle Balkon mit tollen Meeresblicken. DZ 25 €. ✆ 0252/4562661, www.moewe-tr.com.

Dolphin Pension, ca. 7 Fußmin. außerhalb des Zentrums und von den Unterkünften entlang der Uferstraße von Bozburun ein echter Tipp. Freundlicher Familienbetrieb, zu dem auch der liebe Hund Paşa gehört.

13 geschmackvoll dekorierte und sehr saubere Zimmer, die meisten mit schönem Meeresblick. Badeplattform, idyllisches Terrassenrestaurant. Organisation von Ausflügen. DZ 36 €. Cumhuriyet Cad. 71, ✆ 0252/4562408, www.dolphinpension.com.

Sabrinas Haus, seit 2007 unter neuer Leitung und komplett neu restauriert. 13 modern eingerichtete, angenehme, großzügige Zimmer, wunderbarer Garten mit Palmen, hölzerner Liegesteg am Wasser. Restaurant mit internationaler und türkischer Küche. Nicht mit dem Fahrzeug zu erreichen. Mit dem Auto kann man nur bis zum Hotel Mete (südlich von Bozburun, ausgeschildert) fahren und muss sich von dort mit dem Boot abholen lassen. 85–105 €/Person. Koru Mevkii, ✆ 0252/4562045, 📠 0252/4562145, www.sabrinashaus.com.

• *Söğüt* **Aşkın Pension**, unmittelbar am Bootssteg von Kızılyer, ausgeschildert. Ruhiger und beschaulicher kann man es kaum haben. Außer ein paar Yachten, die sich hierher verirren, wenig Betrieb. 12 sehr gepflegte Zimmer mit Bad und Klimaanlage, z. T. mit einem kleinen Garten davor. Keine 20 m vom Meer, leider nur winziger Strandabschnitt mit ein paar Liegestühlen. Sehr gutes, idyllisches Fischlokal unmittelbar am Wasser angeschlossen. DZ 50 €. Söğüt, ✆ 0252/4965093, 📠 0252/4965451, www.askinmotel.com.

In der Saranda Bucht gibt es mehrere einfache, nette Pensionen, unsere Empfehlungen:

Denizkızı Pansiyon, saubere Zimmer mit Laminatböden und Kiefernholzmöbeln. Restaurant in toller Lage, Badeplattform, Terrasse zum Sonnen. DZ 44 €. Söğüt (Saranda-Bucht), ✆ 0252/4965032, 📠 0252/4965804, www.sogutdenizkizi.com.

Yakamoz Pansiyon, 16 Zimmer, auf 3 Häuser verteilt, alle mit türkisem Mobiliar und Fliesenböden, alle mit Balkon und Meeresblick. Badeplattform, gutes Restaurant. DZ 33 €. Söğüt (Saranda-Bucht), ✆ 0252/4965185, 📠 0252/4965544, www.pension-yakamoz.com.

• *Selimiye* **Beyaz Güvercin Hotel**, die „Weiße Taube" überzeugt in erster Linie durch ihren wunderschönen, terrassenartigen Garten mit Hängematten, Palmen und einem Kinderspielplatz. Die 28 Zimmer sind nichts Besonderes, aber okay. Schmaler Strand, man kann sich auch auf Stegen über dem Meer sonnen. Schön gelegenes Restaurant. DZ 83 €. Ganz im Westen der Bucht, ✆ 0252/4464274, 📠 0252/4464278,

Halbinsel Bozburun

www.beyazguvercin.com.

Sardunya, erstklassiges Fischlokal mit romantischer Terrasse unmittelbar am Meer. Fantastische Ägäisküche mit bestem Olivenöl. Guter Service. Steg zum Sonnen. Von Lesern gelobt. Gehobeneres Preisniveau. Zudem werden gepflegte Zimmer und Bungalows (DZ 55 €) vermietet. ✆ 0252/4464003, 📠 0252/4464286.

Außerdem gibt es noch eine **Reihe von einfachen Pensionen** vor Ort.

• *Hisarönü* **Club Rena**, eine wunderschöne Adresse in herrlicher Lage direkt am Strand. Clubanlage in Miniformat – 5 geräumige, schlichte Bungalows mit Bad, Fliesenböden und großer Glasfront. Davor ein Pool mit gemütlichen Kissenecken, ein Restaurant (hervorragende Küche zu günstigen Preisen), Palmen und das Meer. Ungezwungene Atmosphäre. Radverleih. DZ 42 €. Hisarönü, ✆ 0537/2640415 (mobil), www.clubrena.com.

Rhódos-Stadt: Eingang zur Orfeos-Straße

Ausflug auf die Insel Rhódos (Griechenland)

Von Marmaris und Bodrum bestehen im Sommer regelmäßige Fährverbindungen nach Rhódos-Stadt. Die gleichnamige Insel ist die größte und meistbesuchte des Dodekanes. Rund 100.000 Einwohner hat das Eiland und ungefähr das Siebenfache an Urlaubern im Jahr. Spektakulär muss die Einfahrt in den Hafen vor mehr als 2000 Jahren gewesen sein, zumindest wenn man den Legenden glaubt: Der Koloss von Rhódos, eines der Sieben Weltwunder, soll dort mit breit gespreizten Beinen und einer Fackel in der Hand gestanden haben.

Die für den Massentourismus angelegte Neustadt des Inselhauptorts **Rhódos-Stadt** lässt zwar alles andere als Freude aufkommen, dafür entschädigt die romantische Altstadt mit ihren mittelalterlichen Gassenlabyrinthen, schattigen Hinterhöfen, urigen Kneipen, halb verfallenen Moscheen und herausgeputzten Ritterhäusern. Die Altstadt ist von einem wuchtigen 4 km langen Befestigungswall umgeben, den der Johanniterorden während seiner Zeit auf Rhódos (1308–1522) ausbauen ließ. An die Ritter erinnert noch die originalgetreu restaurierte *Odos Ippoton* (Ritterstraße), die zum alles überragenden, zinnenbekrönten Großmeisterpalast im Norden der Altstadt führt. Der Palast mit herrlichen Mosaikböden kann besichtigt werden (tägl. außer Mo 8.30–19 Uhr, Eintritt 6 €). Im einstigen Hospital des Ordens am Beginn der Ritterstraße befindet sich heute das Archäologische Museum, dessen Schmuckstück die „Kauernde Aphrodite" aus dem 1. Jh. v. Chr. ist (tägl. außer Mo 8–17 Uhr, Eintritt 3 €). In der Marienkirche *Panagía tou Kastrou* gegenüber wird byzantinische Kunst gezeigt. Südlich der Ritterstraße erstreckt sich das einstige türkische Viertel, heute der lebendigste Teil der Altstadt mit vielen Cafés und Restaurants. Im Westen der Altstadt steht die *Kahal-Shalom-Synagoge,* die älteste Synagoge Griechenlands. Im angeschlossenen Museum ist das Leben der jüdischen Gemeinde bis zum Beginn des 2. Weltkriegs dokumentiert – die Nazis besorgten deren Untergang.

Rhódos-Stadt ist einen Ausflug wert, die 1400 km² große Insel eine eigene Reise. Denn Rhódos bietet viel, an der Ostküste neben Traumstränden (z. B. bei **Kallithea** oder die **Tsambiká-Bucht)** u. a. das malerischste Dorf der Insel: **Líndos.** Gleich einer Fata Morgana leuchtet der Ort strahlend weiß aus der kargen, felsgrauen Küstenlandschaft. Darüber eine Johanniterzitadelle und der prächtige Athenetempel (Di–So 8–19 Uhr, Eintritt 6 €), darunter die Apostel-Paulus-Bucht, einer überdimensionalen Badewanne gleich. Auch die Westküste besitzt mit **Kamirós** eine sehenswerte Ausgrabungsstätte – ihre Blüte erlebte die antike Stadt vor rund 2600 Jahren (Di–So 8–18.30 Uhr, Eintritt 4 €). Von hier nicht allzu weit entfernt begeistert das wildromantische **Tal der Schmetterlinge (Petaloúdes),** in dem sich zwischen Juni und September Abertausende von Schmetterlingen tummeln (dann tägl. 7.30–18 Uhr, Eintritt 5 €). Das Inselinnere beeindruckt durch eine wilde und herbe Gebirgslandschaft mit einsamen Klöstern und urigen halbverlassenen Bergdörfern wie **Mesanagrós.** Bis auf 1215 m steigen die Berge an. Rund um den **Profítis Ilías** findet man eine Bergkulisse wie im Schwarzwald.

Praktische Infos zu Rhódos-Stadt

• *Information* **EOT** an der Straßenecke Alexandrou-Papagou 31/Makariou. Mo–Fr 8–14 Uhr. ✆ 22410/44335, www.gnto.gr.

• *Verbindungen* Die **Busse** zur Ostküste fahren am Rimini-Platz ab, häufig nach Kallithéa und Líndos, selten zum Tsambiká-Beach.

Zu den Zielen der Westküste starten die Busse an der Odos Averof (Rückseite der Nea Agora), nur 2-mal tägl. zum Schmetterlingstal und zum antiken Kamiros.

• *Auto- und Zweiradverleih* Zig kleine Verleiher in Rhódos-Stadt. Tipp: **Motocar Rent a Car**, Agios Ioannou 32, ✆ 22410/74538. Billigste Fahrzeuge ab 35 €/Tag.

Mandar Moto, eine gute Adresse für Mopeds, 50 ccm-Maschine ab 15 €. Platia Martyron. ✆ 22410/34576.

• *Übernachten* *** **Hotel Cava d'Óro**, ruhiges Hotel unter griechisch-deutscher Leitung. DZ ab 75 €. Odos Kistiniou 15, ✆ 22410/36980, ✆ 22410/77332.

Pension Andreas, in einem ehemaligen Hamam. Freundliche Zimmer, z. T. mit Dachterrasse und romantischem Blick über die Stadt. DZ ab 60 €. Odos Omirou 28 d, ✆ 22410/34156, www.hotelandreas.com.

* **Hotel Isole**, sehr saubere Zimmer mit eigenen Bädern und schönem Blick über die Altstadt bis zum Hafen. DZ 30–60 €. Odos Evdoxou 75, ✆ 22410/20682, www.hotelisole.com.

Apollo Tourist House, einfache Zimmer, Gemeinschaftsküche und -bad, gemütlicher Innenhof, viele junge Reisende. DZ ab 35 €. Omirou-Str. 28 c, ✆ 22410/32003, www.apollo-touristhouse.com.

Rooms to let Maria, sehr zentral. Gepflegtes Haus mit idyllischem Innenhof. DZ ab 25 €, kein Frühstück. Odos Menekleous, ✆ 22410/22169.

• *Essen & Trinken* Die Altstadt ist ein wahres Schlemmerparadies, hier gibt es alles; vom zünftigen Tavernengrill bis zu einer ganzen Reihe hervorragender *Psarotavernas* (Fischtavernen). Drei Tipps:

Taverne Alexis, hier aßen schon Mikis Theodorakis und Jackie Onassis. Spezialität: Shrimpssuppe. Rechnen Sie pro Person mit ca. 50 €. So Ruhetag. Odos Sokrates 18, ✆ 22410/29347.

Restaurant Oasis, deftige und sehr preisgünstige Hausmannskost, gemütliche Tische unter Schatten spendenden Bäumen; schon zum Frühstück geöffnet. Platia Dorieos 12, ✆ 22410/34253.

Fischrestaurant Pizanias, der „Seestern". Unauffällig, einfach, abseits der gängigen Touristenrouten. Zur Auswahl stehen nur frischer Fisch, Meeresfrüchte und Salate. Mittags und abends. Odos Sofokleous 24, ✆ 22410/31884.

Zeitvertreib am Sonntagnachmittag: Stierkampf auf der Halbinsel Reşadiye

Halbinsel Reşadiye

Westlich von Marmaris reckt sich die dünn besiedelte Halbinsel Reşadiye lang und schmal ins Meer. Ihren würdigen Abschluss findet sie in den Ruinen der antiken Stadt Knidos. Auf dem Weg dorthin stößt man auf viele, fast unberührte Buchten.

Noch bis vor wenigen Jahren verlangten die unzähligen Serpentinen auf der bergigen Strecke nach Datça, dem Hauptort der Halbinsel, von Fahrer und Wagen das Äußerste. Mittlerweile wurde die Straße ausgebaut – nur noch Geduld ist erforderlich. Unterwegs wird man mit immer neuen Ausblicken auf wilde Schluchten, türkisblaue Buchten und schroffe, kahle Felshänge belohnt. Der Golf von Gökova zeigt sich hier von seiner Schokoladenseite. Viele Ortschaften abseits der Straße sind noch eine Welt für sich, natürlich und ursprünglich – insbesondere im Vergleich zu Marmaris. Selbst der Hauptort Datça ist alles in allem noch ein gemütliches Städtchen. Die Abgeschiedenheit der Halbinsel ging lange Zeit auch mit einer touristischen Rückständigkeit einher. Ob dem Ausbau der Straße nun ein großer touristischer Umbau folgt, bleibt abzuwarten. Besonders lohnend ist Reşadiye für Campingfreunde. Zwischen Marmaris und Emecik liegt eine ganze Reihe schöner Plätze.

Zwischen Marmaris und Datça

Fährt man von Marmaris gen Westen kommt bis auf ein paar Abzweigungen zu abgelegenen Buchten lange Zeit nichts. Einladende Campingplätze machen sich dort breit (s. u.). Gewissermaßen der Endpunkt der 50 km langen „Campingplatzstrecke“ ist das **Ferienzentrum Aktur,** dessen schönen Strand man von der Straße aus sieht. 8 km weiter taucht rechter Hand, abseits der Straße, die kleine, an einem Hang gelegene und für Touristen weitestgehend uninteressante Ortschaft **Emecik** auf. Ebenfalls für Ausländer uninteressant, ist der 3 km weiter gelegene, flach ins

Meer verlaufende Sandstrand in der **Bucht von Karaincir** – er ist fest in der Hand von türkischen Urlaubern, die im Feriendorf dahinter ihre Sommerresidenzen haben. Rund 1 km hinter der Bucht von Karaincir beginnt der kilometerlange, weitestgehend unverbaute **Gebekum-Sandstrand,** dessen schönster und gepflegtester Abschnitt der östliche ist (Abzweigung links zum Nobelhotel Sunsail Perili Club nehmen). Von hier liegen noch rund 14 km bis Datça vor Ihnen.

• *Camping zwischen Marmaris und Emecik* **Çubucak Mesire Yeri**, riesiges Gelände, sehr schön im Pinienwald und gleichzeitig direkt an einem ansprechenden Kiesstrand gelegen. Für 2 Pers. je nach Lage 7,30–10 €, egal ob mit Wohnmobil oder Zelt. An der Verbindungsstraße Marmaris–Datça (ca. 21 km westlich von Marmaris), ✆ 0252/4670043, www.cubucak.net.

İnbükü Orman Camping, 3 km hinter dem Çubucak Mesire Yeri, von der Hauptstraße Marmaris–Datça aus beschildert. Ebenfalls in einer Bucht mit Kiesstrand und mitten im Wald. Ungewöhnlich weitläufige Anlage mit z. T. völlig isolierten Stellplätzen. Für Leute, die in erster Linie ihre Ruhe haben wollen. Auch die Tagesgäste, die nur zum Baden kommen, stören nicht. Ähnliche Preise. ✆/℻ 0252/4369119, www.yesil-mavi.com.

Amazon Camping, von Marmaris kommend nach ca. 16 km rechts ab (Beschilderung „Bördübet Amazon"), von der Abzweigung noch 14 km, die letzten 4 km sind ungeteert. Nur für Selbstfahrer interessant. Abgelegener, fast paradiesischer Platz am Golf von Gökova, jedoch nicht direkt am Meer, sondern an einem Flussarm. Zum hauseigenen Strand fährt man mit dem Kanu. Schön angelegt, relaxte Atmosphäre. Gut ausgestattet, familiär und freundlich geführt, aber verhältnismäßig klein: Wer mit dem Wohnmobil kommt, sollte besser reservieren. Gutes Restaurant (mit Monopolstellung), großer Planschpool. Es werden auch Bungalows (mit privatem außerhalb gelegenem Bad) vermietet, die wie steinerne Hauszelte aussehen. Campen 5,50 €/Person, Wohnmobil 5,50 € extra, Bungalow mit VP 40 €/Person. Bördübet, ✆ 0252/4369111, ℻ 0252/4614231, www.klupamazon.com.

Aktur Ferienzentrum, weitläufige Anlage hinter einem Traumstrand inmitten eines Pinienwaldes. Fast ein Ort für sich: Bank, Restaurants, Supermarkt, Ambulanz und dreimal wöchentlich türkischer Basar. Großes Freizeitangebot: Tennis, diverse Wassersportmöglichkeiten, Ausflüge zu Land und zu Wasser, Radverleih (nützlich zur Überwindung der Distanzen im Feriencamp) etc. Das Campinggelände (ordentliche sanitäre Einrichtungen, Kochgelegenheiten) liegt von einer Bungalowsiedlung getrennt, wo man von einfachen Hütten ohne Komfort über komfortable Bungalows bis zur eigenen Ferienvilla so ziemlich alles mieten kann, was das Herz begehrt. Campen für 2 Pers. 12 €, einfache DZ-Hütte 33 €, Bungalows für 2 Pers. 83 € mit HP, Villa für bis zu 5 Pers. ab 111 €. Ausgeschildert, ✆ 0252/7246168, ℻ 0252/7247296, www.akturcamping.com.

• *Clubanlage* **Club Golden Key Bördübet**, auf dem Weg zum Amazon Camping (Wegbeschreibung s. o., von der Abzweigung 10 km entfernt, komplett geteert) mitten im Wald. Idylle pur. Wenn schon Cluburlaub, dann hier: herrliche, großzügige Anlage mit 22 geschmackvollen, komfortablen Suiten. Zwischen Palmen, Pool und Kinderspielplatz gackern Hühner. Zum privaten Strand fährt man mit dem Boot, zudem viele andere Sportmöglichkeiten. April–Mitte Okt. Frühzeitige Buchung empfehlenswert. DZ mit HP 220 €. ✆ 0252/4369230, ℻ 0252/4369089, www.goldenkeyhotels.com.

Datça

(10.000 Einwohner)

Datça, der Hauptort der Halbinsel Reşadiye, ist ein kleines, freundliches Küstenstädtchen, das mit den großen Nachbarorten des Massentourismus – im Norden Bodrum und im Osten Marmaris – noch wenig gemein hat.

Beliebt ist Datça, 76 km westlich von Marmaris, vor allem unter Seglern. Der kleine Yachthafen ist immer gut belegt, und rundherum hat sich ein durchaus

Die Bucht von Datça

charmantes Ensemble aus Bars, Restaurants und Souvenirläden angesammelt. In den Außenbezirken sieht das anders aus. Dort zieht man fleißig Hotels hoch und vermittelt den Eindruck, als wolle man den Urlaubsmetropolen Marmaris oder Bodrum nacheifern. Wenn Datça nicht aufpasst, wird es mit seiner übertriebenen Bautätigkeit all jene vergraulen, die dem Ort bislang gerade wegen seiner Überschaubarkeit und Freundlichkeit den Vorzug geben. Noch ist Datça aber nur ein schüchterner Ableger der großen Touristenzentren. Symptomatisch dafür ist auch die zurückhaltende Art der Aufreißer vor den Restaurants – sofern es überhaupt welche gibt. Den Mangel an kulturhistorischen Sehenswürdigkeiten will man mit dem Bau eines Museums beheben, das Funde aus Knidos beherbergen wird. An der Spitze der Landzunge beim Amphitheater soll es entstehen – seit mehreren Auflagen dieses Buches ist es aus dem Planungsstadium aber noch nicht herausgekommen.

Nur wenige Urlauber verirren sich bislang nach **Eski Datça** („Altes Datça"), ein verträumtes idyllisches Dörfchen mit engen gepflasterten Gassen, von dem der später hinzugekommene Küstenort überhaupt erst seinen Namen erhielt. Das Dorf, rund 2 km vor Datça im Landesinneren gelegen, lohnt eine Stippvisite. Nette Unterkunftsmöglichkeiten bestehen bereits, auch öffnet ein Café nach dem anderen.

Information/Verbindungen/Ausflüge

• *Telefonvorwahl* ✆ 0252.

• *Information* **Tourist Information** im Sommer in einem kleinen Holzhäuschen am Cumhuriyet Meydanı (tägl. 8–19 Uhr), im Winter im Landratsamt *(Kaymakamlık)* nahe der Atatürk Cad. (Mo–Fr 8–17 Uhr). ✆/℻ 7123546.

• *Verbindungen* Von 7–21 Uhr regelmäßige **Busse** nach Marmaris (ca. 4,50 €, Dauer 1 ½ Std.). Für alle weiteren Ziele an der Südküste muss man in Marmaris oder Muğla umsteigen. Busbahnhof etwas außerhalb des Zentrums an der Straße nach Marmaris. Die meisten Busgesellschaften haben jedoch Zweigstellen im Zentrum.

Dolmuş: Nach Palamutbükü und Mesudiye (Hayıtbükü und Ovabükü) im Sommer bis zu 6-mal tägl., im Winter 1-mal tägl. Achtung: Am So nur sehr schlechte Verbindungen!

Für Knidos → dort. Dolmuşstation zentral an der Atatürk Cad.

Taxi: Stand z. B. bei der Dolmuşstation. Nach Knidos mit 2 Std. Aufenthalt 66 €. Mesudiye einfach 25 €, Palamutbükü 30 €.

• *Schiffsverbindung nach Bodrum* Von Anfang April–Mitte Okt. verkehrt 1-mal tägl. (von Mitte Juni–Anfang Sept. 2-mal tägl.) eine kleine Autofähre von Körmen Limanı (9 km von Datça entfernt) nach Bodrum. Die Überfahrt dauert 2 Std. Abfahrt i. d. R. um 9 und/oder 17 Uhr. Zu den Abfahrtszeiten verkehrt ein Bus von Datça nach Körmen Limanı. Im Winter keine Verbindung. Ticket 11 €/Person einfach inkl. Bus nach Körmen, 17 € hin/zurück, Pkw mit Fahrer einfach 30 € (Reservierung empfehlenswert), jede weitere Person 2,80 €. Tickets im **Ferry Boat Office Datça** in einer Seitengasse der İskele Cad. nahe der Moschee. ✆ 7122143.

• *Schiffsverbindungen nach Sými und Rhódos* Von Mai–Mitte Okt. legen Do u. Sa am Hafen nahe dem Büro von **Knidos Turizm** (zugleich der Ticketverkauf, s. u.) Hydrofoil-Boote nach Sými (→ Ausflug auf die Insel Sými, S. 116) ab, das Schiff am Sa fährt weiter bis Rhódos. Hin und zurück bis Rhódos 45 €, einfach ebenfalls 45 €, nach Sými 10 € weniger. Achtung: Der Fahrplan kann sich ändern. Zudem tuckern unregelmäßig auch kleinere Schiffchen nach Sými.

• *Bootsausflüge* Die Kapitäne im Hafen erwarten Sie zu diversen Unternehmungen, der Ausflug nach Knidos gehört zum Pflichtprogramm (→ Knidos/Verbindungen, S. 112). Zudem werden in der HS Tagesausfahrten zu verschiedenen Buchten rund um die Halbinsel Reşadiye angeboten, inkl. Mittagessen je nach Tour 14–17 €/Person. In der NS richten sich die Preise nach der Anzahl der Teilnehmer. Ein umfangreiches Angebot hält **Seher Tour** bereit (am Hafen, ✆ 7122473, ✆ 7128427, www.sehertour.com).

Adressen (siehe Karte S. 107)

• *Ärztliche Versorgung* **Dr. Taner Karaman** praktiziert im städtischen Krankenhaus, sehr freundlich. ✆ 7123082.

• *Autoverleih* Die Preise liegen weit über denen in Marmaris, die mangelnde Konkurrenz macht's möglich. Die lokalen Anbieter (z. B. **Seher Tour**, → Bootsausflüge) verlangen für die billigste Kategorie rund 44 €/Tag.

• *Einkaufen* Verglichen mit anderen Urlaubsmetropolen ist das Angebot bescheiden. Datça-Thymianhonig und etliche andere Honigsorten gibt es bei **Uğurlu Balları (7)** an der İskele Cad. nahe der Ziraat Bankası. Ein schöner Laden mit Naturprodukten aus Datça (Seifen, Olivenöl, Honig oder Salbeitee) ist **Natural Active (8)** an der İskele Cad. 43/B. Freitagabend **Obst- und Gemüsemarkt**, Sa großer **Markt** (beide nahe der Post). Eine kleine, aber feine Auswahl an deutschsprachigen Büchern hält **Cwan (2)** an der Dr. Turgut Dündar Cad. 12 bereit.

• *Polizei* Im Zentrum an der Atatürk Cad., zu erreichen über die Notrufnummer 155.

• *Post* Ebenfalls im Zentrum an der Atatürk Cad.

• *Reisebüro/Yachtcharter* Eines der größten Reisebüros ist **Knidos Turizm** am Hafen (✆ 7129464, knidos@knidosyachting.com). Das Hauptgeschäft liegt im Bereich Yachtcharter. Eine Woche für 10 Pers. 1600 € (in der NS 900 €), Getränke und Essen müssen selbst mitgebracht werden.

• *Türkisches Bad (Hamam)* **Belediye Hamamı**, schlichtes neues Bad etwas zurückversetzt von der Ambarcı Cad. Tägl. 8–22 Uhr. Eintritt 20 €.

• *Wäsche* Laundry am Yachthafen, nur am Abend besetzt. Pro Maschine 4,50 €.

• *Zeitungen* Zeitungen und Zeitschriften in deutscher Sprache (leider jedoch meist vom Vortag und oft nur die *Bild*) im **Çağlar Market (3)** an der Atatürk Cad. nahe der Dolmuşstation.

• *Zweiradverleih* Z. B. **Eriman** an der Atatürk Cad. Scooter ab 14 €/Tag. ✆ 7123206.

Übernachten/Camping (siehe Karte S. 107)

Das Angebot in der unteren Preisklasse ist nicht besonders gut – viele Pensionen sind eher lieblos geführt.

Mehmet Ali Konağı (1), ca. 4 km außerhalb von Datça (Datça Richtung Marmaris verlassen, kurz nachdem man die Abzweigung nach Knidos/Körmen passiert hat, links ab, von dort ausgeschildert). 2005 eröffnetes Haus in einem aufwändig restaurierten Landsitz aus dem 19. Jh. Die Suiten sind in den kunstvoll ausgestatteten Räumlichkeiten des Hauptgebäudes untergebracht. Die Zimmer verteilen sich über das gesamte Anwesen, z. T. auch auf die modern und stilvoll umgebauten Stallungen. Schönes Restaurant. Pool. Für 2 Pers. 170–530 € (!). Reşadiye Mah. Kavak Meydanı, ✆ 7129257, ℻ 7129256, www.kocaev.com.

Villa Carla (18), die alte Villa Carla war von Lesern stets hoch gelobt. Doch diese gibt es nicht mehr. 2007 entstand genau daneben eine neue, größere Villa Carla. Die Besitzer sind die gleichen und behaupten, alles soll noch schöner werden. Lassen Sie sich überraschen! Die Preise waren zum Zeitpunkt der Drucklegung noch unbekannt. Saklıkoy Kargı Yolu, ✆ 7122029, ℻ 7122890, www.villacarladatca.com.

Türk Evi (17), auf dem Weg zur Kargı-Bucht ausgeschildert. Boutiquehotel im Stil eines alttürkischen Konaks. 2005 eröffnet. 7 komfortable, schön dekorierte Zimmer. Netter Garten. DZ 77 €. İskele Mah. Koru Mevkii 63 Sok. 7, ✆ 7124181, ℻ 7124081, www.datcaturkevi.com.

Bora Hotel (10), ordentliche Mittelklasse im Zentrum, 2005 eröffnet. Eingang mit Jugendstilanklängen, Marmorböden. Komfortable Zimmer mit Safe, von den oberen tolle Ausblicke. Freundlicher junger Besitzer. Eigene Parkplätze. DZ 55 €. İskele Mah., ✆ 7122040, www.borahoteldatca.com.

Villa Tokur (18), sehr empfehlenswertes Haus, von der Straße zur Kargı-Bucht ausgeschildert. Unter deutsch-türkischer Leitung. 13 angenehme Zimmer mit gusseisernen Betten sowie 2 Apartments für max. 4 Pers., alle mit Balkon, Klimaanlage und Zentralheizung. Freundlicher Poolbereich. DZ 50 €, Apartment 60 €. Koru Mevkii, ✆/℻ 7128728, www.hoteltokur.com.

Oğuz Pansiyon (11), saubere ordentliche Stadtpension. Zimmer mit kleinen, aber neuen Bädern, einige mit Balkon und schönen Blicken. DZ 33 €. İskele Mah., ✆ 7123800, oguzpansiyon@hotmail.com.

Yavuz Apart Otel (5), sympathische, gut geführte Unterkunft zwischen Dolmuşstation und Meer. 2 ordentliche DZ und 8 geräumige, sehr saubere Apartments, alle mit Klimaanlage, guten Bädern und Balkonen, die Hälfte mit Meeresblick. Freundliche, familiäre Atmosphäre. DZ 27 €, Apartments für bis zu 4 Pers. 50 €. İskele Mah. ✆ 7123578, www.yavuzapart.com.

• *Camping* **Ilıca Camping (19)**, schönes Gelände direkt am Südende des Taşlık-Strandes (Kies). Neue Sanitäranlagen. Vermietet werden zudem große Bungalows mit Bad sowie kleine ohne Bad, nur durch einen gepflegten Rasen vom Meer getrennt. Nette Bar. 2 Pers. mit Wohnmobil 25 €, mit Zelt 8,50 €, Bungalow für 2 Pers. mit Bad 55 €, ohne Bad 17 €. İskele Mah., ✆ 7123400, ilicacamping@hotmail.com.

• *Außerhalb* **Dede Pansiyon**, in Eski Datça. Unser Pensionstipp in dörflicher Idylle. 6 äußerst liebevoll und sehr individuell eingerichtete farbenfrohe Suiten, jede davon besitzt einen originellen Namen. Kleiner Pool mit Palmen, Cafébar, alles sehr gepflegt. Deutsch sprechende Inhaber. DZ 80 €. An der Straße nach Datça ausgeschildert, ✆/℻ 7123951, www.dedepansiyon.com.

Pigs Bay Club, superidyllisch, aber nur etwas für absolut Erholungsbedürftige ohne Komfortansprüche. Die simple Anlage (20 schlichte Bungalows mit Bad, etwas zurückversetzt vom Strand) liegt am A.... der Welt, genau genommen in der Domuzçukuru-Bucht, die nur per Boot oder in einem 3 ¼-stündigen Fußmarsch von Datça aus zu erreichen ist (→ Wanderung 3, S. 109) Achtung: immer wieder Pächterwechsel! Nur Juni–Sept. Strom über Generator; das Bier ist also nur kalt, wenn dieser läuft. Mit HP 36 €/Person. Domuzçukuru, ✆ 0544/5685428 (mobil), www.pigsbayclub.com.

Essen & Trinken/Nachtleben

Das Gros der Lokale in Datça, darunter viele kleine günstige Lokantas, ist empfehlenswert. Die Preise sind durchwegs um 20 bis 30 % niedriger als in Marmaris, der Service dafür um 100 % besser.

Emek Restaurant (12), am Hafen. Eine gute Adresse für Gegrilltes und fangfrischen Fisch. Zudem Berge von delikaten Meze, die die Wahl schwer machen. Schöne Terrasse, auf der man all das genießen kann. Faire Preise: Meze 1,70 €, Hg. 4,50–6,60 €. Von Lesern empfohlen. ✆ 7123375.

Culinarium (12), in der Nachbarschaft des Emek. Unter deutsch-türkischer Leitung. Geboten wird eine kleine, aber feine Auswahl türkisch-mediterraner Crossoverküche, jedes Gericht wird frisch zubereitet und bringt Abwechslung zu Kebab und Grillfisch. Mit Feingefühl gestaltete Räumlichkeiten, tolle Dach-

terrasse mit einem Hauch Schiffsdeckambiente. Vier Gänge-Menü ca. 17 €. ✆ 7129770.

Yeşim Bar Restaurant (16), idyllisches Strandrestaurant in der Kargı-Bucht (→ Baden). Gepflegte Terrasse, schöner Garten. Gute Meze – ein netter Platz für ein Abendessen mit Meeresrauschen. Mittlere Preisklasse. ✆ 7128399.

Beyaz Amca (14), heißt „Weißer Onkel" und steht für die Haarfarbe des Wirtes. Am Hafen. Große Auswahl an Fischgerichten, sehr gut die Fischsuppe oder der Oktopus mit Mandeln. Zum Nachtisch leckeres Schokoladensoufflee. Hg. 4–12 €. ✆ 7122258.

Fevzi'nin Yeri (6), witzige populäre Taverne. An den Fenstern hängen die Lobpreisungen der Reiseführer, innen haben sich die Gäste an den Wänden verewigt. Kleine Auswahl an Meze, sehr guter Fisch – man verzichtet auf Zuchtfisch. Fischgerichte 5,50–11 €. Ambarcı Cad. 13, ✆ 7129746.

Ada Lokantası (4), kleine moderne Lokanta an der Pazar Sok. Häufig wechselnde Hausmannskost, die an einer Tafel angeschrieben steht. Hg. 2,20–4 €. Man legt Wert auf Gemüse aus dem eigenen Garten und Produkte aus der Region.

Zekeriya Sofrası (9), Lokanta an der İskele Cad. Ein paar Tische draußen auf der Straße, ein paar drinnen, Töpfe zum Reingucken und Auswählen auf dem Herd. Auch leckere Köfte. Preiswert und äußerst beliebt. Im **Korsan Restaurant (9)** nebenan ähnliches Angebot.

Auf dem Weg zur Armutlu-Bucht

Café Inn (8), kleines Café im urbanen europäischen Stil. *Lavazza*-Kaffee – eine Wohltat nach so viel Nescafé! Nette Terrasse zum Meer hin. İskele Cad., gegenüber der Zekeriya Sofrası.

• *Nachtleben* Findet konzentriert auf dem kleinen Areal beim Yachthafen statt. Angesagt sind die blau-weiß gehaltene **Marin Bar (13)** und die **Bambu Bar (13)**, wo man ganz gemütlich unter Bäumen sitzen und gute Cocktails schlürfen kann. Wer tanzen will, besucht den **Dance Club Ercan (15)** nahe dem Yachthafen an der Straße zur Kargı-Bucht. Achtung – der Club ändert ständig seinen Namen!

Baden/Sport/Veranstaltungen

• *Baden* Datça verfügt über drei öffentliche Strände: den kinderfreundlichen **Kumluk Beach** nördlich des Hafens, den **Taşlık Beach** südlich des Hafens und den **Hastane Altı** genannten Strand unterhalb des Krankenhauses.

Der schönste Strand, der von Datça aus noch mühelos zu Fuß (der Beschilderung „Kargı Koyu" bzw. „Yeşim Bar Restaurant" folgen), aber auch mit dem Dolmuş bis zu 10-mal tägl. (Abfahrt von der Post) zu erreichen ist, befindet sich in der südlich gelegenen **Kargı-Bucht**. Grober Kies, sehr gepflegt.

Weitere Bademöglichkeiten bieten sich, wenn man in der Kargı-Bucht am Strand entlang auf das letzte Haus am Ende der Bucht zuwandert und dort den Weg nimmt, der zwischen zwei Olivenbäumen hindurch auf eine Anhöhe führt. So gelangt man auf einen Pfad, der entlang der Küste vorbei an winzigen Buchten verläuft und an der **Armutlu-Bucht** endet.

Die allerschönsten Badegelegenheiten rund um Datça sind jedoch nur per Bootsausflug oder in langen Fußmärschen zu erreichen. Dazu gehört die **Domuzçukuru-Bucht** („Schweinebucht") mit einem weiten, superidyllischen Sandkiesstrand (→ Wanderung 3). Man kann dort auch übernachten (→ Übernachten/Außerhalb).

Für weitere Bademöglichkeiten → Zwischen Marmaris und Datça, S. 102.

• *Tauchen* **Datça Diving**, mit deutschsprachigen Tauchlehrern. Tagesfahrt mit 2 Tauchgängen, Equipment und Mittagessen 50 €. Zu erreichen früh morgens oder abends auf dem Tauchboot am Hafen. ✆ 7123759, www.datcadiving.com.

• *Feste* In der Regel findet Ende August im örtlichen Amphitheater das **Datça-Knidos Kültür Ve Sanat Festivalı** statt. Auf dem Programm stehen Rock- und Folklorekonzerte, Tanzaufführungen, sportliche Wettkämpfe und manchmal sogar Stierkämpfe.

Wanderung 3: Von Datça in die Schweinebucht

Route/Dauer: Von Datça aus an der Kargı-Bucht vorbei und über einen Höhenrücken in die Domuzçukuru-Bucht („Schweinebucht“, → Datça/Baden) und zurück per Boot. Man kann die Tour aber auch umgekehrt machen. Reine Gehzeit für eine Strecke mind. 3 ¼ Std. – eine Frage der Kondition.

An- und Weiterfahrt: Ausflugsboote von Datça in die Domuzçukuru-Bucht starten im Sommer meist gegen 10 Uhr und kehren zwischen 16 und 18 Uhr zurück; Infos bei den Ausflugsschiffen am Hafen. Außerhalb der Saison muss man sich von einem Fischer hinfahren oder abholen lassen. Falls Sie sich abholen lassen, vereinbaren Sie einen Termin im Voraus – mit dem Mobiltelefon hat man in der Domuzçukuru-Bucht nicht immer Empfang!

Allgemeines/Voraussetzungen: Eine traumhafte Wanderung mit grandiosen Ausblicken auf die Küste. Solides Schuhwerk und lange Hosen sind empfehlenswert. Der Weg ist durchgehend markiert, etwas Pfadfindergespür ist dennoch von Vorteil, da zuweilen abgehende Wildschweinpfade (!) die Entscheidung schwer machen. Sollten Sie längere Zeit keine Markierung sehen, dann kehren Sie bis zur letzten Markierung zurück und versuchen einen anderen Weg. Aufgrund umgestürzter Bäume, die den Weg blockieren, muss man hier und da auch ein wenig klettern. Einkehrmöglichkeiten bestehen in der Kargı-Bucht und in der Domuzçukuru-Bucht, in Letzterer jedoch nur zwischen Mitte Juni und Ende September. Badesachen nicht vergessen!

Wegbeschreibung: Wie schon gesagt: der Weg ist durchgehend markiert. Lediglich der Einstieg in den Wanderweg ist sowohl von Datça als auch von der Domuzçukuru-Bucht aus nicht einfach zu finden. Daher die ersten Meter ausführlicher:

Von Datça folgt man dem Sträßlein zur Kargı-Bucht (mit „Kargı Koyu“ und „Yeşim Bar Restaurant“ ausgeschildert). Am Beginn der Bucht, bevor die Straße zum Strand abfällt, hält man sich rechts (Hinweisschilder „Acanthus“ rechter Hand, „1 Sokak“ linker Hand). Sie folgen nun für ca. 5 Min. diesem Weg, es geht vorbei an einer alten Kapelle. Unmittelbar hinter einem Staubecken zweigt man nach links ab und folgt dem Schotterweg, der landeinwärts entlang der Bucht führt. Am anderen Ende der Bucht steigt der Weg (hier betoniert) für ein kurzes Stück an und fällt dann wieder ab. Am höchsten Punkt zweigt nach rechts ein Schotterweg ab. Halten Sie 10 m vor dieser Abzweigung nach roten Markierungen Ausschau. Fortan folgen Sie den Markierungen. Anfangs sind diese jedoch etwas spärlich angebracht und man muss sie auf dem ansteigenden felsigen Gelände ein bisschen suchen. Weiter oben aber, wo der Boden nicht mehr so karg ist, ist der

Halbinsel Reşadiye

Pfad schließlich klar zu erkennen. Wo keine roten oder weißen Markierungen zu finden sind, halten Sie nach kleinen Steinpyramiden Ausschau. Für ca. 2 Std. steigen Sie nun bergauf. Unterwegs genießen Sie tolle Ausblicke auf Sými, passieren eine seit Ewigkeiten genutzte einsame Stallung und eine uralte Zisterne. Haben Sie den Sattel erreicht, offenbart sich ein traumhaftes Panorama auf den Golf von Hisarönü und in die andere Richtung auf die Buchten vor Mesudiye und Palamutbükü. Im Schatten einer Steineiche lässt es sich hier herrlich picknicken. Der Pfad hinab in die Domuzçukuru-Bucht ist etwas schmaler. Dort, wo Bäume den Weg blockieren, gibt es umleitende Pfade. Diese „Umleitungen" sind i. d. R. nicht farblich markiert, sondern durch Steinpyramiden gekennzeichnet.

Um **von der Domuzçukuru-Bucht** den Einstieg in die Wanderung zu finden, folgt man dem Weg vorbei am Restaurant und den in Reihe gebauten Bungalows des Pigs Bay Clubs landeinwärts. Vom letzten Gebäude der Anlage nimmt man den Pfad, der landeinwärts führt. Kurz darauf taucht rechter Hand eine höher stehende Häuserruine auf. Unmittelbar dahinter hält man sich rechts (Sie sind zu weit gegangen, wenn sie das trockene Bachbett überqueren). Nach wenigen Schritten passieren Sie zwei Wassertanks der Bungalowanlage. Der Pfad an den Wassertanks vorbei führt zu einer Quelle, die ca. 50 m weiter liegt. Halten Sie nach dem Wegeinstieg ungefähr auf halber Strecke zwischen den Wassertanks und der Quelle rechter Hand Ausschau. Die ersten Markierungen sollten nach ca. 30 m Anstieg zu sehen sein. Kurz darauf machen ein paar umgestürzte Bäume Schwierigkeiten bei der Wegsuche. Halten Sie hier nach Steinpyramiden Ausschau. Nach ca. 1 ½ Std. sollten Sie den Sattel, den höchsten Punkt der Wanderung, erreicht haben. Von der Kargı-Bucht gelangen Sie über das Küstensträßchen nach Datça.

Umgebung von Datça

Körmen Limanı: Die Bucht am Golf von Gökova liegt 9 km nördlich von Datça und ist nichts anderes als der Fährhafen nach Bodrum mit einem Steg, einem Restaurant und einem Campingplatz an einem wenig attraktiven Küstenabschnitt. Drum herum stehen ein paar vereinzelte Häuser.

Verbindungen Zu den Abfahrtszeiten der Fähren verkehren **Busse** von Datça nach Körmen (→ Datça/Verbindungen, S. 105). Der Hafen ist an der Straße nach Mesudiye mit „Bodrum Feribot İskelesi" ausgeschildert.

Hayıtbükü- und Ovabükü-Bucht: Die beiden Buchten, die erst 1996 durch Teerstraßen erschlossen wurden, liegen unterhalb der weit verstreuten Siedlung *Mesudiye*, 13 km westlich von Datça Richtung Knidos. Die weite Ovabükü-Bucht im Westen säumt ein herrlicher Strand, dahinter finden sich ein paar einfache Pensionen. Die beschauliche Hayıtbükü-Bucht im Osten von Mesudiye erinnert ein wenig an die idyllischen Buchten griechischer Inseln und wird unter Seglern jedes Jahr populärer. Ein kleiner Strand lädt auch hier zum Baden ein. Doch Achtung: Wer hier auch nur einen Tag einplant, fährt in der Regel erst nach einer Woche wieder. Beide Buchten sind durch ein Sträßlein miteinander verbunden.

• *Verbindungen* → Datça/Verbindungen, S. 104.

• *Übernachten/Camping/Essen & Trinken*

Gabaklar Pansiyon, in einer kleinen palmenbestückten Nebenbucht der Hayıtbükü-Bucht. 24 Zimmer, 12 davon befinden sich in 2003 erbauten, geräumigen Bungalows (moderne Sanitäranlagen, Klimaanlage und Kühlschrank). Leider z. T. durch einen Zaun vom Meer getrennt. Man organisiert auch

Die Ovabükü-Bucht

Wanderungen. Bungalow-DZ 83 €, die einfachere Version im Haus 66 €. Kızılbük, ✆/℻ 0252/7280171, www.gabaklar.com.

Altun Motel, in der Hayıtbükü-Bucht in zweiter Reihe. 10 komfortable, kleine Zimmer mit guten Bädern, Kühlschrank, Standardmobiliar und Veranda. Leider kein Meeresblick. DZ mit HP 55 €. Hayıtbükü, ✆ 0252/7280073.

Ada Pansiyon, ein Lesertipp in der Ovabükü-Bucht. 2005 eröffnet. 8 sehr saubere, neu möblierte Zimmer mit Balkon und teilweise schönem Meeresblick. Im Restaurant gibt's auf Wunsch ein leckeres Abendessen. Herzliche, familiäre Atmosphäre. DZ 44 €. Direkt hinter dem Uferstäßlein in erster Reihe, ✆ 0252/7280102, www.adapansiyon.com.

Türkeli Pension, in der Hayıtbükü-Bucht. Nur 3 gepflegte Zimmer mit schweren Möbeln im 2. Stock, alle mit Terrasse. Von dort blickt man über einen Acker in die Bucht. Der freundliche Haushund heißt Ada. Von Lesern gelobt. DZ 44 €. Hayıtbükü, ✆ 0252/7280223, www.turkelipansiyon.com.

Hoppala Pansiyon, in der Ovabükü-Bucht. Alteingesessener Familienbetrieb. Schöne Zimmer mit 1a-Bädern und Klimaanlage, gemütlicher Garten. Man spricht Deutsch und weiß, dass das türkische Hoppala – ein Kinderspiel – dem deutschen Hoppla klanglich entspricht. Von Lesern vielfach empfohlen. Im Restaurant direkt hinterm

Pansiyon & Restaurant Ortam, in der Hayıtbükü-Bucht. Direkt hinterm Strand in zwei über 100 Jahre alten griechischen Häusern. Im Hauptgebäude mit Restaurant 4 kleine schlichte Zimmer (2 mit privatem Bad, 2 mit Gemeinschaftsbad). Im Nebengebäude 3 geräumige, geschmackvoll eingerichtete Einheiten für 4 Pers. mit Kühlschrank und komfortablen Bädern. Für alle: zwei schöne Terrassen zum Träumen und hervorragendes Essen (Spezialität: Oktopus in allen Varianten). Die Betreiber Süleyman und Mahmut kümmern sich rührend um ihre Gäste. Eine unserer persönlichen Lieblingsadressen. Ganzjährig. DZ ohne Bad 27 €, mit Bad 33 €, 4-Pers.-Einheit 83 €. Hayıtbükü, ✆ 0252/7280228, ℻ 0252/7280091, www.ortamdatca.com.

Strand gibt's türkische Hausmannskost mit Gemüse aus dem eigenen Garten und selbstgebackenen Brot, die Pension selbst liegt ca. 100 m hinter dem Strand. Ganzjährig geöffnet. DZ 30 €. Ovabükü, ✆ 0252/7280148, ℻ 0252/7280259, www.hoppala.com.tr.

Palamutbükü: Die weite Bucht von Palamutbükü liegt 24 km westlich von Datça an der Südküste der Halbinsel Reşadiye. An deren westlichem Ende findet man einen kleinen Fischerhafen, in dem meist auch ein paar Yachten vor Anker liegen. Drum herum gibt es eine Handvoll Bars, darunter eine Discobar, die an Hochsommerwochenenden auch mal lauter werden kann. Die Uferstraße zum östlichen Ende der Bucht säumen einige Restaurants und Pensionen. Der davor liegende Strand wird von West nach Ost immer feiner und geht von Kies in Sand über. Auch hier steckt die touristische Infrastruktur noch in den Kinderschuhen – sehr angenehm. Gen Osten führt von Palamutbükü ein Teersträßlein in die Ovabükü-Bucht. Unterwegs stößt man auf schöne, oft menschenleere Sand- und Kiesbuchten.

• *Verbindungen* → Datça/Verbindungen, S. 104.

• *Übernachten* **Kumburnu Pansiyon**, weißes Haus mit blauen Fensterrahmen und Türen, schöne Terrasse. 20 einfache, aber freundliche Zimmer. DZ 44 €. Ganz im Osten der Bucht, ✆ 0252/7255503, www.kumburnu.com.

Ein paar Schritte davor liegt die **Bük Pansiyon**, ebenfalls mit einer Terrasse, auf der man eine ganze Woche verbringen könnte. Zimmer und Bäder neu restauriert, alle mit Kochplatte und Balkon. DZ 36 €. ✆ 0252/7255136.

• *Essen & Trinken* Gut und preiswert ist das **Dostlar Restaurant** an der Uferfront. Die Terrasse ist hier der Strand, wo man idyllisch unter Schatten spendenden Bäumen Meze oder gegrillten Oktopus verzehrt. ✆ 0252/7255092.

Ein Lesertipp ist der **Jardin de Semra**, betrieben von der İzmirerin Semra. Schicke Location mit Lümmelkissen. Es wird auch Kunst verkauft. Was es gerade zu essen gibt, steht auf einer Tafel angeschrieben. Hg. 4,50–9 €.

Ordentliche Snacks bekommt man im **Café Bük** am westlichen Ende beim Hafen. Liebe Betreiberfamilie. „Wir waren täglich dort und können es nur empfehlen", meinen Leser.

Knidos

(antike Stadt)

Zwei Jahrtausende waren die beiden Häfen von Knidos verwaist. Im Kriegshafen ist – gottlob – weiterhin nichts los, doch im Handelshafen herrscht wieder rege Betriebsamkeit. Ausflugsboote und Segelyachten erfüllen ihn mit neuem Leben.

Knidos, die verfallene und nur z. T. ausgegrabene Stadt an der unwegsamen Spitze der Halbinsel Reşadiye, zieht viele Urlauber in ihren Bann. Dabei sind die Ruinen überhaupt nicht spektakulär, aber die Kombination aus steinernen Überresten antiker Kultur und wildzerklüfteter Landschaft lässt das Herz höher schlagen. Die Ruinenstadt ist ein schönes Ausflugsziel, das glasklare Wasser am kleinen Strand lockt zum erfrischenden Bad.

Geschichte: Ein erster Ort namens Knidos (auf dem Boden der heutigen Gemeinde Datça gelegen) wurde erstmals im 7. Jh. v. Chr. erwähnt. Aufgrund der zunehmenden Bevölkerung baute man im 4. Jh. v. Chr. eine neue gleichnamige Stadt an der Westspitze der Halbinsel. Diese entstand nach dem hippodamischen Plan (→ Milet/Geschichte, S. 164), der ein rechtwinkliges Straßennetz vorsah. Umgeben war die Stadt landeinwärts von einem 4 km langen Wall. Um sich noch besser vor Agressoren von Land her zu schützen, plante man übrigens mehrmals, die Reşadiye-

Halbinsel an ihrer engsten Stelle (ca. 30 km westlich von Marmaris misst sie nur 800 m) zu durchstechen.

Zu ihrer Blütezeit zählte die Hafenstadt rund 70.000 Einwohner. Innerhalb ihrer Stadtmauern stand das Apollonheiligtum, Zentrum des Dorischen Städtebundes und – im Vierjahresrhythmus – Schauplatz der Dorischen Festspiele. Bekannt war Knidos auch für seine Ärzteschule – das Asklepieion gehörte neben denen von Pergamon, Kos und Epidauros zu den angesehensten und berühmtesten Heilorten der antiken Welt. Zugleich war Knidos ein Hort der Wissenschaft: Der Ingenieur Sostrates entwarf hier den Leuchtturm von Alexandria, eines der sieben Weltwunder. Auch die Kunst blühte in der wohlhabenden Stadt. Die meisten ihrer Werke gingen im Laufe der Jahrhunderte jedoch verloren. Andere befinden sich in ausländischen Museen, die berühmte Demeterstatue zum Beispiel im Pariser Louvre. Mit dem Beginn der hellenistischen Epoche wurde es ruhig um Knidos. Auf seiner Reise nach Rom machte der Apostel Paulus in der Stadt Halt, worauf sich hier sehr früh eine christliche Gemeinde entwickelte.

Knidos: Blick vom Athenatempel

Zu Anfang des 19. Jh. erforschten erstmals englische Archäologen Knidos, bis in die Gegenwart finden Ausgrabungen statt, führend ist dabei die Universität Konya-Selçuk unter Leitung von Prof. Ramazan Özgen.

• *Anfahrt/Verbindungen* Die 35 km lange Straße von Datça nach Knidos ist komplett asphaltiert.

Ausflugsboote starten im Sommer jeden Morgen in Datça gegen 10 Uhr. Unterwegs wird immer wieder zum Baden gehalten. Preis 14–17 € mit Essen, in der NS Verhandlungssache. Boote auch ab Marmaris, doch sind die Tagestouren der Reisebüros unverhältnismäßig teuer.

Taxi von Datça 66 € inkl. 2 Std. Aufenthalt. Wesentlich billiger ist die Fahrt mit dem **Dolmuş.** Direktdolmuşe von Datça gab es zuletzt (Stand 2007) jedoch nur von Juli–Sept. 1-mal tägl. (hin um 12 Uhr, zurück um 17 Uhr). Ansonsten nimmt man ein Dolmuş nach Yazıköy (3-mal tägl.), muss den Rest des Weges jedoch von dort laufen bzw. trampen.

• *Öffnungszeiten* Im Sommer tägl. 8–19.30 Uhr, im Winter bis 16.30 Uhr. Eintritt 2,70 €.

• *Essen & Trinken* Restaurant am Handelshafen.

Kleiner Rundgang (Dauer ca. 1 ½ Std.): Vom Parkplatz am Ende der Straße nach Knidos folgt man dem Weg hinab zur Bucht, dem einstigen *Handelshafen* – bei Nordwind liefen Schiffe aus der Ägäis ein, bei Südwind jene aus dem östlichen Mittelmeer. Von hier aus hat man eine wunderbare Aussicht auf die *Halbinsel*

Triopion – der Name der Halbinsel rührt daher, weil man auf ihr das Triopionheiligtum vermutete, das jedoch bei Ausgrabungen nahe Emecik zum Vorschein kam. Es geht vorbei am noch gut erhaltenen *Kleinen Theater,* auch Römisches Theater genannt, das etwa 5000 Besuchern Platz bot. Wenige Meter weiter westlich stand ein *Dionysostempel,* der später, wie nahezu alle Tempel der Stadt in eine Kirche umgewandelt wurde – nur das Fundament blieb erhalten. Der Blickfang dahinter, ein paar wieder aufgerichtete Säulen, war Teil einer Stoa. In der gegenüber liegenden Jandarma-Station sind zwei Beamte stationiert, die darauf achten, dass keine Steine verschwinden. Auf dem Weg zum *Kriegshafen,* der durch einen Kanal mit dem Handelshafen verbunden war und in Zeiten der Bedrohung mit einer Eisenkette gesperrt werden konnte, stößt man auf die *Kirche D,* deren mittlere Apsis einst mit Bodenmosaiken in der Opus-sectile-Technik zweifarbig geometrisch ausgelegt war. Folgt man dem Weg weiter entlang der Bucht, erscheint wenig später die *Kirche E,* die ebenfalls mit reichen Bodenmosaiken geschmückt war.

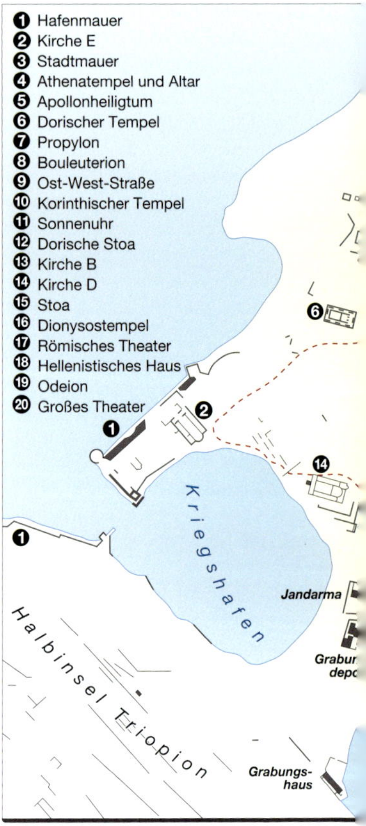

Steigt man nun entlang der Küste bergauf, kommt man an den Fundamenten eines *dorischen Tempels* vorbei, dessen Unterbau aus hellem, rosafarbenen Kalkstein errichtet wurde. Weiter östlich lag das *Propylon,* das zugleich die Eingangshalle zum höher gelegenen *Apollonheiligtum* bildete. Nördlich des dortigen Altars mit einem Sockel aus graublauem Marmor lassen sich noch Sitzstufen für die Zuschauer erkennen, die bei den Riten anwesend waren.

Steigt man noch eine Terrasse weiter bergauf, erreicht man den imposanten Rundsockel des *Athenatempels.* Lange Zeit vermutete man, dass dieser Tempel der Aphrodite geweiht war und mit der „Aphrodite des Praxiteles" (350 v. Chr.) eine der berühmtesten Skulpturen des Altertums beherbergte. Praxiteles hatte den Mut, die Göttin der Liebe erstmals unverhüllt zu modellieren. Ursprünglich sollte dieser Entwurf in Kos aufgestellt werden. Doch auf der konservativen Insel wollte man die Statue nicht, und so kam die Aphrodite nach Knidos, wo man sie als Schutzgöttin der Seefahrt verehrte. Man sagt, dass das Asklepieion von Knidos wegen der nackten Aphrodite in der Folgezeit mehr Besucher anzog als das von Kos. Wo der Tempel der Göttin stand, ist bis heute umstritten.

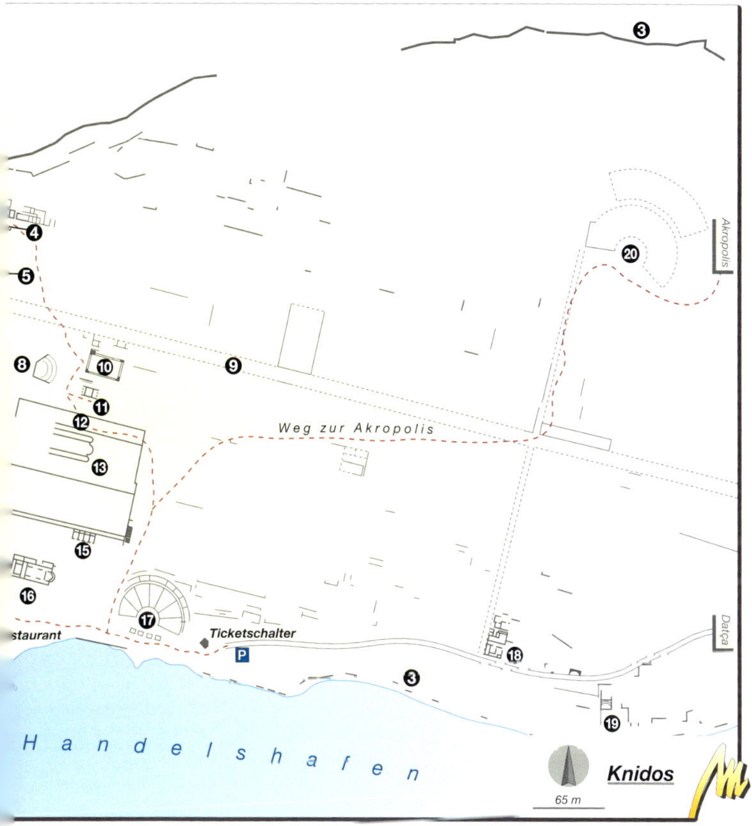

Von hier führt der Pfad leicht bergab von der Küste weg. Kurz bevor man die einstige Hauptstraße passiert, weist ein Schild den Weg zum *Demeterheiligtum* und zur *Akropolis* – wer den mühseligen Anstieg in Kauf nimmt, wird mit einem grandiosen Weltblick und auch dem unspektakulären Anblick des *Großen Theaters* belohnt. Folgt man jedoch dem Weg weiter bergab, gelangt man zum Trümmerhaufen eines *korinthischen Tempels* aus dem 2. Jh., hinter dem (zur Seeseite) eine Sonnenuhr aus hellenistischer Zeit steht. Besäße sie noch den Gnonom, den Bronzestab, würde sie funktionieren. Westlich des Tempels befand sich das *Bouleuterion*. Weiter bergab liegen die Reste der *dorischen Stoa*, die ehemals 113,8 m lang war, und die der *Kirche B* mit drei Apsiden und figürlichen Bodenmosaiken. Vorbei am kleinen Theater gelangt man wieder zum Handelshafen.

Sehenswert sind schließlich noch die Reste des *Odeions*, das etwas abseits am Handelshafen nahe der Küste liegt (unterhalb der Zufahrtsstraße, ca. 300 m nachdem man die Stadtmauer passiert hat). Es entstand im 3. Jh. v. Chr. und war kleineren Darbietungen vorbehalten.

Ausflug auf die Insel Sými (Griechenland)

Die Insel, gerade mal 10 km vor der türkischen Küste gelegen, ist ein beliebtes Ausflugsziel von Datça aus. Sými gleicht in weiten Teilen einer Steinwüste: kahl und unfruchtbar, bergig und nur schwer zugänglich. Doch so abweisend Sými auf den ersten Blick wirkt, so anziehend ist die Insel, wenn man etwas länger bleibt.

Auf der 67 km² großen Insel gibt es nur ein Städtchen, **Sými-Stadt,** zwei Fischerdörfer und drei Klöster. In einer fjordartigen Bucht liegt der Inselhauptort, dessen Hafen zweifelsohne zu den schönsten des Dodekanes gehört. Sými-Stadt besteht aus den beiden Ortsteilen Gialós (am Hafen) und Chorió (am Hang), die durch ca. 380 Stufen miteinander verbunden sind. Im Labyrinth der schmalen Gassen fallen Bürgerhäuser im neoklassizistischen Baustil auf. Doch viele davon sind verlassen und verfallen zusehends, denn mit der Schwammfischerei, der einstigen Haupteinnahmequelle der Inselbewohner, lässt sich längst kein Geld mehr verdienen. Entsprechend ist die Einwohnerzahl rapide gesunken, von 23.000 im Jahr 1912 auf rund 2300 heute.

Die meisten Besucher Sýmis sind Tagestouristen aus Rhódos oder Segler, für die die Einfahrt in den Hafen zu den Höhepunkten ihres Törns zählt. Auf ihrem Sightseeingprogramm im Inselhauptort stehen zwei Museen: das liebevoll eingerichtete Heimatmuseum in Chorió (tägl. außer Mo 8.30–14.30 Uhr, Eintritt 1,50 €), das von Trachten bis zu alten Münzen ein buntes Allerlei bietet, und das nautische Museum am Platz des 8. Mai (tägl. 10.30–15 Uhr, Eintritt 1 €), dessen Exponate im Vergleich zum Gebäude allerdings weniger begeistern. Am beeindruckendsten ist aber ein Spaziergang zu den Windmühlen hoch über der Stadt, v. a. wenn die untergehende Sonne in der Bucht von Sými ein einzigartiges Farbenspiel inszeniert.

Wer mehr als nur den Inselhauptort besichtigen will, kann in das kleine, knapp 2 km nordwestlich gelegene Fischerdorf **Nimboriós** wandern (ca. 30 Min.), ein verträumter Ort an einer sichelförmigen Bucht und ein kleines Paradies für Einsamkeitsliebende. Im Fischernest **Pédi** hingegen widersetzt sich noch eine kleine Werft der durchdringenden Trägheit. Auch lohnt ein Ausflug zum **Kloster Panormítis** am Südzipfel der Insel. Sehenswert ist der prachtvolle blumengeschmückte Innenhof mit einem markanten Mosaikrelief und einem hellblauen Arkadenrundgang. Im Gegensatz dazu ist das kleine, dunkle Kirchlein beinahe unauffällig. Zum Kloster gehört ein Museum, das ein Panoptikum sakraler und weltlicher Exponate bietet.

Praktische Infos zu Sými-Stadt

• *Verbindungen* Bus zwischen 8 und 23 Uhr jede halbe Std. von Sými nach Pédi, zum Kloster Panormítis gelangt man mit einem der 5 Inseltaxis (knapp 22 €).

• *Übernachten* Satte Preise und fast immer alles voll – eine frühzeitige Buchung ist dringend angeraten!

**** **Hotel Aliki**, klassizistisches Haus nahe dem Uhrturm am Hafen. Repräsentative Lobby, große Dachterrasse und gediegene Atmosphäre. DZ 80–130 €. ✆ 22460/71665, www.simi-hotelaliki.gr.

** **Hotel Fiona**, an der großen Treppe in Chorió. Farbenfrohe Zimmer. Herrliche Frühstücksterrasse mit Blick über Sými. DZ 60 €. ✆/✆ 22460/72088, www.symivisitor.com.

Hotel Albatros, in einer engen Gasse südlich des Hafens. Helle und saubere Zimmer, ebenfalls farbenfroh eingerichtet. DZ ab 40 €. ✆ 22460/71829, www.albatrosymi.gr.

• *Essen & Trinken* **Taverne Georgios**, an der Platia in Chorió. Von wildem Wein umrankte Pergola, mäßige Preise, vorzügliche Küche. Hier treffen sich seit Jahren die Sými-Insider.

Taverna Meraklis, altes Restaurant mit freundlichem Service in der schmalen Stichstraße, die von der Hafenspitze abzweigt. Große Auswahl, üppiger Bauernsalat, zivile Preise. Ein Klassiker.

Blick über Bodrum

Bodrum

(ca. 40.000 Einwohner, im Sommer ca. 250.000)

„St. Tropez" und „Ibiza", Noblesse und Nightlife – Bodrum bietet alles. Das weiße Zuckerwürfelstädtchen mit seinem großen Yachthafen zählt zu den beliebtesten Fotomotiven der Ägäis. Wahrzeichen der Stadt ist die Johanniterburg auf einer Halbinsel inmitten der malerischen Zwillingsbucht.

Bodrum ist die Perle der Südägäis und viel besser als sein Ruf. Das weitgehend intakte und gepflegte Zentrum mit seinen weiß getünchten kubischen Häusern und palmengesäumten Promenaden macht den Reiz des Ortes aus. Verschlungene Gässchen mit blumenbewachsenen Villen und verwunschenen Gärten erinnern an die Zeit, als Bodrum noch griechisch war. Zum Glück hat man hier rechtzeitig erkannt, dass mit dem Bau klotziger Hotelburgen Image und Attraktivität Schaden nehmen.

Ansatzweise beschaulich ist das Städtchen jedoch nur noch in der Vor- und Nachsaison. Zwischen Juni und September herrscht in Bodrum rund um die Uhr Highlife. Touristen aus aller Herren Länder, darunter viele Holländer, feiern hier mit der türkischen Jeunesse dorée die heißesten Partys des Jahres. Selbst die vom Nachtleben verwöhnten İstanbuler schwärmen in den Sommermonaten auf die Bodrum-Halbinsel. Lebenslustiger, freizügiger und ausgeflippter geht es in der Türkei kaum irgendwo zu.

Die Beliebtheit Bodrums als Urlaubsort und Zweitwohnsitz hat zufolge, dass sich die Stadt mehr und mehr ausdehnt – mittlerweile ist sie mit den Nachbarorten İçmeler im Süden und Gümbet im Westen zusammengewachsen. Gümbet bietet übrigens das, was Bodrum leider (oder zum Glück?) fehlt: einen langen Sandstrand. So ist die Stadt weniger Standort denn Ausflugsziel der Pauschaltouristen aus den Resorts der Umgebung. Aber auch Tagestouristen von der griechischen Insel Kos kommen gerne.

Geschichte

Man nimmt an, dass das antike Halikarnassos in der heutigen Bucht von Bodrum auf eine dorische Gründung aus dem 11. Jh. v. Chr. zurückgeht. Die erste berühmte Persönlichkeit der Stadt war Artemisia I. von Halikarnassos, die 480 v. Chr. so tapfer und mutig auf Seiten des persischen Königs Xerxes kämpfte, dass dieser den bekannten Ausspruch tat: „Die Männer sind mir zu Weibern und die Weiber zu Männern geworden." Auch ihr Enkel Herodot (vermutlich 485–425 v. Chr.), der als „Vater der Geschichtsschreibung" gilt, schmückt die Stadtannalen. Zu einer der angesehensten und blühendsten Städte der Region entwickelte sich Halikarnassos im 4. Jh. v. Chr., als der persische Satrap Mausolos (376–353 v. Chr.) seinen Regierungssitz von Milas nach Halikarnassos verlegte. Dessen monumentaler Grabbau machte auch seinen Namen unsterblich (→ Sehenswertes).

334 v. Chr. traf Alexander der Große bei der Eroberung der Stadt auf heftigen Widerstand. Die erste Hälfte des hellenistischen Zeitalters bescherte mehrere kurzfristige Fremdherrschaften, unter denen sich Halikarnassos aber stets als bedeutendes Zentrum behaupten konnte. Erst als Rom 190 v. Chr. die Herrschaft über Karien gewann, begann der Stern der Stadt zu sinken. Und als Verres, der Statthalter von Kilikien, auch noch alle Kunstwerke der Stadt raubte, rutschte Halikarnassos in die Bedeutungslosigkeit ab.

Das änderte sich erst wieder 1402, als die Osmanen gerade mit Timur Lenk beschäftigt waren und der Johanniterorden so ungestört Bodrum zu einer Festung ausbauen konnte. Rund 120 Jahre währte die Regentschaft der Ritter, dann eroberten die Osmanen Bodrum, und das Städtchen verschwand wieder aus den Geschichtsbüchern. Anfang des 20. Jh. brachten aus Kreta vertriebene Muslime den Bootsbau und die Schwammtaucherei nach Bodrum. 1923 mussten die mehrheitlich griechischen Einwohner im Rahmen des Bevölkerungsaustausches ihre Heimatstadt verlassen, eine zweite Welle aus Griechenland vertriebener Muslime übernahm ihre frei gewordenen Häuser.

Bescheiden lebte man weiterhin von den traditionellen Erwerbszweigen. Zu Besuch kamen lediglich unliebsam gewordene Künstler und Journalisten, die hierher verbannt wurden. Das änderte sich in den 1980ern. Der Tourismus entdeckte Bodrum und die dazugehörige Halbinsel. Innerhalb weniger Jahre wurde aus dem einfachen Fischerdorf der exklusivste Ferienort der Türkei.

Information/Verbindungen/Ausflüge/Parken

- *Telefonvorwahl* 0252.
- *Information* Am Hafen vor dem Kastell. Meist unfreundliches Personal, Ratsuchende werden mit Stadtplan und einer Broschüre abgefertigt. Im Sommer tägl. 8–19 Uhr, im Winter verkürzt und Sa/So geschl. ✆ 3161091, 📠 3167694.
- *Verbindungen* Der internationale **Flughafen DHMI Milas-Bodrum Hava Limanı** liegt ca. 35 km nordöstlich von Bodrum an der Straße nach Milas. Er besitzt einen nationalen und einen internationalen Terminal. Im Ankunftsbereich des internationalen Terminals finden Sie Bankomaten, eine Post, eine Tourist Information (✆ 5230101, 📠 5230288, i. d. R. nur zu den Ankunftszeiten der Flugzeuge besetzt) und Autoverleiher.

Transfer von und zum Flughafen besorgen 8- bis 15-mal tägl. die sog. **Havaş-Busse** (sehr gute Verbindungen zwischen 7 und 19 Uhr; 8 €). Abfahrt in Bodrum vom Busbahnhof, am Flughafen auch vom internationalen Terminal. Infos unter ✆ 0544/8238981 (mobil), www.havas.com.tr, beim THY-Hauptbüro (→ Reisebüros) oder in den zahlreichen Reisebüros im Zentrum. **Taxi** nach Bodrum 42 €. Vom Flughafengebäude bis zur dolmuşbefahrenen Verbindungsstraße

Milas-Bodrum sind es ungefähr 1,5 km.

Bus/Dolmuş: Busbahnhof an der Cevat Şakir Cad. wenige Gehminuten vom Zentrum. Mehrmals tägl. nach Kuşadası (2 ½ Std., 8,30 €), İzmir (4 Std., 10 €) und Pamukkale (5 ½ Std., 8,30 €), zudem in die Ferienorte entlang der Küste und in die größeren Städte der Westtürkei. Vom Busbahnhof auch gute Dolmuşverbindungen zu allen Orten der Bodrum-Halbinsel und nach Milas (45 Min.).

• *Schiffsverbindungen* Ganzjährig legen **Fähren nach Kos** ab (→ Ausflug auf die Insel Kos, S. 129). Von Juni–Sept. tägl., Abfahrt gegen 9.30 Uhr, zurück gegen 16.30 Uhr, Dauer 60 Min. (einfach oder hin/zurück am gleichen Tag 25 €, offenes Ticket 50 €, Motorräder einfach 40 €, Autos 100 €, Minibusse 150 €). Im Winter verkehrt die Fähre nur Mo/Mi/Fr (Stand 2007).

Des Weiteren bestehen im Hochsommer 2-mal tägl. (in der NS nur 1-mal tägl.) **Fährverbindungen nach Datça** (→ Datça/Verbindungen, S. 105; nicht als Tagesausflug zu empfehlen).

Nach **Marmaris** (genauer gesagt nach Gelibolu am Golf von Gökova, von dort geht es mit dem Bus weiter) fährt von Mitte Juni–Mitte Sept. Do und So (Stand 2007) ein Hydrofoilboot, Fahrzeit ca. 1 ½ Std. inkl. Bustransfer einfach 25 €, hin/zurück am gleichen Tag 30 €, offenes Ticket 50 €.

Nach **Rhódos** (→ Ausflug auf die Insel Rhódos, S. 100) fährt das Schiff Fr und Mo, Fahrzeit ca. 2 ½ Std., hin/zurück am gleichen Tag 60 €, einfach 50 €, offenes Ticket das Doppelte.

Für Fähren nach **Altınkum/Didim** → Altınkum/Verbindungen, S. 161.

Tickets und Infos für Fähren nach Rhódos und Marmaris bei **Bodrum Express Lines** (✆ 3164067, www.bodrumexpresslines.com), für Datça und Kos bei **Bodrum Ferryboat Association** (✆ 3160882, www.bodrumferryboat.com), beide haben ein Office am Fähranleger bei der Burg. Dort startet auch das Hydrofoilboot nach Rhódos und Marmaris, die kleinen Autofähren nach Datça und Kos legen nahe dem Yachthafen ab.

• *Bootsausflüge* Verschiedene Tagesfahrten zu verschiedenen Ankerplätzen, z. B. zur Karaada (Schwarzen Insel) mit heißen Quellen, zum Ortakent-Strand (→ S. 132) oder zum sog. „Aquarium", eine kristallklare Bucht zum Schnorcheln. Die Boote legen in der Salmakis-Bucht westlich der Burg i. d. R. gegen 11 Uhr ab, Rückkehr gegen 17 Uhr. Mit Mittagessen 15 €/Person. Am besten in letzter Minute buchen, dann sehen Sie, wie überladen das Boot bereits ist.

• *Organisierte Touren* Dutzende Veranstalter. Angebote und Preise differieren nur wenig, am meisten gebucht werden folgende Touren: Tagesausflug nach Pamukkale oder Ephesus inkl. Mittagessen ca. 30 €. Zwei-Tages-Tour nach Ephesus und Pamukkale mit Übernachtung im Vier-Sterne-Hotel 50 €, zum Markt (Di) nach Milas 8 €, Jeepsafari entlang dem Golf von Gökova rund 25 €.

• *Yachtcharter* Die Küstengewässer um Bodrum sind ein Paradies für mehrtägige Jachttrips, dementsprechend gutes Charterangebot. Je nach Saison, Ausstattung und Größe mit Crew ab 250 € (max. 12 Pers.) pro Tag. Verhandeln Sie direkt mit den Kapitänen am Yachthafen, oder wenden Sie sich dort an eine Agentur, z. B. **Aegean Yacht Services,** Neyzen Tevfik Cad. 198, ✆ 3132655, www.egeyat.com.tr.

• *Parken* In der NS kein Problem. In der HS kann man die Tiefgarage unter dem Dolmuşbahnhof (Zufahrt über die Cevat Şakir Cad., bis zu 12 Std. 2 €, bis zu 24 Std. 6,60 €) ansteuern, eine weitere Tiefgarage befindet sich gegenüber der Post (Zufahrt über die gleiche Straße, gleiche Preise).

Adressen/Einkaufen/Veranstaltungen (siehe Karte S. 120/121)

• *Ärztliche Versorgung* Deutschsprachige Betreuung im **Universal Hospital Bodrum** an der Kavaklı Sarnıç Cad. weit oberhalb der Gümbet-Bucht. ✆ 3191515.

• *Autoverleih* Etliche Anbieter. Billigstes Fahrzeug bei den international operierenden Verleihern ca. 50 €/Tag, etwas billiger bei den lokalen. **Avis**, über das Reisebüro Setur (→ Reisebüros), Neyzen Tevfik Cad. 92/A, ✆ 3169700, www.avis.com.tr. **Europcar**, Neyzen Tevfik Cad. 232, ✆ 3160885, www.europcar.com.tr.

• *Diplomatische Vertretung* **Österreichisches Honorarkonsulat**, Atatürk Cad. 79, ✆ 3577688, neyirsan@cswebmail.com.

• *Einkaufen* Klamotten, Teppiche, Lederjacken, Keramik, Schmuck, Kitsch jeder Art – das Angebot ist riesig, doch billig ist Bodrum nicht.

Bei wem nicht nur Münzen in der Tasche

klimpern, findet Schickes (*Tommy Hilfiger, Diesel, Paul & Shark Yachting* etc.) in dem noblen **Shoppingcenter bei der Marina**.

Ein weiteres modernes Shoppingcenter ist das ständig expandierende **Oasis** an der Kıbrıs Şehitlerı Cad., der Umgehungsstraße nördlich des Zentrums. Neben vielen guten Klamottenläden auch mehrere gute Restaurants.

Großer **Migros-Supermarkt (3)** stadtauswärts zwischen Turgutreis Cad. und Myndos Cad.

Märkte finden Di (Kleidung) und Fr (Lebensmittel) beim Busbahnhof statt.

• *Polizei* Neben der Tourist Information. ✆ 3168080.

• *Post* An der Cevat Şakir Cad.

Bekannt ist Bodrum für seine handgefertigten Ledersandalen. Mehrere Schuster haben sich darauf spezialisiert. Etwas Besonderes sind jedoch die Sandalen von **Ali Güven (20)**, der u. a. schon Mick Jagger beliefert hat. Der gute Mann ist fast jeden Tag persönlich in seinem Atelier anzutreffen. Im Basarviertel gegenüber der Ziraat Bankası, am besten nachfragen.

• *Reisebüro* **Setur**, Flugtickets für *Atlasjet, Onur Air* etc. Neyzen Tevfik Cad. 92/A, ✆ 3169700, www.setur.com.tr. **THY**-Haupt-

büro im Shoppingcenter Oasis (→ Einkaufen), ✆ 3171203, www.thy.com.

• *Türkisches Bad (Hamam)* Das über 250 Jahre alte **Bardakçı Hamamı** liegt an der Omurca Dere Sok. in der Kumbahçe-Bucht östlich der Burg. Für Männer und Frauen. Eintritt mit Massage 17 €. Tägl. 7–24 Uhr. Das **Bodrum Hamamı** neueren Datums (ähnliche Preise und Öffnungszeiten) befindet sich an der Cevat Şakir Cad. gegenüber dem Busbahnhof. Separate Abteilungen für Männer und Frauen.

• *Veranstaltungen* Im Sommer diverse Events im antiken Theater (darunter **Ballettfestivals** sowie **Popkonzerte**) und im Freilichttheater bei der Burg. Alljährlich Ende Okt. **Gulet-Regatta**.

• *Waschsalon* Fast an jeder Ecke eine Laundry, z. B. **Nesli Laundry** an der Türkkuyusu Cad. 27. Eine Maschine waschen und trocknen ca. 3 €.

• *Zeitungen* Zeitungen und Zeitschriften in deutscher Sprache an fast jedem Kiosk im Zentrum.

• *Zweiradverleih* Diverse Anbieter beim Busbahnhof. **Flash Rental Service** (Cevat Şakir Cad. 28, ✆ 3169636, www.flashmoto.com) bietet Scooter von 50 ccm (15 €/Tag) bis 500 ccm (60 €), dazu Enduros mit 600 ccm (ebenfalls 60 €) und Chopper bis 883 ccm (90 €). Fahrräder werden kaum vermietet, den Verleihern bringen sie mehr Ärger als Umsatz.

Übernachten/Camping (siehe Karte S. 120/121)

In Bodrum und Umgebung werden rund 60.000 Hotelbetten und Unterkünfte in allen Kategorien geboten. Wer sich fürs Zentrum entscheidet, sollte auch am Nachtleben teilhaben wollen – Ruhe gibt es wenig. Für Juli bis Ende August ist eine Reservierung empfehlenswert, selbst die schäbigsten Rumpelkammern werden dann für teures Geld vermietet. In der Vor- und Nachsaison purzeln die Preise hingegen erheblich. Etliche günstige Pensionen findet man in den Seitengassen der Atatürk Cad. Die Auswahl an hübschen kleinen Boutiquehotels ist auf der Halbinsel deutlich größer als in Bodrum selbst.

****** Majesty Hotel Marina (15)**, entspannte Atmosphäre beim Yachthafen. 85 Zimmer auf verschiedene Häuser um einen Pool verteilt. Sehr schicke, helle Lobby, Jugendstildrucke in den Gängen, klassisch-moderne Einrichtung mit Marmorwaschbecken, leider nur recht kleine Fenster. Fitnessraum, Sauna. Öger-Tours-Vertragshotel. DZ 111 €, EZ 83 €. Neyzen Tevfik Cad. 226, ✆ 3130356, 📠 3162347, www.majestyresorts.com.

Antik Tiyatro Oteli (1), eines der schönsten kleinen Luxushotels der Türkei. Dezent-elegant ausgestattet. Über mehrere begrünte Terrassen verteilen sich 19 komfortable Zimmer und 1 Suite – alle mit superber Aussicht über die Stadt! Pool. Erstklassiges Restaurant. Ein Wermutstropfen ist die Lage an der stark befahrenen Umgehungsstraße, doch liegen alle Zimmer an der straßenabgewandten Seite. DZ 107 €. Kıbrıs Şehitleri Cad. 243, ✆ 3166053, 📠 3160825, www.premierhotels.com.

Su Hotel (2), das bunte 25-Zimmer-Haus vereint Komfort mit witzigem Design und liegt dazu absolut idyllisch-ruhig und doch nur einen Katzensprung zum Zentrum. Etwas verschachtelte Anlage um einen kleinen Pool, umwachsen von Bougainvillea. Mit Liebe zum Detail dekorierte Zimmer. Gleich in der Nachbarschaft werden zudem 2 schnuckelige, ebenfalls komfortabel und geschmackvoll eingerichtete Natursteinhäuser vermietet, ebenfalls mit Pool. DZ je nach Größe 80–85 €, Haus für 3 Pers. ab 110 €. Turgutreis Cad. 1201 Sok., ✆ 3166906, 📠 3167391, suhotel@suhotel.net, www.suhotel.net.

Golden Key (29), ganz im Osten der weiten Kumbahçe-Bucht abseits des großen Gewusels, aber nicht des hörbaren Trubels. Grandioser Blick von der Terrasse. 8 luxuriöse Zimmer und ein Apartment mit 2 Schlafzimmern in der ehemaligen Sommerresidenz des Ex-Premiers Mesut Yılmaz. Das hauseigene Boot bringt die Gäste zu den Buchten der Umgebung. DZ ab 140 €. Şalvarağa Sok. 18, ✆ 3130304, 📠 3134171, www.goldenkeyhotels.com.

Baç Pansiyon (21), kleines gepflegtes und freundliches Haus in erster Reihe an der Kumbahçe-Bucht. 10 ansprechende Zimmer mit Klimaanlage und Marmorböden. Keine Anfahrt mit dem Fahrzeug möglich. DZ mit Balkon und Meeresblick 69 € (herrlich), zur Einkaufsmeile hinten raus 6 € weniger (langweilig). Cumhuriyet Cad. 14, ✆ 3161602, 📠 3167917.

Otel Gülbaba (27), 2004 eröffnetes dreistöckiges Haus mit 18 winzigen Zimmern, einem dazu passenden kleinen Pool und einer Dachterrasse. Sehr sauber. Etwas versteckt gelegen. DZ mit Klimaanlage 55 €. Papatya Sok. 24, ✆ 3168027, 📠 3168086, www.hotelgulbaba.com.

Gurup Otel (19), zentraler geht's kaum, in der ersten Reihe, über einem Klamottenladen. 12 kleine, schlicht möblierte Zimmer mit Klimaanlage und nicht mehr ganz neuen Teppichböden. Dafür aber auch mit Balkon (schmal), von dem sich das Treiben der Flaneure am Hafen hautnah verfolgen lässt. DZ 45 €, EZ 28 €. Karantina Cad. 3, ✆ 3161140, 📠 3133151.

Hotel Güleç (16), sauberes kleines Hotel etwas zurückversetzt von der Kumbahçe-Bucht. Freundliche Zimmer mit Klimaanlage und Fliesenböden, nicht alle mit Balkon. Das Frühstück gibt's im lauschigen Gärtchen unter Orangenbäumen mit zwitschernden Vögeln. Von Lesern sehr gelobt. DZ 44 €. Üçkuyular Cad. 18/A, ✆ 3165222, www.hotelgulec.com.

Sevin Pansiyon (13), gemütliche Unterkunft in Promenadennähe. Internationales Publi-

Disneyland lässt grüßen – ein Abend in der Moonlight Bar

kum. 36 ordentliche Zimmer mit Klimaanlage, Fliesenböden und guten Bädern (Duschkabinen), Café, Internetanschluss, Innenhof mit Hängematten. DZ 44 €. Türkkuyusu Cad. 5, ✆ 3167682, 📠 3134919, www.sevinpension.com.

Yenilmez Pansiyon (5), 9 schlichte, saubere Zimmer von unterschiedlicher Größe (auch größere Familienzimmer), alle mit privatem Bad, einige mit Balkon. Freundliche, zurückhaltende Wirtsfamilie. DZ 30 €. Menekşe Çıkmazı 30, ✆ 3162520.

Şenlik Pansiyon (4), eine angenehme, zentrale Adresse. 15 schlichte, saubere Zimmer mit Fliesenböden (etliche für bis zu 4 Pers.), netter Balkon, Dachterrasse. Relaxte, freundliche Atmosphäre. Heizung. Schnell ausgebucht. DZ 22 €. Türkkuyusu Cad. 115, ✆ 3166382, www.senlikpension.8m.com.

Bodrum Backpackers (18), die Backpacker-Adresse vor Ort. Ausreichend große Zimmer mit dunklen Möbeln, Bäder mit Duschkabinen. Angeschlossen ein Pub im englischen Stil. Zuweilen etwas überfordertes Personal. Bett im Schlafsaal 8,50 €, DZ mit Bad 22 €. Atatürk Cad. 31 B, ✆ 3132762, www.bodrumbackpacker.com.

• *Camping* Der nächste Platz befindet sich in Gümbet (→ S. 132), einen weiteren schönen Platz finden Sie am Yahşi-Strand (→ S. 132).

Essen & Trinken (siehe Karte S. 120/121)

Hunger haben kann in Bodrum teuer sein! Bodrums Ufermeile wandelt sich im Sommer allabendlich zum Präsentierteller der Schönen und Reichen. Nobelitaliener, chinesische Restaurants, exquisite Fischrestaurants und und und ... – mit Ausnahme İstanbuls oder Ankaras ist nirgends in der Türkei die gastronomische Palette breiter und sind die Preise für ein gemütliches Abendessen höher. Reisende mit weniger dickem Geldbeutel weichen am besten in die einfachen Lokantas stadtauswärts (z. B. entlang der Artemis oder Atatürk Cad.) aus. Um aber dort keine bösen Überraschungen zu erleben, erfragen sie die Preise, wo sie nicht aushängen oder die Gerichte nur in Türkisch angeschrieben sind. Tipp: Probieren Sie auch mal die Restaurants der Halbinsel aus.

Antik Tiyatro Oteli (1), ein Dinner im gleichnamigen Hotel (→ Übernachten) kann zu einem unvergesslichen Bodrum-Erlebnis werden. Fantastische türkisch-internationale Küche, ebenso fantastische Ausblicke und hervorragender Service. Abendessen ohne Getränke ca. 30 €/Person.

Kocadon Restaurant (8), etabliert und ebenfalls ein Highlight am Bodrumer Gastronomiehimmel. Beliebt bei in der Stadt lebenden Ausländern. Idyllischer, dezent beleuchteter Garten, nur durch eine hohe alte Steinmauer von der Uferpromenade abgeschirmt. 1a-Service. Täglich wechselnde kleine, aber sehr feine Karte mit internationaler und türkischer Küche. Hg. 7,20–11 €. Saray Sok. 1, ✆ 3163705.

> **Nazik Ana (14)**, unser Low-Budget-Tipp für Bodrum. Große Self-Service-Lokanta mit bester türkischer Hausmannskost im täglichen Wechsel. Mit Bedacht eingerichtet, junges Personal, dezente Musik, garantiert kein Beschiss. Für ca. 4,50 € wird man hier gut satt, auch günstige Mittagsmenüs zu 2,70 €. Eski Hükümet Sok., eine schmale Seitengasse zwischen Türkkuyusu Cad. und Cevat Şakir Cad.

Yağhane (9), steht dem Kocadon an Atmosphäre in nichts nach. Hier isst man neben und zwischen den dezent restaurierten Ruinen einer alten Ölfabrik. Ebenfalls ausgefallene Küche, kosten Sie Oktopus-*Güveç* oder Kalbsmedaillons mit Ananas. Hg. 8,50–17 €. Neyzen Tevfik Cad. 170, ✆ 3134747.

Liman Köftecisi (12), gleich daneben. Die Adresse für alle, die etwas mehr aufs Geld schauen müssen, aber trotzdem an der Uferpromenade sitzen wollen. Meze und *Köfte* in diversen Variationen. Besonders lecker die Spezialität *Liman Köfte:* Hackfleischbällchen mit Joghurt, Tomatensauce und Butter auf Pidebrot. Hg. 3–7,70 €. Neyzen Tevfik Cad. 172, ✆ 3165060.

Alin's (17), am Belediye Meydanı. Gepflegtes Schnellrestaurant auf hohem Niveau, einer Kette zugehörig. Alles sehr lecker. Terrasse.

• *Café* **Bodrum Belediyesi Bodrumspor (11)**, das überdachte Terrassencafé des städtischen Sportvereins. Sehr natürliche Atmosphäre, fast nur einheimisches Publikum. Frühstück, Snacks, Filterkaffee (!) und günstige Preise. An der Hafenpromenade bei der Abfahrtsstelle der Datça-Fähren.

• *Süßes* **Özsüt (6)**, landesweite Kette, die sich aufgrund ihrer Vielfalt an leckeren Torten, Puddings, Milchreisvariationen etc. höchster Beliebtheit erfreut. Mit Terrasse. Neyzen Tevfik Cad.

Nachtleben (siehe Karte S. 120/121)

Bodrumer Nächte sind lang. Denken Sie an ein dickes Make-up und an einen ebensolchen Geldbeutel und los kann es gehen – vor ein Uhr nachts herrscht in den Danceclubs allerdings tote Hose. Die Zeit bis dahin vertreibt man sich am besten in den schicken Szenebars an der Neyzen Tevfik Cad. in der Salmakis-Bucht oder in den diversen Locations an der Cumhuriyet und Dr. Alim Bey Cad. in der Kumbahçe-Bucht – Cafés und Bars im kunterbunten Wechsel. Die Fluktuation ist enorm und was heute in ist, kann morgen schon wieder out sein oder einen völlig anderen Namen haben – entdecken Sie selbst! Am trinkfreudigsten geht es in den lauten Bierpinten in der Meyhaneler Sok. (auch: Banka Sok., einer Seitengasse der Kale Cad.) zu.

• *Kumbahçe-Bucht* **Halikarnas (28)**, Open-Air-Tanztempel für über 5000 Partypeople, und das seit über 20 Jahren. Man zählt ihn zu den größten und (Eigenwerbung) gar zu den besten Discos der Welt. Auf jeden Fall kann er so manch europäische Großstadtdisco in die Tasche stecken. Bühne, Tribüne, Videoleinwände, Lasershows, Schaumpartys, Dachterrasse und riesige Tanzfläche. Musik zwischen Techno und Türkpop. Geöffnet bis zum Morgengrauen. Eintritt je nach Tag 17–20 € inkl. einem Freigetränk. Kumbahçe-Bucht.

Bodrum Marine Club (23), auf einem Katamaran, der in der Kumbahçe-Bucht am Fuße der Burg vertäut ist. Neben dem Halikarnas der angesagteste Club der Stadt. Bietet Platz für 1700 Nachtschwärmer. Große Tanzfläche (Glasboden!), mehrere Bars. Eintritt 17–22 € inkl. einem Freigetränk. Auch hier werden Türkpop, House und die Charts hoch und runter gespielt. Themenpartys. Viele Touristengruppen! Bei Ausfahrten Bootsservice für alle, die früher nach Hause wollen. Dresscode! Ebenfalls bis zum Morgengrauen geöffnet.

Club Hadigari (26), Platz für 2000 Leute. Einer der Wegbereiter der hiesigen Clubszene, seit 1974 im Geschäft. Meist Standardmusik, manchmal Liveperformances.

Trendiger Beachclub am Ortakent-Strand auf der Bodrum-Halbinsel

VIP-Lounge direkt am Wasser. Neben der Burg. Etwas billiger als die anderen.

Yettigari Bar (24), nur ein paar Schritte vom Bodrum Marine Club entfernt. Gemütliche Bar am Fuß der Burg. Auch hier legen DJs auf (Musik quer durch den türkischen Garten), auch hier wird schon ein wenig getanzt. Chrommobiliar, nette Terrasse. Dr. Alim Bey Cad. Die **Fora Bar (24)** in der Nähe besitzt eine ähnlich schöne Terrasse und ebenfalls eine kleine Tanzfläche.

Moonlight Bar (22), für alle, die es ein wenig romantischer mögen. Schöne Sonnenuntergangsadresse. Ein paar Tische direkt am Strand, Meeresrauschen und Blick auf die vor Anker liegenden Boote in der Bucht und die beleuchtete Burg. Plastikstühle und karierte Tischdecken statt Szenemobiliar – eine der einfacheren Adressen. Etwas versteckt an der Cumhuriyet Cad. 60.

Café del Mar (25), ca. 200 m weiter. Ebenfalls ein paar Tische am Strand, dazu Jazzmusik und neben wirklich gutem Kaffee auch allerlei Drinks. Richtig voll und lustig wird es hier weniger zum Sonnenuntergang als zum Sonnenaufgang, denn das Café del Mar ist zugleich eine gemütliche Afterhour-Bar – 24 Std. geöffnet. Loungemusik. Cumhuriyet Cad.

• *Salmakis-Bucht* An der Neyzen Tevfık Cad., welche die Salmakis-Bucht säumt, liegen mehrere noble Open-Air-Lounges und -Clubs, wo man sich in lauschigen Gärten vor alten griechischen Häusern vergnügt.

Die zweifelsohne schickste ist das **Fink (10)**. Musik zwischen Jazz und Elektro (je nach Stunde und Saison), dazu viele schöne Männer und Frauen. Ohne die richtige Kleidung (nur welche ist das?) hat man hier kaum eine Chance, sich dazuzugesellen.

Ebenso schönes Ambiente bietet die **Küba Bar (7)** etwas weiter.

Baden/Sport

• *Baden* Bodrums öffentlicher Strand, der kleine palmengesäumte Kiesstrand **Halk plajı** ganz im Süden der Kumbahçe-Bucht, ist nicht allzu reizvoll und mit Liegestühlen nur so vollgestellt. Dahinter eine laute Restaurant- und Barzeile.

Zum Baden weicht man besser an die herrlichen Buchten am Golf von Gökova (östlich der Stadt, → S. 142) oder auf die Strände der Bodrum-Halbinsel (→ S. 131) aus – unser Favorit: Gümüşlük. Zudem bietet sich ein Bootsausflug mit Badestopps an.

• *Reiten* Ausritte können über die **Turgutreis Countryranch** in der Nähe von İslamhaneleri zwischen Bodrum und Turgutreis gebucht werden. ✆ 3825654, www.countryranch.net.

• *Spaßbad* **Aquapark Dedeman Bodrum**, riesiger Aquapark mit einer Vielzahl an Rutschen, darunter eine „Kamikaze-Tube", eine „Hydro-Tube", ein „Giant Slide" etc. Eine Gaudi für Familien mit Kindern. Eintritt 17 €, Kinder 11 €. An der Straße nach Ortakent, die Dolmuşe dorthin halten davor.

• *Tauchen* Mehrere Anbieter. Eine etablierte Adresse ist **The Aegean Pro Dive Centre** in Bitez (→ S. 132).

Sehenswertes

Gleich vorweg: An das antike Halikarnassos erinnert nicht mehr viel, und das, was erhalten blieb, ist weniger als unspektakulär und liegt über die ganze Stadt verstreut. Wer's nicht glauben will, kann z. B. an der Mars Mabedi Caddesi oberhalb der Salmakis-Bucht die mehr als spärlichen Reste eines Marstempels suchen oder nahe der Büyük İskender Caddesi auf dem Weg nach Gümbet die des teilrestaurierten Myndos-Tores, einst Bestandteil der 7 km langen Stadtbefestigung. Anders das Theater (Antik Tiyatro) aus dem 3. Jh. v. Chr. an der viel befahrenen Kıbrıs Şehitleri Caddesi hoch über der Stadt. Es wird bis heute als Veranstaltungsort genutzt. Eine Besichtigung der etwas dilettantisch restaurierten Anlage ist jedoch nicht allzu interessant (tägl. 8–12 und 13–17 Uhr, Eintritt 2,70 €). Die jedenfalls größte Attraktion des antiken Halikarnassos ist das Mausoleum.

Mausoleum: Das Mausoleum von Halikarnassos, ein monumentaler Grabbau, galt als eines der Sieben Weltwunder der Antike und wurde namensgebend für Grabstätten dieser Art. Der pausbäckige Fürst Mausolos (eine Statue von ihm steht vor der Burg am Hafen) ließ sein Grabmal aus weißem Marmor bereits zu Lebzeiten von dem Architekten Pytheos (4. Jh. v. Chr.) entwerfen, nach seinem Tod wurde es unter Artemisia II., Schwester und Gattin in einer Person, fertig gestellt. Es erhob sich auf einer 105 x 242 m großen Terrasse und soll über 50 m hoch gewesen sein. Den Dachabschluss bildete eine Stufenpyramide, deren Spitze die Statuen von Mausolos und Artemisia mit einem Viergespann krönten. An der Ausschmückung des Grabbaus beteiligten sich die besten Künstler und Handwerker jener Zeit. Erdbeben und rücksichtsloser Steinraub beim Bau des Kastells führten dazu, dass heute nur noch Grundmauern vorhanden sind. Zum Glück helfen ein paar Schautafeln vor Ort dem geistigen Auge auf die Sprünge. Erste Ausgrabungen am Mausoleum unternahm im 19. Jh. der Brite Charles Newton. Kostbare Funde wie Reliefs und Standbilder schenkte er dem Britischen Museum in London – für den Besucher von heute bleiben somit nur ein paar unspektakuläre Säulentrommeln übrig.

Adresse/Öffnungszeiten Turgutreis Cad. Tägl. (außer Mo) 9–12 u. 13–19 Uhr. Eintritt 2,70 €.

Johanniterkastell St. Peter/Museum der Unterwasserarchäologie: Das mächtige Kastell errichtete der Johanniterorden in der ersten Hälfte des 15. Jh. auf den Fundamenten einer alten byzantinischen Festung. Zu jener Zeit besaß der Orden, der auf Rhódos einen souveränen Ritterstaat begründet hatte, eine gewaltige Flotte, mit der er islamische Handelsschiffe plünderte. Der Orden war in mehrere Landsmannschaften unterteilt, aufgrund der unterschiedlichen Sprachen auch „Zungen" genannt. Jede Zunge hatte ihre eigene Herberge und im Falle eines Angriffs einen Abschnitt der Festung zu verteidigen. Die Nationalitätenbezeichnungen der Türme stammen aus jener Zeit. 1523 wurden die Ritter aus der Ägäis vertrieben, ein paar Jahre später ließen sie sich auf Malta nieder. Während der osmanischen Zeit verlor das Kastell an Bedeutung, Ende des 19. Jh. wurde es in ein Gefängnis verwandelt. Unter Beschuss stand es das letzte Mal im Ersten Weltkrieg, als das französische Kriegsschiff Dubleix in die Bucht von Bodrum einlief. Heute beherbergt das Kastell

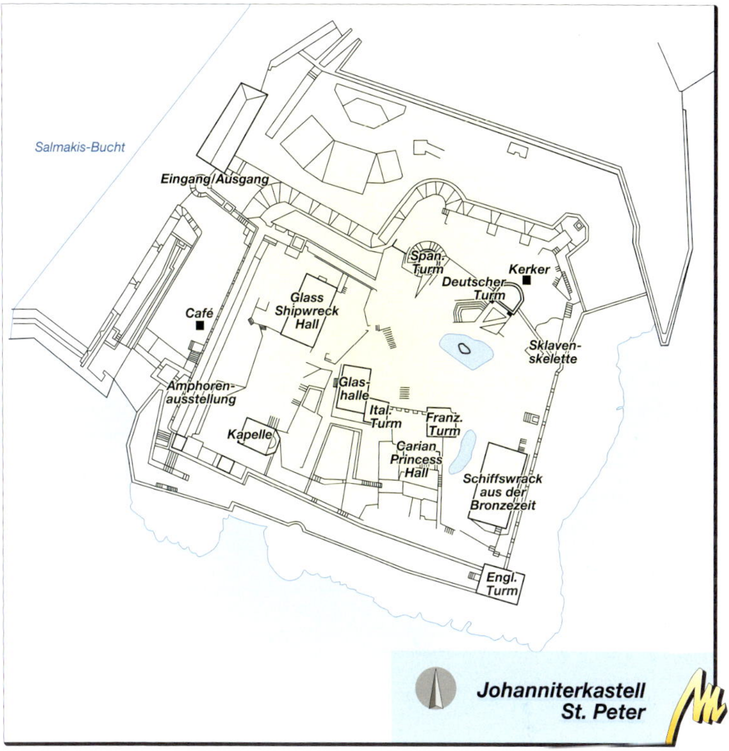

Johanniterkastell St. Peter

Bodrum Karte S. 120/121

ein Museum für Unterwasserarchäologie, das weltweit größte seiner Art – hört sich jedoch spannender an, als es ist. Bringen Sie ein Herz für Amphoren mit.

Der **Zugang** zum Kastell liegt an der Salmakis-Bucht. Kurz hinter dem Kassenhäuschen durchquert man einen kleinen Hof mit einem schattigen Café. Von dort gelangt man über Rampen entlang der Außenbastionen in den Kern der Festung zu einem Hof mit einem Maulbeerbaum in der Mitte. Rechter Hand steht dort eine kleine **Kapelle**, 1406 errichtet und 1523 von den Osmanen mit einem Minarett versehen. Sie beherbergt heute den nachgebauten Bug eines byzantinischen Schiffes, das im Jahre 626 vor der Bodrum-Halbinsel sank. Im Hof linker Hand befindet sich eine **Amphorenausstellung**, das älteste Stück des Museums stammt aus dem 14. Jh. v. Chr. Die Form einer Amphore lässt übrigens Rückschlüsse auf Herstellungsort und -zeit zu. So wusste der „antike Sommelier" oft schon beim Anblick der Amphore über die Qualität des Weines darin Bescheid.

Neben der Kapelle führen Stufen in einen höher gelegenen, begrünten Hof mit frei umher laufendem Federvieh, darunter auch ein paar Pfauen. Dabei passiert man die sog. **Glashalle**. Darin gibt es Väschen, Gläschen, Schälchen und Glasperlen (diese wurden als Gewichte verwendet) zu bestaunen, die zwischen dem 14. Jh. v. Chr. und dem 11. Jh. n. Chr. auf dem Meeresboden versanken. Schräg gegenüber liegt der Eingang zur sog. **Glass Shipwreck Hall** (separater Eintrittspreis, Ausgang im tiefer gelegenen Hof). Hier wird das Skelett eines Handelsschiffes gezeigt, das im Jahre 1025 nahe Turunç sank. Ausgestellt sind zudem Funde der Ladung und persönliche Gegenstände der Besatzung.

Ein paar Schritte weiter steht der **Spanische Turm**, auch Schlangenturm genannt, da links des Eingangs das Relief einer Schlange in den Stein gehauen ist. Im Inneren: Amphoren. Die kleine Exposition in den oberen Räumlichkeiten des Turmes zum Thema „Geburt, Leben und Tod", war z. Zt. der letzten Recherche geschlossen. Ähnlich das Bild im **Deutschen Turm** nahebei: unten Amphoren, die Exposition darüber mit Mobiliar im Stil der deutschen Renaissance war ebenfalls geschlossen.

Gegenüber diesen beiden Türmen erheben sich der **Italienische** und der **Französische Turm**. In dem Trakt dazwischen ist eine kleine Ausstellung über die Bergungsarbeiten eines griechischen Handelsschiffs eingerichtet, das im 5. Jh. v. Chr. am Tektaş-Kap südlich von Çeşme sank und 1996 entdeckt wurde. Rund 5000 Tauchgänge führten die Archäologen zur Vermessung des Rumpfes und zur Bergung durch.

Von der Terrasse dahinter erfolgt der Zugang zur sog. **Carian Princess Hall** (ebenfalls separater Eintrittspreis). In ihr liegen die Gebeine der karischen „Prinzessin" Ada aus dem 4. Jh. v. Chr. Ihr Sarkophag wurde 1989 bei Bauarbeiten nahe Bodrum gefunden. Zu sehen sind Grabbeigaben (u. a. goldene Armreife, eine Kette und ein Lorbeerkranz) und – der Stolz des Museums – ein lebensgroßes Modell der Dame. Entworfen wurde es nach neuesten pathologischen Erkenntnissen an der Universität Manchester. Schade nur, dass die Wissenschaft nicht zugunsten der Schönheit schummelt.

Steigt man neben der Carian Princess Hall die Treppe hinauf, gelangt man zu einer Terrasse zwischen dem **Italienischen und dem Französischen Turm**. Eine herrliche Aussicht über Bodrum tut sich hier auf. Von dieser Terrasse gelangt man auch zu den Ausstellungen in den Türmen. Der eine beherbergt eine kleine Münz- und Schmucksammlung, der andere mittelalterliche Waffen (beide zuletzt jedoch nicht zugänglich).

Folgt man den hier angebrachten roten Pfeilen, gelangt man zum **Englischen Turm** im Südosten des Kastells. Sein Innendekor soll u. a. an die Johanniter erinnern, er ist mit Rüstungen, Fahnen, Wappen und zwei Schiffsmodellen geschmückt.

Spaziert man an der äußeren östlichen Festungsmauer weiter, passiert man ein niederes Gebäude, in dem das sog. Uluburun-Schiff aus der späten Bronzezeit – etwas kitschig als Modell im Querschnitt in Szene gesetzt – zu sehen ist. Das Schiff sank vor rund 3400 Jahren am gleichnamigen Kap vor Kaş und gilt als das älteste Schiffswrack der Welt. Es blieben nur rund 3 % des Rumpfes erhalten, dafür mehr von der Ladung: Amphoren, Keramik, Schmuck, Werkzeuge, Waffen usw. In einem Nebenraum wird ein Film über die Bergungsarbeiten der Archäologen gezeigt – 22.000 Tauchgänge wurden durchgeführt.

Wieder ein paar Schritte weiter fragt ein verblasstes Schild der Museumsverwaltung: „Do you have a strong heart to walk into the dungeon?" Die Frage bezieht sich wohl auf die vielen Stufen hinab zum **Kerker** (Sackgasse), denn Schockierendes erwartet einen nicht: Zu sehen ist ein etwas düsteres Rot und zu hören ein etwas undeutliches Stöhnen (vom Band).

Lässt man den Kerker aus und wendet sich nach links, steht man gleich vor ein paar Toiletten – im wahrsten Sinne des Wortes. In dem Ausstellungsraum gegenüber liegen Skelette von Sklaven, die auf den Galeeren zum Rudern verdammt waren. Ihre Gebeine, an denen noch Eisenketten hängen, wurden erst 1993 beim Englischen Turm entdeckt.

• *Öffnungszeiten* Tägl. 9–18 Uhr (im Winter bis 16.30 Uhr). Eintritt 5,60 €. Carian Princess Hall und Glass Shipwreck Hall (nur Di–Fr 10–12 und 14–16 Uhr) jeweils 2,80 € extra.

Zeki-Müren-Museum: Zeki Müren kennt außerhalb der Türkei kaum ein Mensch, im Land aber besitzt er durch unzählige Filme und Evergreens einen Kultstatus, den nur Atatürk überbietet. Der Aufstieg des charismatischen Schnulzensängers begann in den 1950ern, sein zuweilen hermaphroditisches Auftreten – Müren war homosexuell – tat seiner Karriere keinen Abbruch. 1955 erhielt er die erste Goldene Schallplatte der Türkei. Bis er 1996 bei Dreharbeiten verstarb, hatte er Millionen zum Heulen gebracht. Beigesetzt wurde er in seiner Heimatstadt Bursa. Mürens Haus in Bodrum dient heute als illustres kleines Museum. Zu sehen sind Fanbriefe, Schallplatten und phantasievolle Kostüme. In einem verglasten Anbau wird Mürens Auto ausgestellt.

Adresse/Öffnungszeiten Zeki Müren Cad. Tägl. (außer Mo) 9–12 und 13–17 Uhr. Eintritt 1,20 €.

Kos – das Herz der Inselhauptstadt ist der Mandráki-Hafen

Ausflug auf die Insel Kos

Weite Sandstrände, klares Wasser, winzige Bergdörfer – und das alles nur 40 Schiffsminuten von Bodrum entfernt. Der gleichnamige Hauptort mit seinem Yachthafen gilt als das Baden-Baden der Ägäis.

Kos, mit knapp 290 km² das drittgrößte Eiland des Dodekanes, ist eine attraktive Insel. Das wissen leider zu viele – in der Hochsaison ist Kos restlos überlaufen. Abgeschiedenheit und Ruhe findet man dann hier genauso wenig wie rund um Bodrum. Sympathisch ist **Kos-Stadt**, wo auch die Fähre anlegt. Der kesselförmige Hafen präsentiert sich farbig und abwechslungsreich. Kleine bunte Fischerboote liegen eng neben pompösen Yachten, zu Lande Palmen, gemütliche Cafés und eine Reihe von Sehenswürdigkeiten. Wie in Bodrum gibt es auch hier an der Hafeneinfahrt ein Kastell, das die Ritter des Johanniterordens im 15. Jh. errichten ließen. Direkt vor dem Eingang zum Kastell steht die berühmte Platane des Hippokrates. In deren Schatten soll schon der Namensgeber des ärztlichen Eids gelehrt haben (obgleich die Platane für Biologen nicht älter ist als 500 Jahre). Ein paar Schritte weiter lag einst die Agora, heute das größte Ausgrabungsareal der Stadt (frei zugänglich). In dessen Nähe befindet sich das **Archäologische Museum** mit dem sehenswerten Mosaik „Empfang des Asklepios“ im Innenhof (Mo–Fr 8–19.30 Uhr, Eintritt 3 €). Das **Asklepieíon** von Kos, berühmt in der Antike, liegt rund 4 km westlich des Zentrums nahe der Straße nach Tigáki. Die antike Heilstätte samt Wallfahrtsort wurde um 370 v. Chr. erbaut. Das Areal ist auf drei Stufen angelegt: Auf der ersten befanden sich Krankenzimmer, Badeanstalten, Toiletten usw., auf der zweiten die Wohnräume der Priester, der Tempel des Äskulap und der Tempel des Apollon, auf der dritten wieder Krankenzimmer, dazu der große Tempel Äskulaps (Di–Fr 8.30–18 Uhr, Sa/So 8.30–14.30 Uhr, Eintritt 4 €, erm. 2 €).

Noch in Mopednähe zu Kos-Stadt, im Südosten der Insel, liegen die **Empros-Thermen.** 49 °C heißes Wasser strömt dort aus einer Felsspalte, um sich in einem Naturbecken mit Meerwasser zu vermischen.

Die Nordküste dominieren Sandstrände (z. T. mit Dünencharakter), die fest in der Hand von Pauschalurlaubern sind. Vom großen Andrang verschont blieb bislang der gemütliche Fischerort **Mastihári.** Landschaftlich ungemein abwechslungsreich zeigt sich das Inselinnere: fruchtbare Ebenen, unterbrochen von zerklüfteten Landstrichen und gespickt mit pittoresken Bergdörfern. Höchste Erhebung ist der Gipfel des Díkoeos mit 846 m ü. d. M. Der Tipp zum Sonnenuntergang lautet **Ziá;** zahlreiche Restaurants mit Aussichtsterrassen buhlen hier um die Gunst der Gäste. Die Südküste rund um **Kardámena** ist ebenfalls fest in der Hand von Pauschaltouristen. Noch in Grenzen hält sich der Trubel an der **Bucht von Kéfalos** im Inselwesten, dabei sind die dortigen kilometerlangen Strände mit die schönsten der Insel. Das hübsche Kefalos selbst thront auf einer Bergkuppe. Unterkünfte und jede Menge Restaurants (unser Tipp ist die Taverna Faros) findet man in **Kamári** unterhalb von Kéfalos.

Praktische Infos zu Kos-Stadt

• *Information* An der Uferstraße Akti Miaouli. Mo–Fr 8–20 Uhr, Sa 9–14 Uhr. ✆ 22420/24460, www.kos.gr.

• *Verbindungen* **Inselbusse** fahren vom Busbahnhof an der Kleopatras-Str. 7 ab.

• *Auto-/Zweiradverleih* Zahlreiche Anbieter. Vespa ab 10 €, Mountainbike ab 4 €, Pkws ab 25 €.

• *Übernachten* ** **Hotel Afendoulis**, sehr zentral, dennoch ruhig. 20 Zimmer, sauber, fast alle mit Balkon. DZ 30–45 €. Evripilou 1, ✆ 22420/25321, www.afendoulishotel.com.

Pension Alexis, ebenfalls zentral. 15 helle Zimmer mit Klimaanlage oder Ventilator. Hilfsbereiter Service. DZ 20–30 €. Omirou, ✆ 22420/28798, www.pensionalexis.com.

• *Essen & Trinken* **Petrino**, freundliches Gartenlokal, in dem es üppig blüht und duftet. Griechische Küche mit internationalem Einschlag. Eins-a-Vorspeisen, z. B. Avocados mit Shrimps. I.-Theologou-Platz.

Psaropoula, vorzügliche Fischgerichte, deftig, günstig und in großen Portionen. Die sympathische Betreiberfamilie hat ihre Wurzeln auf Kreta und so findet man auch kretische Spezialitäten auf der Karte.

Die Bucht von Kefalos: beste Aussichten für Strandfaulenzer

Frischer Fisch von der Bodrum-Halbinsel

Die Bodrum-Halbinsel

Das Idyll einer unberührten Natur existiert auf der Bodrum-Halbinsel längst nicht mehr. Feriendörfer und Clubanlagen beherrschen die meisten Buchten, und im Legostil wird kräftig weiter gebaut, zum Glück keine sechs- oder siebenstöckigen Apartmenthäuser. Es scheint nur noch eine Frage der Zeit zu sein, bis die Küste von einem geschlossenen Häuserwald gesäumt wird. Viele einst romantische Plätzchen haben dadurch stark an Reiz verloren – nicht jedoch in den Augen der Highsociety des Landes. Für sie ist die Bodrum-Halbinsel noch immer das Sommerdomizil schlechthin. Dementsprechend gepflegt und teuer präsentieren sich viele Orte.

Hinweis: Die Dolmuşverbindungen zwischen Bodrum und den Orten auf der Halbinsel sind sehr gut, nicht aber die Verbindung zwischen den Orten. Für eine Umrundung der Halbinsel ist deshalb ein eigenes Fahrzeug ratsam.

Ein Genuss sind zum Sonnenuntergang die Ausblicke vom bergigen Inland über die buchtenreichen Küsten, für zusätzliche Reize sorgen die Silhouetten der vorgelagerten Inseln. In den Dörfern fallen oft alte Windmühlen und gedrungene Zisternen auf. Das im Winter darin gespeicherte Regenwasser half bis noch vor einigen Jahrzehnten durstigem Vieh und trockenen Feldern über den Sommer. Heute sind die Zisternen in der Regel funktionslos. Die Halbinsel im Uhrzeigersinn:

Gümbet: Die weite Bucht 5 km westlich von Bodrum ist fest in der Hand von Pauschalurlaubern, vorrangig aus Deutschland und England. Der recht schmale Strand wird im Frühjahr mit einigen LKW-Ladungen Sand aufgemotzt. In der Hochsaison lässt sich im Liegestuhl gemütlich die BILD in der Hand des Nachbarn lesen. Es gibt aber auch ein paar relaxte Beachclubs. Gleich hinter dem Strand reihen sich Bars (selbst eine eigene „Barstreet" gibt es), Restaurants, Souvenirläden und gepflegte Clubanlagen aneinander. Offeriert wird zudem alles, was Spaß im Wasser machen kann.

• *Übernachten/Camping* Für Individualtouristen sieht es – Camper ausgenommen – recht trübe aus. Pensionen findet man erst in dritter und vierter Reihe, für den gleichen Preis kommt man anderswo schöner unter.

Zetaş Camping, in zweiter Reihe, davor ein Bum-Bum-Beachclub mit mehreren Restaurants. Viel Schatten, ordentliche Sanitäranlagen in großer Zahl, Camperküche. Restaurant. Wohnwagenfreundlich. April–Ende Nov. 5,60 €/Person, Zelt 2,20 €, Wohnmobil 6 € inkl. Strom. Gümbet, ✆ 0252/3162231, www.zetastourism.com.

Bitez: Eine Bucht weiter liegt Bitez, die ruhigere und bescheidenere Fortsetzung von Gümbet. Der Andrang am schmalen Strand (zum Teil mehr Kies als Sand) mit einer Moschee direkt am Meer hält sich noch einigermaßen in Grenzen, das Wassersportangebot ist ähnlich gut. Oberhalb des Strandes, in der alten Ortschaft Bitez, findet jeden Sonntag ein großer Flohmarkt statt – fragen Sie nach dem *Bit Pazarı* (gesprochen etwa „Bitt Passare").

• *Übernachten* Die meisten Unterkünfte liegen direkt am Strand, darunter – anders als in Gümbet – auch ein paar einfachere Häuser.

Yalı Han, freundliches kleines Hotel. 16 Zimmer, z. T. um den begrünten Poolbereich hinter der Uferpromenade angelegt, 14 davon mit Meeresblick. Netter Service. Surfmöglichkeiten vor der Tür. DZ mit Klimaanlage 58 €. Şah Cad. 14, ✆ 0252/3637772, ℻ 0252/3638184, www.yalihanhotel.com.

Çömez Motel, angenehme Herberge direkt neben dem Yalı Han, leicht vom Strand zurückversetzt. 14 sehr saubere, gepflegte Zimmer mit dunklem Mobiliar, Klimaanlage, Fliesenböden und guten Bädern, 3 davon mit Balkon. Der Hit ist die Terrasse mit Blick über die ganze Bucht, auf der auch das Frühstück serviert wird. Freundlicher Familienbetrieb. DZ je nach Zimmer 44–55 €. Bitez Yalısı, ✆ 0252/3638181, ℻ 0252/3637955.

• *Tauchen* **The Aegean Pro Dive Centre** in Bitez, etablierte Tauchschule auf P.A.D.I.- und CMAS-Basis mit deutschsprachigen Lehrern. Tagesausfahrt mit 2 Tauchgängen inkl. Mittagessen 38 €, mit geliehener Ausrüstung 47 €. Anfängerkurs P.A.D.I.-Open-Water (4 Tage) 270 €. Kavaklısarnıç Sok. Asarlık Sitesi 30, ✆ 0252/3160737, www.aegeanprodive.com.

Ortakent und Yahşi: Die Dörfer Ortakent und Yahşi liegen im Halbinselinneren. Vorbei an Zitrusbäumen, weißgetünchten Häuschen und schmucken Villen mit gepflegten Gärten führt von ihnen der Weg an die Küste. Dort erstrecken sich die beiden nach den Ortschaften benannten Strände, die ein kleiner Hafen voneinander trennt. Unmittelbar dahinter findet man eine Ansammlung von Hotels, Pensionen und Feriensiedlungen, die vorrangig von Türken belegt werden. So ist das weit verstreute Stranddorf während der türkischen Schulferien überaus gut besucht, davor und danach aber gespenstisch leer. Am meisten geboten wird am Yahşi-Beach, dem westlichen Strand.

• *Übernachten/Camping* Alle Unterkünfte sind bestens ausgeschildert.

Kaktüs Motel, eine gute Empfehlung. 10 in Reihe gebaute, kürzlich restaurierte Zimmer mit grünem Mobiliar, Fliesenböden, TV und Klimaanlage, alle mit Balkon direkt zur Strandpromenade. Dahinter befindet sich ein gärtnerisch gestaltetes Areal mit Kakteen, Palmen, netten Ecken zum Relaxen und einer Bar. Dort kann auch gecampt werden. April–Okt. DZ mit HP 55 €, Campen für 2 Pers. 15 €. Am Ostende des Yahşi-Strands, ✆ 0252/3483004, ℻ 0252/3483276, www.kaktusmotel.com.

Aras Pansiyon, Familienpension hinter dem gleichnamigen Laden. 40 sehr saubere Zimmer mit Balkon bzw. Terrasse, z. T. mit Küche. Versuchen Sie eines der Zimmer nach hinten zu bekommen, vorne ist man der Lärmkulisse des gegenüber liegenden

Hotelgartens ausgesetzt. DZ 22 €, kein Frühstück. 2 Gehminuten vom Yahşi-Strand entfernt, ✆ 0252/3483140.

• *Essen & Trinken* **Palavra Balık Restaurant**, am Ortakent-Strand, ausgeschildert. Eines der besten Restaurants der Halbinsel, von Lesern sehr gelobt. Tische direkt am Strand, gute Auswahl an türkischen Weinen. Frischester Fisch, außergewöhnliche Meze (viel Fisch und Meeresfrüchte). Meze 2,80 €, Hg. 8,30–17 €. Zuvorkommender Service. ✆ 0252/3586290.

Kargıkoyu/Kargı Plajı („Camel Beach"): Tagaus, tagein schaukeln am hiesigen Sandstrand Touristen auf Kamelen umher, daher der Spitzname der Bucht, die ein beliebtes Ziel von Bootsausflügen ist. Die Clubanlagen verstecken sich dezent hinter dem grünen Wäldchen des unverbauten Uferbereichs, die Hänge drum herum nehmen Feriensiedlungen in Beschlag. Bağla und Karaincir, die Buchten weiter südlich, sehen ähnlich aus. Dazwischen liegt der Beachclub „Aspat Termera Resort Solida Beach". Er beansprucht eine ganze Bucht für sich und ist viel netter, als man von der vorbeiführenden Straße vermuten mag. Wer will, kann sich hier zur reich-alternativen Szene der türkischen Großstädte gesellen, die in Hängematten und in idyllisch am Fluss gelegenen Lokalen relaxt. Unterhaltung bieten diverse Workshops

(Bildhauerei, Malerei, Ballett). Es gibt auch nette Bungalows zu mieten (DZ mit HP 100 €). Neben so viel Intellekt fällt der – weniger ansprechende – Strand kaum auf. Näheres unter www.aspat.com.tr.

Akyarlar: Das ehemalige Fischer- und Schwammtaucherdorf eignet sich sowohl für einen Ausflug als auch für ein paar geruhsame Tage, selbst in der Hochsaison hält sich der Trubel in Grenzen. Der schmale Strand berauscht nicht, hat aber Flair: Ihn säumen ein paar alte griechische Häuser. Die gemütlichen Fischlokale des Ortes gehören zu den preiswerteren der Halbinsel. Getrübt wird die Aussicht durch die Rohbauruine einer gigantischen Clubanlage im Westen der Bucht und vom Rohbau einer Megahotelanlage auf der gegenüberliegenden Buchtseite – diese aber ist vielleicht schon bis zu Ihrem Besuch fertig gestellt. Die Strände auf dem Weg weiter in Richtung Turgutreis haben durch die Schaffung monotoner Feriensiedlungen ihren Reiz leider komplett verloren.

• *Übernachten* **Motel Kılavuz**, 27 einfache Zimmer, z. T. mit privaten Terrassen. Restaurant, eigene Parkplätze. Der Betreiber Erden Eren hat in Köln studiert. DZ 42 €. Etwas zurückversetzt vom Strand, ✆ 0252/3936006, www.kilavuzmotel.com.

Babadan Motel, gleich daneben, aber direkt am Strand. 20 hellblau gestrichene, neu restaurierte Zimmer mit weißen Möbeln, leider nur 3 zur Meerseite hin. Freundlicher Service. DZ 50 €. Restaurant mit Terrasse am Meer angeschlossen. ✆ 0252/3936002, ℻ 0252/3937987.

Turgutreis: Noch vor gar nicht allzu langer Zeit war der Ort, benannt nach dem berühmten osmanischen Seefahrer Turgut Reis (16. Jh.), nichts anderes als ein verschlafenes Fischerdorf. Mittlerweile ist Turgutreis mit 10.000 Einwohnern (im Sommer ca. 25.000) das nach Bodrum zweitgrößte Städtchen auf der Halbinsel und ganz auf Tourismus eingestellt. Kaum mehr ein Fischerboot dümpelt im Hafen, dafür größere und kleinere Yachten in der neu gebauten Marina. Am langen Sandstrand bräunen sich überwiegend Urlauber von den britischen Inseln. Die lokale Geschäftswelt hat sich auf sie eingestellt – kaum ein Restaurant, in dem man nicht „Bacon on Eggs" zum Frühstück bekäme.

Nördlich von Turgutreis folgt die bei Surfern beliebte Bucht Kadıkalesi. Ein paar alte Griechenhäuser leisten hier den Clubhotels Gesellschaft, die paar Quadratmeter öffentlicher Strand dazwischen sind kaum der Rede wert. Wer in Kadıkalesi untergebracht ist, kann die Gelegenheit nutzen, um zur „Pitos Cafébar" zu spazieren (von der Straße zwischen Turgutreis und Gümüşlük ausgeschildert): liebevoll dekoriertes Gärtchen, gemütlich, aber nicht ganz billig.

• *Verbindungen* Turgutreis besitzt einen eigenen **Bus**bahnhof an der Straße nach Gümüşlük, im Sommer recht gute Verbindungen in alle größeren westanatolischen Städte. Zudem regelmäßige Dolmuşverbindungen nach Akyarlar und Gümüşlük.

• *Bootsausflüge* Bootsausflüge nach **Kos** starten im Sommer jeden Morgen gegen 10 Uhr, Rückkehr am späten Nachmittag. Fahrtdauer einfach 1 Std. Bei Rückkehr am gleichen Tag 25 €, ansonsten das Doppelte! Keine Autos (nur ab Bodrum). Infos beim Ableger der **Bodrum Ferryboat Association** nahe der Marina, ✆ 0252/3827807. Des Weiteren werden Tagestouren zu den nördlich und südlich gelegenen Buchten sowie zu den vorgelagerten Inseln angeboten, mit Mittagessen ca. 15 €/Person.

• *Einkaufen* Sa großer **Wochenmarkt** im Zentrum.

• *Übernachten* **Kortan Hotel**, 2005 restauriertes Haus mit 25 Zimmern, 10 davon mit Meeresblick. Gescheiterter Versuch eines Designhotels, dennoch ganz nett. Dachterrasse. Keine 50 m vom Hauptplatz entfernt. DZ 55 €, EZ 42 €. Sabancı Cad., ✆ 0252/3822932, ℻ 0252/3824797, www.kortanotel.com.

Kumsal Motel, vom Hauptplatz ca. 200 m am Strand entlang nach Norden laufen, dann rechter Hand. 14 gepflegte, saubere Zimmer mit Steinböden. Zwei Terrassen,

Am Hafen von Gümüşlük

die eine auf dem Dach, die andere ebenerdig und mit gemütlichen orientalischen Sitzecken versehen. DZ 33 €. Sahil 2 Sok. 16, ☏ 0252/3822854, ℻ 0252/3824848.

• *Essen & Trinken/Nachtleben* Vom Full English Breakfast bis zum Beefsteak gibt es alles, was der Engländer liebt. Günstige Lokale, wo auch noch Türken essen, findet man zwischen Migros und Hafen. Gute, hochwertige Küche in Schnellrestaurant-Ambiente bekommt man im **Alin's** am Hauptplatz. Leckere Tagesgerichte, mittlere Preisklasse. Eines der wenigen Lokale ohne lästige Türsteher.

Nachts geht es ruhiger zu als in Bodrum. Regelmäßige Partys allerdings steigen im unverfehlbaren **Nutters Beach Club**. Zu den beliebtesten Adressen mit in Strömen fließendem Bier gehören die **Tash's Bar** (kennt jeder) sowie die **Radio Bar** und die 2007 eröffnete **Brothers Bar** nebenan. Alle Bars mit *Skysport!* Wer dort morgens um 9 schon Lust auf ein Bier verspürt, ist sicher nicht allein.

Gümüşlük: Gümüşlük ist das mit Abstand beschaulichste Örtchen der Bodrum-Halbinsel! Idyllisch reihen sich zahlreiche Restaurants an der Kaimauer aneinander – eine opulente Fischmahlzeit in Gümüşlük gehört für Bodrumkenner zum Programm. Aus arg viel mehr als den Restaurants und ein paar Pensionen besteht der Ort auch nicht. Ein Baustopp sorgt bislang dafür, dass dies so bleiben wird. Und so ist der schmale, überwiegend kiesige Strand selbst im Sommer nicht überlaufen. Auf der vorgelagerten kleinen Insel (durch das seichte Wasser kann man hinüber waten) tummeln sich Kaninchen zwischen den spärlichen Überresten des antiken Myndos, das der Halbinsel von Bodrum ihren früheren Namen gab. Das meiste davon liegt als „Sunken City" heute jedoch unter Wasser. Über Wasser bietet die Bucht von Gümüşlük im Frühjahr und Spätsommer allabendlich einen der schönsten Sonnenuntergänge der gesamten Westküste – ein Tipp für Romantiker.

• *Information* **Tourist Information** zentral bei den Fischlokalen. Sehr freundlich und hilfsbereit. In der HS tägl. 8–1 Uhr, im Winter verkürzt. ☏ 0252/3944487.

• *Tauchen/Schnorcheln* Ist rund um die Sunken City offiziell verboten. Da die wichtigsten Funde bereits geborgen wurden, drückt man beim Schnorcheln i. d. R. ein Auge zu. Doch Achtung: Was der Tourist Information egal ist, muss der Jandarma noch lange nicht schnuppe sein – besser nochmals nachfragen!

• *Übernachten/Camping* Vorrangig schlichte Pensionen oder Aparthotels. Im Sommer ist eine Reservierung empfehlenswert.

Liman Motel, 2007 komplett restauriert. 5 kleine, aber gepflegte DZ mit schönem Blick über Bucht und Hafen, dazu 2 Suiten mit Kochnische hinten raus. Große Dachterrasse. Wer hier nächtigt, bekommt einen Rabatt im dazugehörigen Fischrestaurant. DZ 55 €, Suiten 65 €. Zentral, in erster Reihe bei den Fischlokalen, ✆ 0252/3943747, ℻ 0252/3944763.

Paradise Garden, Apart-Hotel. 12 Studios, auf 3 zweistöckige, weiß-blaue Gebäude rund um einen gepflegten Pool verteilt, die in der oberen Etage mit Klimaanlage, die unten dafür mit Terrasse. Für 2 Pers. 52 €. In zweiter Reihe hinter dem Arriba Apart Otel, ✆ 0252/3944141, www.paradisegardenapart.com.

Sysyphos Pansiyon, alteingesessene Pension. Schönes altes Steinhaus, Restaurant mit Terrasse direkt am Meer, idyllisches Innenhofgärtchen. Sehr gemütlich. 20 schlichte, saubere Zimmer mit Bad, alle mit Balkon oder Terrasse, 8 Zimmer mit Meeresblick. Dazu 2 Apartments für max. 4 Pers. DZ 44 €, Apartment (ohne Frühstück) 55 €. Am Südende der Bucht, ✆ 0252/3943016, ℻ 0252/3943656.

Özak Pansiyon, in der Nachbarschaft und ebenfalls direkt am Strand. 14 ordentliche, einfache Zimmer um einen gepflegten, gemütlichen Grünbereich mit Hängematten, Beachvolleyballfeld und Campfirebar. Restaurant. DZ 39 €. ✆ 0252/3943388, ℻ 0252/3943037.

Arriba Apart Otel, auch am Strand. 4 große, einfache, aber saubere Apartments mit Meeresblickbalkon oder -terrasse (für bis zu 4 Pers.). Zudem 5 gepflegte Holzhäuschen im Garten dahinter mit Kühlschrank, Klimaanlage und Terrasse. Freundlicher Service. Restaurant, Garten mit Hängematte. Apartments 50 € (ohne Frühstück), DZ 44 €. ✆ 0252/3943654, ℻ 0252/3944039, arribaapart@yahoo.com, www.arribaapart.com.

• *Essen & Trinken* In allen Fischlokalen sitzt man schön und es wird frische Ware serviert. Die Mezevitrinen übertreffen sich gegenseitig. Komplettes Essen mit Wein ab ca. 25 €/Person. Trotz Tafeln mit angeblich fixen Menüpreisen ist zu handeln üblich. **Achtung**: Der letzte Dolmuş zurück nach Bodrum fährt im Sommer gegen Mitternacht – trotzdem besser vorher bei der Tourist Information nachfragen.

Mimoza Restaurant, abseits des großen Trubels (an allen Fischlokalen vorbei weiter in die Bucht hineinlaufen). Gilt als bestes Lokal von Gümüşlük. Terrasse mit Teakholzmöbeln, liebevoll dekoriert, frische Blumen auf den Tischen. Gehobenes Publikum, sehr beliebt. Bester Fisch und beste Meze, aber nicht ganz billig: Meze 3,30–10 €,

Wandertipp nach Karakaya: Von Gümüşlük bietet sich eine kleine Wanderung nach Karakaya an, ein pittoreskes ehemals griechisches Dorf 4 km landeinwärts in den Bergen. Einige der alten Katen aus dunklem Naturstein, erst 1998 elektrifiziert, wurden restauriert und dienen heute als Ferienvillen. Um nach Karakaya zu gelangen, verlässt man Gümüşlük auf seiner Zufahrtsstraße. Nach ca. 200 m trifft man auf die Küstenstraße, die Turgutreis mit Yalıkavak verbindet. Hier wandert man geradeaus weiter (nicht Richtung Yalıkavak). Nach weiteren 300 m schwenkt die Küstenstraße nach Turgutreis rechts ab, hier geht es ebenfalls geradeaus weiter. Auf der bergauf führenden Straße erreichen Sie nach rund 300 m die erste und nach nochmals 500 m die zweite Moschee (nun im „Zentrum") von Alt-Gümüşlük. Achtung: Ca. 30 m vor der zweiten Moschee (auf Höhe des Berbers) zweigt man nach links auf ein schmales gepflastertes Sträßlein ab. Auf diesem gelangt man nach ca. 300 m zu einer alten Zisterne, hier halten Sie sich rechts. Bei der darauf folgenden Gabelung, die nach ca. 20 m folgt, wenden Sie sich nach links. Nach ca. 200 m verliert das Teersträßlein seinen Belag und gabelt sich, hier rechts halten. Nach weiteren 150 m ist der Weg gepflastert, dann ein kurzes Stück unbefestigt, dann betoniert. Es geht steil bergauf. Der Linksabzweig unterhalb eines Hauses bleibt unbeachtet. Folgen Sie dem betonierten Weg entlang der Telefonleitung weiter bergauf. Hinter dem letzten Gebäude wird aus dem Weg ein Pfad. Sie passieren eine Quelle, dahinter wird der Weg wieder breiter und trifft auf einen befahrbaren Feldweg, hier hält man sich links. Kurz darauf können Sie schon die Häuser von Karakaya sehen.

Hg. 8,30–17 €. Von Lesern sehr gelobt. ✆ 0252/3943139.

Eine herrliche Aussicht (grandios zum Sonnenuntergang) bietet das Café-Restaurant **Limon** nahe der Straße nach Yalıkavak, ca. 20 Fußmin. entfernt. Mit einem guten Buch lässt es sich auf den ultragemütlichen Polstern einen ganzen Nachmittag verbringen.

Yalıkavak: Die ehemalige Schwammtaucher-Hochburg ist heute ein schüchtern-gediegener Urlaubsort, dessen Zentrum sich mit geselligen Altherrenrunden noch immer recht ursprünglich präsentiert. Die kleine Basarmeile ist strohgedeckt, Anmache oder Gedränge kennt man nicht. In den Fischtavernen ein paar Schritte weiter lässt es sich fürstlich dinieren – für eine Klientel mit locker sitzenden Geldbörsen sorgt die neue Marina für 450 Yachten. Der schmale Strand ist zwar zugegebenermaßen nicht der spektakulärste, aber dennoch ganz okay. Keine großen Hotelklötze verschandeln ihn. Passend zum Ort besitzen auch die einzigen zwei Attraktionen nichts Aufreißerisches: Im Zentrum werden in einer Zisterne aus dem späten 19. Jh. wechselnde Kunstausstellungen gezeigt (sporadisch geöffnet, kein Eintritt), am Hafen bespannt man zuweilen die Flügel einer alten restaurierten Windmühle. Herrliche Ausblicke präsentieren sich auf der Straße von Yalıkavak nach Bodrum. Panoramen satt bekommt man auch bei Wanderung 4 (→ S. 139) geboten, die in Yalıkavak startet.

• *Bootstouren* Badeausflüge werden am Hafen angeboten, mit Mittagessen ca. 19 €/Person.

• *Einkaufen* Do großer **Wochenmarkt** nahe dem Hotel Adahan.

• *Übernachten* Wer auf den Cent schauen muss, braucht hier gar nicht auf Zimmersuche gehen.

4reasons Hotel, ca. 3 km außerhalb des Zentrums. Note 1 mit Stern! Sehr schöner Komplex mit 20 überaus schicken und doch gemütlichen Zimmern, der Komfort versteht sich von selbst. Die Betreiber, ein junges türkisch-kanadisches Ehepaar, haben sich damit ihren Traum erfüllt. „Eines der besten Hotels, in denen wir in der Türkei übernachtet haben", meinen Leser. Exzellenter Service, Restaurant mit hervorragender Crossover-Küche. Feiner Poolbereich. Anfahrt: Vom Zentrum der Straße Richtung Bodrum folgen, bei der T-Kreuzung 400 m später links ab, dann ausgeschildert. Frühzeitige Reservierung empfehlenswert. DZ mit Balkon 185 €, ohne 145 €. Bakan Cad. 2, ✆ 0252/3853212, ℻ 0252/3853229, www.4reasonshotel.com.

Lavanta Hotel, Luxusherberge mit traumhafter Aussicht über Yalıkavak. Komfortabelst ausgestattete, individuell eingerichtete Räumlichkeiten (Antiquitäten, wertvolle

Wo Sonnenuntergänge am schönsten sind: Bodrum-Halbinsel

Teppiche, Holzböden usw.). Gigantischer Poolbereich. Erlesene Tropfen aus dem Weinkeller zu guter Küche. Von der Straße nach Gündoğan/Türkbükü ausgeschildert. DZ ab 145 €. Papatya Sok. 32, ✆ 0252/3852167, ✆ 0252/3852290, www.lavanta.com.

Adahan Hotel, in einem einer Karawanserei nachempfundenen Gebäude. 22 mit viel Geschmack ausgestattete Zimmer. Überall im Haus schöne Antiquitäten, Pool dezent mit klassischer Musik beschallt, Bibliothek, 1a-Küche. Familienbetrieb. Ganzjährig. DZ ab 95 €. Ca. 100 m von der neuen Marina entfernt, ✆ 0252/3854759, ✆ 0252/3853576, www.adahanotel.com.

Cüneydi Pansiyon, saubere, gepflegte Familienpension mit 15 Zimmern, alle mit Steinböden und Bad. Nettes Gärtchen. DZ 50 €. Plaj Cad. 14 (Strandpromenade), ✆ 0252/3854077, ✆ 0252/3854824, www.pansion.cuneydi.com.

• *Essen & Trinken* An der Promenade fällt das schicke **Cumbalı** aus der Reihe. Untergebracht in einem alten Natursteinhaus, einladende Terrasse davor. Meze 2,80–4,50 €, Hg. 4,50–13 €. ✆ 0252/3854995.

Im kleinen Zentrum (gegenüber der Moschee bei der Zisterne) ist das **Gülten Abla** mit grundehrlicher türkischer Hausmannskost (gefülltes Gemüse, Köfte, Suppen) zu empfehlen. Hg. 4,20–6 €. Man sitzt urgemütlich unter Schatten spendenden Bäumen.

Meyhane Evgenia, ca. 4,5 km südwestlich von Yalıkavak im Dorf Geriş (zwischen Yalıkavak und Gümüşlük ausgeschildert). Simpel-uriges Lokal im Zentrum gegenüber der Moschee. Rakı, Meze und Musik. Traumhafte Blicke von der Terrasse. Geführt von einer ehemaligen Schauspielerin. Nur am Abend. Am besten wählt man für die Hinfahrt einen Dolmuş (bis zu 6-mal tägl. von Yalıkavak) und fährt mit dem Taxi zurück. ✆ 0252/3854572.

Gündoğan: Im Ersten Weltkrieg versetzten die Bewohner ihren Ort von der Küste einige hundert Meter landeinwärts, um englischen Kriegsschiffen kein Angriffsziel zu bieten. Mittlerweile bildet der alte, noch recht ursprüngliche Ortskern mit der Neubebauung an der U-förmigen weiten Bucht jedoch fast eine Einheit. Am groben Sandstrand sorgen ausländische wie inländische Beachboys und -girls für einen Lärmpegel, der das Meeresrauschen übertrumpft. Das Wasser ist jedoch kristallklar und das Wassersportangebot groß. Auch kann man Bootsausflüge zur nahen Apostol-Insel mit der Ruine einer byzantinischen Kirche unternehmen.

• *Übernachten* Das Preis-Leistungs-Verhältnis der hiesigen Unterkünfte ist unverschämt, das gilt auch für die Pensionszimmer! Eine Empfehlung direkt am Strand: **Begonvil Hotel**, in erster Reihe. 21 Zimmer mit Klimaanlage, TV und Minibar, einige mit Balkon und schönem Meeresblick. Gute Bäder. Liegesteg am Wasser, ruhigere Naturen zieht es in den netten Hintergarten. DZ 88 €. Yalı Mevkii, ✆/✆ 0252/3879192, www.begonvilhotel.com.

Türkbükü und Gölköy: Türkbükü, im Norden der Halbinsel über eine Stichstraße zu erreichen, war noch vor 20 Jahren ein Fischernest. Heute zählt der Ort zu den elitärsten Adressen des Landes. Charme besitzt er dennoch nicht, dafür sorgen stetige Baustellen und holprige, staubige Straßen zwischen Villen und exklusiven Miniclubanlagen. Die kleine Uferzeile mit ihren schicken Lokalen präsentiert sich als Flaniermeile der Berühmten und Reichen. Stets begegnet man in Türkbükü irgendeinem Promi beim Sonnenbaden, so heißt es. Da der schmale Sandstreifen selbst weniger dazu geeignet ist, bräunt man sich mitsamt Rottweiler oder Golden Retriever auf Holzstegen über dem Meer. Übrigens keine Sorge, falls Ihnen beim Sehen und Gesehen werden schnell das Geld ausgeht – Bankautomaten direkt am Strand sorgen für Nachschub.

Gölköy, das man auf dem Weg nach Türkbükü passiert, ist die einfachere Variante. Auch hier ist der örtliche Strand alles andere als der Renner, auch hier behilft man sich mit Stegen. Nur sonnen sich in Gölköy eben auch Ali und Otto Normalverbraucher. Vor den unausweichlichen türkischen Feriensiedlungen ist auch diese Bucht nicht verschont geblieben.

• *Anfahrt* Türkbükü und Gölköy sind von der Straße Gündoğan–Torba etwas verwirrend mit „Göltürkbükü" ausgeschildert.

• *Übernachten in Türkbükü* Wenn schon, denn schon. Die neue Einbauküche kann warten. Die 3 schönsten Adressen vor Ort (allesamt ausgeschildert):

Ada Hotel, eine der teuersten Unterkünfte im Reisegebiet, aber ihr Geld wert. Das Haus, eine kleine Festung, zählt zu den besten Hotels Europas. Dass Luxus und Service in jeder erdenklichen Weise stilvoll sind, kann man sich wohl denken. Nur 8 Zimmer und 6 Suiten mit kleinen privaten Terrassen (Paparazzi haben keinen Einblick), elegantes hauseigenes Hamam, 2 Pools, lauschige Gärtchen, ein Theater, private Yachten usw. Hoch über der Bucht. DZ je nach Zimmer 279–571 €. Tepecik Cad., ✆ 0252/3775915, 📠 0252/3775379, www.adahotel.com.

Maki Hotel, auch hier steigen Stars und Sternchen ab. Am nördlichen Ende der Bucht ohne direkten Strandanschluss. Minimalistisch-funktional durchgestyltes Haus. Alle Zimmer mit Balkon. Pool überm Meer. Eine private Yacht schippert die Gäste zu verschiedenen Buchten. DZ je nach Zimmer 200–600 €. Keleşharımı Mevkii, ✆ 0252/3776105, 📠 0252/3776056, www.makihotel.com.tr.

Kaktüs Çiceği Hotel, alteingesessenes, romantisch gehaltenes 16-Zimmer-Haus, geführt von einer herzigen İstanbulerin. Freundlich ausgestattete Zimmer in warmen Farbtönen. Exzellentes Restaurant. DZ mit HP 187 €. Direkt am Strand, ✆ 0252/3775254, 📠 0252/3775248.

• *Übernachten in Gölköy* Auch Gölköy ist nicht billig. Ein DZ in einer einfachen Familienpension in x-ter Reihe ist in der HS nur mit Glück für 40–50 € zu bekommen.

Torba: Das nordöstliche Schlusslicht der Bodrum-Halbinsel ist für Individualtouristen wenig interessant. Schicke Clubanlagen belegen die Bucht, dazwischen verbleiben nur wenige Quadratmeter Strand für Tagesbesucher.

Wanderung 4: Überquerung der Bodrum-Halbinsel

Route/Dauer: Yalıkavak – Sandıma – Yaka – Ortakent. Dauer ca. 4 Std.

An- und Weiterfahrt: Yalıkavak erreicht man mit dem Dolmuş von Bodrum. Ortakent passieren u. a. die Dolmuşe auf der Strecke Gümüşlük–Bodrum. Wer mit dem Dolmuş zum Ausgangspunkt der Wanderung zurück möchte, muss in Bodrum umsteigen oder von Ortakent ein Taxi nehmen (ca. 17 €).

Allgemeines/Voraussetzungen: Im Gegensatz zur Küste präsentiert sich das Innere der Bodrum-Halbinsel ruhig und nahezu menschenleer. Von den Anhöhen genießt man herrliche Ausblicke. Gutes Schuhwerk und lange Hosen sind ratsam. Es gibt kaum Schatten unterwegs! Getränke bekommt man in Sandıma (nur in den Sommermonaten) und Yaka.

Wegbeschreibung: Ausgangspunkt der Wanderung ist der Dolmuşbahnhof in Yalıkavak. Schräg gegenüber, an der Hauptdurchgangsstraße Richtung Bodrum, liegt das Karay Yılmaz İş Merkezi, ein kleiner Basar. Diesem wiederum schräg gegenüber befindet sich die Yalı Polikliniği. Zwischen Poliklinik und Basar beginnt die gepflasterte Kayacık Caddesi (Straßenschild). Dieser folgt man landeinwärts. Das Rathaus (Belediye) lässt man links liegen. Alle Abzweigungen bleiben unbeachtet. Nach ca. 20 Min. Gehzeit hat man die letzten Häuser Yalıkavaks hinter sich gelassen. Nun aufpassen: Wenn die Straße bei einem Umspannungsmast nach links abschwenkt (hier auch ein Schild mit der Aufschrift „Ada Evleri"), wandert man geradewegs bergauf auf einem Schotterweg weiter. Rund 100 m, nachdem Sie die Straße verlassen haben, passieren Sie eine linker Hand gelegene weiße Zisterne.

Der Schotterweg führt Sie direkt nach Sandıma. Infolge des Bevölkerungsaustausches mussten die hiesigen Griechen den Ort 1922 verlassen, vorübergehend zogen ein paar Türken in die leeren

Häuser, dann verfiel das Dorf jedoch. Dennoch passieren Sie am Eingang des geheimnisvollen Geisterdorfes einen Brunnen mit der Jahreszahl 2006. Folgt man von dort dem Schotterweg weiter durch den Ort, gelangt man zu einem zweiten Brunnen mit zwei Becken. Unmittelbar dahinter befand sich zum Zeitpunkt der letzten Recherche das erste restaurierte Haus Sandımas, eine Kunstgalerie (hier kann man auch Getränke kaufen). Bis zu Ihrem Besuch werden vermutlich ein paar weitere Häuser hergerichtet sein, wohlhabende Städter mit Sinn für Ruhe und Natur zeigen mehr und mehr Interesse an den alten Katen.

Fortan geht es auf einem Pfad weiter. Dieser beginnt rechts des Brunnens vor der Galerie und verläuft mal links und mal rechts des Wasserzulaufrohres – behalten Sie es stets im Auge – bergauf. Nachdem Sie ca. 10 Min. aufgestiegen sind, verschwindet das Rohr in einer 1,5–2 m hohen Mauer aus Naturstein. An jener Stelle verläuft der Pfad ca. 15 m links des Rohres, zuweilen ist er hier mit roten Punkten markiert. Der Pfad steigt weiter an, zunächst parallel zu einer Natursteinmauer zur Rechten, nach ein paar Minuten wird er auch linker Hand von einer Mauer flankiert. Sie passieren schließlich eine Häuserruine und gelangen ca. 50 m danach auf einen Schotterweg, hier links halten. Dem Schotterweg folgen Sie für ca. 20 Min. – genießen Sie die Ausblicke auf den Norden der Bodrum-Halbinsel.

Sie verlassen den Schotterweg in einer Linkskurve mit Brunnenloch, zugleich die erste mögliche Rechtsabzweigung. Nach nur ein paar Schritten wechseln Sie über den Höhenkamm auf die südliche Halbinselhälfte – neue Ausblicke tun sich auf. Aus dem Weg wird schnell ein schmaler Pfad, der von Mauern flankiert wird. Wo Gestrüpp den uralten Weg unpassierbar macht, müssen Sie linker Hand nach einem Alternativpfad Ausschau halten. Ca. 10 Min. nach Überwindung des Höhenzugs passieren Sie ein Gatter. Und keine 5 Min. hinter dem Gatter knickt der Pfad nach links ab und verläuft nun parallel zu einem Stacheldrahtzaun zur Linken. Auch hier gilt: Wenn der uralte, von Mauern gesäumte Weg zu verwildert sein sollte, halten Sie nach einem Alternativpfad (weiter oben, rechter Hand) Ausschau. Ca. 10 Min., nachdem der Pfad nach links abgeknickt ist, passieren Sie erneut ein Gatter. Danach wird der Weg wieder besser und trifft nach weiteren rund 8 Min. auf einen befahrbaren Schotterweg. Hier rechts halten, geradeaus bergab. Bald darauf schwenkt der Weg nach rechts ab und die Ortschaft Yaka liegt vor Ihnen.

Wenn Sie bei einer Telefonzelle (nahe einer Atatürkbüste) die Durchgangsstraße betreten, halten Sie sich rechts. Kurz darauf passieren Sie das Teehaus des Ortes und gelangen keine 2 Min. später an eine Straßengabelung. Der gepflasterte Weg rechts bergauf wird ignoriert, es geht links das geteerte Sträßlein bergab. Die Straße führt unterhalb der neuen Moschee des Ortes vorbei und gabelt sich abermals keine 2 Min. später bei einem Strommast mit Laterne. Hier ebenfalls links halten. 150 m weiter, beim letzten Haus des Ortes, gabelt sich der Weg erneut, nochmals wählt man den linken. Nun folgt man dem Feldweg, der an z. T. von Stacheldraht umzäunten Weiden entlangführt, bergab. In der Ferne sieht man den Aquapark an der Straße von Ortakent nach Bodrum. Nach rund 25 Min. auf diesem Feldweg zweigt ein anderer Feldweg nach rechts ab, dieser wird ignoriert. Auch im Folgenden bleiben alle kleineren Abzweigungen unbeachtet. Nach weiteren 5 Min. überqueren Sie ein Bachbett. 3 Min. später gabelt sich der Weg, links halten. Bald darauf

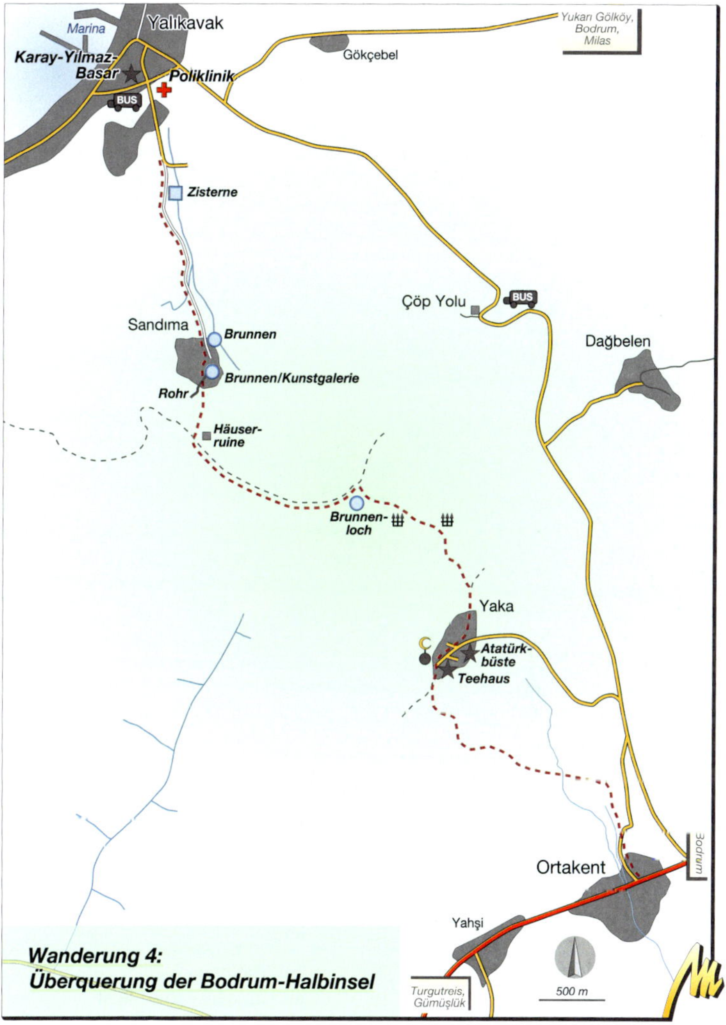

stoßen Sie am Ende eines umzäunten Olivenhains auf ein geteertes Sträßlein, dieses Mal zweigt man nach rechts ab. An der Straßengabelung bei den ersten Häusern von Ortakent hält man sich erneut rechts und gelangt so auf die Kemer Sokak. Diese führt, nach wenigen Metern entlang eines Bachbettes, zum Hauptplatz des Ortes, den auch die Durchgangsstraße flankiert. Nach rechts fahren die Dolmuşe nach Gümüşlük ab, nach links die nach Bodrum. Hier finden Sie auch einen Taxistand.

Am Golf von Gökova – zwischen Bodrum und Akyaka

Der touristisch kaum erschlossene Golf von Gökova ist einer der schönsten Küstenabschnitte der gesamten Türkei. Je weiter man sich von der „Metropole" Bodrum entfernt, desto ursprünglicher wird die Landschaft: Hügelige, bewaldete Gegenden und Olivenhaine wechseln mit grünen Weiden samt Kühen im Frühjahr oder goldenen Stoppelfeldern im Hochsommer. Wer hier unterwegs ist, sieht gelegentlich Schilder in das eine oder andere „Carpet Village" weisen – ein Versuch der Landbevölkerung, am großen Geschäft mit dem Tourismus teilzuhaben. Ansonsten sind Markierungen Mangelware. Ein Lächeln sollte man sich aufheben – für ein paar Kilometer in die falsche Richtung (keine Karte stimmt) und für den Bauern am Wegesrand, der Ihnen weiterhilft. Als Belohnung winken traumhafte, nur durch Stichstraßen erreichbare Buchten voll unschuldiger Schönheit.

Hinweis: Wechseln Sie Ihr Geld im Voraus! Die meisten Pensionen in den Buchten am Golf von Gökova haben nur von Juni bis September geöffnet.

Die Buchten von Çiftlik

20 km südöstlich von Bodrum liegt das große Bauerndorf Çiftlik. Es ist für Touristen wenig interessant. Der Küstenabschnitt davor besitzt jedoch einige einladende Buchten, die in erster Linie bei All-inclusive-Urlaubern hoch im Kurs stehen. Die östlichen Buchten säumen u. a. der *Club Med* und *World of Wonders*. Die westlichen sind z. T. frei zugänglich. Schöner als der nicht immer saubere öffentliche Strand beim Kempinski-Hotel, den man von Bodrum kommend als erstes passiert, ist der darauf folgende **Yalı-Strand.** Der schmale gepflegte Sandkiesstrand bietet mehrere Restaurants, Surfbrettverleih und Duschen. Wer aufs Geld achten muss, bringt besser einen Picknickkorb mit.

Verbindungen/Anfahrt Häufig **Dolmuşe** von und nach Bodrum. Selbstfahrer folgen von der Verbindungsstraße Bodrum–Milas der Beschilderung „Çiftlik/Yalı".

Die Buchten von Mazıköy

Wer von Çiftlik auf einsamen Landsträßchen ca. 35 km gen Osten kurvt, erreicht (hoffentlich nicht entnervt) Mazıköy. Die einst dicht bewaldete Gegend drum herum wurde 2006 von einem Großfeuer stark in Mitleidenschaft gezogen. Unterhalb des verschlafenen Dorfes befinden sich ein paar türkisfarbene Traumbuchten, die keine monotonen Liegestuhlreihen kennen. Selbst Ausflugsboote und Jeep-Konvois können die Idylle kaum trüben. Die grobkiesigen Strände sind nahezu unverbaut und selbst in der Hochsaison nicht überlaufen, gelegentlich verirrt sich auch einmal eine Kuh dorthin. Dabei ist es ganz egal, ob Sie sich für den schmalen Kiesstrand der Hurma-Bucht (die östlichere) entscheiden oder die İnceyalı-Bucht (die westlichere) ansteuern, die zwei durch eine Anhöhe getrennte Strände besitzt.

- *Telefonvorwahl* 0252.
- *Verbindungen* Bis zu 4 **Dolmuşe** tägl. von Bodrum/Busbahnhof. Sagen Sie dem Fahrer, an welchen Strand Sie wollen.
- *Übernachten/Essen & Trinken* In der Hurma-Bucht 3 Pensionen direkt am Strand, weitere Unterkünfte etwas landeinwärts. Eine frühzeitige Reservierung ist für die HS ratsam.

İnceyalı-Bucht bei Mazıköy

Sahil Pension, unsere Empfehlung – vom Bett zum Meer sind es nur ein paar Meter. 13 saubere Zimmer mit Kiefernholzmöbeln. Gespeist wird auf der schönen Terrasse am Strand, den Nachtisch klaut man sich aus dem hauseigenen Mandarinengarten. Die Betreiber sprechen ein bisschen Deutsch. Mit VP 27 €/Person. Hurma Sahili, ✆ 3392131, www.bodrumlu.com.

Falls voll, kann man in die **Uğur Pansiyon** (✆ 3392043) oder **Öztekin Pansiyon** (✆ 3392136) ausweichen, ebenfalls in erster Reihe am Strand.

Das leicht rustikale **Mazıköy Restaurant** mit großer Terrasse (✆ 3392121) und das etwas gediegenere **Kayabaşı Restaurant** (mobil 0555/5472878) servieren in schöner Lage erst klassigen Fisch zu gemäßigten Preisen.

• *Übernachten/Essen & Trinken in der İnceyalı-Bucht* **Eray Pansiyon**, 5 einfache Zimmer mit Bad, davor Gemüsebeete und das Meer. DZ mit VP 50 €. Am rund 300 m langen westlichen Strand, ✆ 0538/5431132 (mobil).

İnceyalı Dinlenme Tesisleri, 16 einfache, in einer Reihe angelegte Zimmer mit eigenem Bad und eigener Terrasse, jedoch ohne Meeresblick. Tolles Restaurant direkt über dem Strand – leider tagsüber eine Abfütterungsstelle für Jeepsafarigruppen. Wer will, kann auch unter Zitronenbäumen (klingt idyllischer als es ist) sein Zelt aufschlagen. DZ mit VP 30 €, Zelten pro Nacht 0,50 €. Am östlichen Strand, ✆ 3392125.

Çökertme

Auch östlich von Mazıköy präsentiert sich die Küstenlandschaft als ein weitestgehend unberührtes Paradies. Nur Bestechungskünstler bekommen hier noch eine Baugenehmigung. Zu Çökertme, einem Bauerndorf ca. 12 km östlich von Mazıköy, gehört eine kleine Hafensiedlung. Diese besteht aus nicht viel mehr als zwei Häuserzeilen an einem schmalen Strand. Beliebt ist die kleine Bucht mehr bei Seglern auf der „Blauen Reise" denn bei Sonnenanbetern – zuweilen belagern so viele Yachten die Bucht, dass zum Baden gar kein Platz mehr bleibt! Dennoch: Schöne Urlaubstage lassen sich auch hier verbringen, sofern man keine großen Ansprüche hat. Und wenn am Strand zu viel los ist, kann man zu Fuß die ruhigen Nachbarbuchten erkunden.

• *Verbindungen/Anfahrt* **Dolmuşe** in der HS tägl. bis zu 8-mal nach Milas (Tabakhane Garajı), 4-mal nach Bodrum (Busbahnhof). Außerhalb der Saison weniger Fahrten.

Mit dem eigenen Fahrzeug ist Çökertme am einfachsten von Milas zu erreichen: Kurz vor Ören bei einem unübersehbaren Kraftwerk rechts ab, dann noch ca. 12 km. Die Strecke ist sehr schön, unterwegs passiert man hübsche Kiesbuchten. Von Bodrum stets gen Ören halten, dann ausgeschildert.

• *Übernachten/Essen & Trinken* Nur einige wenige einfache Pensionen. Im Juli und Aug. hat man ohne Reservierung schlechte Karten.

Çökertme Motel, zwar in zweiter Reihe, aber in jedem Fall die empfehlenswerteste Unterkunft vor Ort. Sehr freundlich geführt, ungezwungene Atmosphäre, sehr sauber. 25 Zimmer mit privaten Bädern und Klimaanlage. Der Hit ist jedoch das angeschlossene Restaurant direkt am Strand: tolle Terrasse, orientalisches Eck zum Wasserpfeiferauchen, Holzsteg zum Bräunen. Für die Gäste organisiert man Bootstrips. DZ mit VP 55 €, mit Frühstück 27 €. Çökertme, ✆ 0252/5310156, 📠 0252/5310157, www.cokertmehotel.com.

Falls voll, kann man sein Glück in der **Akkaş Pansiyon** (✆ 0252/5310125, unverfehlbar) versuchen, etwas billiger, dafür aber auch nicht ganz so gemütlich. Des Weiteren gibt es noch die **Orhan Pension** (✆ 0252/5310096, buchbar über das gleichnamige Restaurant in erster Reihe). Die Zimmer befinden sich jedoch in einem Gebäude weiter hinten, sehr spartanisch, DZ 22 €.

Beim internationalen Seglerpublikum beliebte Restaurants sind übrigens auch **Captan İbrahim** (✆ 0252/5310012) und **Rose Mary Restaurant** (✆ 0252/5310158) – was aber nicht heißt, dass die Nachbarn schlechteren Fisch servieren.

Ören

Ören, rund 12 km östlich von Çökertme, liegt an einer herrlichen weiten Bucht zu Füßen des bei Paraglidern beliebten, 640 m hohen Kocadağ. Noch verschandelt kein Mega-Hotelklotz den schönen langen Sand-Kies-Strand, hinter dem sich Pensionen und Feriensiedlungen eher dezent verstecken. Doch Bürgermeister Kazım Turan hat Großes vor, er will sein Städtchen zu einem der „wichtigsten touristischen Zentren der Welt" ausbauen. Bleibt zu hoffen, dass er sein Ziel verfehlt. Bislang ist Ören noch eine nette Alternative zum Bodrumtrubel – auch wenn das 4500-Seelen-Städtchen in der türkischen Ferienzeit auf 30.000 Einwohner anschwillt. Unter die vorrangig türkischen Urlauber mischen sich seit den letzten Jahren vermehrt auch ausländische Touristen.

Das eigentliche dörfliche Zentrum Örens liegt rund 1,5 km hinter der Küste. Hier findet man eine Post, einen Barbier, ein paar Läden und mittwochs einen farbenfrohen Wochenmarkt – aber keine Bank. Geldautomaten stehen 4 km westlich beim unübersehbaren Kraftwerk. Dessen Errichtung in den 1990ern war übrigens dafür verantwortlich, dass so manch internationaler Hotelkonzern seinen bereits erworbenen Bauplatz hinterm Strand brach liegen ließ. Strand und Dorf verbindet in den Sommermonaten eine Bummelbahn.

Ören wurde auf dem Gebiet des antiken Keramos errichtet, das im 6. Jh. v. Chr. erstmals erwähnt und nach dem gleichnamigen Sohn des Weingottes Dionysos benannt wurde. Er galt als Begründer der Töpferkunst (Keramik!). Wenig spektakuläre Überreste der antiken Stadt liegen in und um Ören verstreut.

Verbindungen/Sonstiges

• *Verbindungen* **Dolmuşe** in der HS 3-mal tägl. nach Bodrum, tagsüber regelmäßig nach Milas (Tabakhane Garajı) und Çökertme, 3-mal nach Muğla. Die Dolmuşe fahren im Sommer bis zum Strand.

• *Bootsausflüge* Werden am Strand angeboten. Mit Mittagessen ab ca. 15 €/Person.

• *Paragliding* Der Kocadağ ist noch immer ein Geheimtipp. Auskünfte zu Tandemflügen erhalten Sie vor Ort in den meisten Hotels (auf jeden Fall im Alnata, s. u.), inkl. Transport und Ausrüstung ca. 90 €, nur Transport 27 €.

Übernachten/Essen & Trinken

• *Übernachten/Camping* Da die meisten türkischen Gäste in ihren eigenen Ferienhäusern urlauben, ist die Auswahl an Unterkünften nicht allzu groß. Die hier aufgelisteten liegen allesamt an der Uferpromenade, weitere schlichte Aparthotels, Motels und Pensionen findet man landeinwärts. In der Regel bekommt man auch in der HS immer ein Zimmer.

*** **Hotel Alnata**, komfortabelstes Hotel Örens. 50 geräumige, helle Zimmer mit Marmorböden, TV und Klimaanlage – die schönsten auf der Vorderseite mit Pool- und Meeresblick! Sportangebot. Freundliches Personal, viel deutsches Publikum. Der Koch muss allerdings noch ein bisschen üben. DZ mit HP 66 €, EZ 47 €. Ganz im Westen der Bucht, ✆ 0252/5322813, ✆ 0252/5322381, www.alnata.com.

Yıl-Tur Motel, einfache, aber nette und sehr saubere Zimmer mit privaten Bädern und Terrasse (4 mit Klimaanlage, die anderen mit Ventilator), nur durch die Strandpromenade vom Meer getrennt. Restaurant mit guter Hausmannskost angegliedert: Die freundliche Besitzerin Güneş Aşkın, die lange Jahre im Schwäbischen gelebt hat, hat kürzlich ihr erstes Kochbuch veröffentlicht. DZ 32 €. Im Osten der Bucht nahe dem Fischerhafen, ✆ 0252/5322114, www.yiltur.net.

• *Essen & Trinken* Nette Fischlokale und einfache Kneipen im bunten Wechsel an der Promenade. Das Preis-Leistungs-Verhältnis ist in Ören sehr gut.

Akbük

Akbük, die „Weiße Bucht" ca. 22 km östlich von Ören, trägt ihren Namen zu Recht. Hinter dem schmalen, schneeweißen Kiesstrand gibt es nicht viel mehr als eine Pension mit Restaurant, einen simplen Campingplatz, ein paar Bäume und ein Feuchtgebiet (Achtung Moskitos!). Für absolut Ruhebedürftige genau das Richtige! Wer der Lethargie für einen Tag entfliehen will, kann auf einem (bislang noch) weitestgehend unbefestigten Sträßlein entlang der dicht bewaldeten herrlichen Küste nach Akyaka (ca. 22 km) holpern. Bademöglichkeiten sind auf dieser Strecke jedoch rar.

• *Anfahrt/Verbindungen* Mit dem **Dolmuş** hat man schlechte Karten. Selbstfahrer folgen von Ören zunächst der Straße nach Muğla. Sie beginnt in Ören/Dorf auf der südlichen Flussseite (Beschilderung „Muğla/Alatepe") noch vor der Brücke. Nach knapp 18 km, wenn sich die Straße gabelt (links geht es Richtung Muğla, rechts Richtung Akyaka), rechts halten. 200 m weiter verliert die Straße ihren Teerbelag. Nach weiteren 1,5 km geht es rechts ab (2. Möglichkeit, Beschilderung „Altaş Restaurant Pansiyon"), von dort noch 1,5 km.

• *Übernachten/Camping* **Altaş Restaurant & Pansiyon**, das Restaurant am Strand vermietet 7 simple Zimmer mit Bad und Kachelböden. Nichts Besonderes, aber die Umgebung macht's. DZ 27 €. Akbük, ✆ 0252/5291146, www.altasrestaurant.com.

• *Camping* Simpler, aber wild romantischer Campingplatz am Ende der Bucht. Ganzjährig. 2 Pers. mit Wohnmobil 8,30 €. ✆ 0536/9285912 (mobil).

Akyaka

Am Fuße der Kıran-Berge und zugleich am östlichen Ende des Golfs von Gökova liegt der kleine Ferienort, für dessen sympathischen Charakter ein Mann verantwortlich zeichnet: Nail Çakırhan, preisgekrönter Architekt aus dem nahe gelegenen 5200-Einwohner-Städtchen Ula, der hier die traditionell-ägäische Bauweise mit viel Holz und Erkern wiederbelebte. Akyaka ist im Vergleich zu Bodrum oder Marmaris noch eine beschauliche Oase, angenehm auch, dass hier stets eine leichte Brise weht. Da in Akyaka überwiegend Türken Urlaub machen – der internationale Tourismus hält nur langsam Einzug – herrscht Hochbetrieb lediglich während der türkischen Ferienzeit. Schon kurz danach schließen die ersten Restaurants am schmalen, von Palmen gesäumten Sandstrand, und es wird sehr ruhig und deutlich preiswerter.

Verlässt man Akyaka Richtung Ören (44 km), passiert man rund 1 km nach den letzten Häusern von Akyaka den Çınar Plajı, eine idyllische kleine Kiesbucht mit ebensolcher Strandbar, wo man es sich zwischen Oleanderbüschen gemütlich machen kann.

• *Telefonvorwahl* ✆ 0252.

• *Verbindungen* Im Sommer 2-mal tägl. mit dem **Dolmuş** nach Marmaris, ansonsten Dolmuşverbindungen jede halbe Std. nach Muğla (Abfahrt dort vom Busbahnhof) und Gökova, dort Umsteigemöglichkeit in Busse entlang der Küste. Die Dolmuşe starten beim Belediye Parkı etwas oberhalb des Zentrums.

Taxi nach Marmaris ca. 22 €.

• *Autoverleih/Ausflüge* Wenige Angebote, da das hiesige Publikum vornehmlich mit dem eigenen Auto anreist.

• *Bootsausflüge* Werden am Hafen angeboten. Tagestouren mit Lunch ab 11 €.

• *Übernachten* Gutes Angebot an Apartments und Hotels der Mittelklasse. Einfache Pensionszimmer sind jedoch Mangelware. Zur HS (Juli/Aug.) werden z. T. enorm hohe Preise verlangt, davor und danach nächtigt man oft mit einem Rabatt von ca. 40 %.

**** **Yücelen Hotel**, nettes Feriendorf direkt hinterm Strand. Zweistöckige Häuser im Stil der traditionellen Ägäis-Architektur, Pool, Restaurant am Strand, alles sehr gepflegt. TUI-Vertragshotel. DZ mit HP 100 €, EZ 75 €. Kötekli Mevkii, ✆ 2435108, 📠 2435435, www.yucelen.com.tr.

Otel Asuhan Çobantur, freundliche Anlage etwas abseits in einer kleinen Bucht. Pool, Einstiegsmöglichkeiten ins Meer von einem Steg aus, nettes Terrassenrestaurant. Hübsche Mosaikfußböden in den Gängen. 25 Standardhotelzimmer mit Teppichboden, Minibar und Föhn – lassen Sie sich unbedingt eines mit Meeresblick geben. Sauna. DZ mit Meeresblick 66 €, die größeren Suiten 89 €. Am Westende von Akyaka (noch nach dem Campingplatz), ✆ 2434550, 📠 2434558, www.asuhancobantur.com.

Hotel Erdem, eine Häuserzeile vom Strand entfernt. Kleine, sehr gepflegte, zweistöckige Anlage mit Pool; 22 Zimmer, 4 Apartments, alle mit Terrasse oder Balkon. DZ 55 €, Apartment für bis zu 4 Pers. 66 €. Zambak Sok. 8, ✆ 2435849, 📠 2434326, www.erdemapartotel.com.

Feron Otel, im kleinen Zentrum, keine 100 m vom Strand entfernt. 2006 eröffnet. 10 kleine Zimmer auf Mehr-Sterne-Niveau. Gutes Restaurant. Im Keller jedoch eine laute Discobar. Unter hilfsbereiter deutschsprachiger Leitung. DZ faire 36 €. Nilüfer Sok. 1, ✆ 2435421.

Idyma Apart Otel, an der Durchgangsstraße. Freundlicher deutschsprachiger Familienbetrieb. Geräumige Apartments mit Küche und Balkon. Die Hausherrin kocht leckeres Essen. Faire Preise. Für 2 Pers. 33 €, für 4 Pers. 45 €, Frühstück extra. Atatürk Cad. 64, ✆/📠 2434158, www.idymaapart.com.

Yener Apart Pansiyon, keine 200 m vom Strand entfernt. 4 gut ausgestattete Apartments mit Klimaanlage, alle mit Balkon. Die Vermieterin spricht nur Türkisch. Für bis zu 4 Pers. ab 44 €. Zambak Sok. 7, ✆ 2435853.

• *Camping* **Gökova Orman Camping**, großer, schön angelegter Platz in einem Pinienwald (Schatten!), mit eigenem Strand. Einfache Sanitäranlagen. Vermietet werden zudem Bungalows, nicht die klassischen Holzschachteln, sondern richtige kleine Häuschen mit Bad und Terrasse. Außerdem idyllisch gelegenes Restaurant. Campen für 2 Pers. mit Wohnmobil 8,30 €, Bungalows für bis zu 6 Pers. 97–111 €. Durch Akyaka hindurch und Richtung Ören weiter, ✆ 2434398.

• *Essen & Trinken* Gute und im Vergleich zu Marmaris sehr günstige Restaurants (guter Fisch!) sowohl am Strand als auch im Ort. Absolut idyllisch sind zudem die **Restaurants am Kadın Azmağı**, dem Flusslauf am südöstlichen Ortsende von Akyaka. Die ersten Lokale sind noch bequem zu Fuß oder mit dem Auto zu erreichen, für die weiter flussaufwärts gelegenen Restaurants heuert man am besten ein Boot an (verhandeln Sie am Hafen). Eine sehr gute Adresse ist u. a. das noch zu Fuß erreichbare **Kordon Restoran**: große Mezeauswahl, leckerer Fisch, mittlere Preisklasse. ✆ 2435251. Wegbeschreibung: Vom Hafen hinter dem Freilichtkino *(Açıkhava Sineması)* am Fluss entlang etwas landeinwärts laufen.

Am Golf von Güllük

Der Golf von Güllük, der sich nördlich von Bodrum bzw. westlich von Milas erstreckt, ist im Vergleich zum Golf von Gökova weniger reizvoll. Das liegt v. a. am türkischen Bauwahn – eine austauschbare Feriensiedlung nach der anderen entsteht hier. Als Station auf der „Blauen Reise“ ist aber auch der Golf von Güllük recht beliebt.

Boğaziçi

Das kleine ruhige Dorf Boğaziçi liegt rund 23 km nordöstlich von Bodrum an einer tiefen, fjordartigen Bucht. Schon in der Antike war die Gegend besiedelt, der alte Name des Ortes war *Bargylia*. Da bislang noch keine Grabungen stattfanden, sind die Reste der antiken Stadt bescheiden. Das heutige Boğaziçi steht ganz im Zeichen der Fischzucht. Ein paar urgemütliche Lokale mit Stegterrassen über dem Wasser laden zum Dinieren ein. Es geht um einiges einfacher, dafür auch billiger zu als in den Restaurants rund um Bodrum. Leider gibt es vor Ort weder Strand noch Unterkünfte, zudem ist Boğaziçi nur mit eigenem fahrbaren Untersatz zu erreichen.

Anfahrt Boğaziçi ist von der Nationalstraße D 330 Bodrum–Milas ausgeschildert. Vom Abzweig noch 5 km.

Güllük

Das Städtchen, das dem Golf seinen Namen gibt, liegt 18 km südwestlich von Milas. Güllük erstreckt sich über mehrere Buchten. Noch bis vor ein paar wenigen Jahren wurde die Hauptbucht von einer Werft samt großer Mole in Anspruch genommen. Rostige Frachter machten hier fest, um im Hinterland abgebautes Bauxit aufzunehmen. Mittlerweile ist ein paar Kilometer nördlich ein neuer Hafen entstanden. Seitdem verändert sich das Gesicht des Städtchens von Jahr zu Jahr: Es wird gebaut und gebaut, selbst große Hotelketten wie die *Corinthia*-Gruppe aus Malta sind nun anzutreffen. Doch wer will hierher? Die Strände sind mickrig und im Sommer komplett überrannt. Noch der akzeptabelste befindet sich in der nördlichsten Bucht.

- *Verbindungen/Bootsausflüge* Häufige **Dolmuşe** nach Milas; im Sommer mehrmals auch nach Bodrum. **Bootsausflüge** werden u. a. nach Iasos und Didyma angeboten, mit Mittagessen ab 15 €/Person.
- *Übernachten* ** **Özer Hotel**, im Süden der Hauptbucht direkt am Meer. Eine gute Wahl in dieser Preisklasse. 38 geräumige Zimmer, alle mit Balkon, Klimaanlage und Steinböden. Schmaler Strandabschnitt und Holzsteg zum Bräunen. Große gemütliche Terrasse. DZ 38 €. Çamlık Mevkii, ✆ 0252/5223377, 📠 0252/5222742, www.ozerlergroup.com.

Iasos (Kıyıkışlacık)

Jahrzehnte lang schien die für die türkische Ägäisküste so typische touristische Entwicklung mit all ihren Vor- und Nachteilen an Kıyıkışlacık nahezu spurlos vorbeizuziehen. Dafür gab es vor allem zwei Gründe: Der nächste Strand, der dazu noch künstlich aufgeschüttet wurde, befindet sich im 7 km entfernten Zeytinlikuyu. Zudem liegt Kıyıkışlacık in der Einflugschneise des Flughafens Milas-Bodrum. An diesen Mankos scheint man sich heute nicht mehr zu stören: Feriensiedlungen wachsen die Hänge hinauf, selbst ein Fünf-Sterne-Hotel wurde zuletzt errichtet. Schade, denn durch planloses Bauen schwindet der Charme des alten malerischen

Kıyıkışlacık zunehmend dahin. Beschaulichkeit besitzt der Ort aber noch immer, insbesondere in den Tavernen an der Hafenbucht, wo man den Fischern beim Ausbessern der Netze zuschauen kann.

Bekannter als unter seinem Zungenbrechernamen ist Kıyıkışlacık als *Iasos,* so genannt nach der Altsiedlung auf der dem Hafen gegenüber liegenden Halbinsel. Italienische Archäologen, die jeden Sommer drei Monate aktiv sind, haben hier die **Ruinen** einer einst wohlhabenden karischen Stadt ausgegraben. Iasos, vermutlich im 9. Jh. v. Chr. gegründet, war von einer wehrhaften Mauer geschützt; eine Akropolis krönte die Halbinsel. Wer heute zwischen Olivenbäumen durch das Ausgrabungsgelände schlendert, stößt u. a. auf Reste eines Zeustempels, einer Agora, eines Gymnasions, eines Bouleuterions und einer byzantinischen Basilika.

Am eindrucksvollsten ist das restaurierte römische Heroon (außerhalb des Grabungsgeländes, mit „Balıkpazarı Açıkhava Müzesi" ausgeschildert). Bis vor nicht allzu langer Zeit nutzten die Einwohner den monumentalen Grabbau als Fischmarkt. Heute dient er als **Museum** für Funde aus Iasos, insbesondere Torsi und Fragmente.

• *Verbindungen/Anfahrt* Im Sommer regelmäßige **Dolmuşe** nach Milas. **Bootsausflüge** werden nach Güllük angeboten. Von der Straße Milas–Bodrum und von der Straße Milas–Söke ausgeschildert.

Zum Strand Zeytinlikuyu folgt man der Beschilderung zur Kaya Pension (→ Übernachten), ignoriert jedoch oben auf dem Berg die Linksabzweigung zur Pension und bleibt stets auf dem geteerten Sträßlein. Bei der Gabelung nach 6 km (Telefonmast in der Mitte) rechts halten.

• *Öffnungszeiten des Grabungsgeländes* Tägl. (außer Mo) 8.30–18 Uhr, im Winter 8–16 Uhr. Eintritt 1,10 €, Museum (gleiche Öffnungszeiten) 1,10 € extra. Übersichtsplan des Geländes neben dem Kassenhäuschen.

• *Übernachten* Mehrere Pensionen vor Ort. Unsere Empfehlung:

Kaya Pension, deutschsprachiger Familienbetrieb hoch über dem Dorf. 16 Zimmer, die meisten rund um einen Pool gebaut, 2 mit Klimaanlage. Freundlich, mit Naturholzmöbeln, blauen Vorhängen und Deckenventilator ausgestattet. Herrliche Aussichtsterrasse. Sehr sauber und gepflegt. DZ 33 €. Ab der Moschee ausgeschildert, ✆ 0252/5377439, ℻ 0252/5377280, www.kaya-pension.de.

Was haben Sie entdeckt?

Trotz gründlicher Recherche kann es immer wieder passieren, dass uns etwas entgeht. Wenn Sie ein empfehlenswertes Hotel, ein neues gutes Restaurant oder einen idyllischen Strand entdeckt haben, lassen Sie es uns wissen. Auch für Kritik und Verbesserungsvorschläge sind wir dankbar.

Schreiben Sie an:

Michael Bussmann und Gabriele Tröger
Stichwort „Türkei – Südägäis"
c/o Michael Müller Verlag
Gerberei 19
91054 Erlangen
E-Mail: michael.bussmann@michael-mueller-verlag.de
troeger@michael-mueller-verlag.de

Markttag in Milas

Milas

(ca. 40.000 Einwohner)

Milas ist das florierende Zentrum einer landwirtschaftlich geprägten Umgebung, in dem auch die Hoteliers und Gastronomen von der Küste ihre Großeinkäufe tätigen. Besuchenswert ist das Basarviertel der Altstadt mit seinen engen, von osmanischen Häuschen gesäumten Gassen. Wer hindurch spaziert, kann Kleinhandwerkern bei der Arbeit zusehen, Dosenmachern, Schneidern oder Radioreparateuren. Ihre Beschaulichkeit verliert die Altstadt dienstags zum Wochenmarkt, einem der schönsten der Ägäis. Dann kommen auch Zaungäste aus Bodrum zu einer Stippvisite. Rund um die Altstadt finden sich ein paar herrschaftlich restaurierte Villen aus dem 19. Jh., hauptsächlich aber umgibt sie ein Gürtel mehrstöckiger Apartmenthäuser und überbreiter Straßen im typisch türkischen Provinzrenommierstil.

Geschichte

Heute erinnert nur noch wenig daran, dass *Mylasa* über Jahrhunderte hinweg eine bedeutende Rolle als Zentrum der antiken Landschaft Karien spielte. Als sich das persische Großreich im 6. Jh. v. Chr. Kleinasien einverleibte, setzte der persische König für Karien Regenten ein, sog. Satrapen, die in Mylasa residierten, bis der berühmte Mausolos (→ Bodrum/Geschichte, S. 118) im 4. Jh. v. Chr. den Regierungssitz nach Halikarnassos, dem heutigen Bodrum verlegte. Dennoch blieb Mylasa bis in die römische Zeit eine der führenden karischen Städte. In der Spätantike wurde sie Bischofssitz, ab dem 13. Jh. Hauptstadt des Emirats der Menteşe, einer turkmenischen Dynastie, die der Stadt einige schöne Moscheen hinterließ, darunter die Ulu Cami (→ Sehenswertes). 1391 wurde Milas ein erstes Mal von den Osmanen erobert. Deren Niederlage gegen Timur Lenk brachte die

Menteşeoğulları nochmals auf den Thron, bis sie 1424 erneut von den Osmanen vertrieben wurden – seitdem macht die Geschichte einen großen Bogen um Milas.

Orientierung: Von Bodrum kommend, gelangt man für gewöhnlich über den Atatürk Bulvarı, die Hauptachse des Städtchens, ins Zentrum. Sie mündet beim Belediye Parkı (Stadtpark) in einen Kreisverkehr. Von hier sind das Museum und der Grabbau Gümüşkesen (der zugleich als Miniaturnachbau den Kreisverkehr ziert) ausgeschildert. Die Altstadt samt Rathaus (Belediye) erstreckt sich auf einem Hügel nordwestlich des Kreisverkehrs.

Information/Verbindungen/Einkaufen

• *Telefonvorwahl* 0252.

• *Information* Die **Tourist Information** an der Müştakbey Cad. nahe dem zentralen Kreisverkehr in einem Shoppingcenter (Richtung Gümüşkesen abbiegen) ist nur sporadisch geöffnet. ✆ 5230066.

• *Verbindungen* Der internationale **Flughafen DHMI Milas-Bodrum Hava Limanı** (→ Bodrum/Verbindungen, S. 118) liegt mit einer Entfernung von 18 km näher an Milas als an Bodrum. Taxi zum Flughafen ca. 27 €.

Bus: Busbahnhof an der Straße nach Söke ca. 1 km außerhalb des Zentrums. Häufige Verbindungen nach İzmir (3 Std.), Aydın (2 Std.), Bodrum (45 Min.) und Muğla (1 ¼ Std). Dolmuşe fahren vom Busbahnhof ins Stadtzentrum.

Dolmuş: Dolmuşe nach Bodrum und Söke starten am Busbahnhof, nach Iasos, Güllük Boğaziçi, Çökertme und Ören von der **Tabakhane Dolmuş Garajı** im Zentrum nahe dem Museum.

Übernachten/Essen & Trinken

Bei der Oma schmeckt es am besten

• *Übernachten* *** **Milashan Otel**, neuestes (seit 2007) und bestes Haus der Stadt. Haken: ca. 2,5 km außerhalb des Zentrums, an der Abzweigung von der Verbindungsstraße Muğla–Bodrum ins Zentrum. Knapp 100 gepflegte Zimmer, überraschenderweise aber ohne Klimaanlage. DZ ca. 45 € (auch wenn höhere Preise an der Rezeption aushängen). Halilbey Bul., ✆ 5137901, ℻ 5137904, www.milashan.com.

** **Otel Sürücü**, an der Ausfallstraße nach Bodrum (ca. 200 m vom zentralen Kreisverkehr entfernt). Ziemlich in die Jahre gekommen und mit leicht sozialistischem Touch, trotzdem okay – ansonsten schläft man fürs gleiche Geld entweder schlechter oder für weniger Geld in schmutzigen Laken. 24 Standardzimmer mit Teppichböden, TV, Klimaanlage und Balkon. Atriumartige Lobby, Restaurant. DZ 39 €. Atatürk Bul. 10, ✆ 5124001, ℻ 5122548.

• *Essen & Trinken* Keine feinen Restaurants, dafür zahlreiche gute Lokantas zum Sattwerden. Berühmt ist Milas für seine gebratenen Leberstückchen (*ciğer*). Man kann sie z. B. in den kleinen Lokalen im Basarviertel unterhalb des Rathauses (Belediye) kosten.

Für einen gemütlichen Nachmittagskaffee bietet sich der schattige Teegarten im **Belediye Parkı** beim zentralen Kreisverkehr an.

Gümüşkesen: Mausoleum in klein

Sehenswertes

Im Gegensatz zu den Ruinenstätten der Umgebung (→ Zwischen Milas und dem Bafa-See, S. 152, und → Zwischen Köyceğiz, Milas und Marmaris, S. 78) sind die „Attraktionen“ der Stadt eher bescheiden.

Museum/Baltalı Kapı: Das kleine Archäologische Museum von Milas zeigt Funde aus der Umgebung, insbesondere aus Labranda (s. u.) und Euromos (→ s. u.), insgesamt aber wenig Spannendes: ein paar Keramikstücke, Marmorstatuen und Säulenkapitelle. Zudem fällt hin und wieder der Strom aus, und dann bleibt der einzige Saal geschlossen.

Verlässt man das Museumsareal gen Ulu Cami (s. u.) und hält sich rechts, stößt man nach ca. 150 m auf den ausgeschilderten Weg zum römischen *Baltalı Kapı* („Tor mit der Axt“), ursprünglich Teil der Stadtmauer. Korinthische Kapitelle schmückten es. Die Doppelaxt im Schlussstein des Torbogens ist Symbol des Göttervaters Zeus. Von hier begann einst der Pilgerweg nach Labranda.

• *Adresse/Öffnungszeiten Museum* Şair Ülvi Akgün Cad., schräg gegenüber der Ulu Cami (vom zentralen Kreisverkehr ausgeschildert). Tägl. (außer Mo) 8–17 Uhr. Eintritt 1,10 €.

Gümüşkesen: Der zweistöckige marmorne Grabbau aus dem 2. Jh. war eine mehr als abgespeckte Kopie des Mausoleums von Halikarnassos (→ S. 126). Immerhin blieb von diesem mehr erhalten. Auf der von Säulen umrahmten oberen Etage befindet sich ein Loch, durch das angeblich Wein auf die in der Grabkammer darunter liegenden Toten gekippt wurde, damit diese auch noch im Tod ihre Freuden hatten.

• *Adresse/Öffnungszeiten* Gümüşkesen Cad., ca. 1 km westlich des Zentrums. Tägl. (außer Mo) 8–17 Uhr. Zuletzt Eintritt frei, was sich jedoch wieder ändern kann. Anfahrt: Vom Kreisverkehr der Beschilderung „Gümüşkesen“ folgen, vor der Moschee rechts ab, nach ca. 300 m links in die Gümüşkesen Cad., dann nach ca. 700 m rechter Hand.

Moscheen: Zu den interessantesten Gebetsstätten von Milas zählt die *Große Moschee (Ulu Cami)* an der Şair Ülvi Akgün Cad., schräg gegenüber dem Museum. Sie wurde noch ganz in der Tradition des byzantinischen Kirchentypus’ 1378 unter den Menteşe-Fürsten errichtet. Unter anderem musste antike Bausubstanz dafür herhalten. Das eigenartige Minarett kam später hinzu. Die mit kunstvollen Ornamenten verzierte *Firuz-Bey-Moschee* aus dem Jahr 1397, also nach der osmanischen Eroberung, folgt schon dem osmanischen Stil, wie er in Bursa gepflegt wurde. Wegen ihrer bleigedeckten Kuppeln wird die Moschee im Norden der Altstadt auch *Kurşunlu Cami* („Bleierne Moschee“) genannt.

Beçin-Burg (Beçin Kalesi): Im 14. Jh. verlegten die Menteşeoğulları ihre Residenz auf ein 200 m hohes Karstplateau 5 km südlich der Stadt. Die neue Festung wurde auf den Überresten eines antiken Tempels errichtet und war noch im 17. Jh. von offenbar vermögenden Burgherren bewohnt – vor ein paar Jahren barg man einen 30 kg schweren Schatz aus 60.000 weitgehend osmanischen Münzen; der bislang größte Münzfund auf dem Gebiet der Türkei. Die Reste der Festung sind nicht allzu spektakulär, doch der Ausblick von oben über die weite Ebene ist herrlich.

Adresse/Öffnungszeiten Die Festung befindet sich an der Straße nach Ören (ausgeschildert). Ören-Dolmuşe passieren den gleichnamigen Vorort, von dort heißt es laufen und schwitzen. Tägl. (außer Mo) 8.30–17.30 Uhr. Eintritt 2,70 €.

Zwischen Milas und Bafa-See

Zeustempel von Euromos: Der römische Tempel aus dem 2. Jh. gehört zu den besterhaltenen antiken Bauten der Türkei. Von den ursprünglich 32 korinthischen Säulen steht noch die Hälfte. Der Tempel ist zugleich ein schönes Beispiel für das in der Antike beliebte Bau-Sponsoring: Noch heute, nach über 1800 Jahren, erinnern Inschrifttafeln an den Säulen an die Namen der großzügigen Finanziers. Die dazugehörige Siedlung Euromos, einst eine mit Mylasa eng verbundene Stadt, ist nur ansatzweise ausgegraben und bislang wenig sensationell. Kümmerliche Reste der Stadtmauer, der Agora und des Theaters findet man in der Nähe des Tempels.

- Verbindungen/Anfahrt Der Tempel liegt 12 km nordwestlich von Milas ca. 200 m rechts der Straße nach Söke (ausgeschildert) und ist mit den Dolmuşen auf dieser Strecke gut erreichbar.
- Öffnungszeiten Offiziell tägl. 8–18.30 Uhr (danach frei zugänglich). Eintritt 2,80 €.

Zeusheiligtum von Labranda: In der wildromantischen Bergwelt 14 km nördlich von Milas beeindrucken die archaischen Ruinen Labrandas, einst der bedeutendste Kultort Kariens. Der Name rührt daher, dass Göttervater Zeus hier mit einer Doppelaxt (= *labrys*) dargestellt wurde.

Früher führte von Mylasas Baltalı Kapı (s. o.) ein gepflasterter Prozessionsweg zum Bergheiligtum, heute ist die einsame Ruinenstätte auf 700 m Höhe über ein holpriges, schmales Sträßlein zu erreichen. Auf vier künstlichen Terrassen erstreckt sich die Anlage. Archäologen der schwedischen Universität Uppsala, unter deren Leitung immer wieder Ausgrabungen stattfanden, vermuten, dass die ältesten Fundamente bis in das 7. Jh. v. Chr. zurückreichen. Die bedeutendsten Bauwerke stammen aus dem 4. Jh. v. Chr. und entstanden im Auftrag von Mausolos (→ Bodrum/Geschichte, S. 118) und dessen Bruder Idrieus. Mausolos, der in Labranda ein Attentat überlebt hatte, wollte damit den Göttern seinen Dank bezeugen. In römischer Zeit wurde die Anlage erweitert und umgebaut, nach einer schweren Brandkatastrophe im 4. Jh. gab man die Kultstätte auf.

Die wichtigsten Bauwerke sind mit Hinweistafeln versehen. Vom kleinen Parkplatz an der Straße steigt man für gewöhnlich zuerst zum *Propyläenbereich* im Südosten

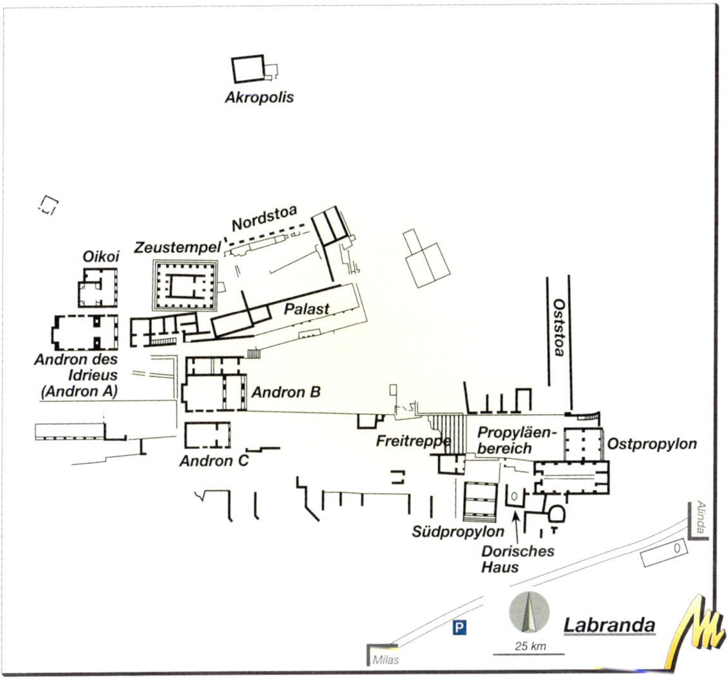

des Heiligen Bezirks auf. In der Antike betrat man hier durch mächtige, mit Säulenhallen geschmückte Torbauten den Tempelbezirk. Die wenigen Reste des Ost- und Südpropylons lassen den alten Glanz kaum mehr erahnen.

Eine 12 m breite Freitreppe führt weiter in den westlichen Teil des Heiligen Bezirks, wo u. a. die *Andrones* („Männergemächer") des Heiligtums lagen – Gebäude, in denen religiöse Zeremonien zu Ehren Zeus' stattfanden. *Das Andron des Idrieus* (Andron A) ist zugleich das besterhaltene Gebäude der gesamten Grabungsstätte. Das sog. *Oikoi* daneben diente als Archiv und gelegentlich auch für kultische Gelage.

Auf der obersten Terrasse stehen und liegen die Reste des *Zeustempels,* der dem Athenatempel in Priene ähnelte und daher dem gleichen Architekten zugeschrieben wird. Die Aussicht von hier begeistert nicht nur Trümmerfreaks.

• *Anfahrt* Die Anfahrt ist nur mit dem eigenen Fahrzeug oder mit dem Taxi (retour ca. 24 €) möglich. Die Straße nach Labranda (im Norden von Milas ausgeschildert) ist geteert, streckenweise jedoch sehr wellig und mit Schlaglöchern nur so übersät. Wer von Labranda weitere 18 km durch die Einsamkeit holpert (die Straße war zuletzt allerdings eine einzige Katastrophe; fragen Sie Taxifahrer nach dem Zustand der Straße, bevor Sie starten), gelangt zur Ausgrabungsstätte Alinda (→ Umgebung Aydın, S. 205).

• *Öffnungszeiten* Stets zugänglich. Das Kassenhäuschen ist so gut wie nie besetzt, Tickets werden von der auf dem Ruinengelände wohnenden Familie verkauft. Eintritt 3,10 €.

Bafa-See

(Bafa Gölü)

Türkisgrünes Wasser, drum herum Natur pur und ein romantischer Ruinenort in bizarrer Landschaft: Der traumhaft gelegene Bafa-See lohnt mehr als nur einen Tagesausflug.

Vor 2000 Jahren gab es den Bafa Gölü noch gar nicht. Damals war hier eine Meeresbucht, der Latmische Meerbusen, in welchen der Große Mäander (→ „Die Schwemmlandebene...", S. 169) mündete. Doch infolge der Abholzung der anatolischen Wälder und der damit verbundenen Erosion führte der Fluss immer mehr Schwebstoffe mit sich, die er im Mündungsgebiet ablagerte. So entstand die große Mäanderebene, die einen Teil des Golfes, den heutigen Bafa Gölü, vom neuen Küstenverlauf abtrennte.

Straßenverkauf am Bafa-See

Heute ist der 15 km lange und 5 km breite See, dessen helle Quarzsandstrände zum Baden einladen, samt seiner Umgebung ein Naturreservat. 256 Vogelarten soll es hier geben, darunter auch Stein- und Schlangenadler. Das Südufer prägen weite Olivenhaine, an seiner Nord- und Ostseite türmt sich das wild zerklüftete Beşparmak-Massiv auf (1375 m, nach seinem höchsten Gipfel auch Latmosgebirge genannt). Es ist eine bezaubernde Felslandschaft, durchspickt von gewaltigen Gneisbrocken – herrlich zum Wandern. Am Nordostufer – inmitten der Ruinen des antiken **Herakleia** – liegt zudem das idyllische 315-Seelen-Dorf **Kapıkırı** mit mehreren Pensionen, in denen sich ruhige Naturen auch gerne längere Zeit einnisten. Die Stadt Herakleia wurde noch am Latmischen Meerbusen gegründet. Sie war von einer 6,5 km langen Stadtmauer umgeben, die Häuser kletterten von der Küste die dahinter liegenden Hänge bis auf 500 m hinauf. Die größte Blüte erlebte Herakleia in hellenistischer Zeit. Das Schicksal der Stadt wurde durch die Verlandung des Latmischen Golfs besiegelt.

Verbindungen/Sonstiges

- *Telefonvorwahl* 0252.
- *Verbindungen* Die **Dolmuşe** von Söke nach Milas passieren die Südseite des Sees. Direkt ins Dorf Kapıkırı bestehen in der HS stündl. Dolmuşverbindungen von Milas (Tabakhane Garajı), besser aber vorher fragen. Ansonsten steigt man in Bafa-Dorf (an der Straße Söke-Milas) an der Abzweigung nach Kapıkırı aus und legt die restlichen 9 km per Anhalter oder mit dem Taxi (ca. 5,50 €) zurück. Kostenlose Transfers bieten, sofern man über Nacht bleibt, i. d. R. die Pensionsbesitzer.
- *Eintritt* Sofern das Kassenhäuschen besetzt ist, zahlt man am Ortseingang von Kapıkırı für die Besichtigung von Herakleia 2,80 €. Bezahlen Sie nur gegen Vorlage eines Tickets! Wer über Nacht bleibt, bezahlt keinen Eintritt.

Strandidylle am Bafa-See

• *Bootsausflüge* Werden von nahezu allen Unterkünften angeboten. 2-stündiger Trip mit Strandaufenthalt für 2 Pers. ca. 20 €.

• *Baden* Problemlos möglich im See. Aber Achtung: Wo der Einstieg steinig ist, kann es glitschig sein. Sandstrände findet man beim Dorf Kapıkırı, mehrere Kiesstrände zudem am Südufer. Einsame Badebuchten liegen auf dem Weg zur Zwillingsinsel (→ Wandern).

• *Wandern* Das Beşparmak-Massiv ist ein ideales Gebiet für halbwegs konditionsstarke und trittsichere Wanderer. Als Ziele locken Felsenklöster und Eremitagen. Ohne Führer ist Wanderung 5 (s. u.) problemlos möglich, außerdem die kleine Wanderung (hin/zurück ca. 3 Std.) von Kapıkırı zur **Zwillingsinsel** (İkizada): einfach dem Nordufer des Sees gen Westen folgen und den letzten Abschnitt hinüber waten.

Die beliebte Wanderung zum **Stylos-Kloster**, (einfach 4–5 Std.) sollte nur in Begleitung eines Führers (Infos in jeder Pension) unternommen werden. Wir empfehlen den deutschsprachigen Guide **Emin Aydın** von der Karia Pension (→ Übernachten). Er hat unterschiedliche Touren im Programm, auch mehrtägige. 4- bis 6-stündige Wanderung bei einer Gruppe von mind. 4 Pers. 15 €/Person mit Picknick, 2 Pers. zahlen zusammen 45 €. 3-Tages-Touren mit 2 Übernachtungen in den Bergen 75 €/Person mit Verpflegung (Minimum 4 Pers.).

Einwöchige Wanderprogramme (mit Übernachtung und Essen) bietet die Pension Agora (→ Übernachten) an, 460 €/Person.

• *Einkaufen* Hochwertiges, günstiges **Olivenöl!** Man ersteht es entweder von den Bauern in Kapıkırı oder direkt bei den Olivenölfabriken in Bafa am Südostufer des Sees.

Übernachten/Essen & Trinken

Die Motels und Campings zwischen See und Straße am Südufer sind größtenteils wenig empfehlenswert – die Lkws rollen hier, so eine Lesermeinung, direkt über das Kopfkissen bzw. den Schlafsack hinweg! Als Standorte bieten sich in erster Linie die Pensionen in Kapıkırı an. Fast allen sind Restaurants angeschlossen, in denen neben schmackhafter türkischer Landküche auch Aal, Zander oder Weißfische frisch aus dem See auf den Teller kommen.

Agora Pansiyon, populärste und komfortabelste Pension Kapıkırıs. Viel ausländisches Publikum, auch Gruppen. 12 angenehme, aber etwas dunkle Zimmer, z. T. in kleinen Holzbungalows, alle mit Bad und Aircondition. Deutschsprachig. Führungen ins

Gebirge, zudem Bootstouren. Hamam, Heizung für den Winter. Schöne Terrasse, leider ohne Seeblick. DZ mit HP 80 €. Mitten im Dorf, ✆ 5435445, ℻ 5435567, www.herakleia.com.

Karia Pension, 2004 eröffnet und von Lesern zu Recht vielfach empfohlen. 4 hübsche, kleine und sehr saubere Zimmer für 2–3 Pers. mit Klimaanlage, dazu eine Terrasse mit dem Über-Blick – ein Traum zum Sonnenuntergang. Der freundliche Besitzer Emin Aydın spricht Deutsch und ist Wanderführer. Emins Frau Cennet kocht einfach wunderbar, unschlagbares Frühstück, dazu gibt es jeden Nachmittag Kaffee und selbstgebackenen Kuchen. DZ mit HP 70 €. Am Ortseingang von Kapıkırı rechter Hand, ✆/℻ 5435490, kariapension@hotmail.com.

Selene's Pension, 10 nette, unterschiedlich ausgestattete Zimmer mit Klimaanlage, auf mehrere Gebäude in einem weitläufigen Areal verteilt. Ein großes Plus ist der Pool, dazu eine orientalische Ecke im Garten. DZ mit HP je nach Lage 55–60 €. In Kapıkırı in Seenähe, ✆ 5435221, ℻ 5435646, www.bafalake.com.

Haus Yasemin Pansiyon, Familienbetrieb, sehr sauber. Nur 4 Mehrbettzimmer mit Fliesenböden, Klimaanlage und freundlichem Kiefernholzmobiliar. Küchenmitbenutzung (Waschmaschine), nette Terrasse. DZ mit HP 54 €, EZ 33 €. In Kapıkırı relativ weit oben, ✆/℻ 5435598.

Kaya Pansiyon, von Lesern sehr gelobt. Sympathische, von zwei Brüdern mit ihren Familien geführte Pension. 8 kleine Zimmer mit Klimaanlage, Bad und Moskitonetz, Traumterrasse mit Seeblick, relaxte Atmosphäre, Campingmöglichkeiten. Bewacht wird das Areal vom lieben Hund Şimşek. DZ mit Frühstück 40 €, mit HP 50 €. In Kapıkırı unmittelbar am See, ein kleiner Strand direkt vor der Nase, ✆ 5435380, www.kayapansiyon.com.

• *Camping* Über ein paar schöne Stellplätze direkt am Wasser verfügt die **Zeybek Pension** in Kapıkırı. Günstig, mäßige Sanitäranlagen. Herrliches Terrassenlokal mit guter Küche. Als Pension nicht zu empfehlen. ✆ 5435441.

Sehenswertes

Die Ruinen der antiken Stadt Herakleia in und um das Dorf Kapıkırı sind bestens ausgeschildert. Weithin sichtbar ist der alles überblickende **Athenatempel,** dem nur das Dach und die Vorhalle fehlen. Auf der **Agora** steht heute ein Schulgebäude, das **Theater** ist nicht viel mehr als eine Mulde im Hang. Einen eindrucksvollen Einblick in hellenistische Militärarchitektur gibt die **Stadtmauer,** die sich zwischen Häusern und Gärten hindurch zieht. Auf dem Weg von der Ortsmitte Kapıkırıs zum See lässt das **Endymion-Felsheiligtum** jeden gemächlich vorbeitrabenden Esel von einer Mütze Schlaf des begehrtesten Langschläfers der Menschheit (→ Kasten) träumen. Am Ufer entdeckt man noch Reste der alten **Nekropole** – viele Sarkophage stehen heute unter Wasser. Die Ruine auf der Halbinsel im See war einst ein befestigter, byzantinischer Bischofssitz.

Endymion

Irgendwo in einer Höhle im Latmos-Gebirge schläft der schöne Jüngling Endymion seinen ewigen Schlaf. Um die mythologische Figur, vermutlich ein Enkel des Göttervaters Zeus, ranken sich viele Legenden. Die schönste erzählt von der Mondgöttin Selene, die sich in Endymion verliebte und ihn, aus Angst, ihn zu verlieren, in ewigen Schlaf versenkte. Nacht für Nacht suchte sie ihn daraufhin auf, versüßte seine Träume und gebar ihm insgesamt 50 Töchter. Das Thema wurde in der Literatur und Malerei vielfach behandelt. Über Jahrhunderte hinweg war Herakleia für seinen Endymionkult bekannt. In welcher Form er begangen wurde, ist heute jedoch vergessen.

In den schwer zugänglichen Bergen finden sich weitere christliche Relikte – der Latmos war ab dem 7. Jh. Refugium für Eremiten und kleine Mönchsgemeinschaften (→ Wandern). Ungestört von gottlosen Piraten und moslemischen Glaubenskämpfern führten sie in ihren versteckten **Klöstern** – 13 Stück sollen sich im Latmosgebirge verbergen – ein zurückgezogenes Leben.

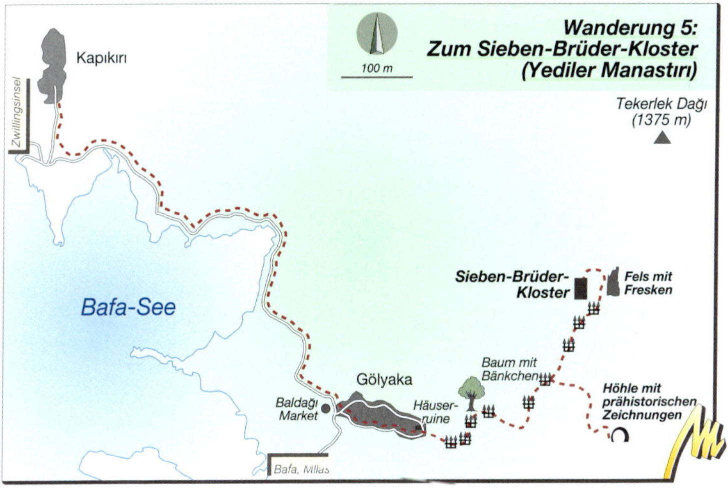

Wanderung 5: Zum Sieben-Brüder-Kloster (Yediler Manastırı)

Route/Dauer: Kapıkırı – Gölyaka – Abstecher zu Höhlen mit prähistorischen Felsmalereien – Sieben-Brüder-Kloster – Gölyaka – Kapıkırı. Kalkulieren Sie für die Wanderung ab/bis Kapıkırı ohne Besichtigungspausen 5–5 ½ Std. ein, falls Sie von Gölyaka (die Ortschaft passiert man auf der Strecke Bafa–Kapıkırı) starten, mit 3–3 ½ Std.

An- und Weiterfahrt: → Bafa-See, S. 154. Die Dolmuşe von Milas nach Kapıkırı passieren Gölyaka.

Allgemeines/Voraussetzungen: Ein einfach zu gehender, jedoch nicht ganz so einfach zu findender Weg. Doch keine Sorge: Auch wenn man sich verläuft, begeistert diese Tour durch die einzigartige Felslandschaft. Sich so zu verirren, dass man nicht mehr zum Ausgangspunkt zurückfindet, ist zum Glück nahezu unmöglich. Es ärgert kein dorniges Gebüsch, nirgendwo geht es sehr steil bergauf, und Kletterpassagen tauchen auch nicht auf. Nur für den Abstieg in die Höhle mit den Felszeichnungen muss man ein wenig gelenkig sein. Der Weg ist abschnittsweise markiert. Getränke kann man in Gölyaka kaufen.

Wegbeschreibung: Von Kapıkırı folgt man der Straße nach Bafa, also jener Straße, auf der Sie überhaupt erst in den Ort gekommen sind. Nach rund 3 km (1 Std.) hat man das 100-Einwohner-Dorf Gölyaka erreicht. Hier zweigt man beim Baldağı Market mit großem Tuborg-Schild und der Fassadenaufschrift „Cold Beers, Cold Drinks“ links ab. (Falls Sie die Straße rund 50 m weiter gehen, finden Sie ein braunes Hinweisschild mit der Aufschrift „Manastır, Mağara Freskleri, Cave Frescos“ samt Richtungspfeil. Hier **nicht** links abzweigen! Das Schild hat das benachbarte Kasıkçı Restaurant aufgestellt, um Fremde zu verleiten, hier zu parken und sich vor der Tour zu stärken!)

Folgt man vom Baldağı Market dem Sträßlein bergauf (also vom See weg), gelangt man nach ca. 300 m zu einem kleinen Platz mit Atatürkbüste und Teehaus. Hier schlägt man den Weg rechts an der Atatürk-Büste vorbei ein. Auf diesem passieren Sie die Moschee des Ortes. Ca. 150 m hinter der Moschee gabelt sich der Weg vor einem alten kleinen Brunnen, hier links bergauf halten. Bei den letzten Häusern des Ortes trifft der Weg auf einen von rechts kommenden, bergauf führenden Weg. Hier wandern Sie geradeaus weiter. Nach weiteren rund 100 m, wenn der Weg nach links abschwenkt (linker Hand die hüfthohe Ruine eines Hauses), wandert man abermals geradeaus weiter. Fortan geht es auf Pfaden voran – nur ist auf den ersten Metern der Pfad noch nicht deutlich zu erkennen. Halten Sie auf die 1,5 m hohe Natursteinmauer voraus linker Hand zu. Bei dieser stoßen Sie automatisch auf den klar auszumachenden Pfad, der parallel zur Mauer verläuft. Wenn die Mauer endet, windet sich der Pfad entlang eines dünnen eisernen Wasserrohrs. Sie passieren ein Gatter – nicht das einzige auf der Strecke. Hinterlassen Sie die Gatter stets so, wie Sie sie vorgefunden haben! Ca. 6 Min. später gelangen Sie zu zwei weiteren Gattern. Das rechte ignorieren Sie, es geht geradeaus weiter. 3 Min. später müssen Sie rechter Hand nach Bänkchen im Schatten eines Baumes Ausschau halten. An dieser Stelle verlassen Sie den klar zu erkennenden Pfad. Rund 4 m vor den Bänken müssen Sie rechter Hand über den Fels aufsteigen. Hier ist der Weg anfangs schwer auszumachen – dort aber, wo er verläuft, wirkt der Fels etwas heller. Noch eine Hilfe zur groben Orientierung: Halten Sie auf den höchsten Gipfel der Umgebung zu. Nach ca. 40 m taucht linker Hand eine Markierung auf, und nach ca. 4 Min. müssen Sie wieder ein Gatter passieren. Danach ist der Pfad wieder klar und deutlich auszumachen und trifft nach weiteren 5 Min wieder auf das Wasserrohr, entlang dem es nun weitergeht. Hinter dem nächsten Gatter wird der Weg beidseitig von Mauern flankiert. Ein Gatter bereitet dem wieder ein Ende.

Sieben-Brüder-Kloster über dem Bafa-See

Abstecher: Nun bietet sich ein Abstecher zu der Höhle mit den prähistorischen Felsmalereien an. Dauer hin und zurück ca. 30 Min. – sofern Sie den Weg auf Anhieb finden! Dafür hält man sich hinter dem Gatter rechts und wandert parallel zu der rechter Hand verlaufenden Mauer bergauf. Rote (jedoch verblasste) Markierungen tauchen fortan zuweilen auf und versichern Ihnen, dass Sie auf dem richtigen Weg sind. Ein Markierungspfeil ist jedoch falsch gesetzt. Damit Sie dieser nicht in die falsche Richtung schickt, achten Sie auf folgende Stelle: Ca. 2 Min., nachdem der Pfad ein Gatter zwischen Fels (linker Hand) und Stacheldrahtzaun (rechter Hand) passiert hat, taucht voraus ein roter Pfeil nach rechts auf. Hier müssen Sie sich noch vor dem Pfeil links halten. Der Weg ist weiterhin markiert. Ca. 4–5 Min. nach dieser Stelle müssen Sie rechter Hand (zuweilen Kopf drehen!) bei einer Felsnische nach einem roten „Acht-Uhr-Pfeil" Ausschau halten. Folgen Sie der Pfeilrichtung für ca. 20 m. Dann müssen Sie in die Felsformation mit dem hüfthohen Loch am Boden hineinklettern. Die prähistorischen Malereien zeigen – Fantasie vonnöten – Männer, Frauen, Tiere usw. Sie sollen 8000–10.000 Jahre alt sein.

Lässt man den Abstecher aus, wandert man hinter dem Gatter geradeaus weiter. Das Rohr dient wieder als Orientierung. Nach ca. 10 Min. passieren Sie erneut ein Gatter. Von nun an muss man das Rohr außer Acht lassen. Es geht bergab, voraus sehen Sie bereits das Kloster. Sie passieren nochmals ein Gatter und bald darauf ein Eisentor, das mit einer Mauer der einstigen Klosteranlage aus dem 7. Jh. verbunden ist. Hinter dem Eisentor müssen Sie ca. 1 ½ Min. parallel zu der linker Hand verlaufenden Mauer weitergehen und dann voraus nach einem rund 4 m hohen Felsen Ausschau halten, der die Form eines Sturzhelmes hat. Darin entdecken Sie Fresken, die den Leidensweg Christi zeigen. Danach warten die Ruinen des Klosters auf ihre Erkundung.

Wandern im Latmos-Gebirge

Zwischen Bafa-See und Kuşadası

Die fast surreal wirkende Felslandschaft rund um den Bafa-See trennt die Schwemmlandebene des Großen Mäander von der bergigen Dilek-Halbinsel. Diese Ebene bildet die Grenze zwischen den historischen Landschaften Karien und Ionien. Letztere erstreckte sich entlang der Küste bis Phokaia (heute Foça, nördlich von İzmir) und umfasste auch die vorgelagerten Inseln. Ionien war in der Antike überaus reich an Kunst und Kultur. Daran erinnern auf dem Weg nach Kuşadası u. a. die Ausgrabungsstätten Milet, Didyma, Priene und Magnesia. Die schönsten Strände der Gegend bietet der Dilek-Nationalpark auf der gleichnamigen Halbinsel.

Didyma

(antike Stätte)

Das Didymaion, die größte antike Tempelanlage der Türkei, beherbergte die bedeutendste Orakelstätte Kleinasiens. Im Ansehen rangierte diese unmittelbar hinter dem Orakel von Delphi.

In der Antike war Didyma im Unterschied zu Milet oder Priene nie eine Stadt, sondern diente einzig dem Kult des Gottes Apollon. Verwaltet wurde der Tempelbezirk von Milet (→ S. 164) aus, mit dem er durch eine 16 km lange, statuengeschmückte *Heilige Straße* verbunden war. Damals umgab ein Hain den kolossalen Tempel, heute steht er inmitten des ehemals griechischen Dorfes Didim. Dessen Kirche wurde in der ersten Hälfte des 20. Jh. in eine Moschee umgewandelt, die alten Natursteinhäuser beherbergen heute Restaurants, Läden und Teppichverkäufer. Das neue Didim etwas weiter, ein stetig expandierendes Konglomerat einheitlicher Apartmentblocks, ist mit Altınkum (s. u.) mittlerweile so gut wie zusammengewachsen.

Geschichte

Grabungsfunde lassen darauf schließen, dass es hier bereits im 11. Jh. v. Chr. ein Heiligtum gab, in dem die Erdmutter Gaia verehrt wurde. Zu jener Zeit bestand der heilige Ort aus nicht viel mehr als einem kleinen Kulttempel mit einer Quelle. Man nimmt an, dass die Mileter diesen Kult im 8. Jh. v. Chr. auf die Zwillinge Apollon und Artemis übertrugen. Sie glaubten, Didyma sei der Ort ihrer Zeugung gewesen.

Schon bald darauf leuchtete Didymas Stern hell am Orakelhimmel. Vom lydischen König Krösus bis zum ägyptischen Pharao Necho – jeder Pilger und Ratsuchende stiftete kostbare Gaben. Und so hatte das Priestergeschlecht der Branchiden, die das Heiligtum hüteten, schnell die Mittel zusammen, um dem Kult einen würdigen Rahmen zu verleihen. Ein monumentaler Tempel wurde gebaut. Doch 494 v. Chr., noch vor seiner Vollendung, plünderten die Perser das Heiligtum und brannten es nieder.

Nach der Vertreibung der Perser in der zweiten Hälfte des 4. Jh. v. Chr. plante man den Wiederaufbau der Kultstätte. Noch gigantischer sollte sie diesmal werden, die größte Kleinasiens. Dass auch dieser Tempel nie vollendet wurde, lag nicht zuletzt an den unermesslichen Kosten des Projekts: Aus Inschriften weiß man, dass allein eine der 20 m hohen Tempelsäulen rund 20.000 Arbeitstage erforderte – und der

Plan sah einen Wald von 122 Säulen vor! Hinzu kam, dass die Arbeiten aufgrund kriegerischer Auseinandersetzungen immer wieder für Jahrzehnte ruhten.

Als das Christentum Staatsreligion wurde, stellte man die Arbeiten am Tempel nach über 600 Jahren Bauzeit endgültig ein. Die Ruine diente als Festung, das Adyton als Kirche, bis beide Ende des 15. Jh. nach einem Erdbeben aufgegeben wurden. Die Reste der antiken Bauruine sind jedoch noch immer überaus imposant. Erste Ausgrabungen fanden unter französischer Leitung 1872 statt. Zwischen 1905 und 1914 wurde der Tempel vollständig freigelegt. Heute leitet das Deutsche Archäologische Institut die Forschungsarbeiten vor Ort.

• *Verbindungen* **Dolmuşe** auf der Strecke Söke–Altınkum passieren Didim, aber nicht alle halten am Tempel, nachfragen! **Organisierte Tagesausflüge** nach Didyma, meist in Verbindung mit dem Besuch von Priene und Milet, werden von Bodrum, Kuşadası und Selçuk angeboten.

• *Öffnungszeiten* Tägl. 9–19.30 Uhr, im Winter 8.30–17 Uhr. Eintritt 1,10 €. Wer mehr über Didyma erfahren möchte, dem sei der i. d. R. vor Ort erhältliche kleine Führer von Prof. Dr. R. Naumann empfohlen.

• *Übernachten* Etliche 08/15-Unterkünfte von Fünf-Sterne-Häusern bis zu einfachen Pensionen in **Altınkum** (s. u.). Beim Tempel selbst ist die Auswahl recht bescheiden, unser Tipp:

Oracle Pension, urgemütliche Terrasse mit toller Aussicht auf die Ruinen. 5 sehr einfache, aber auch irgendwie niedliche Zimmer mit und ohne Bad, z. T. mit Balkon. DZ 27 €. Direkt neben dem Tempel, ☎ 0256/8110270.

• *Camping* Campingmöglichkeiten auf dem Picknickgelände **Tavşan Burnu** ca. 6 km nördlich von Didyma direkt am Meer mit einem gepflegten, aber schmalen Sandstrand. Großer Platz unter Kiefern. Restaurant, Markt. Etwas dürftige Sanitäranlagen, aber insgesamt okay. Viele türkische Gäste mit Hauszelten. Zelten für 2 Pers. ca. 4 €, egal ob mit Zelt oder Wohnmobil. ☎ 0256/8256504.

In der Masse baden – Strand von Altınkum bei Didyma

Besichtigung der Tempelanlage

Der riesige Tempel (51 x 110 m) kann auf seiner Ostseite über eine 13-stufige Freitreppe betreten werden – beeindruckend sind hier die gigantischen Säulenstümpfe mit einem Durchmesser von 2 m. Teils schmücken schöne Reliefs ihre Basen. Die ionischen Kapitelle zierten einst Stierköpfe und Gottheiten, der Fries des Architravs zeigte liegende Löwen, Akanthusranken und Medusenköpfe, darunter der heute wohl meistfotografierte **Medusenkopf** der Welt, der nun gleich hinter dem Eingang zum Ausgrabungsareal aufgebahrt ist. Achtung: Der Blick der Medusa soll alle töten, die schlechte Absichten hegen!

Rund um die Tempelmauer war eine doppelte Säulenreihe geplant. Drei der 20 m hohen Säulen stehen noch bzw. wieder in ihrer vollen Pracht. Auf der Nordseite ist die doppelte Säulenreihe deutlich auszumachen, auf der Südseite blieb es vielfach bei deren Planung. Zwar finden sich hier Werkspuren, doch keine Säulenstümpfe. Auf der Westseite (Rückseite) bietet sich der Anblick einer umgestürzten, in einzelne Trommeln zerfallenen Säule.

An den **Pronasos,** die Tempelvorhalle, die einst auf weiteren 12 Säulen ruhte, schließt die höher gelegene **Orakelhalle** an. Diese war nur den Priestern zugänglich, und wurde vom Innenhof des Tempels betreten. Durch ein monumentales „Fenster" (6,63 x 14 m) leiteten die Priester hier die Orakelsprüche des Apollon an das Volk weiter. Die Marmorquader zu beiden Seiten des Fensters wiegen je 70 t.

Rechts und links davon befinden sich die zwei tunnelartigen Gewölbegänge zum **Adyton** (dt. „unzugänglich"), dem 54 x 25 m messenden Innenhof des Didymaions, den nur Priester betreten durften. Er war mit Lorbeerbäumen bepflanzt und von einer 26 m hohen Mauer umgeben, die noch bis zu einer Höhe von etwa 10 m erhalten ist. Hier stand auch der Naiskos, ein kleiner Tempel, in dem sich die bronzene Kultstatue des nackten Apollon befand. Eine gewaltige Freitreppe führt zudem vom Innenhof hinauf in die Orakelhalle. Je nach Lichteinfall kann man dort Architekturzeichnungen an den Wänden erkennen, zudem Inschriften, die über den Bau des Tempels Auskunft geben.

Altınkum und Umgebung

Der 5 km südlich von Didyma gelegene Badeort ist eine niveaulose, wild wuchernde Ansammlung von Apartmentblocks, Hotels und Pensionen. Überall prangen Schilder von Immobilienmaklern, ab rund 20.000 £ gehen hier Ferienwohnungen über den Tisch. Die meisten Kunden sind Briten, auf die auch die Speisekarten der hiesigen Restaurants zugeschnitten sind: *Full English Breakfast* und *Fish 'n' Chips* zu Preisen, die das Doppelte des Landesdurchschnitts überschreiten. Wem das nicht reicht: Im zentral gelegenen „Our Restaurant" serviert man aus England importierte „Pork Sausages with Heinz Beans" ... Etliche Discobars und Open-Air-Kneipen am südwestlichen Ende der Bucht sorgen für ein unterhaltsames Nachtleben. Das große Plus des Orts ist sein langer, gepflegter, sanft ins Meer abfallender Sandstrand, der – außerhalb der Saison – seinem Namen (*altın kum* = goldener Sand) alle Ehre macht. Im Hochsommer ist von seiner goldenen Pracht aber nichts zu sehen, denn damit er nicht ausbleicht, wird er täglich mit tausenden von Sonnenschirmen und Handtüchern abgedeckt.

Auch an der fjordartigen Küste östlich von Altınkum gibt man sich alle Mühe, das Antlitz einer einst intakten Küstenlandschaft komplett zu zerstören. **Akbük,** die erste große Bucht nach Altınkum, ist gespickt mit Ferienhaussiedlungen und Mehrsterne-Hotelanlagen. Zwischen viel Beton kann man den einen oder anderen (oft künstlichen) Sandstrand entdecken. Im Osten der Bucht wird Fischzucht betrieben. In ein paar urigen Lokalen direkt am Wasser werden die Köstlichkeiten serviert. Pensionen oder kleine Hotels jedoch suchen Individualtouristen in der gesamten Ecke vergebens. Noch ein Hinweis: Die Gegend südöstlich von Akbük ist schlecht beschildert. Zudem existiert die in vielen Karten eingezeichnete Küstenstraße von der Kazıklı-Limanı-Bucht nach Iasos nicht!

Die Ruinen von Didyma im Abendlicht

• *Verbindungen* Regelmäßige **Dolmuş**verbindung von Altınkum über Didyma nach Söke. Von dort gelangt man mit Bussen in den Rest der Türkei.

Im Sommer **Fährverbindungen** zur Bodrum-Halbinsel (es geht über Torba nach Bodrum), in manchen Jahren tägl., in manchen nur 2-mal wöchentl. – erkundigen Sie sich nach den genauen Abfahrtszeiten. Tagesausflügler von Bodrum, die Milet, Didyma und Priene besichtigen wollen, können in Altınkum für 60–75 € (je nach Verhandlungsgeschick) ein **Taxi** chartern.

Noch ein Badetipp: Mit den feinsten Stränden der Türkei ist der Küstenabschnitt zwischen Didyma und Milet nicht gesegnet, dennoch bietet sich auch hier ein Sprung ins kühle Nass an. Baden kann man gegen einen kleinen Obolus beim Picknickgelände **Tavşan Burnu** ca. 6 km nördlich von Didyma an der Straße nach Milet: gepflegter Strand mit einem schattigen Wald dahinter. An der Straße von Didim nach Milet befindet sich zudem ein **Aquapark**.

Milet

(antike Stadt)

80.000 Einwohner und vier Häfen zählte Milet. Doch wo einst Handelschiffe in See stachen, liegen heute weite Baumwollfelder. Und zwischen den Ruinen vergessener Monumentalbauten grasen Schafe.

Wie Ephesus war auch Milet durch Verlandung seiner Häfen dem Untergang geweiht. Die Ruinen liegen heute rund 10 km abseits der Küste und lassen kaum mehr erahnen, dass die Stadt eine der bedeutendsten Hafenstädte der griechischen Antike war. Wie keine andere gründete sie Kolonien und trieb einen lebhaften Seehandel. Und gäbe es heute noch einen Bürgermeister, würde er bei jeder Festrede auf die berühmten Söhne der Stadt verweisen: Da war zum einen Thales (625–547 v. Chr.), der erste abendländische Philosoph, der heute jedoch vor allem als Mathematiker bekannt ist – wer bei den Dreiecken in der Schule aufgepasst hat, der kennt ihn. Sein Schüler Anaximander erfand vermutlich die Sonnenuhr und erkannte als erster, dass die Erde frei im Weltraum schwebt. Dessen Schüler Anaximenes wiederum unterschied Planeten von Fixsternen und sah bereits das Mondlicht als Reflex des Sonnenlichtes an. Hippodamos von Milet war der einflussreichste Stadtplaner der Antike. In Milet wurde zudem das von den Phöniziern übernommene Alphabet vervollständigt. Und auch viel früher als anderswo hatte man hier begonnen, Münzen zu prägen und Gewichte festzulegen.

Geschichte

Man nimmt an, dass Milet im 16. Jh. v. Chr. durch kretische Siedler gegründet wurde. Nach dem Geschichtsschreiber Herodot eroberten im 11. Jh. v. Chr. Ionier die Stadt und töteten alle Männer. Deren Frauen machten sie zu ihren eigenen – angeblich sollen diese aus Hass nie mit ihnen gesprochen haben. Wie dem auch war, die Stadt entwickelte sich unaufhaltsam und miletische Kolonisten gründeten schon ab dem 8. Jh. v. Chr. am Mittelmeer und am Schwarzen Meer mehr als 90 Tochterstädte, von denen Constanza (Rumänien), Sinop, Samsun und Trabzon (Türkei) die bekanntesten sind. Unter dem Tyrannen Thrasybulos erreichte Milet im 6. Jh. v. Chr. seinen Zenit, wurde geistiges Zentrum, bevorzugter Hafen und Handelsplatz Ioniens. In jener Zeit begann man mit dem Bau des Tempels von Didyma.

Nach einem gescheiterten Aufstand gegen die persische Großmacht wurde Milet 494 v. Chr. geplündert, zerstört und ein großer Teil der Bevölkerung verschleppt.

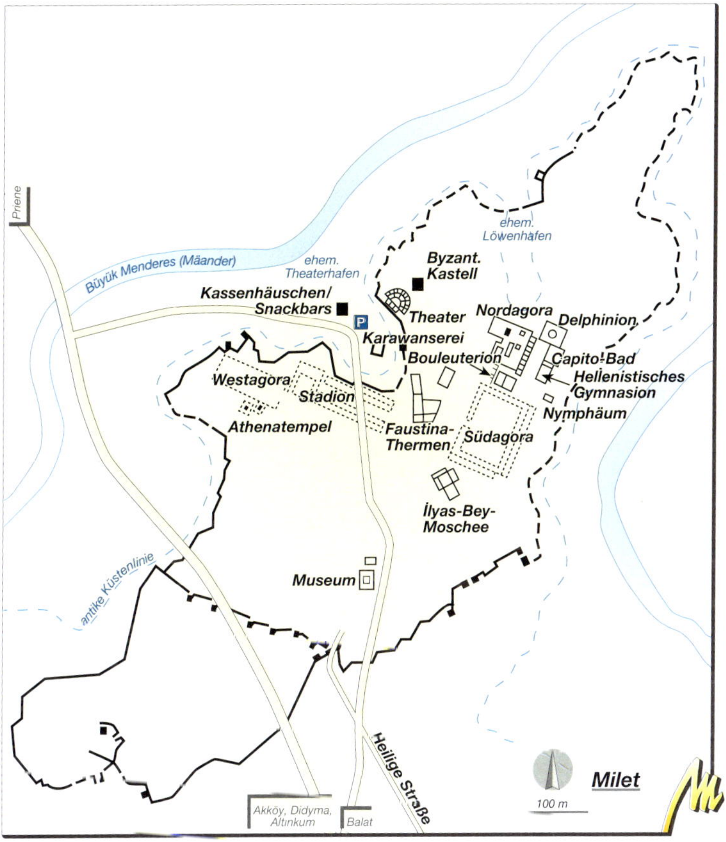

Doch schon 479 v. Chr. begann man mit dem Wiederaufbau der Stadt, diesmal nach dem sog. hippodamischen System, an dem sich fortan alle planmäßigen Stadtgründungen der griechischen Klassik und des Hellenismus orientierten: Nicht mehr in engen, verwachsenen Gassen sollten die Menschen leben, sondern in Rasterstädten mit Schachbrettmuster (→ Priene).

Auferstanden aus Ruinen erlebte die neue Stadt bald wieder wirtschaftlichen Wohlstand – Kleider und Mobiliar „made in Milet“ waren im Mittelmeerraum sehr begehrt. Eine politische Führungsrolle kam den als prunksüchtig geltenden Miletern aber nicht mehr zu, vielmehr wurde die Stadt in den nächsten beiden Jahrhunderten zum Spielball verschiedener Mächte. Ruhe kehrte erst wieder unter der Herrschaft Pergamons ein. In jene Zeit fallen auch die „Milesischen Geschichten“, erotische, novellenartige Erzählungen von Aristides von Milet. Unter Rom (ab 133 v. Chr.) erlebte die Stadt ihre letzte Blüte, Cäsar, Antonius und der Apostel Paulus statteten ihr einen Besuch ab.

In byzantinischer Zeit war es bereits still um Milet, obwohl die Stadt noch zu einem Bischofssitz erhoben wurde. Fortan pflegte sie ein Schattendasein in der Weltgeschichte. Im 14. Jh. erhielt sie als Hafenstadt des Menteşe-Emirats (→ Geschichte Milas, S. 149) einen neuen Namen: Balat (Palatia). Irgendwann im 17. Jh. gab man die Versuche auf, gegen die Verlandung des Hafen anzukämpfen und die ehemals so mächtige Hafenstadt verwandelte sich nun endgültig in ein langweiliges Provinznest. 1955 wurde Balat nach einem Erdbeben aufgegeben und ein paar Kilometer weiter südlich in typisch türkischer Dorfmanier wieder aufgebaut. Erste archäologische Untersuchungen unternahm 1899 Theodor Wiegand vom Berliner Museum. Noch heute erforscht das Deutsche Archäologische Institut die antike Stadt, die Ausgrabungen dauern an.

• *Verbindungen* **Organisierte Tagesausflüge**, meist in Verbindung mit dem Besuch von Priene und Didyma, werden von Bodrum, Kuşadası und Selçuk angeboten.

Theoretisch bietet sich von Söke eine Anfahrt mit dem **Dolmuş** an (ca. 3-mal tägl., nur am Vormittag). Da die Dolmuşe meist aber umgehend zurückkehren, läuft man Gefahr, dass man für den Rückweg 5 km bis ins Dorf Akköy spazieren muss, wo die Dolmuşe auf der Strecke Söke–Altınkum vorbeikommen. Vor Ort großer gebührenpflichtiger Parkplatz und mehrere kleine Restaurants.

• *Öffnungszeiten* Tägl. 8–20 Uhr (im Winter kürzer). Eintritt 1,10 €.

Sehenswertes

Ein Besuch des Ausgrabungsgeländes gewinnt an Faszination, wenn man sich vorzustellen vermag, dass sich das antike Milet auf einer rund 2,5 km langen Halbinsel erstreckte. So lag z. B. zu Füßen des Theaters der sog. **Theaterhafen,** in dem einst Handels- und Kriegsschiffe dümpelten und heute das Kassenhäuschen und ein paar Snackbars stehen. Die wichtigsten Bauwerke, das Gros stammt übrigens aus römischer Zeit, lassen sich in einem Rundgang besichtigen. Wer alle zu Fuß abklappern will, sollte mindestens einen halben Tag einkalkulieren, nach stärkeren Regenfällen sind Gummistiefel keine schlechte Idee. Genießer sollten sich das Theater – diesem gegenüber verblassen die anderen Ruinen – als Highlight für den Schluss aufheben.

Theater: Das eindrucksvolle Theater, eines der größten Kleinasiens, wurde unter Kaiser Trajan (97–117 n. Chr.) auf den Fundamenten eines hellenistischen Theaters errichtet. Die Vorderfront misst 140 m, der obere Umgang ist 500 m lang. Über 30 m ragt der imposante Bau aus der Ebene auf. Das gewaltige Theaterhalbrund fasste zwischen 15.000 und 25.000 Zuschauer – die Quellen sind sich uneins. Ausgezeichnet erhalten sind die 18 unteren Sitzreihen. Die beiden Säulen dort trugen einst einen Baldachin, unter dem der Kaiser Platz zu nehmen pflegte. Das Bühnengebäude war reich verziert mit Pilasterkapitellen, Statuen und Reliefs, es lohnt, sich die verstreut liegenden Architekturfragmente näher anzuschauen. Auf der Hügelkuppe über dem Theater thront – gewissermaßen als Zugabe – ein zerfallenes *byzantinisches Kastell* aus dem 8. Jh. Von ihm genießt man eine ausgezeichnete Aussicht über das weitläufige Ruinengelände inmitten der Mäanderebene.

Löwenbucht: Nördlich des Theaters lag der sog. Löwenhafen, dessen Einfahrt zwei große marmorne Löwenfiguren flankierten. An der inneren Spitze des Hafens stand das *Trophäum,* ein Hafenmonument, von dem noch der vierstufige Sockel (Durchmesser 11 m) mit einem Tritonenfries erhalten ist. Anfangs ehrte es wahrscheinlich Pompeius, der 63 v. Chr. das östliche Mittelmeer vorübergehend von der Piratenplage erlöste, später Kaiser Augustus für dessen ruhmreiche Taten in der

Im Theater von Milet

Seeschlacht von Actium. Vom Trophäum führte eine 30 m breite Prachtstraße, die rechter Hand von einer *Kolonnadenhalle* gesäumt wurde, zum Delphinion.

Delphinion: Der Freilichttempel, von dem nur noch das pflanzenüberwachsene Fundament zu sehen ist, diente der Verehrung des Apollon Delphinios, des Gottes der Seeleute, Häfen und Schiffe. Der Komplex besaß einen von Säulenhallen umgebenen Innenhof mit einem kleinen Rundpavillon aus Marmor. Vor dem Delphinion begann die *Heilige Straße,* die nach Süden zum Didymaion (→ S. 160) führte.

Nordagora: Rechter Hand der Heiligen Straße lag das nördliche Marktviertel (90 x 43 m), das ursprünglich allseits von Säulen umgeben war. Mit mehr als 200 Läden bildete es eines der bedeutendsten Handelszentren der Stadt. Heute ist der Platz von Tamarisken und Algen überwuchert, ein kleiner Teil der *Stoa* wurde rekonstruiert. Auf der anderen Seite der Heiligen Straße sieht man Reste einer römischen Thermenanlage, des sog. *Capito-Bades,* und daran anschließend Reste eines *hellenistischen Gymnasions.*

Bouleuterion: Um 170 v. Chr. wurde zwischen der Nord- und der noch größeren Südagora der Ratssaal der Stadt errichtet. Man betrat die Anlage durch einen Torbau an der Ostseite und gelangte in einen von Säulenreihen umgebenen Innenhof, in dem ein dem Kaiser Augustus geweihter Altar stand. Der Sitzungssaal dahinter bot, einem Theater gleich, auf 18 gut erhaltenen Sitzreihen etwa 1200 Ratsmitgliedern Platz.

Nymphäum: Gegenüber dem Bouleuterion stand das einst prachtvolle Brunnenhaus mit einer dreigeschossigen Prunkfassade, gestiftet von Trajans Vater. In den Nischen der Hauptfassade waren 27 Götterfiguren aufgestellt, die z. T. auch als Wasserspeier dienten. Das Bauwerk enthielt zudem öffentliche Toiletten und zwei Wasserreservoirs. Das unterste Stockwerk konnte weitgehend rekonstruiert werden.

Südagora: Sie lag südlich von Nymphäum und Bouleuterion und war mit rund 33.000 m² eine der größten der antiken Welt. Das imposante Nordtor wurde wieder aufgebaut – im Berliner Pergamon-Museum.

İlyas-Bey-Moschee: Noch weiter südlich steht die Ruine einer 1404 von Emir İlyas von Menteşe errichteten Moschee mit einem Storchennest darauf. Da zu jener Zeit schon viele Bauten der Stadt funktionslos waren, klaute man von diesen die Steine dazu. Nach dem Erdbeben von 1955 wurde sie zwar notdürftig renoviert, innen aber ausgeräumt.

Faustina-Thermen: Auf dem Weg wieder zurück zum einstigen Theaterhafen, stößt man auf die Reste einer großen Thermenanlage, die im Jahre 164 n. Chr. von Faustina II., der Gattin Marc Aurels, gestiftet wurde. Es gab Kalt-, Warm- und Heißwasserbecken sowie Schwitzräume, die allesamt überreich mit Marmor ausgekleidet waren. Dahin ist dahin. Gut erhalten ist aber noch das *Frigidarium,* der Abkühlungsraum mit der intakten Skulptur des Flussgottes Mäander und jener eines Löwen.

Weiter westlich liegen in einer Grube die Fundamente eines **Stadions** und noch weiter westlich die spärlichen Reste der **Westagora,** an die sich südlich die Grabungsstelle des **Athenatempels** anschließt. Funde davon – heute in den Museen von İzmir und İstanbul – lassen vermuten, dass dieser Ort zugleich zu den ältesten Siedlungsstätten Milets gehört. Vorbei an ein paar Souvenirgeschäften und Restaurants gelangt man zurück zum Parkplatz. Dabei fällt der Blick auf eine schön restaurierte **Karawanserei** aus dem 15. Jh., dem wohl letzten großen Bauwerk Milets. Noch bis vor wenigen Jahren wurden in ihr Teppiche verkauft, zum Zeitpunkt der letzten Recherche stand sie leer. Auch das kleine **Museum** mit Grabungsfunden an der Straße nach Balat war bei unserem letzten Besuch nicht zugänglich, ein Wiedereröffnungstermin konnte nicht genannt werden.

Blick auf das Mäanderdelta

Die Schwemmlandebene des Mäanderdeltas

Wo 494 v. Chr. in einer großen Seeschlacht die Mileter den Persern unterlagen, erstreckt sich heute eine weite Ebene von mehreren hundert Quadratkilometern. Die größten Baumwollplantagen der Ägäis sind hier zu finden. Sie bieten zur Ernte im Herbst Arbeit für tausende Pflücker, größtenteils Saisonarbeiter aus Ostanatolien, die unter teils erbärmlichen Bedingungen in Zeltlagern am Rande der Felder hausen. Die Schwemmlandebene schuf der *Büyük Menderes,* der die Küstenlinie durch seine starke Sedimentation im Laufe der Jahrhunderte so weit vorschob (im Schnitt 9 m pro Jahr), dass die antiken Hafenstädte Priene und Milet heute kilometerweit im Landesinnern liegen. Zwar führte die Verlandung letztendlich zum Untergang der Städte, war aber aufgrund des fruchtbaren Bodens anfangs auch ausschlaggebend für deren Aufstieg.

Im Mündungsgebiet des Großen Mäanders erstreckt sich heute eine schilfgesäumte Lagunenlandschaft, Brut- und Überwinterungsgebiet vieler Vögel – ein Paradies für Ornithologen. Pfeif- und Krickenten, Brachschwalben, Stelzenläufer, Pelikane, Spornkiebitze und sogar Flamingos können hier beobachtet werden.

Priene (antike Stadt)

Hoch über der Schwemmlandebene des Büyük Menderes thront das antike Priene. Die Lage der Ausgrabungsstätte ist grandios, die Ruinen selbst sind es weniger, auch wenn Archäologen dem für gewöhnlich widersprechen: Denn in Priene dominiert – eine Seltenheit in der Ägäis – überwiegend unverfälschte griechische Bausubstanz, da die Stadt bereits in römischer Zeit nahezu bedeutungslos geworden war.

Das heute ausgegrabene Priene wurde zu Mitte des 4. Jh. v. Chr. neu gegründet. Die Reste der Vorgängerstadt, welche einst direkt am Latmischen Meerbusen lag und wegen Verlandung ihres Hafens aufgegeben wurde, ruhen irgendwo metertief unter der Schwemmlandebene. Die neue Stadt wurde terrassenförmig im Schachbrettmuster nach dem hippodamischen System (→ Milet/Geschichte, S. 165) angelegt. Sie war durch Längs- und Querstraßen in etwa 80 Parzellen von 35 x 47 m unterteilt. Auf jeder Parzelle hatten ca. vier Privathäuser Platz. Die befestigte Akropolis, von der nur noch spärliche Mauerreste erhalten sind, wurde nördlich der Stadt auf einem knapp 250 m hohen Felsblock errichtet.

Als das Stadtsäckel leer war, kam 334 v. Chr. zum Glück Alexander der Große vorbei: Er übernahm die Baukosten des Athenatempels. Eine kurze Blütezeit brach an. Doch schon 277 v. Chr. zerstörten die Galater die Stadt. Nach dem erneuten Wiederaufbau geriet Priene in die Diadochenkämpfe und nahm durch Brände und Plünderungen großen Schaden. Unter römischer Regentschaft (ab 133 v. Chr.) herrschte zwar Friede, doch mit der zunehmenden Verlandung des Golfes und dem Verlust seines Hafens sank Priene mehr und mehr in die Bedeutungslosigkeit ab. Byzanz schenkte der Stadt zwar noch einen Bischofssitz, doch Prienes Untergang tat dies keinen Abbruch. Im 14. Jh. verließen sie die letzten Bewohner.

Erste Ausgrabungen erfolgten 1868 durch ein britisches Team. Zwischen 1895 und 1899 legte der Pergamon-Entdecker Carl Humann mit seinem Kollegen Theodor

Wiegand die Stadt systematisch frei. Die bedeutendsten Skulpturen und Bauteile wanderten nach İstanbul, ins Britische Museum und ins Berliner Pergamon-Museum.

- *Verbindungen/Anfahrt* Von Söke mind. stündl. **Minibusse**. Von Kuşadası und Selçuk **organisierte Tagestouren** nach Priene, Milet und Didyma. Priene ist von der Straße Söke–Milas ausgeschildert. Die Ruinenstadt liegt oberhalb des Dorfes Güllübahçe und ist auf einem schmalen Sträßchen bequem zu erreichen.
- *Öffnungszeiten* Tägl. 9–19 Uhr, im Winter kürzer, außerhalb der Öffnungszeiten frei zugänglich. Eintritt 1,10 €.
- *Übernachten/Essen & Trinken* In Güllübahçe finden sich einige Restaurants und eine Pension:

Priene Pension, ausgeschildert. 16 ordentliche, geräumige Zimmer mit (gefülltem!) Kühlschrank, die sich um ein Mandarinengärtchen gruppieren. Keine Klimaanlage. Im August manchmal vom Grabungsteam belegt. Nebenan kräht der Hahn mit dem Muezzin um die Wette. Campingmöglichkeiten. DZ 27 €, Frühstück extra. Turunçlar Mah. ✆ 0256/5471725, ℻ 0256/5471565.

Sehenswertes

Leider erleichtert der schachbrettartige Grundriss der Stadt keinesfalls die Orientierung: Wo einst geradlinige, gepflasterte Straßen waren, winden sich heute Feldwege und Pfade hinauf und hinab. Verwirrend ist zudem, dass die Stadt nicht nur in Hanglage, sondern zugleich noch rund um einen Hügelrücken errichtet wurde. Zum Glück aber sind alle bedeutenden Bauwerke auch mit deutsch beschrifteten Schautafeln versehen. Der Parkplatz samt Kassenhäuschen befindet sich nahe dem Osttor weit unterhalb der meisten Sehenswürdigkeiten. Nach Betreten des Ruinenfeldes steigt man zum Zentralbereich der Stadt auf. Die interessantesten Monumente im Überblick:

Theater: Verhältnismäßig klein, fasste es mit seinen 50 Sitzreihen knapp 6500 Zuschauer. Unmittelbar vor der Orchestra stehen fünf marmorne *Ehrensessel* für hohe Würdenträger, auf der Hauptachse befindet sich der *Dionysos-Altar*. Vom Bühnengebäude, in römischer Zeit renoviert, steht noch das Erdgeschoss, ebenso die gut erhaltene Säulenreihe der Vorhalle. Man nimmt an, dass zwischen die Säulen ver-

Athenatempel von Priene, das Hauptheiligtum der antiken Stadt

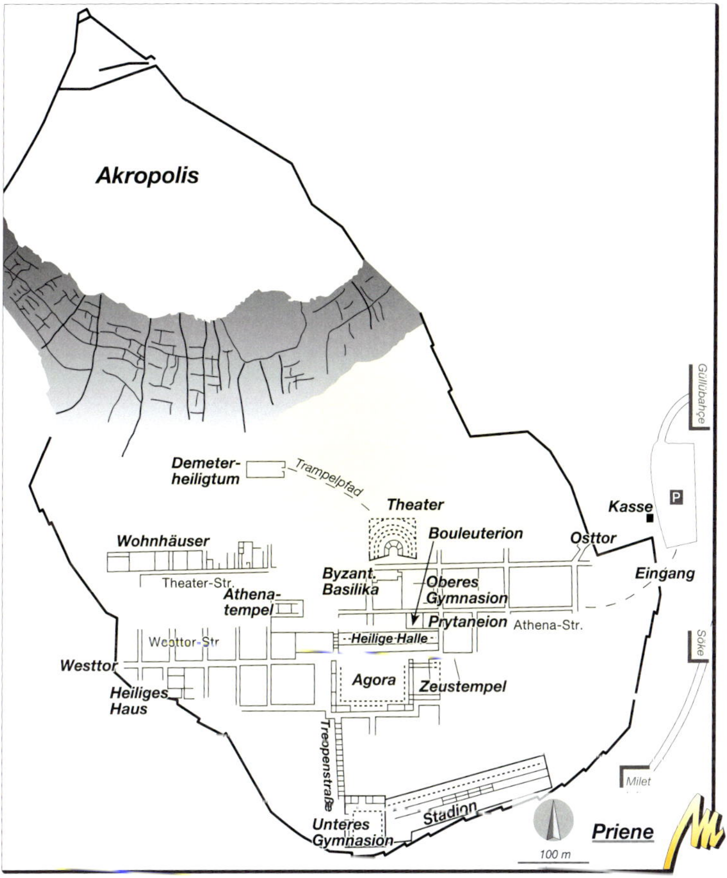

zierte Holztafeln gesetzt wurden, die als Kulisse dienten. Zu Füßen des Theaters, unter Kiefern hinter dem Bühnengebäude, liegen die Reste einer *byzantinischen Basilika.* Von hier verläuft die Theaterstraße zum weiter westlich gelegenen Athenatempel. Ein kleiner Abstecher führt davor zum Demeterheiligtum.

Demeterheiligtum: Versteckt im Pinienwald oberhalb des Theaters liegen die spärlichen Reste des stark zerstörten, der Göttin der Feldfrucht geweihten Heiligtums. Ein Trampelpfad führt hin, den Einstieg findet man am obersten Theaterrang. Der Grundriss des ummauerten, heiligen Bezirks ist noch deutlich zu erkennen. Einst betrat man die Anlage zwischen einem Wasserreservoir und einer Wohneinheit von Osten aus. Gegenüber stand der Tempel, davor eine Säulenhalle. Hier fand man die Marmorstatue der Oberpriesterin Nikesso; in Priene einst hoch geschätzt, verblasst sie heute im Berliner Pergamon-Museum.

Athenatempel: Der Architekt Pytheos (4. Jh. v. Chr.), der mit dem Mausoleum von Halikarnassos (→ Bodrum, S. 126) eines der sieben antiken Weltwunder entwarf, gab auch in Priene sein Bestes. Hier schuf er den Athenatempel, das Hauptheiligtum der Stadt. Heute ist leider nur noch dessen Fundament erhalten, von dem fünf wieder aufgerichtete, ionische Säulen samt Kapitellen imposant in den Himmel ragen. Bevor der Tempel einem Erdbeben zum Opfer fiel, war er von einer Säulenreihe umgeben. Die Kultstatue der Athene darin war um die 6,5 m hoch. Ihr Abbild zierte u. a. römische Münzen. Der Anblick des Tempels hoch über dem Golf von Latmos, vor der Kulisse einer schroffen, senkrecht aufsteigenden Felswand, muss beeindruckend gewesen sein.

Agora und Heilige Halle: Eine Treppenflucht führt vom Tempel hinab zu einem Brunnen. Ein paar Schritte zur Linken stößt man auf die stattliche Agora (75 x 46 m), die einst das wirtschaftliche Herz der Stadt war. Auf dem Platz erkennt man noch die Sockel, auf denen die Statuen wohlverdienter Bürger standen. Zur Mäanderebene hin grenzt die Agora an eine Säulenhalle, auf der Ostseite finden sich die spärlichen Reste eines *Asklepios-Heiligtums,* früher fälschlicherweise als Zeustempel bezeichnet. Auf das Heiligtum wurde später ein byzantinischer Wehrturm gebaut.

Blick vom Theater

Direkt dahinter, zur Hangseite hin, liegen etwas erhöht die Ruinen der sog. *Heiligen Halle* (12,5 m tief, 116 m lang), ein zweischiffiges Gebäude mit einer äußeren Doppelreihe von 49 dorischen und einer Mittelreihe von 24 ionischen Säulen. Die rückwärtigen Kammern (an der Nordwand) dienten überwiegend als Archive. In der 9. (vom Westen gezählt) wurde zudem Kaiser Augustus verehrt. Hier fand man auch diverse Inschriften zur Stadtgeschichte, u. a. über die Einführung des Julianischen Kalenders 9 v. Chr.

Wohnhäuser am Westtor: Die Hauptstraße zwischen Agora und Heiliger Halle führt gen Westen zu den privaten Wohnhäusern der Stadt. Sie bestanden meist aus einem rechteckigen Innenhof, um den sich eine Vorhalle sowie Schlaf- und Essgemächer gruppierten. An der Straße liegt auch das *Heilige Haus,* in dem Alexander der Große gewohnt haben soll. Hier entdeckte man ein Kieselmosaik (heute nicht mehr zu sehen) und zwei Podien zur Götterverehrung. In anderen Häusern sind noch Reste von Ausschmückungen und Wasserbecken zu entdecken.

Bouleuterion: Nordöstlich der Heiligen Halle liegt das noch gut erhaltene Bouleuterion. Hier versammelte sich der Rat der Stadt. Es war ein verhältnismäßig kleines, quadratisches und fensterloses Gebäude mit Holzdach, das jedoch ungefähr 650 Personen, rund einem Zehntel der Bevölkerung, Platz bot. Licht kam durch die offene Südseite hinein. Auf dem etwa 1 m hohen Altar vor der Tribüne wurde vor jeder Sitzung den Göttern ein Opfer gebracht.

Prytaneion: In dem Gebäude direkt neben dem Bouleuterion residierte der Magistrat. Erhalten sind ein Wasserbassin im Hof sowie Reste eines Herdes und eines Marmortisches in einem Nebenraum, vermutlich der Standort des Heiligen Feuers der Stadt.

Unteres Gymnasion: Hangaufwärts des Prytaneions lag das *Obere Gymnasion*, dessen verbliebene Quader wenig sehenswert sind. Anders das Untere Gymnasion, das über eine Treppenstraße von der Agora zu erreichen ist. Der quadratische Innenhof war auf allen Seiten von dorischen Hallen gesäumt. Deutlich erkennt man noch den Baderaum mit Becken, in die Wasser aus einer umlaufenden Rinne mit putzigen Löwenkopfspeiern lief. Daneben lag der Ephebensaal, der den jüngeren Schülern als Unterrichtsraum diente. Diese waren auch nicht besser als heutige Schulpflichtige: Die marmornen Wände sind über und über mit Schülersprüchen, Namen und Kritzeleien bedeckt.

Stadion: Das Stadion, 191 m lang und 20 m breit, schließt östlich an das Gymnasion an. Im Westen sind – durch Pfeiler abgetrennt – die Startschwellen der Läufer gut erhalten. Gestartet wurde hinter einer Schranke, die vor allen Startboxen gleichzeitig hochschnellte – ähnlich der heutigen Startanlage bei Pferderennen. Die Hanglage ließ nur Zuschauerränge auf der Nordseite (= Hangseite) zu. Die *Steintribüne* im Mittelteil und der dahinter liegende *Porticus* sind gut erhalten.

Eski Doğanbey und Umgebung

Eski Doğanbey („Alt-Doğanbey") auf der Südseite des Dilek-Nationalparks (s. u.) hieß bis 1922 *Domatia*. Dann jedoch mussten die alteingesessenen griechischen Bewohner im Rahmen des Bevölkerungsaustausches ihre Heimat verlassen und Türken übernahmen ihre Häuser. In den 1980ern jedoch zogen auch die türkischen Familien wieder weg und gründeten 1,5 km unterhalb Yeni Doğanbey („Neu-Doğanbey"); der alte Ort verfiel. Erst vor etwa zehn Jahren begannen wohlhabende Städter, sich um die Restaurierung der morbiden Natursteinhäuser zu bemühen. Mittlerweile ist Eski Doğanbey ein idyllisches, aber totenstilles Bilderbuchdorf mit uralten Wegen und wuchernden Oleanderbüschen. In der ehemaligen Schule wurde ein Nationalpark-Infozentrum eingerichtet (unregelmäßig geöffnet). Einige der schnuckeligen Häuser sind bereits zu mieten (→ Übernachten), ein Restaurant gab es zuletzt aber noch nicht. Wer jedoch von Doğanbey der Küstenstraße gen Westen weiter folgt, landet nach ca. 7 km in der Häuseransammlung **Karina** vor der militärischen Sperrzone. Dort serviert das „Karina Balık Restaurant" (✆ 0532/7442134, mobil) fangfrischen Fisch zu günstigen Preisen.

• *Anfahrt/Verbindungen* Eski Doğanbey erreicht man über Söke und Priene. 15 km hinter Priene weist ein braunes Schild (Aufschrift „Doğanbey") ins Dorf. **Dolmuşe** von Söke nur nach Yeni Doğanbey.

• *Übernachten* **Doğanbey Evleri**, ruhiger und abgeschiedener geht es kaum. 4 liebevoll restaurierte Häuser für 2–6 Pers. Komfortabel und geschmackvoll ausgestattet, mit offenen Kaminen. Keine Rezeption, nur nach Voranmeldung. Haus für 2 Pers. 50 €, für bis zu 6 Pers. 150 €. Eski Doğanbey, ✆ 0532/5904345 (mobil), www.doganbeyhouses.com.

Söke und Magnesia

Das unverfälschte Landstädtchen Söke (ca. 64.000 Einwohner) bietet nicht viel mehr als einen lebendigen Mittwochsmarkt, zu dem die Landbevölkerung pilgert und wohin organisierte Ausflüge von Kuşadası angeboten werden. Außerdem hat Söke als Knotenpunkt im Busverkehr Bedeutung.

Rund 15 km nördlich von Söke, rechts und links der Straße nach Ortaklar, liegt das antike Magnesia (im Sommer tägl. 8.30–17 Uhr, Eintritt 1,10 €). Viele Ruinen schlummern noch unter der Erde, die Universität Ankara bringt sie peu à peu ans Tageslicht. Bedeutendstes Bauwerk der Stadt war der Artemistempel, von dem aber nicht mehr allzu viel erhalten ist. Er zählte zu den größten Tempelanlagen (41 x 67 m) Kleinasiens. Teile des Tempelfrieses befinden sich heute in İstanbul, Paris und Berlin. Vom Propylon wurden ein paar Säulen wieder aufgestellt. Die Straßenlokantas von Ortaklar 4 km weiter sind übrigens bekannt für ihre leckeren *Çöpşiş* (Minispieße) – ein empfehlenswerter Lunchstopp.

Verbindungen **Dolmuşe** von Söke über Magnesia nach Ortaklar, Priene, Milet und Didyma, zudem nach Kuşadası und Milas. Busverbindungen in alle größeren Städte der Westtürkei. Gestartet wird stets am Busbahnhof (Otogar, ausgeschildert).

Weiter **Richtung Selçuk**? Auf dem Weg dahin passieren Sie **Çamlık** → S. 200.

Dilek-Nationalpark (Dilek Milli Parkı)

Der 1966 auf der Dilek-Halbinsel erschlossene Nationalpark rund um den 1237 m hohen Samsun Dağı ist ein Lichtblick in der verbrauchten und verbauten Natur rund um Kuşadası. Zum Nationalpark mit einer Gesamtgröße von 28.000 ha gehören auch weite Teile des Büyük-Menderes-Deltas. Kiefernwälder bedecken ein Drittel des Parkareals und machen Wanderungen (→ Wanderung 6) und Mountainbiketouren auch in der Sommerhitze erträglich. Wer leise ist, kann zahlreiche Vogelarten (über 250 soll es geben, darunter Kormorane und Pelikane), Wildschweine, Schakale, Luchse und Wildpferde zu Gesicht bekommen. Selbst der anatolische Panther soll sich hier noch tummeln – nur ward dieser seit Jahrzehnten nicht mehr gesehen. Wer noch mehr erfahren möchte, kann dem Nationalpark-Infozentrum in Eski Doğanbey (s. o.) einen Besuch abstatten.

Die herrlichen, bestens ausgeschilderten Strände des Nationalparks verfügen über Snackbars (nur in der Saison) und Picknickbänke. Da die Strände größtenteils flach ins Meer abfallen, sind sie zudem sehr kinderfreundlich. Das Wasser ist glasklar. Als erstes kommt die Sandbucht İçmeler, zugleich der kleinste Strand; darauf folgt Aydınlık (Kies); dann der größte und frequentierteste Beach Kavaklıburun (auch Kalamaki genannt, Kies/Sand) und zum Schluss der Karasu-Strand (z. T. feiner Kies). Kleiner Wermutstropfen: An Wochenenden sind die Strände gnadenlos überlaufen. Die Westspitze der Halbinsel ist militärisches Sperrgebiet – Sámos ist keine 2 km entfernt, und die Soldaten möchten sich beim gegenseitigen Belauern nicht stören lassen.

Den Eingang zum Nationalpark erreicht man über **Güzelçamlı,** retortig an der Küste, fast bäuerlich-provinziell im dahinter liegenden Zentrum. 100 m vorm Eingang zum Park weisen Schilder zur „Zeus Mağarası", einer **Grotte** mit Bademöglichkeit. Das Wasser leuchtet je nach Lichteinfall in Grün- oder Blautönen. Um die Grotte ranken sich allerlei Legenden, u. a. soll hier die Jungfrau Maria gebadet haben; seitdem soll der Sprung ins kühle Nass Schönheit verleihen.

• *Verbindungen/Anfahrt* Regelmäßige **Dolmuşe** ab Kuşadası und Söke. Sie fahren im Park nur den Kavaklıburnu-Strand direkt an, zu den anderen Stränden muss man von der Durchgangsstraße noch ein paar Minuten laufen. Der Park ist von der Straße Kuşadası–Söke mit „Milli Park/Davutlar" ausgeschildert.

• *Öffnungszeiten* Tägl. 8–19 Uhr (17 Uhr im Winter). Eintritt 1,70 €, Auto 5 €, Wohnmobil 13 € (!). Grillen und Übernachten verboten.

Wanderung 6: Durchquerung des Dilek-Nationalparks

Route/Dauer: Von der Nordseite des Dilek-Nationalparks über den Karakol-Pass auf die Südseite nach Eski Doğanbey (s. o.). Dauer je nach Kondition (immerhin steigen Sie 900 m auf) 4 ½–6 ½ Std. Falls Sie nur bis zum Karakol-Pass wandern und dort umkehren ca. 4–6 Std. (hin und zurück).

An- und Weiterfahrt: Den Einstieg der Wanderung erreichen Sie mit den „Dilek Milli Parkı"-Dolmuşen von Kuşadası und Söke aus. Sagen Sie dem Fahrer, dass Sie am „Kanyon" aussteigen wollen. Am Ende der Wanderung gelangen Sie mit dem Dolmuş von der Verbindungsstraße Yeni Doğanbey–Söke nach Söke (2007 fuhren die letzten um 15 und 17 Uhr, erkundigen Sie sich zur Sicherheit vor Beginn der Wanderung nach den aktuellen Zeiten) und von dort mit dem Dolmuş zurück zum Ausgangspunkt der Wanderung oder nach Kuşadası. Mit dem eigenen Fahrzeug findet man den ausgeschilderten Einstieg in den „Kanyon" im Dilek-Nationalpark zwischen der Aydınlık- und der Kavaklıburun-Bucht.

Allgemeines/Voraussetzungen: Die herrliche Wanderung bietet grandiose Ausblicke – von der Nordseite der Halbinsel über die Meerenge nach Sámos, von der Südseite auf das Büyük-Menderes-Delta. Der erste Teil der Wanderung ist größtenteils schattig, der Abstieg nicht. Größere Gruppen benötigen für die Tour eine Erlaubnis der Parkverwaltung (Infos unter ✆ 0256/2130103), Einzelpersonen nicht. Die Genehmigungspflicht soll eine Störung der Tiere durch zu viele Gruppen pro Tag verhindern. Wenn Sie frühmorgens starten, haben Sie die besten Chancen, etwas von der Tierwelt im Nationalpark

Buchtenzauber im Dilek-Nationalpark

mitzubekommen – wir sahen z. B. Wildpferde. Der gesamte Weg ist mit (eher willkürlich gesetzten) Kilometertafeln markiert, angeblich sind es 14 km. Einkehrmöglichkeiten gab es zuletzt keine, nur einen gefüllten Kühlschrank (!) in Eski Doğanbey. Nehmen Sie ausreichend Wasser mit!

Wegbeschreibung: Der Einstieg in den Wanderweg ist zwischen der Aydınlık und der Kavaklıburun-Bucht mit „Kanyon" ausgeschildert. Hier finden Sie auch Infotafeln. Auf den ersten 10 km bis zum Karakol-Pass können Sie sich nicht verlaufen, es gibt keine Abzweigungen vom Waldweg. Den Cañon erreichen Sie schon nach ca. 10 Min. Kurz vor Kilometermarke „3" passieren Sie ein Brunnenbecken. Der Weg führt danach aus dem Cañon heraus und steiler bergauf.

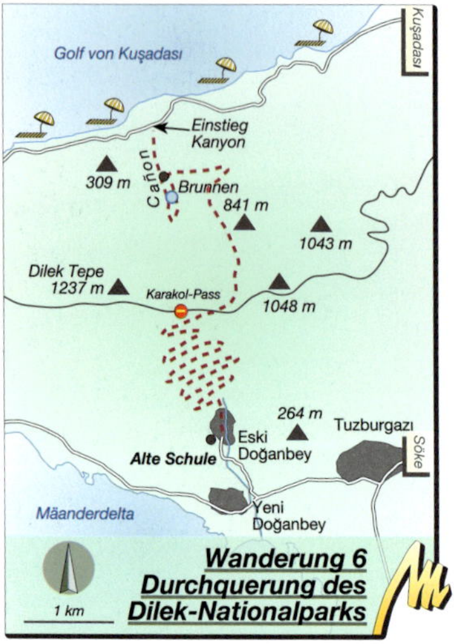

Nach ca. 1 Std. eröffnen sich herrliche Ausblicke über die Nordseite der Halbinsel und auf Sámos. Bei der kahlen Bergspitze mit der Feuerwachstation handelt es sich übrigens um den Dayıoğlu Tepe (1214 m). Nach ca. 2 Std. Gehzeit, bei Kilometermarke „7“, schwenkt der Weg zur Überquerung der Halbinsel nach links ab – genießen Sie die letzten Ausblicke auf die Nordküste. Bei Kilometermarke „9“ passieren Sie einen Brunnen, und kurz vor der Marke „10“ haben Sie die höchste Stelle des Karakol-Passes (Hinweisschild „Karakol Geçidi“) auf 900 m Höhe erreicht. Es tun sich nun wunderbare Blicke auf die Südseite der Halbinsel und das Büyük-Menderes-Delta auf.

Unmittelbar hinter dem Passschild kreuzt ein Forstweg Ihren Weg – diesen ignorieren. Sie gehen geradeaus weiter, ihr Weg wendet sich dabei nach rechts bergab. Bleiben Sie nun stets auf dem Hauptweg. Rund 15 Min. nach dem Passschild zweigt in einer Serpentine ein Schotterweg nach links ab (hier ein Betonpfosten mit der Aufschrift „Kablo 3“), rechts halten. Keine 5 Min. später passieren Sie die Kilometermarke „11“. Ohnehin sind Sie stets auf dem richtigen Weg, wenn Sie immer wieder die durchnummerierten „Kablo“-Betonpfosten sehen. Rund 15 Min. nach Kilometermarke „11“ gelangen Sie an eine T-Kreuzung, hier links halten. (Falls Sie in der entgegengesetzten Richtung, also von Eski Doğanbey aus, unterwegs sind, achten Sie darauf, dass Sie nach dem Betonpfosten „Kablo 7“ die erste mögliche Rechtsabzweigung wählen.)

Wenn Sie Kilometermarke „12“ passiert haben, achten Sie auf Folgendes: 5 Min. später, nur wenige Meter hinter einem Schiebetor, trifft Ihr Weg auf einen nach links bergauf führenden Feldweg (hier auch der Betonpfosten „Kablo 9“), rechts halten. Ca. 15 Min. später erreichen Sie Kilometermarke „13“. Die Rückseite des Schildes gibt den ersten gegangenen Kilometer an, falls man aus der entgegengesetzten Richtung kommt. Dieser ist aber noch lang! Ca. 20 Min. nach der Kilometermarke – der Weg schlängelt sich in Serpentinen steil bergab und verläuft nun auf der Ostseite des Tales von Eski Doğanbey – müssen Sie nach einer Steinpyramide rechter Hand Ausschau halten. Hier beginnt ein Pfad hinab in das Bachbett (Abstieg ca. 1 Min.). Nun wandern Sie im Bachbett bis Eski Doğanbey, bei den ersten Häusern erreichen Sie Kilometermarke „14“. Steigen Sie dahinter links bergauf ins Dorf (auch wenn die rechte Dorfseite die idyllischere ist) und folgen dort der Straße bergab. Vor einem der letzten Häuser des Ortes finden Sie im Sommer den oben erwähnten freistehenden, offenen (!) Kühlschrank. Die Getränkepreise sind angeschlagen, das Geld legt man oben drauf. Von hier sind es noch ca. 1,5 km, bis Sie die Verbindungsstraße Doğanbey–Söke erreichen, von wo Sie auf ein Dolmuş aufspringen können.

Häusermeer Kuşadası

Kuşadası

(ca. 50.000 Einwohner)

Kuşadası ist der größte Urlaubsort der türkischen Ägäis und jedem Kreuzfahrer ein Begriff. Ein stetes An- und Ablegen der Luxusliner sorgt dafür.

In der Hochsaison bevölkern in Spitzenzeiten rund 800.000 Menschen Kuşadası samt den angrenzenden Badebuchten und machen aus dem Küstenstädtchen eine Urlaubsmetropole. Hotelkomplexe, Feriendörfer und Clubanlagen wuchern wild, und ein Ende ist nicht abzusehen. Um eine perfekte Infrastruktur zu gewähren, baut man die „Häuser in der Nähe von den Straßen und haben Höfe beim Hintern", so die Stadtbroschüre.

Kuşadası bietet seinen Gästen aus aller Herren Länder zudem eine passable Altstadt mit ein paar malerischen Gassen voller Kneipen und Läden, Strände zum Sehen und Gesehen werden sowie ein turbulentes Nachtleben. Auch gibt der Hafen mit seinen Ausflugsschiffen und Luxusyachten ein schönes Bild ab. Die Hauptattraktionen, wahre kulturhistorische Sahnebonbons, serviert die Umgebung: Die beeindruckende Ruinenanlage von Ephesus ist nur einen Katzensprung entfernt, die Ausgrabungsstätten Priene, Milet und Didyma sind in einem Tagesausflug zu erkunden.

Kuşadası selbst hat hingegen nur wenige kulturhistorische Sehenswürdigkeiten aufzuweisen. Zentrale Landmarke ist die **Karawanserei** am Hafen, im 17. Jh. von Großwesir Öküz Mehmet Pascha erbaut. Heute befindet sich darin ein Hotel, das allabendlich zu orientalischen Nächten mit Bauchtanzshows einlädt. Die vor der Küste liegende **Taubeninsel** *(Güvercin Ada)*, von der Kuşadası (dt. „Vogelinsel") seinen Namen erhielt, ist über einen Damm zu Fuß zu erreichen. In und auf den Überresten der dortigen genuesisch-osmanischen Burg befinden sich ein paar Cafés – nette, wenn auch nicht ganz billige Plätzchen für einen gemütlichen Sundowner. In den Burgturm auf der Insel soll einmal ein Stadtmuseum einziehen.

Geschichte

Vom antiken *Phygela,* das an der Stelle des heutigen Kuşadası lag, ist nichts erhalten und nur wenig bekannt. Anders aber verhält es sich mit der Siedlung namens *Scala Nova* („Neuer Hafen"), die hier im 13. Jh. von genuesischen und venezianischen Kaufleuten gegründet wurde, nachdem der verlandete Hafen von Ephesus unbrauchbar geworden war. Es existieren noch Reste der einstigen Stadtmauer, auch das geradlinige Straßennetz der Altstadt geht auf jene Zeit zurück. Im 15. Jh. eroberten die Osmanen den Ort und gaben ihm seinen heutigen Namen. Kuşadası entwickelte sich in der Folgezeit zu einem munteren Hafenstädtchen, das über Jahrhunderte hinweg enge und florierende Beziehungen zu Sámos unterhielt. Doch nach der Vertreibung seiner griechischen Einwohner 1923 rutschte es zu einem unbedeutenden Fischernest ab. Das änderte sich in den 1970ern, als die ersten Kreuzfahrtschiffe zum Ephesuslandgang anlegten. Einige Billighotels und Lokantas begannen zudem, abenteuerlustigen Reisenden für ein paar Lira Essen und Unterkunft zu bieten. Mitte der 1980er entdeckten schließlich britische Reiseveranstalter den Ort und bauten ihn zu einem Urlaubszentrum aus. An ihre „Pionierarbeit" erinnert noch die *Pub Lane,* ein fast schon historisches Sträßchen, an das sich Kneipen im englischen Stil reihen. Heute kommen Reisende aus aller Welt, zudem ist Kuşadası neben Çeşme *das* Wochenendausflugsziel für den Großraum İzmir.

Information/Verbindungen/Ausflüge

- *Telefonvorwahl* 0256.
- *Information* Am İskele Meydanı, Auskünfte auf Englisch und Deutsch. In der HS tägl. 8–19 Uhr, in der NS Mo–Fr 8–12 u. 13–17.30 Uhr. ✆ 6141103, turizm@kusadasi.gov.tr.
- *Verbindungen* **Bus**: Busbahnhof ca. 2 km außerhalb an der Straße nach Söke, Dolmuşverbindungen ins Zentrum. Tagsüber alle 30 Min. nach İzmir (1 ¼ Std.), mehrmals tägl. nach Bodrum (2 ½ Std.) und Pamukkale (4 Std.), 2-mal tägl. nach Marmaris (4 Std.) und Fethiye (5 Std.). Busgesellschaften entlang der İsmet İnönü Cad.

Dolmuş: Dolmuşe nach Pamucak, Selçuk und Ephesus starten vom Şevki Hasırcı Meydanı nördlich des Zentrums; die nach Söke, Güzelçamlı und zum Dilek-Nationalpark ums Eck vom Candan Tarhan Bul. In die Dolmuşe zum Kadınlar Plajı kann man vor der Tourist Information zusteigen, in die zum Kuştur-Strand entlang dem Atatürk Bul.

Schiff: Fähren nach Sámos (Vathí) April–Okt. tägl. gegen 8 Uhr, zurück gegen 17.30 Uhr, Fahrtzeit 1 ½–2 Std. Tickets kauft man am Vortag bei einer Reiseagentur oder direkt bei den Vertretungen der Fährgesellschaften (**Azim Tours**, Güvercin Ada Cad., ✆ 6141553, www.azimtours.com oder **Meander Travel**, Kıbrıs Cad. 1, ✆ 6143859, www.meandertravel.com). Preise inkl. Hafensteuern: einfach oder retour am selben Tag 25 €/Person, offenes Rückfahrtticket 50 €. In manchen Jahren verkehren auch Autofähren (2007 nur Fr, zuletzt nur über Meander Travel buchbar). Auto einfach 100 €, mit offenem Rückfahrtticket 150 €.

- *Bootsausflüge* Zu nördlich oder südlich gelegenen Buchten werden am Hafen angeboten. Ab 14 €/Person inkl. Lunch.
- *Organisierte Touren* Für eine Besichtigung von Priene, Milet und Didyma empfiehlt sich für Alleinreisende der Anschluss an eine organisierte Tour (ca. 30 €/Person, ab 2 Pers. rechnet sich schon ein Taxi), da die Anfahrt zu allen drei Zielen mit Dolmuşen kompliziert und zeitraubend ist. Die meisten Fahrten dorthin starten am Mi, dem Markttag in Söke, wo ein Zwischen-

stopp eingelegt wird. Diverse Veranstalter im Zentrum. Weitere Preisbeispiele: Ephesus (halber Tag) 25 €, Pamukkale 35 €, Jeep-safari 35 €, Bodrum 40 €, „Village Trip" 20 €.

• *Taxi* Taxis stehen an nahezu jeder Ecke. Für die Standardtouren gelten die an Tafeln angeschriebenen Festpreise (hin/zurück): Didyma, Milet und Priene als Paket 75 €, Şirince 60 €, Ephesus 40 €. Eine Fahrt zum Airport nach İzmir (einfach) ca. 50 €.

Adressen/Einkaufen/Veranstaltung

• *Ärztliche Versorgung* Staatliches Krankenhaus **Devlet Hastanesi** an der Straße nach Kuştur. ✆ 6182414. Der Deutsch sprechende **Allgemeinarzt** M. Fahri Önder praktiziert über einem Friseurladen an der Sağlık Cad. ✆ 6143457.

• *Autoverleih* Die Anzahl der Vermieter ist groß, das Preisniveau ähnlich, Vergleiche lohnen dennoch. Internationale Verleiher wie **Avis** am Atatürk Bul. 26/A (✆ 6144600, www.avis.com.tr) oder **Europcar** am Atatürk Bul. 68/B (✆ 6146770, www.europcar.com.tr), billigstes Auto ca. 50 €/Tag. Bei den lokalen Anbietern bezahlt man 30–40 €/Tag.

• *Deutsche Literatur* Zeitungen und Zeitschriften sowie eine kleine Auswahl an deutschsprachiger Reiseliteratur erhält man im **Bilim ve Sanat Kitabevi (10)**, Atatürk Bul. 26.

• *Einkaufen* Eine der Lieblingsbeschäftigungen der Kuşadası-Gäste. Fast die ganze Innenstadt besteht aus Shoppingpassagen, z. T. mit klangvollen Namen wie Grand oder

Orient Basar. Geboten wird viel überteuerter Plunder.

Freitagsmarkt am Şevki Hasırcı Meydanı.

> **Tipp**: In Yenidoğan, ca. 30 km südlich von Kuşadası an der Nationalstraße 525 Söke–Milas, liegen (kurz hinter der Abzweigung nach Priene) etliche **Factory-Outlet-Läden**, wo man Markenware von *Wrangler, Puma, Nautica* etc. günstiger und z. T. auch als 2. Wahl kaufen kann.

• *Polizei* Am Atatürk Bul. schräg gegenüber dem Restaurant Ali Baba. ✆ 6141022.

• *Post* Am Barbaros Hayrettin Bul.

• *Türkisches Bad (Hamam)* Ein historisches Bad ist der **Kaleiçi Hamamı** neben der gleichnamigen Moschee. I. d. R. baden Männer und Frauen (fast ausnahmslos Touristen) gemeinsam. Eintritt mit Massage 14 €. Tägl. 8.30–20.30 Uhr. Ecke Tuna Sok./7 Eylül Sok.

• *Waschsalon* **Can Laundry**, pro Maschine waschen und trocknen 8,30 €. Özgür Sok. 8.

• *Zweiradverleih* Großes Angebot. Motorbikes der verschiedensten Klassen 16–70 €/Tag.

Übernachten/Camping (siehe Karte S. 179)

Mehr-Sterne-Clubanlagen findet man vorrangig an den Stränden südlich und nördlich von Kuşadası. Die Mittelklasse liegt zentral in erster Reihe, Pensionen sind oft unauffällig in den Gassen der Innenstadt versteckt. Ganz günstig, aber stil- und charakterlos kommt man in der NS auch in den einfacheren Pauschalurlauber-Hotels etwas landeinwärts rund um den Adnan Menderes Bul. unter. Preiswert übernachtet man zudem in den Bungalows der Campingplätze (s. u.). Grundsätzlich ist überall mit Lärmbelästigung zu rechnen, egal ob durch Straßen oder Kneipen.

**** **Hotel Kismet (4)**, auf einer Landzunge nördlich des Zentrums. 1966 als eines der ersten gehobenen Hotels Kuşadasıs eröffnet, 2005 komplett restauriert. 80 geräumige Zimmer, gepflegt und charmant, fast alle mit Terrasse oder Balkon und Meeresblick. Drum herum ein schöner Park. Ruhige Lage. Pool, Restaurant. Hier wohnten schon Joan Baez bis Queen Elizabeth. DZ ab 99 €, EZ ab 79 €. Gazibeğendi Bul. 1, ✆ 6181290, 📠 6181295, www.kismet.com.tr.

Club Caravanserail (16), in der Karawanserei von Kuşadası. Vornehmlich Gruppen. Orientalische Atmosphäre, nicht nur was die Architektur anbelangt: nahezu jeden Abend Bauchtanzvorführungen. Die Zimmer sind recht klein und teilweise dunkel, aber komfortabel. EZ 50 €, DZ 75 €. Öküz Mehmet Paşa Kervansarayı, ✆ 6144115, 📠 6142423, www.kusadasihotels.com/caravanserail.

Villa Konak (13), stilvollere Unterkunft im Herzen der Stadt, untergebracht in einem nachgebauten osmanischen Stadthaus. 27 Zimmer um zwei Höfe, Pool. Gemütlicher Garten. Neckermann- und Thomas-Cook-Vertragshotel. EZ 45 €, DZ 60 €. Yıldırım Cad. 55, ✆ 6146318, 📠 6131524, www.villakonakhotel.com.

Captain's House Pension (3), kleine freundliche Pension ganz im Zeichen der Seefahrt. Die Zimmer mit Klimaanlage sind nach berühmten Kapitänen benannt, einige besitzen Balkon und Meeresblick. Im EG ein Restaurant mit Wintergartenatmosphäre. Für die Lage fast in erster Reihe recht gutes Preis-Leistungs-Verhältnis (wenn man darüber hinwegblicken kann, dass schon so manche Badezimmertür aus den Angeln zu fallen droht). DZ 33 €, mit Balkon etwas teurer. Atatürk Bul. 66, ✆ 6144754, 📠 61222126, www.captainshousepansiyon.com.

Liman Hotel (20), geräumige, neu restaurierte Zimmer mit Klimaanlage und Balkon, manche mit schönem Hafenblick. Internetzugang, Orientecke. DZ 33 €. Buyral Sok. 4, ✆ 6147770, 📠 6146913, www.limanhotel.com.

Sezgin Hotel (18), sehr gepflegt, sauber und deutschsprachig. Die Zimmer im 1. Stock sind einfach, aber geräumig, die im 2. Stock renoviert: Laminatböden, neues Mobiliar, gute Bäder mit Duschkabine, Kochnische. Alle mit Klimaanlage und Balkon. Pool und Garten, orientalische Ecke. Waschservice, Bookexchange. DZ je nach Ausstattung 22–33 €. Aslanlar Cad. 68, ✆ 6144225, 📠 6143806, www.sezginhotel.com.

Anzac Golden Bed Pension (19), im Gassengewirr auf dem Altstadthügel. Sehr saubere 12-Zimmer-Pension (4 Zimmer mit grandiosem Meeresblick), geführt von einem freundlichen türkisch-australischen Paar. Urgemütliche Aussichtsterrasse mit Topfpflanzen, auf der zuweilen türkische Nächte veranstaltet werden. Internetzugang. Freier Transport nach Ephesus. DZ mit Meeresblick 25 €, ohne 22 €. Aslanlar Cad. Uğurlu 1. Çıkmazı 4, ✆/℻ 6148708, www.kusadasihotels.com/goldenbed.

Cennet Pension (14), kleine deutschsprachige Pension am Altstadtberg. Nur 6 sehr saubere Zimmer, 4 davon mit privatem Bad, die anderen beiden teilen sich eines. Blumenbepflanzter Innenhof, Dachterrasse mit Blick über Stadt und Hafen. Auf Wunsch wird lecker gekocht. DZ 22 €. Yıldırım Cad. 69, ✆ 6144893, www.cennetpension.com.

• *Camping* **Yat Camping (1)**, gegenüber dem Yachthafen. Gepflegter Platz mit nettem Poolbereich und viel Komfort. Gute Sanitäranlagen. Ganzjährig. Es werden auch Zimmer vermietet. 2 Pers. mit Wohnmobil und Strom 9 €, mit Zelt 5,50 €, DZ mit Bad 22 €, ohne Bad 17 €. Atatürk Bul. 76, ✆ 6181516, ℻ 6181560, www.campingturkey.com.

Önder Camping (2), gleich neben dem Yat und ebenfalls empfehlenswert, wenn auch mit dem kleineren Pool. Gestufter Platz mit Bäumen. Internationales Publikum. Tennisplatz, Snackbar, Schatten, saubere Sanitäranlagen. Ebenfalls Zimmervermietung. Gleiche Preise wie Yat-Camping. Atatürk Bul. 72, ✆ 6181518, ℻ 6181517, www.onderotel.com.

Basarzeile in Kuşadası

Essen & Trinken (siehe Karte S. 179)

Die schicksten Restaurants liegen an der Uferpromenade – beliebte Rendezvous-Adressen wohlhabender Türken. Ausländer trifft man eher bei Kebab, Schnitzel und Spaghetti in den 08/15-Lokalen der zweiten Reihe. Wer keine Enttäuschungen erleben will, wählt am besten ein gehobenes Restaurant oder eine der kleinen Lokantas mit türkischer Hausmannskost (vor allem stadtauswärts zu finden). Wo keine Speisekarten vorhanden sind, sollte man die Preise stets im Voraus erfragen.

Ali Baba Restaurant (15), alteingesessenes Restaurant am Fischerhafen. Große Auswahl an Fisch und Meeresfrüchten, köstlich zubereitet, tadellos serviert und im behaglichen Ambiente verzehrt. Meze ca. 2 €, Hg. 5,50–11 €. Balıkçı Limanı, ✆ 6141551.

Ferah Restaurant (21), nahe dem Fährhafen. Eins-a-Meze (3,30–5,50 €), ebenfalls hervorragender frischer Fisch (Portion ab ca. 7 €). Aufmerksamer Service. Man sitzt direkt am Meer. Liman Cad. 10, ✆ 6141281.

Ayhan Usta (12), unser Kebabtipp. Gepflegtes Lokal mit ein paar Tischen auf der Gasse draußen. Pide, Steaks und der angeblich beste *İskender Kebap* weit und breit. Zuvorkommendes Personal. Viele türkische Gäste. Hg. 6,60–14,50 €. Cephane Sok., ✆ 6144443.

Yuvam (11), versteckt gelegenes Lokal an der 7 Eylük Sok., ebenfalls vorrangig von Einheimischen besucht. Leckere Topfgerichte im täglichen Wechsel, Aufläufe und Suppen – kosten Sie die örtliche Spezialität *Kulaklı Çorba* („Ohrensuppe") – Tomatensuppe mit Teigtäschchen. Günstig.

Gewitterstimmung vor der Taubeninsel

Bül Bül I (5), beliebtes, großes und einfaches Restaurant. Nur kleine Karte: *Saç Kavurma*, Döner, Pide und *Güveç*. Fest in türkischer Hand. Alkoholfrei. Terrasse mit Friedhofsblick. Hg. faire 2,70–4,40 €. Kahramanlar Cad., ✆ 6130095.

• *Snacks* **Balıkçılar Aile Çay Bahçesi (17)**, einfaches Terrassenlokal über dem Fischmarkt. Machen die Nachbarlokale marktschreierisch auf sich aufmerksam, muss man hier erst einmal den Eingang finden – halten Sie nach einer Treppe Ausschau. Gözleme, Fischbrötchen, Bier und Tee. Günstig.

Park Büfe (7), ein Low-Budget-Tipp an der Kemal Arıkan Cad. Kleiner Verschlag mit ein paar Holztischen draußen im Park. Zum günstigen Bier isst man einen gegrillten Fisch im Brot (nur 1 €), es gibt aber auch Burger und Kebabs.

• *Café* **Özsüt (6)**, Süßspeisen jeder Art. Mit Terrasse. Kemal Arıkan Cad.

• *Außerhalb* **Değirmen**, ca. 14 km südlich von Kuşadası an der Straße nach Davutlar. Riesige Anlage, Mischung aus Minizoo, landwirtschaftlichem Betrieb, Freilichtmuseum und Freizeitpark (Kamele, Schafe, Pferde, Hühner, Schwanenteich, Karussells etc.). Dazu mehrere Lokalitäten (darunter auch ein stilvolles Restaurant mit erstklassigen Fleischgerichten) und ein Laden mit Bioprodukten. Ein Tipp für Familien. Anfahrt: Von Kuşadası zunächst Richtung Söke halten, nach ca. 8 km rechts ab Richtung Davutlar. Nach dieser Abzweigung nach ca. 6 km linker Hand. ✆ 6814100.

Nachtleben (siehe Karte S. 179)

Im Sommer ziehen viele Clubs und Kneipen aus İzmir nach Kuşadası um, und mit ihnen die Partypeople. Die besseren Clubs verlangen 6–15 € Eintritt, oft besorgt ein Türsteher die Auswahl des Publikums. Was zum Zeitpunkt der Recherche in war, kann bekanntlich morgen schon längst wieder out sein.

• *Beachclubs* Party am Strand! Absolut angesagt waren zuletzt die Beachclubs **Jade (22)** und **Necco (23)** auf der Landzunge Yılancıburnu im Südosten von Kuşadası. Nachts wird bei House- oder Livemusik ausgelassen gefeiert, am Nachmittag gemütlich relaxt.

• *Bar Street* Die **Barlar Sokağı**, die „Pub Lane" bzw. „Bar Street", ist eine brodelnde Amüsiermeile, bestehend aus Pubs (wie

z. B. **Jimmy's Irish Bar**, **The Shamrock**, **Paddy's Irish Bar** oder **Kitty O'Shea**), Clubs und Discobars (wie. z. B. **Authentic**, **Kale Meydan** oder **Emperor**), in denen Musik querbeet aufgelegt wird. Das Treiben ist bunt und billig.

• *Weitere Danceclubs* In der Tuna Sok. in der Altstadt gibt es Nachtleben für jeden Geschmack, egal ob Elektro, türkische Volksweisen oder Karaoke. Sehr populär war dort zuletzt der **Ex Club (8)** in Hnr. 13, ein in Weiß gehaltener Danceclub. Ums Eck in der Sakarya Sok. befindet sich die **Another Bar (9)**, die alles zwischen vergessenem Underground und der neuesten Chartmusik präsentiert.

• *Folklore* Die Bauchtanznächte des **Clubs Caravanserail** (→ Übernachten) am Do, Fr und Sa erfreuen sich bei ausländischen Touristengruppen großer Beliebtheit. Eintritt mit Essen 40 €.

Baden/Tauchen

• *Aquaparks* Bei Kuşadası machen sich gleich zwei Anlagen Konkurrenz, die für Kinder Rutschbahnerlebnisse erster Klasse bieten: das **Adaland Aquapark** (ein riesiges Freizeitbad mit etlichen Schikanen hinter dem Kuştur-Strand, tägl. 10–18 Uhr, Eintritt 20 €, Kinder 15 €; auch Delphinshows) und das **Aqua Fantasy** (eine Art Disney-Water-World mit Kitschburg und Piratenschiff am Südende des Pamucak-Strandes, tägl. 10.30–18 Uhr, Eintritt 20 €, Kinder 14 €).

• *Baden* Die Strände vor Ort sind wenig prickelnd, relativ schmal und voller Liegestühle. Wer ruhigere Buchten sucht, muss ein ganzes Stück fahren. Ein Überblick:

Südlich von Kuşadası: Der bekannteste Strand rund um Kuşadası ist der **Kadınlar Plajı** bzw. **Ladies Beach** (z. T. auch mit „Kadınlar Denizi" ausgeschildert) 2,5 km südlich von Kuşadası. Er ist ebenfalls recht schmal, mit Liegestühlen zugepflastert und dahinter verbaut. Vom Surfbrettverleih bis zur Strandkneipe ist alles vorhanden, was der Kuşadası-Urlauber wünscht. Südlich des Ladies Beach schließen sich die Sandkastenstrände **Green Beach** und **Sunrise Beach** an. Und noch etwas weiter südlich folgt ein kilometerlanger Sandstrand bis **Güzelçamlı**, der ebenfalls komplett verbaut ist: Stellenweise staffeln sich die Ferienhäuser in mehr als 50 Reihen! Damit jeder weiß, wo er ist, hat man diesen Strand in Abschnitte mit so klangvollen Namen wie „Love Beach" oder „Paradise Beach" unterteilt. Am besten fährt man durch bis zum **Dilek-Nationalpark** (→ S. 174): Die 4 traumhaften Strände rund 28 km südlich von Kuşadası sind mit Abstand das Beste, was die Gegend fürs Badevergnügen zu bieten hat.

Nördlich von Kuşadası: Beim 5 km nördlich von Kuşadası gelegenen Feriendorf **Kuştur** findet man den gepflegten, sandigen **Pygale Beach** (nach dem unübersehbaren Hotel dort auch **Tusan-Strand** genannt). Die Sonnenschirmreihen sind mit außerordentlicher Geradlinigkeit gezogen. Dahinter ein paar Kneipen.

Herrlich ist der ausgedehnte, recht leere (aber nicht an Wochenenden!) Sandstrand von **Pamucak** ca. 12 km nördlich von Kuşadası. Für weitere Strände gen Norden → Selçuk/Baden, S. 198.

• *Tauchen* Einen guten Ruf besitzt die Tauchbasis **Active Blue** im Ephesus Princess Hotel, 7 km nördlich von Kuşadası am Pamucak-Strand. ✆ 0532/7074909 (mobil), www.activeblue.com.

Schönster Ferienort des Nordens: Kokkári

Ausflug auf die Insel Sámos

Man könnte fast hinüberschwimmen – nur 1,2 km trennen das türkische Festland an der engsten Stelle von der Insel Sámos. Regelmäßig tuckern Fähren hin und her: in die eine Richtung Griechenlandurlauber, die Ephesus besuchen wollen, in die andere Türkeitouristen, die griechische Inselluft schnuppern wollen.

Der Inselhauptort, den die Fähre durch eine fjordartige Bucht ansteuert, präsentiert sich neuzeitlich, quirlig und alltagsbetont. Rund ein Fünftel der 34.000 Inselbewohner lebt hier. **Sámos-Stadt** wird auch **Vathí** genannt, nach dem ältesten Viertel Áno Vathí, das ca. 15 Fußminuten vom Hafen entfernt oberhalb des neuen Zentrums liegt. Ein Bummel durch das romantische Ensemble aus traditionellen Häusern, bunten Blumenkanistern, hübschen Kirchen und steilen Treppengassen lohnt den Aufstieg. Das beste Museum der Insel, das Archäologische Museum, liegt ebenfalls in Sámos-Stadt; es belegt zwei Gebäude beim Stadtpark. Prunkstück ist der lächelnde, fast 5 m große kolossale *Kouros von Sámos* aus dem 6. Jh. v. Chr. (tägl. außer Mo 8–17 Uhr, Eintritt 3 €, erm. 2 €).

Touristisches Zentrum ist das malerische **Pythagório** an der Südküste. Dass der Ort einst Heimat des Philosophen und Mathematikers Pythagoras war, liegt auf der Hand. Westlich des Hafens erhebt sich der sog. Kástro-Hügel, gekrönt von den Ruinen eines Kastells aus dem 19. Jh. Besonders besuchenswert ist das hoch über Pythagório gelegene Spilianís-Kloster, das herrliche Ausblicke über die Küste bietet. Seinen Namen hat das Kloster von der heiligen „Höhle", einem antiken Steinbruch, in dem vor etwa 400 Jahren zwei uralte Ikonen entdeckt wurden. Nicht weit davon befindet sich eine der größten Attraktionen der Insel, der **Tunnel des Eupalinos.** Er entstand vor über 2500 Jahren, seine Länge betrug 1036 m – eine bauliche Meisterleistung, von der sogar Herodot schwärmte. Der Tunnel diente der Wasserversorgung des Ortes (tägl. außer Mo 8.30–15 Uhr, Eintritt 4 €, erm. 2 €).

Im Südwesten, rund um die Küstensiedlung **Votsalákia,** sind die schönsten Strände der Insel zu finden. Im niederschlagsreichen und üppig-grünen Norden wird die Muskattraube angebaut – Samos ist für seine guten Weine bekannt. Idyllisch sind die Bergdörfer **Vourliótes** und **Manolátes,** beide zu Füßen des bis auf über 1000 m ansteigenden Ámpelos-Massivs. Höchster Berg der rund 45 km langen und 20 km breiten Insel ist der **Kerkis** (1433 m). Der beliebteste Urlaubsort an der Nordküste ist **Kokkári,** das Pythagório in nichts nachsteht. Zwei felsige Halbinseln umrahmen die Bucht mit ihrer tavernengesäumten Promenade. Zudem liegen rund um Kokkári schöne ausgedehnte Strände, die reizvollsten sind **Lemonákia** und **Tsamadoú** westlich des Ortes.

Praktische Infos zu Sámos-Stadt

• *Information* **GNTO-Tourist-Office**, Odós Themistoklí Sofoúli 107 (Uferstraße). Mo–Fr 9–15 Uhr. ✆/℻ 22730/28530.

• *Verbindungen* Werktags alle 1–2 Std. nach Kokkári und nach Pythagório (Abfahrt südlich des Zentrums von der Odós Lekati). In die Bergdörfer nur sehr selten Fahrten.

• *Auto- und Zweiradverleih* Diverse Anbieter beim Fähranleger, Mopeds ab 12 €, Autos ab 28 €.

• *Übernachten* *** **Hotel Aeolis**, zentral an der Uferstraße. Komfortabel und hübsch eingerichtet. DZ 60–75 €. Sofoúli 33, ✆ 22730/28904.

** **Hotel Sámos**, ebenfalls an der Uferstraße. Ordentliche Zimmer mit Balkon und Buchtblick. DZ 55–65 €. Sofoúli 6, ✆ 22730/28377, www.samoshotel.gr.

Pension Dreams, moderne, solide Zimmer und Bäder, alle mit Kühlschrank und Aircondition, z. T. auch mit kleiner Küche und/oder Balkon. DZ 20–35 €. Odós Areos 9, ✆ 22730/24350.

• *Essen & Trinken* **Taverne Apovrado**, direkt in der Fußgängerzone Likoúrgou Logothéti, aber keine Touristenfalle. Sympathischer Familienbetrieb mit guter Küche zu fairen Preisen. Frischer Fisch aus der Vitrine.

Taverne O Tassos, nahe dem Hospital, direkt am Ufer, schön zum Sonnenuntergang. Gutes Preis-Leistungs-Verhältnis, von Lesern empfohlen.

Romantisch: abendlicher Blick auf Pythagório

Vor der Bibliothek von Ephesus

Ephesus

(Efes, antike Stadt)

Ephesus war schon eine Weltstadt, als Athen noch tiefste Provinz und Rom noch nicht einmal gegründet war. In ihren besten Zeiten zählte die antike Metropole eine viertel Million Einwohner, für damalige Verhältnisse eine schier unvorstellbare Zahl. Heute gehört Ephesus zu den faszinierendsten Ausgrabungsstätten der Antike. Wer länger bleibt, übernachtet in der Regel im benachbarten Selçuk.

Ephesus war die reichste Stadt Kleinasiens und wurde auch als „Bank Asiens“ bezeichnet. Der große Hafen war das Tor zu den Schätzen Anatoliens und Persiens. Aber nicht nur auf Geldgeschäfte verstanden sich die Epheser: Ihre Stadt galt als das Zentrum der Artemisverehrung und damit als Wallfahrtsort ersten Ranges. Das Artemision, der riesige Artemistempel, wurde zu den sieben Weltwundern gezählt. Doch Ruhm und Reichtum sind vergänglich. Der Hafen versandete, und die Stadt ging unter. Erst Ausgrabungen zwischen 1866 und 1922 brachten Ephesus zurück ans Tageslicht. Auch wenn vieles in Trümmern liegt – an nur wenigen Orten der Welt konnte eine derart intakte Stadtanlage ausgegraben werden. Sie wird in Spitzenzeiten von bis zu 15.000 Touristen täglich besucht. 2006 kam gar der Papst vorbei. Die schönsten Grabungsfunde aus Ephesus kann man – sofern sie nicht außer Landes gebracht wurden – im Archäologischen Museum von Selçuk bewundern.

Geschichte

Die Besiedlung der Gegend geht bis in das 2. Jt. v. Chr. zurück. Damals ließen sich Leleger und Karer auf dem Zitadellenhügel von Selçuk nieder, wo auch ein Heiligtum für die Fruchtbarkeitsgöttin Kybele stand.

Den Grundstein der Stadt Ephesus legten ionische Siedler im 11. Jh. v. Chr. Ihr Anführer war Androklos, der zuvor das Orakel von Delphi befragt hatte, wo die neue Stadt zu gründen sei. Die Antwort hatte gelautet: „Ein Fisch und ein Keiler werden dir den Ort anzeigen." Mit dieser Weisung ausgestattet, zogen die Siedler los. Als sie eines Tages einen noch zappelnden Fisch über dem Feuer grillen wollten, sprang dieser vom Rost und setzte durch die mitgerissene Kohle einen Busch in Brand, aus dem ein Keiler sprang. Dieser machte sich auf und davon und kam erst an der Mündung des heute verlandeten *Kaystro-Flusses* zum Stehen. Hier errichteten die Siedler ihre Stadt – so zumindest die Legende.

Ephesus entwickelte sich dank seines Hafens und seiner günstigen Lage schnell zu einer ansehnlichen Stadt. Der griechische Artemiskult verschmolz mit der archaischen Verehrung der Kybele zur eigentümlichen ephesianischen Variante der Artemisverehrung, die ihren sichtbaren Ausdruck in einem riesigen Artemistempel finden sollte, mit dessen Bau im 6. Jh. v. Chr. begonnen wurde. Bis zu seiner Fertigstellung vergingen allerdings mehr als 200 Jahre.

Um 550 v. Chr. wurde die Stadt vom Lydierkönig Krösus angriffen. Die Bewohner wussten sich nicht anders zu helfen, als Tempel und Stadt mit einem Tau zu umspannen, um sich so symbolisch unter göttlichen Schutz zu begeben. Krösus zeigte sich daraufhin milde. Er schonte den noch nicht fertiggestellten Tempel und plünderte nur die Stadt. Knapp 200 Jahre später wurde der Tempel dann aber doch zerstört. 356 v. Chr. zündete Herostratos das gerade vollendete Bauwerk an, um seinen Namen unsterblich zu machen – was ihm damit auch gelang. Als Alexander der Große 334 v. Chr. sämtliche Baukosten für den Wiederaufbau des riesigen Tempels übernehmen wollte, lehnten die stolzen Epheser das Anerbieten ab. Sie finanzierten den prunkvollen Neuaufbau aus eigenen Mitteln und erweiterten den Bereich des Tempelasyls, in dem Gewaltanwendung verboten war. So amortisieren sich die Tempelkosten bald – manch reicher Geächteter rettete sich hierher und dankte der Göttin mit großzügigen Spenden.

Vermutlich ab 294 v. Chr. ließ Lysimachos, einer der Feldherren Alexanders des Großen und Herrscher von Pergamon, das Stadtgebiet, das sich bis dahin rund um den Artemistempel erstreckte, an den heutigen Standort verlegen. Außerdem

24.000 Zuschauern bot das Theater in Ephesus Platz

wurde auf sein Betreiben ein neuer Hafen ausgehoben und die Stadt mit einer Schutzmauer von 9 km Länge umgeben.

133 v. Chr. fiel Ephesus an die Römer und wurde bald darauf Hauptstadt der Provinz Asia. Lange Zeit aber war Rom aufgrund hoher Steuerabgaben für viele Einwohner mehr Feind als Freund. 88 v. Chr. kam es im Zuge der Revolte des Mithridates von Pontus gegen die römische Herrschaft auch in Ephesus zum Aufstand: Bei der sog. Ephesischen Vesper wurden in ganz Kleinasien rund 80.000 Kaufleute, Steuereintreiber und andere römische Bürger getötet. Dennoch, unter Rom entwickelte sich die Stadt zu einer blühenden Metropole mit mehr als 250.000 Einwohnern. Die meisten ausgegrabenen Sehenswürdigkeiten stammen aus dieser Zeit.

In die Zeit der römischen Herrschaft fällt auch der Besuch des Apostels Paulus, der auf seiner zweiten Missionsreise 55–58 hier weilte. Paulus' Predigten hatte einen solchen Zulauf, dass die alteingesessenen Devotionalienhändler kaum noch eine Artemis an den Mann brachten. Ein Silberschmied namens Demetrios mobilisierte daraufhin den Mob gegen die Christen – im Theater skandierten sie den viel zitierten Spruch: „Groß ist die Artemis der Epheser!“ Nach den ersten Tumulten verließ Paulus die Stadt. Als weiterer Apostel soll der Evangelist Johannes in Ephesus gewirkt haben (→ Selçuk, S. 199).

262 n. Chr. verwüsteten die Goten Stadt und Tempel – der Wiederaufbau erfolgte in bescheidenem Rahmen. Der Hafen versandete, andere Handelsplätze liefen Ephesus den Rang ab. Im 7. Jh. wurde die Siedlung in der Ebene aufgegeben. Man zog sich auf den nahe gelegenen Zitadellenhügel (von Selçuk) zurück, in dessen Schutz das Christenstädtchen *Hagios Theologos* einige Jahrhunderte überdauerte, während die einstige Weltstadt nebenan langsam in Vergessenheit geriet. In der Mitte des 13. Jh. eroberten die Seldschuken Hagios Theogolos. Unter dem neuen Namen *Ayasoluk* erlebte die Zitadellenstadt im 14. Jh. als Handelsplatz und Residenz der Aydınoğulları noch einmal eine kurze Blütezeit, die mit der osmanischen Eroberung 1423 endete.

1866 entdeckte der Engländer J. T. Wood das *Artemision* und begann zu graben. Seit 1896 werden die Arbeiten unter der Regie des Österreichischen Archäologischen Instituts durchgeführt. *Ayasoluk* wurde 1914 in *Selçuk* umbenannt.

- *Verbindungen* → Selçuk, S. 194.
- *Öffnungszeiten* Im Sommer tägl. 8–19 Uhr, im Winter bis 16.30 Uhr. Eintritt 5,50 €, Hanghäuser weitere 5,50 € (Tickets im Grabungsgelände am Eingang zu den Häusern). Parken für Autos 1,70 €, für Wohnmobile 5 €. Führungen übers Gelände kosten pro Gruppe 44 €.

Rundgang durch das (kostenpflichtige) Grabungsgelände

Im Abseits, etwas versteckt, stehen die Ruinen der **Marienkirche,** einer einst dreischiffigen Basilika. Man vermutet, dass sie im 4. Jh. aus einer Markthalle entstand. 431 fand darin das III. Ökumenische Konzil statt. Außer ein paar Mauerresten, Säulen und einem Taufbecken ist nicht mehr viel zu sehen. Wer sich davon überzeugen will, zweigt hinter dem Kassenhäuschen (aber noch vor den Toiletten) nach rechts auf einen Weg ab.

Ansonsten folgt man der schattigen Allee, die vom Eingang direkt zur Arkadiane und dem Großen Theater führt. Rechts von ihr lag einst der **Verulansplatz,** ein 200 x 240 m großer Hof mit umlaufenden Arkadengängen – heute sieht man davon aber so gut wie keine Spur mehr. Linker Hand tauchen nach wenigen Metern die Reste des **Theatergymnasions** auf.

Hinweis: Das kostenpflichtige Grabungsgelände besitzt zwei Eingänge, einen unteren, zu erreichen über die Straße nach Pamucak/Kuşadası, und einen oberen, zu erreichen von der Straße nach Meryemana. Der obere Eingang wird zuweilen als Haupteingang bezeichnet, da viele Busgruppen ihre Tour durch Ephesus dort starten und am unteren Eingang wieder eingesammelt werden. Die von uns beschriebene Tour durch das Ausgrabungsgelände führt jedoch in die entgegengesetzte Richtung, beginnt also am unteren Eingang, da dieser für Individualreisende einfacher zu erreichen ist und auch die besseren Parkmöglichkeiten bietet.

Am unteren Eingang werden Individualtouristen häufig angesprochen, ob sie nicht vom oberen Ausgang kostenlos abgeholt werden wollen, so dass sie sich den Weg zurück durchs Ausgrabungsgelände sparen können (ohne Krücken dauert dieser gerade mal 15 Min.). Oder ob sie nicht kostenlos zum Haupteingang gefahren werden wollen, da man sonst nicht alles in der richtigen Reihenfolge sieht. Das ist Quatsch! Willigen Sie in den „Free Shuttle" ein, landen Sie garantiert bei einem Bruder oder sonstigen Anverwandten des vermeintlichen Wohltäters, der zufällig einen Teppichhandel betreibt ...

Arkadiane: Die mehr als 500 m lange Prunkstraße führte vom Theater zum Hafen, heute endet sie im Dickicht. Unter Kaiser Arcadius wurde sie 400 n. Chr. renoviert und war dann auf ihrer ganzen Länge beidseitig von Säulen und Arkadenhallen umgeben, mit Marmor ausgelegt und als erste Straße der Welt nachts beleuchtet. Sie befindet sich in hervorragendem Zustand. Der Belag wurde rekonstruiert, viele Säulen wurden wieder aufgestellt. Um sie vor den Massen zu schützen, darf auf der Arkadiane allerdings nicht mehr gelustwandelt werden.

Großes Theater: Effektvoll an den Hang gebaut, bot das Theater 24.000 Zuschauern Platz. Im Sommer finden hier oft Pop- und Klassikkonzerte statt. Ursprünglich ein hellenistischer Bau aus der Zeit um 270 v. Chr., verdankt es sein heutiges Aussehen den Umbaumaßnahmen unter den römischen Kaisern Claudius und Trajan. Der Durchmesser des Theaters beträgt 130 m, seine Höhe 38 m, die 66 Sitzreihen sind in drei Ränge unterteilt. Vom ursprünglich dreistöckigen Bühnengebäude (18 m) stehen noch die Mauern des ersten Stockwerks, davor der Säulenwald der Orchestra. Besonders beeindruckend sind die Akustik und der Blick auf die Arkadiane bis zum verlandeten Hafen.

Marmorstraße: Die einstige Arkadenallee (ähnlich wie die Arkadiane) verläuft vom Theater an einem Brunnenhaus vorbei bis zur Celsusbibliothek (s. u.). Ihren Namen verdankt sie dem Belag aus schweren Marmorplatten, darunter ein mannshohes Kanalisationssystem.

Untere Agora: Der allseitig von Kolonnaden umgebene Marktplatz liegt rechts der Marmorstraße und misst 110 x 110 m. Phantastisch erhalten ist das *Südtor* der Agora (neben der Celsusbibliothek, s. u.), das nach seinen Stiftern, zwei dankbaren freigelassenen Sklaven, auch *Mazeus- und Mithridatestor* genannt wird. Wen diese mochten und wen nicht, erfährt man aus der zweisprachigen Stiftungsinschrift: In der lateinischen Version erwähnen sie die römischen Herren, in der griechischen sparen sie diese aus.

Serapeion: Seine spärlichen Reste liegen hinter der Agora und waren zum Zeitpunkt der letzten Recherche nicht zugänglich. Der Tempel aus dem 2. Jh. n. Chr. muss gewaltige Ausmaße gehabt haben. Über eine Freitreppe kam man in eine Säulenvorhalle, die von acht 14 m hohen korinthischen Säulen getragen wurde. Jede

Bibliothek von Ephesus – die Fassade wurde vollständig rekonstruiert

einzelne Säule war aus einem Stück und wog mehrere Tonnen. Das eiserne Tor zur Cella war so schwer, dass es auf Rollen lief. Die Becken und großen Nischen in der Cella dienten rituellen Waschungen.

Celsusbibliothek: Sie wurde 135 n. Chr. am Ende der Marmorstraße von einem gewissen C. Aquila zum Gedenken an seinen Vater Celsus, einst Statthalter der Provinz Asia, erbaut. Die zweistöckige Bibliothek hatte in der oberen Etage eine umlaufende Galerie, von der aus man in den unteren Lesesaal sehen konnte. Da die österreichischen Archäologen nicht weniger als 850 Originalbausteine fanden, gelang ihnen ab 1970 in acht Jahren Bauzeit eine vollständige Rekonstruktion der Fassade; sogar die Statuen stehen wieder an ihren ursprünglichen Plätzen. Sie verkörpern von links nach rechts Bildung, Rechtschaffenheit, Tugend und Weisheit. Im Inneren der Bibliothek finden sich informative Schautafeln. Schriften gibt es übrigens nicht mehr: Sie wurden von den Goten zum Heizen der Thermen verwendet.

Kuretenstraße: Von der Celsusbibliothek führt die Kuretenstraße zur oberen Agora (s. u.). Arkaden säumten sie, Mosaike glänzten vor den angrenzenden öffentlichen Bauten. Unter der Straße befand sich ebenfalls ein Kanalisationssystem. Gleich zu Beginn linker Hand glaubten Archäologen lange Zeit, ein *Bordell* entdeckt zu haben, da hier eine Figur des Gottes Priapos (ausgestattet mit einem Penis, den sich so mancher Mann und manche Frau wünschen würden) sowie das Bild einer abgetakelten Matrone gefunden wurden. Daran schloss eine öffentliche Latrine an: in der Mitte ein von Säulen geschmückter Brunnen, drum herum an den Wänden die Toilettensitze. Gegenüber befinden sich drei *Grabbauten*, das sog. *Oktogon* zieren Inschriften. Dahinter markiert ein futuristisches Schutzdach die sog. Hanghäuser.

Hanghäuser: Die Hanghäuser wurden in einer mehrjährigen Grabungskampagne freigelegt, in deren Verlauf erstaunlich gut erhaltene Fresken und Mosaikböden gefunden wurden. Noch immer sind Restauratoren am Werk. Ein Besuch schlägt extra zu Buche, ist aber spektakulär. Und da die Hanghäuser von den meisten Reisegruppen ausgespart werden, kann man sich in aller Ruhe umsehen. Der Rundgang vermittelt hautnah, wie sich in der Antike die Oberen Zehntausend ihre Anwesen einrichteten, Fußbodenheizung, Thermalbad und fließendes Wasser inklusive. Ein Muss!

Hadrianstempel und Thermen der Scholastika (auch: Variusthermen): Weiter entlang der Kuretenstraße folgt linker Hand der imposante, weitgehend rekonstruierte

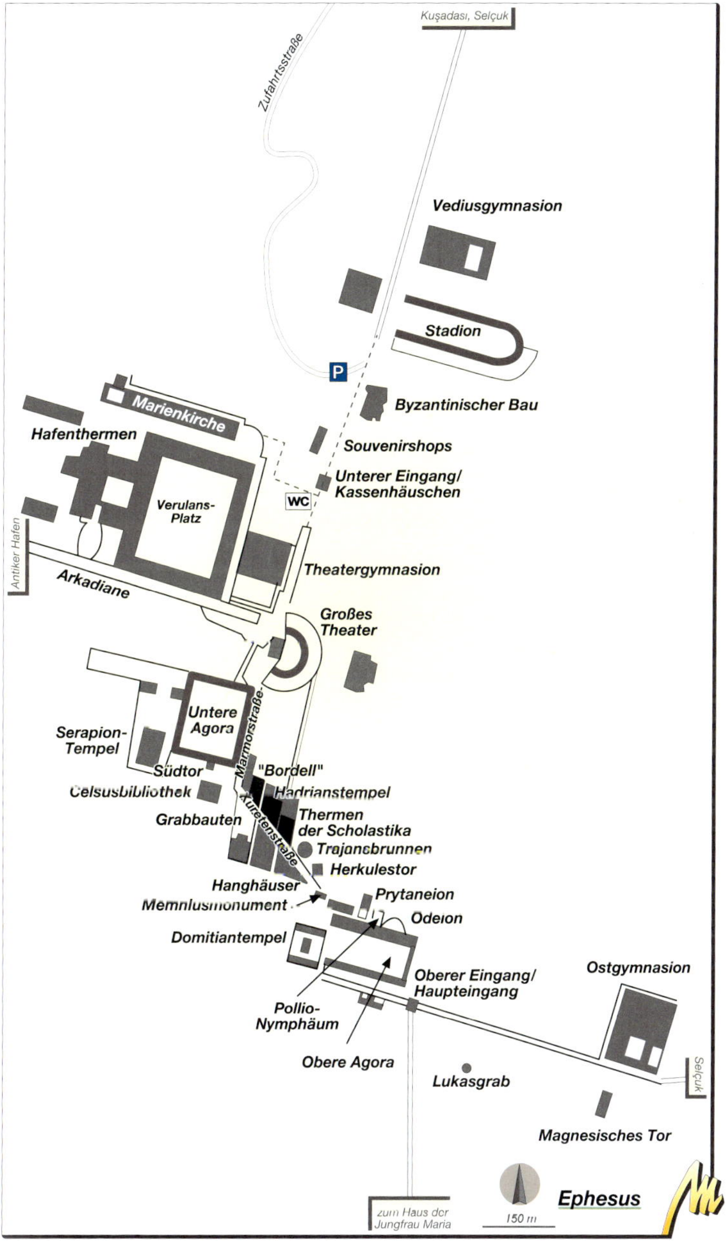
Kuşadası, Selçuk
Zufahrtsstraße
Vediusgymnasion
Stadion
P
Byzantinischer Bau
Marienkirche
Hafenthermen
Souvenirshops
Unterer Eingang/
Kassenhäuschen
WC
Verulans-
Platz
Antiker Hafen
Arkadiane
Theatergymnasion
Großes
Theater
Untere
Agora
Marmorstraße
Serapion-
Tempel
Südtor
"Bordell"
Celsusbibliothek
Hadrianstempel
Grabbauten
Kuretenstraße
Thermen
der Scholastika
Trajansbrunnen
Herkulestor
Hanghäuser
Prytaneion
Memmiusmonument
Odeion
Domitiantempel
Oberer Eingang/
Haupteingang
Ostgymnasion
Pollio-
Nymphäum
Obere Agora
Lukasgrab
Selçuk
Magnesisches Tor
zum Haus der
Jungfrau Maria
150 m
Ephesus

Hadrianstempel (130 n. Chr.). Den Schlussstein des Architravs ziert die Göttin Tyche, sie stand für das Glück der Stadt. Ein Fries zeigt die Legende von der Gründung der Stadt.

Daneben liegen die Ruinen der mehrgeschossigen Thermen der Scholastika. Sie boten bis zu 1000 Besuchern Platz, es gab auch eine Bibliothek und Vergnügungsräume. Die Statue der Stifterin ist bis auf den Kopf erhalten. Von den Thermen konnte man durch Glasfenster das Treiben auf der Straße beobachten.

Trajansbrunnen und Heraklestor: Ein paar Schritte weiter, ebenfalls linker Hand an der Kuretenstraße, steht der gut erhaltene Trajansbrunnen, ein prächtiges Nymphäum, das 114 n. Chr. Kaiser Trajan gewidmet wurde. In den Nischen standen einst zwölf Statuen und eine große des Kaisers darüber, ein Fuß erinnert noch an ihn. 50 m weiter bergauf passierte man früher einen Triumphbogen. Da Herakles die Seitenpfeiler ziert, wird er auch Heraklidentor genannt. Heute fehlen allerdings die oberen horizontalen Abschlusssteine.

Memmiusmonument: Wieder ein paar Schritte weiter bergauf steht linker Hand das Memmiusmonument, das später in einen Springbrunnen verwandelt wurde. Es war Gaius Memmius gewidmet, einem Enkel des römischen Feldherrn und Diktators Sulla, der die Stadt 84 v. Chr. zur Strafe für die Ephesische Vesper gebrandschatzt hatte.

Domitiantempel: Vorbei am *Pollio-Nymphäum,* das einst wie der Trajansbrunnen reich mit Statuen geschmückt war, gelangt man zum mächtigen Unterbau des Domitiantempels. In ihm fanden Archäologen das Haupt einer Monumentalstatue des im Jahre 96 ermordeten Kaisers Domitian (heute im Museum von Selçuk zu sehen). In die Geschichte ging er als Christenhasser ein. Er war es übrigens auch, der den Limes anlegen ließ. Im Unterbau ist eine Inschriftensammlung aufbewahrt, in welcher dem lateinischen Originaltext jeder gefundenen Steinplatte die englische Übersetzung gegenübergestellt wird. Seit Jahren jedoch ist die Sammlung der Öffentlichkeit nicht mehr zugänglich.

Obere Agora, Prytaneion und „Odeion“: Der 160 x 58 m große Platz war der politische Mittelpunkt der Stadt. Etwas nördlich davon stand das Prytaneion, ein Versammlungshaus. Hier brannte das ewige Feuer der Stadt, von Kureten (Priestern) und Vestalinnen (priesterliche Jungfrauen) gehütet. In diesem Gebäude fand man die überlebensgroße Artemisstatue, die heute im Archäologischen Museum von Selçuk steht. Durch einen Bogengang geht es hinüber zu einem Bau, der vermutlich das Bouleuterion beherbergte, das Rathaus. Seiner Form nach wird es „Odeion“ genannt. Die Sitzreihen sind ausgezeichnet erhalten, auf 27 Rängen konnten etwa 1400 Zuschauer die Ratsversammlungen verfolgen. Zwischen Rathaus und Staatsagora stehen die Säulenstümpfe der 160 m langen, nach ihren eigenartigen Kapitellen benannten *Stierkopfhalle.*

Sehenswertes in der Umgebung von Ephesus

Außerhalb des kostenpflichtigen Grabungsgeländes: Was rund um Ephesus keinen Eintritt kostet, lohnt auch nicht unbedingt den Besuch. Hinter dem oberen Ausgang des Grabungsgeländes liegt rechter Hand der Straße (hinter einem Parkplatz) das sog. *Lukasgrab,* das Rundmausoleum eines unbekannten Toten aus dem 1. Jh., das in christlicher Zeit zu einer Kirche umfunktioniert wurde. Eine Zeit lang glaubte man, der Evangelist Lukas sei hier bestattet worden. Etwas weiter steht das *Magnesische Tor,* nordwestlich davon die spärlichen Überreste des *Ostgymnasions,* das nach den hier gefundenen Mädchenstatuen auch Mädchengymnasion genannt wird.

Nahe dem Parkplatz vor dem unteren Eingang stehen die Ruinen eines *byzantinischen Baus,* vermutlich ein Palast oder eine Bäderanlage, insgesamt wenig spannend. Etwas weiter an der Straße nach Selçuk lag zudem das unter Kaiser Nero erbaute *Stadion* mit der klassischen Länge von 192 m. Erhalten ist nicht viel mehr als ein monumentales *Eingangstor.* Alle Steintribünen wurden abgetragen und zum Bau des Kastells auf dem Zitadellenhügel verwendet. 50 m weiter befinden sich zudem die von einem Zaun umgebenen Trümmer des *Vediusgymnasions,* gestiftet von Publius Vedius Antonius, einem reichen Bürger der Stadt. Es besaß u. a. ein Bad mit Fußbodenheizung.

Kuretenstraße in Ephesus

Von den Zufahrtsstraßen zum oberen und unteren Eingang ist ferner die *Höhle der Siebenschläfer* mit „Grotto of the Seven Sleepers“ oder „Yedi Uyuyanlar (Seven Sleepers)“ ausgeschildert. Während der Christenverfolgungen sollen sich sieben Jünglinge in diese Höhlen geflüchtet haben. Römische Soldaten, die dies bemerkten, vermauerten den Eingang. Darauf versanken die Flüchtlinge in einen 200 Jahre währenden Schlaf. Als sie durch ein Erdbeben erwachten und die Mauer einstürzte, war das Christentum längst Staatsreligion geworden, die Verfolgungen Vergangenheit. Kaiser Theodosius II. ließ an dieser Stelle später eine Wallfahrtskirche errichten, in welcher angeblich die Leichname der Jünglinge begraben liegen. Das (schmucklose) Kirchenschiff ist noch deutlich zu erkennen, auch sind Gräber auszumachen. Das Gelände ist frei zugänglich und kostet keinen Eintritt.

Artemision: Antipatros notiert in seiner Abhandlung über die sieben Weltwunder der Antike hingerissen: „Doch als ich dann endlich den Tempel der Artemis erblickte, der in die Wolken sich hebt, verblasste das andere. Ich sagte: Hat Helios' Auge außer dem hohen Olymp je etwas Gleiches gesehen?“ Heute sieht Helios, der Sonnengott, zwar immer noch den Olymp, aber anstatt auf das Artemision blickt er nur noch auf eine kümmerliche Ruine. Von den einstigen 127 Säulen des ehemals fußballplatzgroßen Tempels ragt nur noch eine einzige einsam in den Himmel. Wer sie besichtigen will, hält auf halbem Weg an der Straße von Selçuk nach Ephesus rechter Hand Ausschau.

Öffnungszeiten Das Gelände ist tagsüber frei zugänglich. Gelegentlich wird Eintritt verlangt.

Selçuk

(26.000 Einwohner)

Drei Kilometer östlich von Ephesus liegt die Nachfolgesiedlung der antiken Weltstadt. Nach einem jahrhundertelangen Dornröschenschlaf zehrt sie heute von der Vergangenheit.

Von seiner Zerstörung im 15. Jh. (→ Ephesus/Geschichte, S. 188) bis ins 20. Jh. war Selçuk ein kümmerliches Dorf. Erst der Bau der Eisenbahn und das Interesse an der Antike erweckten es zu neuem Leben. Heute ist Selçuk ein freundliches Landstädtchen, gekrönt von einer byzantinischen Zitadelle. Neben einem herausragenden Museum mit Funden aus Ephesus besitzt Selçuk auch einige sehenswerte Hinterlassenschaften seiner christlichen und seldschukischen Vergangenheit. Zu Ausflügen lädt das gebirgige Hinterland ein. Auch der Pamucak-Strand in der Nähe leistet seinen Teil, um eilige Tageskundschaft in Dauergäste zu verwandeln. Der Ort ist ein angenehmer Stützpunkt für nichtorganisierte Ephesusbesucher.

Orientierung: Das Zentrum Selçuks erstreckt sich zwischen Busbahnhof und Bahnhof. Das Leben spielt sich abends rund um den kleinen Platz am Ende der Namık Kemal Cad. ab. Die Reste des dortigen Aquädukts, auf denen hin und wieder Störche nisten, stammen übrigens aus byzantinischer Zeit.

Information/Verbindungen/Ausflüge/Parken

• *Telefonvorwahl* 0232.

• *Information* Gegenüber dem Museum. Auskünfte in Englisch und Deutsch. Literatur zu Ephesus gibt es hier günstiger als am Grabungsgelände. Tägl. 8.30–17.30 Uhr. Efes Müzesi Karşısı 23, ✆ 8926328, www.selcuk.gov.tr.

• *Verbindungen* **Bus**: Busbahnhof zentral an der Atatürk Cad. Regelmäßige Verbindungen nach İzmir (1 ¼ Std.), Aydın (1 Std.) und Pamukkale (3 Std.) oder gen Süden (meist mit Umsteigen in Aydın), z. B. nach Bodrum (2 ½ Std.).

Zug: Bahnhof im Zentrum. Bis zu 6-mal tägl. nach İzmir (Basmane, der Zug hält i. d. R. auch am Flughafen), 3-mal tägl. über Aydın nach Denizli. ✆ 8926006.

Dolmuş: Alle Dolmuşe starten am Busbahnhof. Minibusse nach Kuşadası etwa halbstündl., nach Şirince etwa stündl., zudem regelmäßig nach Tire und zu den Stränden der Umgebung (im Sommer). Vom Busbahnhof werden im Sommer auch Tagesausflüge mit dem Minibus nach Priene, Milet und Didyma inkl. Badestopp angeboten. Fahrpreis ohne Eintritte 22 €/Person.

Von und nach Ephesus: 3 km oder 40 Gehmin. trennen Selçuk von Ephesus' unterem Eingang. Dafür folgt man von der Kreuzung beim Busbahnhof, an welcher auch die Tourist Information liegt, dem Dr. Sabri Yayla Bul., der Zufahrtsstraße nach Ephesus. Parallel dazu verläuft ein schattiger Gehweg. Etwa halbstündl. verkehren auch **Minibusse** vom zentralen Busbahnhof zum Grabungsgelände. **Taxi** einfach ca. 5,50 €. Die meisten Unterkünfte bieten einen kostenlosen **Transferservice** nach Ephesus an.

• *Organisierte Touren* Mehrere Agenturen. Ziele und Preise ähnlich wie in Kuşadası (→ dort).

• *Parken* Vom Benutzen der öffentlich ausgewiesenen Parkplätze am Museum und vor der Johannesbasilika raten wir ab: Wucherpreise. Es gibt genug anderweitigen Parkraum.

Adressen/Einkaufen/Veranstaltungen

- *Ärztliche Versorgung* Staatliches Krankenhaus **Devlet Hastanesi** an der Straße nach Ephesus gegenüber der Tourist Information. ✆ 8927036.
- *Auto-/Zweiradverleih* Autos werden ab 40 €/Tag z. B. von **Helios Travel Agency** (✆ 8926717, www.helios-travel.com) nahe dem Museum verliehen. Räder verleihen viele Unterkünfte.
- *Einkaufen* Beliebt ist Wein aus Şirince (→ S. 201), den es überall zu kaufen gibt. Jeden Sa großer **Wochenmarkt** nahe dem Busbahnhof.
- *Polizei* In der 1006 Sok. im Zentrum beim Hamam. ✆ 8926004.
- *Post* An der Cengiz Topel Cad. im Zentrum.
- *Türkisches Bad (Hamam)* **Selçuk Hamamı** in der 1006 Sok., ausgeschildert. Auch gemischtes Bad möglich. Eintritt 14 € mit Massage. Tägl. 6–24 Uhr.
- *Veranstaltungen* Mitte Januar die berühmten **Kamelkämpfe** von Selçuk. Diese gehen ohne Blutvergießen über die Bühne – den Tieren werden die Mäuler zugebunden, damit sie sich nicht beißen können. Kamele werden im Land heute fast ausschließlich für die Kämpfe gezüchtet, deren Tradition in die Zeit zurückreicht, als sie noch Lasttiere der Karawanen waren. Von Ende April–Anfang Mai (aber nicht in jedem Jahr!) finden im Großen Theater von Ephesus die **Ephesus-Festspiele** statt, eine beliebte Folklore- und Volkstanzveranstaltung.

Im Juli und Aug. ist das Theater zugleich Veranstaltungsort des **Internationalen İzmir-Festivals** (Pop- und Klassikkonzerte, oft mit Starbesetzung).

• *Waschsalon* **Pamukkale Laundry**, in der 1005 Sok. Waschen und Trocknen 8,30 € pro Trommel.

• *Zeitungen und Zeitschriften* Bekommt man leichter in Kuşadası (→ dort).

Übernachten/Camping (siehe Karte S. 195)

Die einst bösen Abschleppsitten von Pensionsbesitzern am Busbahnhof haben sich unter den wachen Augen der Obrigkeit zwar gebessert, aber noch lange nicht verabschiedet. Für Neuankommende existiert ein kleines Vermittlungsbüro am Busbahnhof (zuletzt geschlossen). Wer weiß, wo er hin will, sollte am besten reservieren oder vom Busbahnhof aus anrufen: Fast alle Pensionen betreiben einen kostenlosen Abholservice. Ländlich-idyllisch wohnt man im nahe gelegenen Şirince (→ Umgebung).

** **Hotel Kale Han (1)**, gehobene Unterkunft etwas außerhalb des Zentrums an der Straße nach İzmir. Altes, mit Geschmack restauriertes Haus. 52 urgemütliche Zimmer, dunkles Holz kombiniert mit weißen Wänden. Gutes Restaurant, Bar, Sonnenterrasse, Pool. Nach hinten raus ruhig, die Zimmer zur Straße hin besitzen doppelverglaste Fenster. Klimaanlage in allen Räumen. DZ 66 €, EZ 44 € . Atatürk Cad. 49 (neben einer Shell-Tankstelle), ☎ 8926154, 📠 8922169, www.kalehan.com.

Hotel Nilya (6), eine der schönsten Unterkünfte der Stadt. 11 liebevoll ausgestattete Zimmer mit Klimaanlage um einen begrünten, schattigen Innenhof. Von der Veranda der zweiten Etage schöner Blick – reservieren Sie ein Zimmer oben! Familiäre Atmosphäre, sehr freundlich. Etwas versteckt gelegen, von der Johannesbasilika ausgeschildert. DZ 55 €. 1051 Sok. 7, ☎ 8929081, 📠 8929080, nilya_ephesus@hotmail.com, www.nilya.com.

Hotel Akay (3), gepflegtes Haus bei der İsa-Bey-Moschee. 25 Zimmer auf 2 Gebäude verteilt, 16 davon um einen kleinen Innenhof gruppiert, darüber ein vorzügliches Dachrestaurant (preislich in der Mittelklasse). Die anderen 9 Zimmer in einem auf Alt gemachten Neubau und sehr stilvoll. Pool, von Lesern hoch gelobt. Der hilfsbereite Besitzer Etem Akay spricht Deutsch. DZ 27–44 €. Serin Sok. 3, ☎/📠 8923009, www.hotelakay.8m.com.

Canberra Hotel (15), anders als der Name vermuten lässt unter deutsch-türkischer Leitung. Anna de Vincenz, der hilfsbereite deutsche Part, ist Archäologin und führt ihre Gäste auf Wunsch durch Ephesus oder über die Ruinenfelder der Umgebung. 32 ausreichend große Zimmer mit Balkon und Klimaanlage. Jede Etage ist in einer anderen Farbe gestaltet, eine Etage gehört den Nichtrauchern. Panorama-Dachterrasse. EZ 20 €, DZ 35 €, Ephesus-Führung pro Gruppe 55 €. 1067 Sok. 14, ☎/📠 8927668, www.hotelcanberra.net.

Hotel Bella (7), nahe der Johannesbasilika. Gut geführt. Hübsch dekorierte, recht komfortable und sehr gepflegte Zimmer, einige mit Balkon. Tolle Dachterrasse, Internetzugang. DZ 33 €. St. John Cad. 7, ☎ 8923944, 📠 8920344, www.hotelbella.com.

Pension Homeros (8), im recht ruhigen Viertel oberhalb des Museums. 12 schnuckelig-kitschige Zimmer auf 2 Gebäude verteilt, 7 davon mit privatem Bad. Mit Teppichen ausgelegte Dachterrasse – wunderschöner Blick zum Sonnenuntergang, zu dem ein Gläschen „homemade" Wein serviert wird. Auf Wunsch gibt es danach auch ein leckeres Abendessen für 6,60 €. Gutes Frühstück. Pro Person 11–15 €. 1048 Sok. 3, ☎ 8923995, 📠 8928393, www.homerospension.com.

Barım Pension (14), in Museumsnähe, ein Haus aus dem 18. Jh., auf dem Schornstein nistet ein Storch. Sauberer Familienbetrieb, diskret und englischsprachig. 12 Zimmer mit Du/WC, im Winter beheizt, gruppieren sich um den reich bepflanzten Innenhof. Entspannte internationale Atmosphäre. DZ 22 €. Turgutreis Sok. 34, ☎ 8926923.

Diana Pension (4), in einem ruhigen Wohnviertel im Ostteil der Stadt, 5 Min.

vom Zentrum, vom Bahnhof ausgeschildert. Von Lesern zu Recht gelobt. 9 schöne, gepflegte und geräumige Zimmer, saubere Bäder. Tolle Dachterrasse mit Bar, Orientecke und Panoramablick auf die Burg. DZ mit Bad 22 €, ohne Bad 17 €. 3004 Sok. 30, ✆ 8921265, diana_pension @hotmail.com.

• *Camping* **Garden Camping**, ca. 600 m abseits des Trubels gelegenes, nettes Plätzchen mit noch recht jungen Bäumen. Sehr gepflegt, Pool, gute Sanitäranlagen, Restaurant. Es werden auch ordentliche Zimmer vermietet. Angeschlossen ein kleines Teppichdorf. Deutschsprachig. 2 Pers. mit Zelt 14 €, mit Wohnmobil 16 €, DZ 42 €. Kale Altı Mevkii 4 (von der İsa-Bey-Moschee ausgeschildert), ✆ 8926165, ℻ 8922997, www.gardencamping.com.

Dereli Motel Camping, direkt am Meer in Pamucak, ca. 8 km von Selçuk entfernt. Der große Platz unter deutscher Leitung bietet alles, was das Herz begehrt: Schatten, blitzsaubere Duschen und Toiletten, kleiner Laden, gutes Restaurant in wunderschöner Lage, gepflegter Strandabschnitt (Palmen à la Südostasien), fotogener Sonnenuntergang über dem Meer. Vermietet werden auch in Reihe direkt am Strand gebaute, sehr saubere Zimmer mit kleiner Veranda. Nov.–Feb. geschl. Regelmäßige Direktdolmuşe vom Camping nach Selçuk. DZ 44 €, Campen pro Person 6 €. Pamucak, ✆ 8931205, ℻ 8931203, derelipamucak@superonline.com, www.dereli-ephesus.com.

Essen & Trinken/Nachtleben (siehe Karte S. 195)

Die Restaurants von Selçuk bieten ein hervorragendes Preis-Leistungs-Verhältnis. Spezialität der Gegend ist *Çöp Şiş* („Abfallspieß") – keine Sorge, das Gericht kommt nicht frisch aus der Mülltonne, sondern besteht aus zarten kleinen Lammstückchen. Über sehr gute Restaurants verfügen auch die Hotels **Akay** und **Kale Han**.

Amazon (9), europäisch-türkische Küche (v. a. Rindfleisch- und Hühnchengerichte) in modernerem Ambiente. Auch ein paar Tische im Garten auf der anderen Straßenseite mit Blick auf die einzige verbliebene Säule des Artemision. Hg. 5–10 €. Anton Kallinger Sok. 22, ✆ 8923879.

Okumuş Mercan Restaurant (11), bei der Post. Achten Sie auf das „Mercan" im Namen, denn „Okumuş" nennen sich viele Restaurants. Terrasse mit plätscherndem Brunnen, superfreundlich, günstig und alles sehr lecker. Reichhaltige Auswahl ungewöhnlicher Meze, gute Kebabs. Meze 1,70–2,80 €, Hg. 2,80–6,60 €. ✆ 8926196.

Eski Ev (10), das „Alte Haus" ist ein kleines Lokal mit gemütlichem Innenhof in der 1005 Sok. 1/A., einer Seitenstraße der Cengiz Topel Cad. Meze, Fisch, Gegrilltes, auch Frühstück. Wem es nicht schmeckt, der bekommt angeblich sein Geld zurück. Hg. 2,80–7,20 €. ✆ 8929357.

Ayasuluk Restaurant (11), kleiner Familienbetrieb mit dem üblichen Angebot (Döner, Grillgerichte, Spaghetti). Lesermeinung: „Alle Gerichte extrem lecker gewürzt, zartestes Fleisch, supernette, unaufdringliche Bedienung." Hg. 2,70–4,20 €. ✆ 8924241.

Selçuk Köftecisi (16), nahe dem Busbahnhof. Einfache Lokanta mit Außenterrasse, die auch gerne von Einheimischen besucht wird. Kleine Auswahl an leckeren Grillgerichten wie *Köfte* (2,80 €) oder *Çöp Şiş* (grandios! Portion 3,60 €). Guter Salat und fantastisches *Cacık* (Zaziki). Şahabettin Dede Cad.

Karameşe (2), lauschiges Gartenlokal bei der İsa-Bey-Moschee. Traditionelle anatolische Dorfküche zu gemäßigten Touristenpreisen.

Café Carpouza (5), nahe dem Hamam in der 1006 Sok. Gepflegtes, alkoholfreies Café mit schattiger Terrasse, davor ein Rasen von Golfplatzqualität. Eine gute Frühstücksadresse. Zudem Salate, Pizzen, Pasta und gute Süßspeisen.

• *Nachtleben* Bierselig! Mehrere Bierkneipen, oft rustikal eingerichtet und voller trinkfreudiger Traveller aus Australien oder England, finden Sie entlang der Cengiz Topel und der Siegburg Cad. In Letzterer garantieren i. d. R. das **Ekselans Beer House (12)** und das **Pink Bistro Café (13)** einen feucht-fröhlichen Abend.

Baden

Nächste Badegelegenheit am Strand von **Pamucak** ca. 8 km westlich von Selçuk. Im Süden des weiten Sandstrandes haben sich einige Clubhotels angesiedelt. Je weiter man gen Norden geht, desto schöner und leerer wird er.

Auch an der von Pamucak gen Norden führenden **Küstenstraße nach Özdere/ Menderes** findet man Badebuchten, teils von Feriendörfern belegt, teils noch recht unverbaut. Man erreicht sie mit Dolmuşen mit der Aufschrift „Gümüldür". Recht idyllisch und gepflegt, an Wochenenden jedoch oft von picknickenden Familien überlaufen, ist z. B. die gebührenpflichtige Bucht von **Denizpınarı (Klaros)**. Sie liegt ca. 11 km nördlich des Pamucak-Strandes bzw. der großen Kreuzung, an der es nach Kuşadası, Özdere/Menderes und Selçuk abgeht.

Einladend ist auch die schnuckelige **Baradan-Bucht**, die ein beliebtes Ziel von Ausflugsbooten ist. Sie liegt ca. 700 m nördlich der Klaros-Bucht (kein Hinweisschild). Von Süden kommend hinter einer landeinwärts führenden Rechtskurve und einer ca. 100 m darauf folgenden Linkskurve, rechter Hand neben der Straße parken. Linker Hand nach dem Feldweg in die Bucht Ausschau halten (nicht vom Auto aus zu sehen).

Sehenswertes

Alle hier aufgeführten Sehenswürdigkeiten lassen sich gemütlich zu Fuß erreichen. Nicht zugänglich ist die mächtige Zitadelle auf dem geschichtsträchtigen Ayasoluk-Hügel, die im 6. Jh. unter den Byzantinern errichtet wurde. Sie ist heute militärisches Sperrgebiet.

Archäologisches Museum: Es zählt zu den angesehensten Museen seiner Art in der Türkei. In themenbezogenen Sälen wird eine Auswahl der schönsten Funde aus Ephesus aufbewahrt. Erster Höhepunkt ist der *Saal der Funde aus den Hanghäusern* (erster Raum links), in dem ein buntes Sammelsurium an Kostbarkeiten, die einst römische Edelvillen zierten, präsentiert wird: eine ägyptische Priesterstatuette aus dem 7. Jh. v. Chr., ein Marmorfresko des Sokrates, Büsten von Tiberius und Mark Aurel, eine kleine Bes-Figur mit mächtigem Glied, ein hübscher Elfenbeinfries, Goldschmuck, medizinisches Besteck und Einrichtungsgegenstände wie Kerzenständer, Klappstühle oder Tischgestelle.

Der folgende *Saal der Monumentalbrunnen* zeigt diverse Figurengruppen, u. a. die des Pollio-Nymphäums, welches Odysseus bei der Vorbereitung der Blendung Polyphems darstellt. Der daran anschließende Raum ist Eros gewidmet: Er verzückt den Betrachter u. a. in Bronze auf einem Delphin reitend, ist aber auch zusammen mit Aphrodite oder Psyche zu sehen. Im *Garten* stehen ein paar Kapitelle und Sarkophage, dazwischen werden Andenken verkauft. Auch eine antike Sonnenuhr ist hier zu finden.

Vorbei am *Saal der Grabobjekte*, der sich der antiken Sterbekultur und Grabbeigaben widmet, erreicht man den schönsten und beeindruckendsten Saal des Museums, den *Artemissaal:* Neben einer Artemisstatue ohne Kopf werden stimmungsvoll zwei römische Marmorkopien des uralten Artemiskultbildes präsentiert. Die größere Kopie ist 3,20 m hoch, das Original muss aus Holz gewesen sein. Das Brustgehänge der Artemis wird als Fruchtbarkeitssymbol gedeutet, wobei sich die Experten nicht einig sind, ob es Stierhoden, Brüste oder Eier darstellen soll. Ein Modell des Artemisions verdeutlicht zudem, warum es einst zu den sieben Weltwundern gehörte. Im nächsten Saal ist man umringt von römischen Kaisern. Imposant präsentiert sich die Büste der einstigen Kolossalstatue des Kaisers Domitian (Regie-

Grabstelen vor der İsa-Bey-Moschee

rungszeit 81–96) aus dem Domitiantempel von Ephesus. Allein sein Unterarm daneben misst gut 1,5 m. Falls noch zu sehen, lohnt auch der Besuch der *Sonderausstellung* „Gladiatoren von Ephesus" – hier erfährt man alles über die einstigen Helden der Arena.

Adresse/Öffnungszeiten Schräg gegenüber der Tourist Information. Im Sommer tägl. 8.30–19 Uhr, im Winter tägl. (außer Mo) 8.30–12 u. 13–17 Uhr. Eintritt 1,10 €.

Johannesbasilika: Kaiser Justinian ließ die Kreuzkuppelbasilika auf dem Ayasoluk-Hügel im 6. Jh. über dem angeblichen Grab des Apostels Johannes errichten. Das Artemision diente dafür als Steinbruch. Sie gehörte mit 130 m Länge und 40 m Breite zu den größten byzantinischen Kirchen. Um 1330 wurde die Basilika in eine Moschee umgewandelt, später in eine Markthalle, schließlich fiel sie einem Erdbeben zum Opfer. Bei einer Teilrenovierung wurden einige Säulen und ein Abschnitt der südlichen Langhausarkade wieder aufgerichtet.

Man betritt die Basilika durch ein wehrhaftes Tor, das wegen eines Reliefs über dem Torbogen (es zeigt den Achilleskampf) auch *Tor der Verfolgung* genannt wird. Im ehemaligen Innern sind insbesondere das *Sanktuarium* und die *Taufkapelle* sehenswert.

Öffnungszeiten Im Sommer tägl. 8–19 Uhr, im Winter bis 17.30 Uhr. Eintritt 1,10 €. Mit „St. Jean" ausgeschildert.

İsa-Bey-Moschee: Unter Emir İsa Bey wurde die Moschee 1375 zu Füßen der Johannesbasilika errichtet. Auch für diesen Bau wurden Steine des Artemisions verwendet. Geschickt ergänzte der syrische Baumeister den Moscheentypus seiner Heimat um ein wunderbares *Stalaktitenportal* im Seldschukenstil und zwei osmanische Kuppeln, die innen mit türkisfarbenen und blauen Fayencen geschmückt sind. Bemerkenswert sind auch die kuppeltragenden *Granitsäulen* (aus den Hafenthermen von Ephesus) und der marmorne *Minbar*. Von den ursprünglich zwei Minaretten ist nur noch eines erhalten.

Umgebung von Selçuk und Ephesus

Wohn- und Sterbehaus der Jungfrau Maria (Meryemana)

Über das Leben der Maria nach Jesu Geburt ist wenig bekannt, und so ist auch ihr Sterbeort unklar. War es der Berg Zion in Jerusalem oder der Berg Aladağ bei Ephesus? Für Letzteren spricht folgende Geschichte: Auf einer Vision beruhend, fertigte die deutsche Nonne Katharina Emmerich (1774–1824), die nie ihre Heimat verlassen hatte, Aufzeichnungen über die Lage und das Aussehen des Wohn- und Sterbehauses Marias an. Anhand dieser Aufzeichnung entdeckten 1891 Lazaristen-Mönche aus İzmir auf dem 9 km südlich von Selçuk gelegenen, 425 m hohen Aladağ ein ihren Beschreibungen entsprechendes Gebäude, das daraufhin zur Pilgerstätte wurde. Es handelt sich um einen kuppelbedeckten Steinbau mitten im Wald. Durch ein Vestibül gelangt man in den Hauptraum, in dessen Apsis ein Altar mit schwarzem Marienbild steht. Der Raum seitlich soll das Schlafzimmer der Maria gewesen sein. Direkt unter dem Haus entspringt eine Quelle, die hangabwärts zu Tage tritt und in einem Becken aufgefangen wird. Hier entnehmen Gläubige das Wasser, dem besondere Kräfte innewohnen sollen. Zu Mariä Himmelfahrt kommen Pilger scharenweise. Den größten Ansturm aber erlebte der heilige Ort am 29. November 2006: Papst Benedikt XVI. zelebrierte hier eine Messe und rief zum universellen Frieden auf.

• *Anfahrt* Vom Ortszentrum von Selçuk die Straße nach Aydın nehmen, nach etwa 2 km rechts ab (mit „Meryemana" ausgeschildert), von dort noch ca. 7 km. Tolle Panoramastraße! Keine Dolmuşverbindungen, Taxi ca. 16 €.

• *Öffnungszeiten* Tägl 8–19 Uhr. Eintrittsgebühr für den „Meryemana-Kulturpark" 6 €/Person!

Die falsche Maria: Neben der Straße nach Meryemana steht eine große Marienstatue. Gewiefte Taxifahrer ließen hier angeblich immer wieder japanische Touristen aussteigen und die Statue als „Meryemana" fotografieren. Das sparte Benzin und Zeit. Der Schwindel flog erst auf, als die Geneppten Erinnerungsfotos mit anderen Türkeiurlaubern verglichen und so das wirkliche Meryemana erblickten.

Eisenbahnmuseum in Çamlık

Das „Railway Steam Engine Museum" wäre in England keine Überraschung, im Örtchen Çamlık aber wirkt es ziemlich exotisch. Neben der Bahnlinie İzmir–Aydın werden in einer liebevoll gestalteten Oldtimerschau über 30 blitzblank geputzte, restaurierte Loks präsentiert, die einst auf dem türkischen Schienennetz unterwegs waren. Für (Hobby-)Eisenbahner/-innen ein heißer Tipp, für alle anderen ein netter Ausflug, bei dem man z. B. die beeindruckende 2 C2–h2 der deutschen Firma Henschel kennen lernen kann, die ab 1925 auf der Strecke İzmir–Manisa dampfte – mit stattlichen 90 km/h. Auch Staatsgründer Atatürk, der stets mit einem weißen Zug unterwegs war, erweist man die Referenz.

• *Anfahrt/Verbindungen* Çamlık liegt etwa 10 km südlich von Selçuk an der Straße nach Aydın, das Museum am Ortseingang an der Straße nach Kuşadası. Mit Aydın-**Dolmuşen** von Selçuk zu erreichen.

• *Öffnungszeiten* Tägl. 8–18 Uhr. Eintritt 1,10 €.

Weiter Richtung **Söke**? Dabei passiert man die Ausgrabungsstätte **Magnesia** (S. 173).

Şirince

Şirince, eine Adresse für stilvolles Wohnen

In dem ursprünglich griechischen Bergdorf lebten vor 100 Jahren noch rund 9000 Menschen. Damals wurde Şirince von den türkischen Nachbarn, wohl aus Neid, „Çirkince" (= hässlich) genannt. Als die griechischen Einwohner im Rahmen des Bevölkerungsaustausches den Ort 1923 verlassen mussten, tauften zugezogene Türken ihre neue Bleibe in den passenderen Namen „Şirince" (= niedlich) um. Heute besitzt Şirince noch rund 400 feste Bewohner, zu denen sich in den Sommermonaten tausende von Touristen gesellen.

Das kleine Örtchen mit seiner anheimelnden griechischen Architektur besitzt zwei Kirchen: die ansatzweise restaurierte **Johanneskirche** und die **St.-Demetrius-Kirche,** die bislang noch in einem beklagenswerten Zustand ist. Zudem findet man eine Vielzahl guter Restaurants und sogar eine Basargasse, wo neben lokalen Weinen der übliche Krimskrams für Touristen angeboten wird. Viele, denen Selçuk zu groß oder zu kommerziell ist, suchen in Şirince auch eine Bleibe in „authentischer Atmosphäre". Wer hier übernachtet und tagsüber Ausflüge unternimmt, wird diese auch erleben. Am Morgen und am Abend ist die Welt noch friedlich – dazwischen sorgen Tourenbusse aus den Küstenresorts für internationalen Trubel.

• *Anfahrt/Verbindungen* Rund 9 km von Selçuk entfernt, ausgeschildert. **Dolmuşe** mind. stündl. ab dem Busbahnhof.

• *Einkaufen* Wein! Fast jede zweite Familie produziert ihren eigenen und die Qualität der Rot-, Weiß- und Roséweine (Flaschen ab 4,50 €) schwankt von „gerade noch trinkbar" über „anständig" bis „gut". Auch sind diverse Fruchtweine im Angebot. Zur Degustation empfehlen wir einen Besuch der Kelterei **Kaplankaya Dereli** (im Zentrum, nicht zu übersehen), die beim örtlichen Weinfestival schon mehrmals den ersten Preis gewann.

• *Übernachten* Ein idealer Übernachtungsort. Wohnen in Şirince ist jedoch grundsätzlich nicht billig. Man nächtigt i. d. R. in gehoben-stilvollem Ambiente.

Nişanyan Hotel, eine überaus charmante Adresse, geführt von den Autoren des populären „Little Hotel Book". Neben 5 wunderbaren Zimmern im Hotel (mit kleinem Restaurant und Bibliothek) auch mehrere im traditionellen Stil restaurierte Häuser mit komplett ausgestatteter Küche für bis zu 5 Pers. Da die Betreiber viel unterwegs sind, sollte man vorab reservieren. DZ 109 €, Haus für 2 Pers. ab 133 €. Şirince, ☎ 0232/8983208, ℻ 0232/8983209, www.nisanyan.com.

Şirince Evleri, 2 alte Griechenhäuser mit insgesamt 14 Betten, eines mit 2 Zimmern, die sich ein Bad teilen (ideal für Familien oder Freunde), im anderen besitzt jedes Zimmer ein privates Bad. Im orientalischen Stil eingerichtet, absolut schnuckelig. Vor Ort im Kunsthandwerksladen Motif nachfragen. DZ ab 74 €. Şirince, ☎ 0232/8983099, ℻ 0232/8983063, www.sirince-evleri.com.

Kırkınca House Hotel, kleines Hotel mit 5

Zimmern (alle unterschiedlich und sehr stilvoll eingerichtet). Dazu 5 alte Natursteinhäuser, neu und mit Liebe restauriert. Zimmer bzw. Häuser z. T. mit eigenem Hamam! Am Ortseingang ausgeschildert. DZ 55–83 €, Häuser 89–140 €. ✆ 0232/8983133, www.kirkinca.com.

Kilisealtı Pension, nahe dem Kırkınca, ebenfalls am Dorfeingang ausgeschildert (Haus mit grünen Fensterländen, aus denen kleine Herzen ausgesägt sind). Überaus nette Unterkunft mit 5 orientalisch angehauchten Zimmern in fröhlichen Farben, z. T. mit Gemeinschaftsbad. Frühstück im Garten, freundliche Leitung. DZ 50 €, EZ 33 €. ✆ 0232/8983128, www.kilisealti.com.

Dionysos Pension, ebenfalls nahe dem Kırkınca. Nur 4 Zimmer in einem alten, verwinkelten Griechenhaus. Liebevoll eingerichtet. Nette Besitzer, leider ohne Fremdsprachenkenntnisse. Leser, die hier das üppigste Frühstück ihrer gesamten Reise genossen, meinen: „Mehr individuelles Wohnen ist kaum möglich." DZ 50 €. ✆ 0232/8983130, www.sirinceguide.com.

• *Essen & Trinken* **Artemis Restaurant**, in der alten restaurierten Schule am Ortseingang. Lauschiger Garten und wunderschöner Blick über Şirince. Viele Gruppen, deswegen ist das Essen aber auch immer frisch. Leckerer *Tandır Kebap* (im Tonkrug geschmortes Lammfleisch) und ländliche Ägäisküche mit vielen Kräutern. Hg. 4,50–14 €. ✆ 0232/8983240.

Literaturtipp: 1909 wurde in Şirince **Dido Sotiriou** († 2004), eine der bedeutendsten Autorinnen der neuen griechischen Literatur, geboren. Ihr erfolgreichster Roman „Matomena Chomata" gibt Einblicke in das türkisch-griechische Zusammenleben vor dem Bevölkerungsaustausch. In Griechenland hat der Roman schon die 80. Auflage erreicht, auch die türkische Übersetzung war, da eine Schwarzweißmalerei ausbleibt, ein großer Erfolg. „Grüß mir die Erde, die uns beide geboren hat" lautet der Titel im Deutschen.

Belevi-Mausoleum

Das Mausoleum, oder was davon übrig blieb, befindet sich nahe dem gleichnamigen Dorf rund 11 km nordöstlich von Selçuk. Es gehört zwar zu den bedeutendsten Grabmonumenten aus hellenistischer Zeit, zuviel erwarten sollte man aber dennoch nicht. Auf einem 12 m hohen Felsen, der einst marmorverkleidet war, erhob sich eine Stufenpyramide, die vermutlich von einer Quadriga gekrönt war. Über 30 m hoch soll der Bau gewesen sein. Archäologen der Österreichischen Akademie der Wissenschaften und des Österreichischen Archäologischen Instituts, die die Grabungsarbeiten leiten, nehmen an, dass es die letzte Ruhestätte des Seleukidenherrschers Antiochus II. war. Der aus dem Felssockel geborgene Sarkophag befindet sich heute im Museum von Selçuk, andere Funde gingen ins neue Museum für Geschichte und Kunst nach Izmir.

• *Anfahrt/Verbindungen* Das Monument befindet sich 3 km östlich von Belevi direkt neben der Autobahn, im Ort und von der alten Straße Selçuk–İzmir ausgeschildert. Die Tire-Dolmuşe von Selçuk passieren es mehr oder weniger, sagen Sie dem Fahrer Bescheid. Das Gelände ist den Großteil des Jahres umzäunt und abgesperrt, von außen aber gut einsehbar. Im Hochsommer führt i. d. R. ein Wärter Interessierte kostenlos auf dem Gelände herum.

Tire

Tire (ca. 45.000 Einwohner), rund 40 km nordöstlich von Selçuk, ist ein sympathisches Provinzstädtchen zwischen Heute und Gestern. Während sich der moderne Teil der Stadt im Tal des Küçük Menderes (Kleiner Mäander) ausbreitet, steigen die Gassen des alten Zentrums an den Hängen der Aydın-Berge steil an. Ein Bummel hindurch macht Freude: Die Türen der bunt gestrichenen Häuser stehen oft offen, man sieht die Oma auf dem Kanapee schlafen und den Opa nebenan im Teehaus Wasserpfeife rauchen. So etwas wie Hektik kennt man nur zum Markt am Dienstag. Mittelpunkt ist dann das Basarviertel mit seinen über 100 Läden und Kleinhandwerksbetrieben sowie den beiden **Karawansereien Kapan** und **Kutu** aus dem 15. Jh. Als kunsthistorisch wichtigster Bau gilt die 1442 errichtete **Yahşi Bey Camii.** Ihr Minarett, in das blaue Kacheln eingearbeitet wurden, kam später hinzu und ist einzigartig in der Region. Es gibt auch ein kleines **Museum** (von Selçuk/Landstraße kommend an der Straße ins Zentrum linker Hand, tägl. außer Mo 8.30–17.30, Eintritt 1,20 €), dessen schönstes Objekt ein Hekate-Relief ist.

Vier steile Kilometer weiter liegt das **Bergdorf Kaplan** (ausgeschildert). Dort serviert das gleichnamige Terrassenrestaurant zu grandiosen Ausblicken lokale Spezialitäten (✆ 0232/5126652). Die Küche Tires hat einen legendären Ruf. Bis aus İzmir kommen die Gäste für den Ziegenkäse mit Maulbeeren, das Wassermelonen-Scherbett oder den *Tire Kebap* – am Spieß gegrillte Hackfleischröllchen werden nochmals in Butter gebraten und anschließend mit Tomatensauce serviert.

Tire: ein Stück ursprüngliche Türkei

Anfahrt/Verbindungen Von Selçuk ist der Weg von der Straße nach İzmir ausgeschildert. Die Straße nach Aydın ist ein elendes Bergsträßlein. Regelmäßige **Dolmuş**verbindungen ab Selçuk.

Das Tal des Großen Mäander

Vor über 2000 Jahren blühten rund um das Tal des Büyük Menderes, wie der Fluss im Türkischen heißt, Wissenschaft und Kultur. Nicht umsonst wird es auch „Tal der Zivilisationen“ genannt. Herausragendstes Beispiel dafür ist Aphrodisias, die bekannteste und sehenswerteste antike Stätte der Region. Das Highlight für viele ist jedoch Pamukkale, das Wunder der weißen Sinterterrassen.

Noch heute blüht es auf der fruchtbaren Ebene des Großen Mäander: Auf weiten Plantagen werden die besten Feigen des Landes herangezogen. Im Oktober sieht man überquellende Lastwagen, die Baumwolle zu den weiter verarbeitenden Betrieben bringen. Zudem werden hier Granatäpfel, Zitrusfrüchte, Pfirsiche, Tabak, Oliven, Äpfel und Melonen angebaut.

Aydın

(ca. 143.000 Einwohner)

Die Provinzhauptstadt am nördlichen Rand der Mäanderebene präsentiert sich lebhaft, modern und sauber. Alten Charme besitzt sie jedoch nicht. Dafür haben mehrere schwere Erdbeben gesorgt, zudem brannten die griechischen Besatzer die Stadt 1919 komplett nieder. Die antiken Stätten der Umgebung sind es, die Fremde hier Station machen lassen. Daneben bietet sich Aydın für einen nervenschonenden Shoppingnachmittag fernab des Trubels an der Küste an. Weder findet man hier die aufdringlichen Händler Kuşadasıs noch das hektische Gedränge İzmirs. Ein besonderes Bonbon sind die Stierkämpfe in den umliegenden Dörfern.

Orientierung: Die Nationalstraße 320, zugleich die Fernstraße nach Denizli, passiert die südlichen Stadtviertel Aydıns. Von ihr ist die Abzweigung ins Zentrum bei einem großen Kreisverkehr mit „Şehir Merkezi" ausgeschildert. Über den Adnan Menderes Bul., die Hauptgeschäftsstraße mit mehreren Hotels, gelangen Sie zum Atatürk Meydanı. Der sterile, weite Platz, der auch 9 Eylül Meydanı genannt wird, ist das Herz der Stadt. Unter dem Platz befindet sich ein Parkhaus. Etwas weiter nördlich liegt, links des Hükümet Bul., eine Fußgängerzone mit Restaurants.

Information/Verbindungen/Veranstaltungen

• *Telefonvorwahl* 0256.

• *Information* Beim großen Kreisverkehr (mit McDonald's-Werbung) an der 320. Gelegentlich fremdsprachig. Mo–Fr 8–12 u. 13.30–17.30 Uhr. Yeni Dörtyol Mevkii, ✆ 2112842.

• *Verbindungen* **Bus**: Busbahnhof nahe der Tourist Information an der 320 südlich des Zentrums. Gute Verbindungen in alle größeren Städte des Landes.

Zug: Aydın liegt an der Strecke İzmir-Denizli-Afyon. Tägl. mehrmals nach İzmir und über Nazilli nach Denizli, 1-mal nach Afyon und Isparta. Bahnhof im Stadtzentrum westlich des Atatürk Meydanı. ✆ 2251824.

Dolmuş: Dolmuşe nach Çine, Sultanhisar (Nysa) und (selten) nach Karpuzlu (Alinda) vom Busbahnhof.

• *Veranstaltungen* **Stierkämpfe**! Die unblutigen Spektakel, die mit der Flucht eines Stieres enden, haben in den Dörfern rund um Aydın eine lange Tradition. Die Kämpfe finden an Sommersonntagen statt – wann und wo weiß i. d. R. die Tourist Information.

Übernachten/Essen & Trinken

Aydın besitzt nur wenige Hotels und die sind größtenteils nicht zu empfehlen – entweder muffeln sie gehörig, züchten Kakerlakenkolonien, bereichern ihre Waschbecken mit dem farbenfrohen Zahnpastasortiment der letzten 10 Gäste oder verlangen Ausländerzuschläge. Die im Folgenden beschriebenen Hotels haben lediglich den Nachteil „zur Straße hin laut". Dafür isst man in Aydın um so besser.

**** **Anemon Hotel**, ca. 3 km südlich von Aydın an der Straße nach Muğla. Bestes Haus der Stadt. Lichte Lobby mit viel Marmor. 80 Zimmer, leicht in die Jahre gekommen, aber noch immer okay. Unbedingt eines nach hinten mit Blick auf Pool und/oder Palmengärtchen wählen! Tennisplatz, Fitnessraum. DZ 70 €, EZ 60 €. Aydın–Muğla Karayolu, ✆ 2260033, ℻ 2260039, www.anemonhotels.com.

** **Otel Özlü**, südlich des Zentrums nahe der Tourist Information. 30 helle, ordentliche Zimmer mit Klimaanlage und dicken Teppichböden, z. T. mit neuen Bädern. Restaurierte Rezeption, in den Zimmern oft ältliches Mobiliar. EZ 30 €, DZ 50 €. Adnan Menderes Bul. 77, ✆ 2253371, ℻ 2132988, www.hotelozlu.com.

Otel Ünlü, sehr zentrumsnah. Farbenfrohe billig-schicke Zimmer, teils recht geräumig.

Einige besitzen Balkon, Stuck an der Decke und sogar einen offenen Kamin. DZ 44 €, EZ 29 €. Adnan Menderes Bul. 9, ✆ 2259237, 📠 2126833.

• *Essen & Trinken* **Rifat Bey Konağı**, das hübsche alte Stadthaus mit nettem Gärtchen und gemütlichem Inneren wird vom hiesigen Folkloreverein gemanagt: Livemusik jeden Abend. Dazu billige Meze und Grillgerichte. Bier und Rakı fließen in Strömen. Nachmittags dient der Garten als nettes Café. Özen Sok. (Seitenstraße des Hükümet Bul.), ✆ 2120308.

Beyli Kebap, am Adnan Menderes Bul. beim Kreisverkehr gegenüber der Tourist Information. Gepflegtes Lokal mit Terrasse (leider laut). Gute Suppen und etliche Sorten Pide, diverse Kebabs und in Tonpfannen zubereitete Fleischköstlichkeiten. Günstig, korrekter Service.

• *Einkaufen* Mehrere **Outlet Stores** an der Straße nach Muğla. Di ist Markt.

Alte Bäuerin aus der Umgebung Aydıns

Sehenswertes

Museum (Müze): In drei modern konzipierten Ausstellungsräumen werden u. a. Münzfunde aus Tralleis, Stelen und Büsten aus Milet und Nysa, zudem Funde aus Alinda und Alabanda gezeigt – die Umgebung gibt viel her. Wer schon andere türkische Provinzmuseen besucht hat, kann sich die angeschlossene ethnographische Abteilung vorstellen.

Adresse/Öffnungszeiten Kızılay Cad., vom Atatürk Meydanı ausgeschildert. Tägl. (außer Mo) 8–12 u. 13.30–17 Uhr. Eintritt 1,10 €.

Adnan Menderes – Verbrecher oder Held?

Adnan-Menderes-Boulevard, Adnan-Menderes-Universität, Adnan-Menderes-Stadion, Adnan-Menderes-Grundschule ... Was Goethe für Weimar oder Kafka für Prag, ist Adnan Menderes für Aydın. Hier wurde er geboren, der Mitbegründer der Demokratischen Partei (DP) und spätere Ministerpräsident (1950–60). Die ersten Jahre seiner Amtszeit trug ihn eine Welle der Zustimmung. Doch die kippte um, als Menderes immer autokratischer regierte. Hinzu kamen wirtschaftliche und soziale Probleme im Land. Menderes versuchte, die sich verstärkende Opposition durch Unterdrückung der Meinungsfreiheit auszuschalten: Während seiner Regierungszeit wurden über 1000 Journalisten strafrechtlich verfolgt, an die 300 zu Gefängnisstrafen verurteilt. Durch einen Militärputsch wurde Adnan Menderes 1960 gestürzt und wegen Verfassungsbruch zum Tode verurteilt. Er starb am 17. September 1961 durch den Strang.

In Aydın huldigt man ihm weiterhin. Warum, das weiß keiner so genau. Vielleicht ist man einfach nur stolz darauf, neben dem gleichnamigen Fluss vor der Haustür einen zweiten Büyük (= Großer) Menderes sein Eigen zu nennen ...

Tralleis: Die Ruinen des antiken Tralleis liegen inmitten von Olivenhainen auf einer Anhöhe im Norden Aydıns verstreut. Noch vor wenigen Jahren beschränkten sie sich auf nicht viel mehr als die drei gewaltigen Bögen des einstigen *Gymnasions*. Dank eines engagierten Ausgrabungsteams der hiesigen Adnan-Menderes-Universität lässt Tralleis heute tiefer blicken. Man stieß auf ein zweistöckiges unterirdisches *Arsenal* und entdeckte das *Theater*. Wie viel jedoch vom antiken Tralleis, das im 5. Jh. v. Chr. erstmals erwähnt wurde und eine recht große und wohlhabende Stadt gewesen sein soll, überhaupt noch ausgegraben werden kann, ist fraglich, da die Bauern der Gegend die antike Bausubstanz lange Zeit zur Kalkherstellung nutzten.

• *Anfahrt/Öffnungszeiten* Die Ruinen liegen ca. 2,5 km abseits des Zentrums (ausgeschildert), keine Dolmuşanbindung. Tägl. 8–17 Uhr frei zugänglich, kein Eintritt. In manchen Jahren ist jedoch eine Genehmigung erforderlich, am besten vorher im Museum erkundigen. Fotografieren wegen des benachbarten Militärgeländes verboten. Alle Sehenswürdigkeiten auf dem Gelände sind ausgeschildert.

Umgebung von Aydın

Alinda: Die Reste der karischen Stadt präsentieren sich in eindrucksvoller Hanglage oberhalb des gemütlichen 2300-Einwohner-Landstädtchens Karpuzlu. Ausgräber waren hier noch nicht zugange, und auch der Massentourismus zieht an der Idylle vorbei. Bekannt wurde die Stadt einzig im Zusammenhang mit Ada, einer Schwester und Nachfolgerin des Mausolos (→ Bodrum/Geschichte, S. 118). Von ihrem jüngeren Bruder Pixodaros entmachtet, hatte sie hier Zuflucht gefunden. Als Alexander der Große 334 v. Chr. gegen die Perser und deren Statthalter Pixodaros aufmarschierte, offerierte die Dame dem Makedonier die Adoptivmutterschaft. Dieser nahm an, siegte glorreich über die Perser und übertrug seiner zur Königin gekrönten „Mutter" die Verwaltung des eroberten Karien. Hauptattraktion Alindas sind die bis auf eine Höhe von 15 m erhaltene, einst dreigeschossige *Agora* (sehr imposant!) und das *Theater*. Weiter entdeckt man Fragmente eines *Äquadukts* und Reste der *Stadtmauer* – insgesamt eine Ruinenlandschaft von seltenem Reiz. Teils wurden die antiken Steine auch in die darunter liegenden Wohnhäuser integriert.

• *Anfahrt/Verbindungen* Die **Dolmuşe** von Aydın nach Karpuzlu verkehren sehr unregelmäßig. Zügiger geht es nach Çine, von dort regelmäßige Minibusverbindungen nach Karpuzlu. Mit dem **Auto** fährt man Richtung Muğla und biegt nach ca. 30 km rechts ab (ausgeschildert), nach weiteren 26 km ist man am Ziel. Vom Marktplatz der Alinda Cad. folgen.

• *Öffnungszeiten* Frei zugänglich. Eintritt 1,10 € – falls jemand zur Stelle ist.

• *Tipps zur Weiterfahrt* Wer von Alinda nach **Alabanda** (s. u.) will, fährt erst ein Stückchen Richtung Milas und zweigt bei der Jandarma am Ortsende von Karpuzlu links auf das schmale Sträßchen gen Osten ab (ausgeschildert, noch 9 km). Will man hingegen ins rund 18 km entfernte **Labranda** (→ Zwischen Milas und Bafa-See, S. 152), folgt man der Straße nach Milas. Erkundigen Sie sich jedoch zuvor, ob die Straße repariert wurde. Zuletzt befand sie sich in einem katastrophalen Zustand.

• *Essen & Trinken* **Çetinkaya Restorant,** der freundliche Besitzer Kamil Çetinkaya freut sich stets über deutsche Besucher – er hat sein Kochpraktikum bei Köln absolviert. Gute simple Kost zu Dorfpreisen. An der Hauptstraße in Karpuzlu.

Alabanda: Die lebenslustige, wohlhabende Stadt, in der die Straßen voller harfenspielender Mädchen waren, – so wurde sie vom antiken Geographen Strabo (s. u.) beschrieben – vermag man sich heute nur mit viel Fantasie vorzustellen. Zwischen Baumwollfeldern und den Häusern des Dörfchens Doğanyurt finden sich neben den Resten eines *Apollontempels* Teile der *Stadtmauer*, der *Agora* und des *Theaters*. Seit 1999 ist ein Ausgrabungsteam des Museums von Aydın am Werk.

• *Anfahrt/Verbindungen* Von der Hauptdurchgangsstraße in Çine ausgeschildert, von dort noch 9 km. Nur für Selbstfahrer.

• *Öffnungszeiten* Stets zugänglich. Findet Sie der Wärter, zahlen Sie 1,10 € Eintritt.

Nysa (antike Stadt)

Oberhalb des Dorfes Sultanhisar, hoch über dem Mäandertal, liegen inmitten von Olivenhainen die vergessenen Ruinen des antiken Nysa. Strabo (64 v.–23 n. Chr.), dessen mehrbändige „Geographika" ein großartiges Zeugnis des Kenntnisstandes der Antike ist, verbrachte hier seine Studienjahre. Die meisten Überreste stammen aus römischer Zeit, als Nysa (gegründet im 3. Jh. v. Chr.) zum wohlhabenden Wissenschaftszentrum avancierte.

Den wenigen Besuchern imponieren v. a. das **Theater,** das 12.000 Zuschauern Platz bot, die Überreste des **Stadions,** in das 30.000 Leute passten, und ein gut erhaltenes **Bouleuterion.** Beeindruckend ist zudem ein ca. 110 m langer Tunnel (östlich des Theaters), er stammt aus dem 2. Jh. v. Chr. und diente als Wasserleitung. Die noch nicht ausgegrabene Bibliothek soll neben der von Ephesus zu den schönsten der Antike gehört haben. Der freundliche Wärter führt Sie für ein kleines Trinkgeld durch das weite, landschaftlich äußerst reizvolle Gelände. Ausgrabungen finden unter Leitung der Universität Ankara statt.

14 km östlich von Sultanhisar liegt **Nazilli** (103.000 Einwohner), keine Stadt, die man gesehen haben muss. Immerhin bietet sie Übernachtungsmöglichkeiten und gute Busverbindungen.

• *Anfahrt/Verbindungen* Regelmäßige **Dolmuşe** nach Sultanhisar von Aydın und Nazilli. Von Sultanhisar bis zur Ausgrabungsstätte sind es allerdings noch ca. 3 km den Berg hoch. Nysa ist von der Verbindungsstraße Denizli–Aydın ausgeschildert.

• *Öffnungszeiten* Im Sommer tägl. 8–20 Uhr, im Winter kürzer. Eintritt 1,20 €. Die Sehenswürdigkeiten sind bestens ausgeschildert. Für die weit verstreuten Ruinen sollte man sich mehrere Stunden Zeit nehmen.

• *Veranstaltungen* Anfang Mai zweitägiges **Nysa-Festival** mit Kunst und Kultur.

• *Übernachten* ** **Hotel Metya**, in Nazilli. Anständiges, aber mittlerweile etwas verwohntes Stadthotel. Zimmer mit Teppichböden, Balkon und Klimaanlage. Gutes Frühstück. DZ 33 €. Direkt am Busbahnhof (von der Durchgangsstraße mit „Otogar" ausgeschildert), ✆ 0256/3128888, ℻ 0256/3128891.

**** **Hotel Nysa**, die einzige Möglichkeit in Sultanhisar, aber zugleich die beste weit und breit. Große Anlage, hoch über dem Ort mit Blick über die gesamte Ebene. 56 komfortable, angenehme Zimmer mit Balkonen auf bunte Häuser verteilt. Tempelähnliches Restaurant für 600 (!) Pers., Wahnsinnsterrasse mit Barbetrieb, Pool, Disco (!) und Tennisplätze. DZ 66 €. Auf dem Weg zur Ausgrabungsstätte ausgeschildert, ✆ 0256/3512222, ℻ 0256/3513344, www.nysahotel.com.

Aphrodisias (antike Stadt)

„Stellen Sie sich vor, Sie kommen in eine Stadt, die so reich an archäologischen Schätzen ist, dass Ihnen Skulpturen vor die Füße rollen, Marmorköpfe aus Wänden fallen oder dicht an dicht in Bewässerungsgräben liegen!"

So enthusiastisch äußerte sich der 1990 verstorbene türkische Archäologe Kenan T. Erim, der die Erforschung von Aphrodisias zu seinem Lebenswerk gemacht hatte, im Magazin „National Geographic". Und ein andermal soll er auf die Frage, warum er nie geheiratet habe, geantwortet haben: „Heiraten? Ich? Ich bin doch verheiratet. Wie soll ich eine bessere Frau finden als Aphrodite?"

Aphrodisias war eine der Hauptstätten des Aphroditekults. Die Göttin der Liebe, der Schönheit und der Verführung drückte der Stadt ihren Stempel auf. Der Kult und die ihn begleitenden, z. T. ausschweifenden Festlichkeiten bescherten Aphrodisias Besucher aus der ganzen antiken Welt. Schließlich wurde die Göttin vom Christengott vertrieben, und die Stadt verfiel. Das heutige Ausgrabungsgelände weist zwar im Vergleich mit Ephesus vielleicht die weniger spektakulären Ruinen auf, dafür kann man sie ohne Gedränge genießen. Zudem liegt Aphrodisias reizvoller, inmitten einer Hochebene. Im Frühling, wenn zwischen den antiken Monumenten Blumen blühen und die umliegenden Berggipfel noch schneebedeckt sind, ist ein Besuch am schönsten.

Geschichte

Der nahe Fluss Mäander und sein fruchtbares Tal zogen schon in grauer Vorzeit Menschen an. Erste Spuren einer dauerhaften Ansiedlung auf dem Boden von Aphrodisias stammen aus dem 7. Jh. v. Chr. Der Ort war damals ein assyrisches Städtchen namens *Ninoe.* Im 2. Jh. v. Chr. wurde Ninoe durch einen Verwaltungsakt des Römischen Reichs in Aphrodisias umbenannt. Angeblich erhielt der römische Diktator Sulla vom Orakel in Delphi den Rat, der griechischen Göttin der Liebe zu huldigen, die die Römer als Venus verehrten. Von nun an ging es mit Aphrodisias bergauf, zwischen dem 1. Jh. v. Chr. und dem 3. Jh. n. Chr. erlebte die Stadt ihre Blütezeit. Aphrodisias erhielt viele Privilegien, war unabhängig und so heilig, dass es bis ins 4. Jh. n. Chr. keine Stadtmauer benötigte. Doch nicht nur der Aphroditekult machte die Stadt in der späten Antike berühmt. Auch das literarische und wissenschaftliche Leben brachte bedeutende Ergebnisse hervor, zudem verbreitete sich der Ruhm der lokalen Bildhauerschule im ganzen Imperium. Das Rohmaterial, Marmor feinster Güte aus einem nahe gelegenen Steinbruch, wurde in der Stadt meisterhaft bearbeitet und überallhin verschickt. Skulpturen aus Aphrodisias wurden im griechischen Olympia wie im afrikanischen Leptis Magna aufgestellt, auch viele Plätze Roms waren mit ihnen geschmückt. Die aphrodisischen Künstler warben erfolgreich mit dem guten Ruf der Stadt, indem sie ihrem jeweiligen Vornamen den Künstlernamen „Aphrodisieus" anfügten.

Die Spaltung des Römischen Reiches leitete den Niedergang von Aphrodisias ein. Unter der Herrschaft von Byzanz wurde die Stadt Bischofssitz. Im 7. Jh. versuchten die Christen, die heidnische Vergangenheit zu übertünchen und tauften die Stadt in *Stauropolis* („Stadt des Kreuzes") um. Später hieß sie *Karia,* dann *Geyre.* Mit den Eroberungsfeldzügen der Seldschuken im 11. und 13. Jh. sank das bereits vorher von Erdbeben in Mitleidenschaft gezogene Städtchen zur Bedeutungslosigkeit herab.

• *Telefonvorwahl* ✆ 0256.

• *Anfahrt/Verbindungen* **Organisierte Touren** nach Aphrodisias sind oft gekoppelt mit der Besichtigung von Pamukkale. Außerdem bieten Reisebüros von Pamukkale Tagesausflüge nach Aphrodisias an.

Mit dem **eigenen Pkw** zweigt man (von Aydın kommend) ca. 16 km hinter Nazilli nach Karacasu ab. Ab hier ausgeschildert (noch ca. 38 km). Großer Parkplatz an der Hauptstraße (noch vor der Zufahrt zum Ausgrabungsgelände). Der Transfer zum Gelände ist in den 3,30 € für die Parkgebühr inbegriffen.

Gute **Bus**verbindungen von Selçuk (1 ½ Std.) und Pamukkale (1 ½ Std.) nach Nazilli, von dort weiter per **Dolmuş** nach Karacasu. Von Karacasu im Sommer bis zu 10 Dolmuşe tägl. nach Aphrodisias, im Winter weniger.

• *Öffnungszeiten* Ausgrabungsgelände und Museum im Sommer tägl. 9–19 Uhr, im Winter 8–17 Uhr. Eintritt 4 €.

Das Tetrapylon von Aphrodisias

• *Übernachten/Essen & Trinken* Die wenigen Unterkünfte vor Ort genügen nur bescheidenen Ansprüchen – besser in Pamukkale oder bei Nysa (s. o.) übernachten. Zwei Adressen für Gestrandete:

Aphrodisias Hotel, das noch beste Haus vor Ort. Unter türkisch-französischer Leitung. 25 spartanische, in die Jahre gekommene Zimmer, immerhin sauber. Teueres Restaurant, im Sommer im Garten, im Winter unterm Dach. Campingmöglichkeiten. DZ 50 € mit HP. Bei Geyre an der Hauptstraße, ✆ 4488132, ✆ 4488422.

Pension Chez Mestan, die der Ausgrabungsstätte am nächsten gelegene Unterkunft. Überaus simple, mit Teppichen ausgelegte Zimmer mit mäßig sauberen Bädern. Recht düstere Atmosphäre. DZ 22 €. Geyre, ✆ 4488046, ✆ 4488422.

Die **Unterkünfte in Karacasu** (Einfachstpensionen und -motels) sind ganz und gar nicht zu empfehlen.

• *Camping* Zwischen Karacasu und Aphrodisias bieten nahezu alle Restaurants und Unterkünfte einfache, i. d. R. kostenlose Campingmöglichkeiten, sofern man im Restaurant isst.

Rundgang

Die Besucher sind gehalten, sich nur auf den angelegten Pfaden zu bewegen. Der übliche Rundgang geht entgegen dem Uhrzeigersinn und beginnt, von der Kasse kommend, hinter dem Museum, das zum Schluss besichtigt wird.

Tetrapylon: Es handelt sich vermutlich um einen Teil eines großen, von vier Seiten zugänglichen Zeremonientores aus dem 2. Jh. Insgesamt bestand das Tor aus vier Viererreihen von Säulen, die – soweit möglich – samt Gebälk wieder aufgerichtet wurden. Besondere Aufmerksamkeit verdient die kunstvolle Spiralkannelierung der Säulen, eine Meisterarbeit der örtlichen Steinmetze. Vielleicht war das Tor der Eingang zum heiligen Hain rund um den Aphroditetempel, dessen Säulen links im Hintergrund zu sehen sind.

Stadion: Es gilt als das besterhaltene antike Stadion im Mittelmeerraum und ist zugleich das eindrucksvollste Monument von Aphrodisias. Mit einem Fassungsvermögen von 30.000 Menschen kann es mit Bundesligastadien konkurrieren. Die

262 m lange und 59 m breite Anlage schließt an den Enden halbkreisförmig, so dass alle Zuschauer einen guten Blick hatten. Hier liegen auch die völlig intakten Eingangstunnel, durch die die Sportler ins Stadion einliefen. In der Mitte der nördlichen Seite pflegte der Kaiser in seiner Loge Platz zu nehmen. Die Löcher in den Sitzreihen dienten als Halterungen für Sonnendächer. Ursprünglich überragte eine umlaufende Säulenreihe den oberen Teil des Stadions. In der Arena fanden hauptsächlich athletische Spiele, Gladiatorenkämpfe sowie Ring- und Boxkämpfe statt.

Zu den Ausgrabungen: Die Ruinen liegen innerhalb und in der nächsten Umgebung des alten Dorfes **Geyre**, dessen Bewohner in den 1960ern umgesiedelt wurden, weil sie den Ausgrabungen im Wege standen. Erste Ausgrabungen, besser: Plünderungen, unternahm 1904 der französische Eisenbahningenieur und Hobbyarchäologe Paul Gaudin. Die dabei geborgenen Funde sind teils im Museum von İstanbul ausgestellt, teils auf verschlungenen Wegen in die Museen von Boston, Brüssel, Berlin und in andere Winkel der Welt gelangt. 1937 wurden Ausgrabungen unter italienischer Leitung durchgeführt. Stücke des prächtigsten Fundes – der mit geradezu lebensechten Gesichtern verzierte Fries des Tiberius-Portikus – befinden sich sowohl im Museumsgarten von Aphrodisias als auch im Museum von İzmir. Ab 1961 wurde Aphrodisias systematisch von einem türkisch-amerikanischen Team unter Kenan T. Erim erforscht, das jedes Jahr ein paar Säulen aufrichtete und herabgestürzte Kapitelle wieder in ihre alte Position hievte. Das Grab des berühmten Archäologen liegt gleich beim wiedererrichteten Tetrapylon. Die Grabungen werden heute von der New York University mit einem internationalen Team fortgesetzt.

Tempel der Aphrodite: Vom berühmten Aphroditetempel (mit „Tapınak“ ausgeschildert) stehen noch 14 Säulen und eine Stirnwand der Cellamauer. Ursprünglich war die Cella von je 13 Säulen an den Längs- und je 8 an den Schmalseiten umgeben. In byzantinischer Zeit riss man jedoch das Bauwerk nieder, baute an seiner Stelle eine christliche Kirche und ließ nur die umliegende Säulenhalle stehen. Grabungen brachten zudem Funde ans Tageslicht, die auf ein erstes Heiligtum aus archaischer Zeit schließen lassen. Nördlich des Tempels liegen die Trümmer der antiken Bildhauerschule.

Bischofspalast und Odeion: Südwestlich des Aphroditetempels finden sich die Reste eines als Bischofspalast bezeichneten, stattlichen Wohnhauses mit bemerkenswerten Säulen aus bläulichem Marmor. Über das Südostende des Bischofspalastes wurde im 2. Jh. n. Chr. das gut erhaltene Odeion gebaut. Überdauert haben von dem ursprünglich überdachten Gebäude die untersten 9 *Sitzreihen* (die oberen waren aus Holz) mit Löwenfüßen als Symbol der Macht, die *Orchestra* und die schmale *Bühne*. Die Marmorverkleidung, der Mosaikboden und die vielen Skulpturen des Odeions wurden ins Museum gebracht.

Agora: Südlich des Odeions und des Bischofspalastes erstreckte sich die Doppelagora der Stadt, zwei mit Säulenarkaden umgebene Plätze, die das Verwaltungs- und Handelszentrum von Aphrodisias bildeten. Die 202 x 72 m große nördliche Agora ist bisher nur ansatzweise ausgegraben, zuletzt stießen die Archäologen hier auf einen Brunnen und das Fundament eines möglichen Altars. Münzfunde belegen zudem, dass hier bis ins 7. Jh. gehandelt wurde.

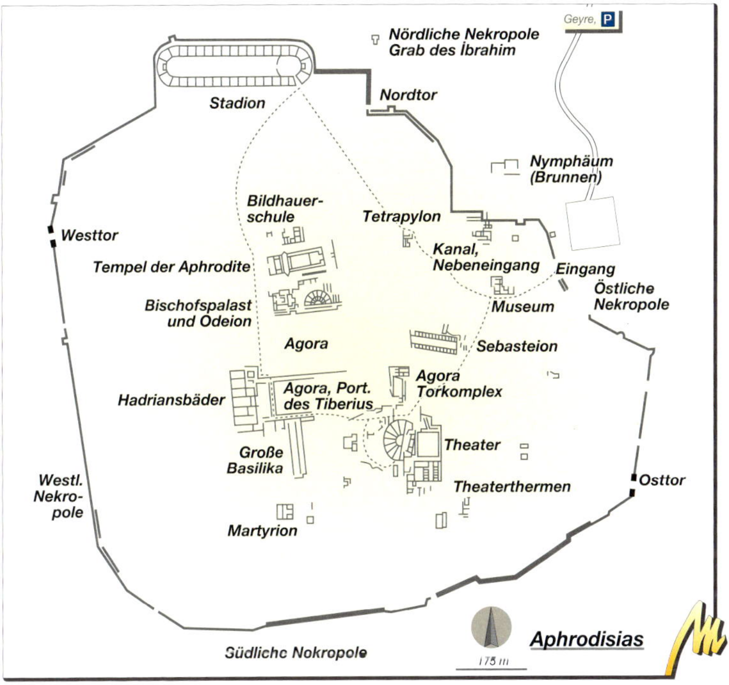

Hadriansbäder: Die Thermen sind eine typische römische Badeanlage mit großem Kaltwasserbad, Warm- und Heißwasserräumen sowie Sauna. Bemerkenswert die beiden Marmorbecken des *Caldariums* (Heißwasserbad).

Südagora: Der Platz misst 212 x 69 m. Nach dem ihn umgebenden Säulengang, dem *Portikus des Tiberius,* trägt er auch den Namen Tiberiusagora. An seiner Westseite wurde das bekannte *Preisedikt Diokletians* gefunden. Mit überall im Reich öffentlich angeschlagenen Festpreisen versuchte der Kaiser, letztlich erfolglos, die schon damals galoppierende Inflation in den Griff zu bekommen. Das *Agorator* wurde nach einem Erdbeben im 4. Jh. in ein *Nymphäum* umgebaut, das dann zum Ärger der Bürger immer wieder die Agora flutete.

Theater: Der Hügel, an den sich das Theater schmiegt, ist ein *Höyük,* eine riesige Schutthalde aus Trümmern uralter, bis 5800 v. Chr. zurückreichender Siedlungen. Vom Theater (1. Jh. v. Chr.) sind die *Sitzreihen* fast vollständig erhalten, das *Bühnenhaus* ist in einem weniger gutem Zustand. Von seiner Anlage her hellenistisch, wurde das Theater in römischer Zeit mehrmals umgebaut. Der *Zuschauerraum* mit Marmorsitzen wurde größtenteils in den Hang gegraben. Die halbrunde *Orchestra* wurde unter Mark Aurel vertieft und die unteren Sitzreihen abgerissen, um auch Gladiatoren- und Tierkämpfe aufführen zu können, ohne die Zuschauer zu gefährden. Durch einen Wassergraben konnte die Orchestra nach solchen Kämpfen zur Reinigung geflutet werden. Vor der Bühne errichtete man ein tunnelartiges Gewölbe, in dem Jäger und Gejagte auf ihren Auftritt warteten. Vom Bühnenhaus wurde nur der untere Teil und eine Halbsäulenreihe wieder aufgerichtet.

Tetrastoon und Theaterthermen: Nachdem sich die Aphrodisianer seit dem Beben im 4. Jh. auf ihrer Agora beständig nasse Füße geholt hatten, legten sie vor dem Theater einen neuen Marktplatz an, der auf allen vier Seiten mit einem Säulengang (Tetrastoon) umgeben war und im Süden mit einer älteren, basilikaähnlichen Halle verbunden wurde. An deren Westseite grenzen die bis in byzantinische Zeit benutzten Theaterthermen, deren Mittelpunkt ein bis heute erhaltener, fast 10 m hoher Rundbau war – ein *Caldarium*, der Schwitzraum des Bades.

Sebasteion: Es stand am Ostende der nördlichen Agora, heute liegt es versteckt hinter dem Grabungsgebäude auf dem Weg zum Museum. Die Architektur des Sebasteions wird von 80 m langen Säulengängen an den beiden Längsseiten bestimmt. In ihm wurde von Augustus bis Nero den vergöttlichten Kaisern der julianisch-claudischen Dynastie gehuldigt. Im 4. Jh., als das Christentum die Oberhand gewann, wurde die Kulthalle in ein Kaufhaus umgewandelt.

Museum: Das Museum im Eingangsbereich des Grabungsgeländes (im Sommer 2007 wegen Restaurierungsarbeiten geschlossen) platzt schier aus allen Nähten. Ein Besuch macht deutlich, dass der Ruhm von Aphrodisias nicht zuletzt auf seiner Bildhauerschule gründete. Um den offenen Innenhof gruppieren sich mehrere Räume:

Kaisersaal: Büsten diverser Kaiser, Prinzen und Musen. Im anschließenden Gang stellt ein Relief aus dem 1. Jh. v. Chr. die Ehrung des verdienten Bürgers Zoilos durch die Stadt dar.

Melpomenesaal: Skulpturen der Tragödienmuse Melpomene und die große Apollonstatue.

Odeionsaal: Statuen sitzender Dichter und Philosophen, die man im Odeion fand. Im angrenzenden Gang unfertige Skulpturen aus dem Bildhaueratelier.

Penthesileiasaal: Die zentrale Gruppe zeigt Achilles, der die sterbende Amazonenkönigin Penthesileia vom Schlachtfeld trägt. Außerdem zwei Versionen eines Satyrs, der den jungen Dionysos in den Armen wiegt.

Aphroditesaal: Kopie der Kultstatue der Aphrodite (Original nicht gefunden) aus ihrem Tempel. Weitere Skulpturen bedeutender Bürger und Bürgerinnen von Aphrodisias.

Pamukkale/Hierapolis

Eines vorweg: Wer sich nach Pamukkale aufmacht und in den Sinterterrassen Badende erwartet, wird enttäuscht sein. Baden ist längstens verboten, und über den Publikumsmagneten wandert man heute im Gänsemarsch auf einem vorgegeben Pfad. Zur Entschädigung gibt es die oberhalb der Terrassen gelegene antike Stätte Hierapolis zu besichtigen.

Die Entstehung der außergewöhnlichen, weißen Kalksinterterrassen – ein Poster davon hängt in jedem zweiten deutschen Dönergrill – beruht auf einer einfachen chemischen Reaktion: Eine warme Quelle (53 °C) enthält große Mengen gelöstes Kalziumbikarbonat, das sich beim Abkühlen an der Oberfläche in Wasser, Kohlendioxyd und Kalziumkarbonat (Kalk) umwandelt. Das Kohlendioxyd entweicht, der Sinterkalk lagert sich ab und verstopft die Abflusskanäle des Wassers, das überquillt und sich fächerartig über die Abhänge ausbreitet und so die weißen Sinterterrassen formt: riesige, übereinander gestaffelte Bassins wie überdimensionale Badewannen. Von unten ähnelt der über 100 m hohe Abhang einem großen vereisten Wasserfall.

Es war einmal ein Weiß …

Pamukkale wird gerne, aber nicht unbedingt richtig mit „Baumwollschloss" übersetzt. Da Baumwolle („pamuk") hier aber als unterstreichendes Synonym für „weiß" zu verstehen ist (wie etwa „Schnee" bei schneeweiß) übersetzt man Pamukkale („kale" = Schloss) sinngemäß am besten mit „baumwollweißes Schloss". Doch das herrliche Pamukkaleweiß, das in so manchen Produktkatalogen wie selbstverständlich neben Bordeauxrot in der Farbpalette auftaucht, sucht man an vielen Stellen der Terrassen heute vergebens. Die Quittung für eine jahrzehntelange, rücksichtslose Vermarktung des Naturphänomens. Abermillionen Besucher karrte man mit Bussen an, baute für diese gar eine Straße mitten hindurch (heute durch zwei neue Auffahrten ersetzt) und ließ sie mit Schuhen über die weiße Pracht laufen. Noch verheerender aber wirkte sich der Bau von luxuriösen Hotelanlagen auf dem Plateau unmittelbar über den Terrassen aus. Diese speisten ihre Pools mit dem heißen Quellwasser. Zu viel kostbares Nass wurde auf diese Weise abgeleitet, das in den Pools abkühlte und danach auf den Terrassen keinen Kalk mehr ablagerte. Erst als die Sehenswürdigkeit zur „Sehensunwürdigkeit" verkommen war und schmutziges Grau das strahlende Weiß ersetzt hatte, erst als Waschkörbe empörter Protestbriefe eingingen und man dem Druck internationaler Umweltschutzorganisationen nicht mehr standhalten konnte, begann man zu handeln. Im Jahr 2000 wurde das letzte Hotel oberhalb der Terrassen dem Erdboden gleichgemacht – und so mischen sich dort heute ein paar Fundamente der Neuzeit unter die der Antike. Das gesamte Gebiet rund um die Sinterterrassen ist zum UNESCO-Weltkulturerbe erklärt worden. Der Zustand der Sinterterrassen hat sich seitdem erheblich gebessert. Ob ein Besuch aber schon wieder lohnt, darüber gehen die Meinungen weit auseinander.

Direkt unterhalb der Sinterterrassen liegt **Pamukkale Köy**, eine Siedlung aus Pensionen, Hotels, Restaurants und Bars. **Karahayıt,** rund 6 km nördlich der Terrassen, ist – was das Niveau der Hotels angeht – das gehobenere, wenn auch nicht attraktivere Pendant. Die nächstgrößere Stadt ist **Denizli** mit rund 300.000 Einwohnern, eine lebhafte, meist smogverhangene Provinzstadt 18 km südlich von Pamukkale. Für Touristen ist sie eher uninteressant, die historische Bausubstanz wurde durch mehrere Erdbeben zerstört.

Geschichte

Seit Jahrtausenden kennen und schätzen die umliegenden Einwohner die Heilkraft der Quellen. Hethiter und Phryger errichteten hier Altäre, doch erst der pergamenische König Eumenes II. gründete an der Quelle die Stadt Hierapolis als Gegengewicht zum nahe gelegenen makedonischen Laodikeia (→ S. 217). Die Rivalität der beiden Städte, deren Reichtum in der Wollverarbeitung gründete, war so groß, dass sie sich gegenseitig in ihrer Entwicklung behinderten. Erst mit der Eingliederung in die römische Provinz Asia erlangte Hierapolis größere Bedeutung. 60 n. Chr. wurde die Stadt durch ein Erdbeben zerstört, aber kurz darauf wieder aufgebaut. Schon früh hatte sie eine starke christliche Gemeinde, und in byzantinischer Zeit wurde sie sogar Bischofssitz. Mit dem Eindringen der Seldschuken verödete die Stadt. Erste Grabungen unternahm 1887 der Pergamon-Entdecker Carl Humann, systematische Arbeiten führen seit 1957 insbesondere italienische Archäologen durch.

Informationen/Verbindungen/Sonstiges

• *Telefonvorwahl* ✆ 0258.

• *Information* **Tourist Information**, oberhalb der Sinterterrassen. Im Sommer tägl. 8.30–12 u. 13.30–17.30 Uhr, im Winter 8–12 u. 13–17 Uhr. ✆ 2722077, www.pamukkale.gov.tr.

• *Verbindungen* **Dolmuş/Bus**: Direktbusse von und nach Pamukkale Köy gibt es nur wenige. Die Überlandbusse halten i. d. R. am Busbahnhof von Denizli. Von dort starten Dolmuşe nach Pamukkale Köy von 7–19 Uhr alle 20. Min., danach bis 22 Uhr stündl. Diverse größere Busgesellschaften (u. a. *Metro*, *Varan* und *Pamukkale* mit Buchungsbüros in Pamukkale Köy) bieten zudem einen Transfer nach Pamukkale an. Von Denizli bestehen gute Busverbindungen mit allen größeren Touristenorten der Südägäis, u. a. nach Selçuk (3 Std.) und Marmaris (4 Std.).

• *Öffnungszeiten/Eintritt* Die **Sinterterrassen** sind rund um die Uhr zugänglich, das **Museum** von Hierapolis ist tägl. (außer Mo) 9–12.30 und 13.30–18.15 Uhr geöffnet. Eintritt für Sinterterrassen und Ausgrabungsgelände 2,80 €, Museum 1,10 € extra.

• *Organisierte Touren* In Pamukkale Köy kann man Tagesausflüge nach Aphrodisias oder zu Attraktionen der näheren Umgebung für ca. 14 € (ohne Eintritt) buchen.

Zugänge zu den Sinterterrassen und nach Hierapolis: Das Areal hat drei Eingänge. Einer befindet sich zu Füßen der Sinterterrassen in Pamukkale Köy (bei der Tourist Police an der Durchgangsstraße). Von hier steigt man zu Fuß über die Terrassen hinauf auf das Plateau, auf dem sich das antike Hierapolis erstreckt. Man kann aber auch hinauffahren. Oben gibt es zwei Eingänge: den Südeingang, der ca. 250 m von den Terrassen entfernt ist, und den Nordeingang nahe der Straße nach Karahayıt, der rund 1200 m von den Terrassen entfernt liegt. Auf dem Weg vom Nordeingang zu den Terrassen passiert man die sehenswerte Nekropole. Vom Nordeingang besteht ein Pendelservice zu den Terrassen (1,10 €/Person). Von Pamukkale Köy fahren Dolmuşe (Abfahrt von der Dolmuşstation im Zentrum) mind. jede halbe Std. zum Nordeingang.

Übernachten/Essen&Trinken/Nachtleben

Vornehmlich auf Individualreisende eingestellt ist **Pamukkale Köy**. Einst gab es hier über 100 Unterkünfte, doch der Niedergang der Sinterterrassen bedeutete auch den Niedergang vieler Pensionen. Auch wenn sich der Zustand der Sinterterrassen wieder verbessert hat, kämpfen noch immer viele Quartiere ums Überleben. Geld für teils dringend nötige Renovierungen fehlt vielen. Mit den im Folgenden beschriebenen Unterkünften treffen Sie eine gute Wahl, doch es ist schwierig, bis zu einer von diesen zu gelangen – das Schleppertum ist so ausgeprägt wie nirgendwo sonst in der Türkei. Übrigens leitet fast jede Pension das Wasser durch irgendeinen Kanal in den eigenen Pool. Mehr-Sterne-Anlagen, oft mit Schnäppchenpreisen, findet man auf der Nordseite des Ruinenfeldes von Hierapolis am Ortsrand von **Karahayıt**.

• *In Karahayıt* ***** **Spa Hotel Colossae**, 231 der Sternezahl entsprechend ausgestattete klassische Hotelzimmer mit Balkon. Viel Schnickschnack: Wellnesszentrum, Thermalabteilung, mehrere Restaurants, großes Sportangebot. EZ 128 €, DZ 160 €. Karahayıt, ✆ 2714156, ℻ 2714250, www.colossaehotel.com.

***** **Polat Thermal Hotel**, 280 komfortable Zimmer, mehrere Restaurants, Thermalbecken, Aquapark, Hamam, Disco usw. DZ mit HP ab 80 €. Karahayıt, ✆ 2714110, ℻ 2714228.

• *In Pamukkale Köy* **Venüs Hotel**, unter türkisch-australischer Leitung, sehr freundlicher, unaufdringlicher Service. 14 neu restaurierte Zimmer, nett möbliert, mit Klimaanlage, z. T. mit Balkon und Fliesenböden. Restaurant, Pool. Ein Lonely-Planet-Highlight, daher meist bestens belegt. EZ 18 €, DZ 30 €. Pamukkale Köy, ✆ 2722152, www.venushotel.net.

Pansiyon Beyaz Kale, die „Weiße Burg"

Sinterterrassen

besitzt Motelambiente. 11 sehr saubere Zimmer mit Du/WC, Klimaanlage und farbenfrohen Wänden rund um eine gemütliche, gepflegte Poolanlage. Leser loben seit Jahren die gute Küche und die Warmherzigkeit der Wirtsleute. EZ 14 €, DZ 22 €. Pamukkale Köy, ✆ 2722064, 📠 2722568, www.beyazkalepension.com.

Hotel Pamukkale, eine Leserempfehlung. Ordentliche, saubere Zimmer mit Klimaanlage und rosafarbenen Wänden. Pool, freier Internetzugang, schöne Dachterrasse mit eigenem Restaurant (sehr gute, reichhaltige Küche). Nette familiäre Atmosphäre. Campingmöglichkeiten. DZ 22 €. Pamukkale Köy, ✆ 2722090, hotelpamukkale@hotmail.com.

Allgäu Hotel, deutschsprachiges Haus mit 25 Zimmern, verteilt auf 2 Gebäude (im neueren Trakt sind die Zimmer stilvoller, aber auch teuerer). Garten mit Pool. Von Lesern hoch gelobt wird auch die vegetarische Küche. DZ je nach Trakt 17–25 €. In Pamukkale Köy ausgeschildert, ✆ 2722767, www.allgauhotel.com.

Dört Mevsim Hotel, kleines Hotel mit großem Pool und Garten. Einfache, aber saubere Zimmer. Von Lesern ebenfalls gelobt. Campingmöglichkeiten. DZ 17 €. Hasan Tahsin Cad. 25, ✆ 2722009, www.hoteldortmevsim.com.

• *Camping* Bei vielen Pensionen, die über einen (leider oft ungepflegten) Garten verfügen, sind auch Camper willkommen. Die empfehlenswerten Adressen ändern sich jedoch von Jahr zu Jahr.

• *Essen & Trinken* Dass die meisten Gäste nur einmal in ihrem Leben nach Pamukkale kommen und das per Bus in der Gruppe für 2–3 Std., ist der Gastronomie nicht förderlich. Lästige Türsteher, schleppender Service, kleine Portionen, hohe Preise und auf die Schnelle mit wenig Aufwand zubereitete Gerichte bestimmen das Bild. Am besten isst man in den Pensionen und Hotels.

• *Nachtleben* Die Diskotheken vor Ort kann man allesamt der Kategorie „kläglich" zuordnen. Beliebt ist die **Laila Disco Bar** in Pamukkale Köy, Atatürk Cad., von deren Terrasse man dem nächtlichen Treiben auf der Straße zuschauen kann.

Sehenswertes

Sinterterrassen: Die Sehenswürdigkeit schlechthin. Der total versinterte Abhang ist über 100 m hoch und mehr als 5 km breit. Die Quelle sprudelt nach wie vor kräftig, und ein eigens angestellter Wassermeister reguliert durch Schieber den

Wasserlauf in den breiten Kanälen, um die zentralen Terrassen auf diese Weise langsam wieder weiß zu bekommen. Im Sommer wird jede Terrasse einmal wöchentlich geflutet, im Winter alle 20 Tage. Das Wasser wird unterhalb des Hangs gefasst, dann den Pensionen und danach den Feldern in der Ebene zugeführt. Einige Becken sind nachts beleuchtet. Ob tagsüber oder nachts, vor dem Spaziergang über die Terrassen gilt: Schuhe ausziehen! In die (teils künstlich angelegten) Becken entlang dem Hauptpfad darf man seine Füße halten.

Pamukkale-Therme: Da es mit dem Bad in den Sinterterrassen vorbei ist, bietet sich als Entschädigung ein Bad in der Pamukkale-Therme an. Die heutige Hauptquelle liegt im offenen Innenhof des einstigen Pamukkale-Motels. Sie speist einen zwischen Palmen wunderschön angelegten Quellteich, in dem antike Säulen liegen – daher auch „Antique Pool" genannt. Das Baden im 35 °C warmen Wasser ist eine wahre Lust. Angeblich hilft es gegen Magengeschwüre, Bronchitis, Herz-Kreislauf-Beschwerden, Darmträgheit und vieles mehr.

Öffnungszeiten Tägl. 8–19 Uhr, im Winter bis 17 Uhr. Eintritt satte 10 €.

Hierapolis: Die Sehenswürdigkeiten der Antike liegen weit verstreut auf dem Plateau oberhalb der Sinterterrassen. Unübersehbar an der Straße zur Pamukkale-Therme stehen die Ruinen der *Großen Therme* von Hierapolis, deren wuchtige Gewölbe einst mit Marmor ausgelegt waren. Sie beherbergt heute das kleine, aber schöne und interessante *Archäologische Museum* mit Funden aus Hierapolis und Laodikeia, insbesondere reich verzierte Sarkophage, Statuen und Reliefs. Besuchenswert sind zudem:

Apollontempel und Plutonium: An den Apollontempel erinnert noch ein 2,5 m hohes Podest mit einer kleinen Freitreppe, dazu einige Kapitellteile, die verstreut an Ort und Stelle liegen. Die fast imposanter wirkende Ruine davor, einst aus großen Quadern errichtet, war einmal ein monumentaler Brunnen. Ein paar Schritte wei-

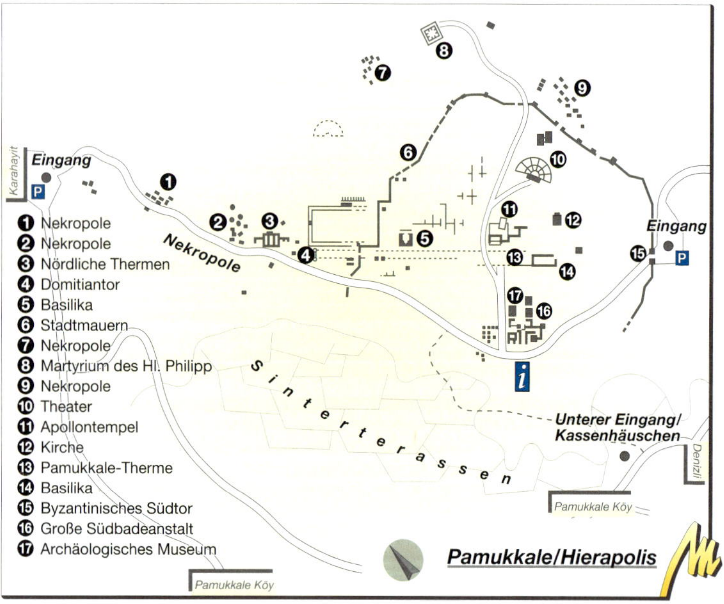

ter befand sich das Plutonium, eine Grotte, die Pluto, dem Gott der Unterwelt, geweiht war. Hier sprudelte ursprünglich die Quelle. In der großen Vorhalle verpesteten giftige Gase die Luft – unbefugte Eindringlinge, Vögel und selbst Ochsen starben. Nur die Priester konnten unbeschadet passieren: Sie krochen am Boden entlang und hielten die Luft an. Die Grotte ist weitgehend verschüttet, nur noch eine Kammer mit überwölbter Tür ist zu sehen. Der Eingang ist versperrt, denn noch immer strömen Schwefelgase aus.

Theater: Gut erhalten ist das nahezu vollständig ausgegrabene Theater (2. Jh. v. Chr.) mit über 100 m Seitenlänge, 20 Sitzreihen im ersten und 25 Sitzreihen im zweiten Rang. Acht Treppen führen nach oben. An die 10.000 Zuschauer fanden hier Platz. Marmorfriese und Statuen am behutsam restaurierten Bühnenhaus geben einen Eindruck von der einstigen Pracht.

Martyrium des Heiligen Philipp: Das Mausoleum des Diakons Philipp liegt 600 m nördlich des Theaters. Ein Grab hat man nie gefunden, und so ist nicht sicher, ob der Heilige hier wirklich bestattet worden war. Das höchst ungewöhnliche Gebäude wurde Anfang des 5. Jh. errichtet und kaum hundert Jahre später durch ein Erdbeben zerstört. Die Wälle sind teilweise noch mannshoch, deutlich ist der quadratische Grundriss auszumachen. An den Außenseiten liegen jeweils acht von außen zugängliche, rechteckige Kammern, die als Herberge für Pilger gedeutet werden. Einen Altar sucht man vergebens, doch die halbrunde Sitzreihe für den Bischof und die Gemeindeältesten ist noch zu erkennen.

Nekropole: Man durchquert das imposante Gräberfeld automatisch, wenn man sich den Sinterterrassen von Norden her nähert. Spaziert man hingegen von der Pamukkale-Therme die antike Hauptstraße von Hierapolis entlang, passiert man als erstes die Grundmauern einer *Basilika*, dann das *byzantinische Stadttor* und danach auf einer *Säulenstraße* das unter der Herrschaft Domitians aufgestellte und diesem gewidmete *Domitiantor*. Die sich anschließenden *nördlichen Thermen*, im 5. Jh. zu einer gewaltigen *Basilika* umgebaut, liegen schon auf dem Gelände der Nekropole. Mehr als tausend Gräber aus verschiedenen Epochen sind hier zu finden: Grabtempelchen, kreisrunde Tumulusgräber, die einst von phallusähnlichen Steinen gekrönt wurden, Steinsarkophage etc. Einige sind im Lauf der Zeit bis zur Hälfte im Sinterkalk versunken, andere liegen wie das geborstene Spielzeug eines Riesen regellos verstreut …

Sehenswertes in der Umgebung von Pamukkale

Rote Quelle (Kırmızı Su): Die Rote Quelle sprudelt inmitten von Karahayıt, ca. 5 km nördlich von Pamukkale Köy. Ihr stark eisenhaltiges Wasser überzieht die Felsen mit dunkelroten Ablagerungen.

Verbindungen Regelmäßige **Dolmuş**verbindungen von und nach Pamukkale Köy.

Laodikeia (antike Stadt): Der im 3. Jh. v. Chr. gegründete Ort entwickelte sich schnell zu einer der reichsten Städte der Region. Mit der Eingliederung ins Römische Reich wurde die Feindschaft mit dem benachbarten Hierapolis beigelegt. Im 6. Jh. n. Chr. wurde der Ort durch ein Erdbeben zerstört. Erst 2002 begann man mit Ausgrabungsarbeiten, die von der nahe gelegenen Pamukkale-Universität Denizli durchgeführt werden. Das Team gräbt rund fünf Monate im Jahr, dementsprechend kommt ständig Neues zutage. Zuletzt legte man eine *Kolonnadenstraße* frei.

Anfahrt Von der Straße Denizli–Pamukkale ausgeschildert. Wärter vor Ort. Kein Eintritt.

Kaklık-Höhle: Das „unterirdische Pamukkale“, ca. 30 km östlich von Denizli, entdeckte man erst 1999. Die schneeweißen Kalksinterterrassen in einer Höhle, eine Art Miniaturausgabe des tatsächlichen Pamukkale, locken bislang nur wenige Touristen an. Zum Zeitpunkt der letzten Recherche plantschten gerade ein paar Kinder im schwefeligen Thermalwasser. Vor dem Eingang befindet sich ein Café mit einem Pool. Die Idylle trübt ein nahes Zementwerk.

Anfahrt Von der Straße Denizli–Afyon ausgeschildert. Im Sommer rund um die Uhr zugänglich. Eintritt tagsüber 1,10 €.

Zwischen Selçuk und Çeşme

Landschaftlich reizvoll präsentiert sich die Strecke zwischen Pamucak und Özdere: Entlang einer gut ausgebauten und aussichtsreichen Küstenstraße reihen sich einige schöne Badebuchten (→ Selçuk/Baden, S. 198), landeinwärts findet man vom Tourismus links liegen gelassene antike Stätten wie Klaros oder Kolophon. Doch dann folgt ein Küstenstreifen, an dem die türkische Mittelschicht dem schwäbischen Häuslebauer zeigt, was sie kann – ein Triumph des Bauwahns und der Zerstörung ganzer Landstriche. Etwas angenehmer wird erst wieder das Eck um das Fischerdorf Sığacık, wo auch die Ruinen von Teos schlummern.

Klaros und Notion (antike Stätten)

Das antike Klaros war wie Didyma ein Apollonheiligtum. Gegründet wurde es bereits im 7. Jh. v. Chr., zerstört erst in christlicher Zeit durch ein Erdbeben. Heute liegen Säulentrommeln, Kapitelle und andere Architekturfragmente des einstigen Tempels kreuz und quer. Wer aufmerksam durchs Gelände streift, entdeckt vielleicht den marmornen Fuß oder Arm der gigantischen, einst ca. 8 m hohen, sitzenden Kultfigur des Apollon. Grabungs- und Restaurierungsarbeiten leitet seit mehreren Jahren die Ege-Universität İzmir, ein paar Säulen stehen schon wieder.

Aus Inschriften weiß man, dass Pilger aus dem gesamten Mittelmeerraum das Orakel aufsuchten. Dabei stellten sie angeblich keine Fragen, sondern teilten den Priestern nur ihre Namen mit. Diese zogen sich daraufhin zur „Heiligen Quelle" zurück, nahmen einen inspirierenden Schluck und kamen fröhlich orakelnd wieder zurück. Das Wasser war aber vermutlich nicht gesund, denn die meisten Priester starben jung. Die unterirdischen Orakelkammern können – sofern sie nicht unter Wasser stehen (was meist der Fall ist) – besichtigt werden, von der einstigen Vorhalle sind sie über Treppen zu erreichen.

Die Pilger liefen für gewöhnlich mit dem Schiff den Hafen von Notion an, um von dort auf einer heiligen Straße zum Orakel zu wandeln. Die heute spärlichen Überreste der antiken Stadt Notion liegen auf einem Hügel am östlichen Buchtende von Ahmetbeyli verstreut, u. a. das Fundament eines Athenatempels, einer Agora und eines Theaters. Ihre Erkundung versüßt ein Bad am schönen Strand von Ahmetbeyli, ein beliebter Stopp von Ausflugsbooten aus Kuşadası. Auch nördlich von Ahmetbeyli säumen ein paar traumhafte Buchten die Küste, sie sind jedoch nicht alle leicht zugänglich.

- *Anfahrt/Verbindungen nach Klaros* In Ahmetbeyli (auch: Sahilevleri; zwischen Pamucak und Özdere) der landeinwärts führenden Straße nach Menderes folgen, nach ca. 700 m rechts ab (ausgeschildert), dann noch 1 km. Mit dem Dolmuş am einfachsten von Selçuk (auf die Aufschrift „Gümüldür" achten). Erst in Ahmetbeyli aussteigen (nicht am Strand Denizpinarı/Klaros!). Von da aus zu Fuß der Anfahrt folgen.
- *Öffnungszeiten* Stets zugänglich, kein Eintritt.

Kolophon (antike Stadt)

Oberhalb der Ortschaft Değirmendere, rund 20 km nördlich von Klaros im Landesinneren, liegen die bescheidenen Reste des antiken Kolophon, einst eine Stütze des Ionischen Bundes. Erhalten sind nur ein paar Mauern und die Fundamente mehrerer Türme, die deutsche Archäologen 1886 freilegten. Interessanter als ein Besuch der Ruinen ist die Geschichte der angeblich einst unsagbar reichen Stadt, deren

Bewohner sich in parfümierte Purpurgewänder einzuhüllen pflegten. Ihren Namen – und ihr vieles Geld – verdankte die Stadt dem sog. „Kolophonium“, einem Harz aus den Pinienplantagen der Umgebung. Berühmt war die Stadt aber auch wegen ihrer Pferdezucht (nur Könige konnten sich die stolzesten Hengste aus Kolophon leisten), wegen ihrer mächtigen Flotte, ihrer schlagkräftigen Armeen und – man mag es kaum glauben – einer gefürchteten Hundemeute. Der antike Geograph Strabo (63 v. Chr.–23 n. Chr.) berichtet von dem Ausdruck „Kolophon darauf nehmen“, was im Altertum so viel bedeutete wie „kurzen Prozess machen“.

• *Wegbeschreibung* Um nach Değirmendere zu gelangen, folgt man von Ahmetbeyli (auch: Sahilevleri; zwischen Pamucak und Özdere) der landeinwärts führenden Straße Richtung Menderes. Nach ca. 12 km geht es links ab (Beschilderung „Ataköy“). Von hier sind es noch ca. 5 km bis Değirmendere. Vom kleinen zentralen Platz in Değirmendere folgt man der Şehit Murat Güvenç Cad. (später Zafer Sok.) stets bergauf. Bei einer kleinen Straßengabelung (rechts ein Rolltor) parken und den ein paar Meter bergab verlaufenden Schotterweg nach links nehmen. Am Ende des Wegs geradeaus auf die vorausliegende Hügelkuppe zuhalten. Steigen Sie dann ca. 250 m zwischen den einzeln stehenden terrassierten Olivenbäumen bergauf und ignorieren Sie dabei die quer verlaufenden Pfade.

Von Özdere bis Ürkmez

Über viele Kilometer ziehen sich zwischen Özdere und Ürkmez eintönige Retortensiedlungen die Küste entlang. Totenstill ist es hier in den kalten Monaten, restlos überlaufen zur türkischen Ferienzeit. Özdere, Gümüldür und Ürkmez, mittlerweile so gut wie zusammengewachsen, sind die Sommerfrischen der İzmirer Mittelschicht. Die stark befahrene Küstenstraße bietet keine Abwechslung – wo man hinschaut, ein Apartment- und Ferienhäusermeer. Poseidons Reich davor ist jedoch sauber und wird von langen Sandstränden flankiert. Unterkünfte und einfache Lokale sind vorhanden.

• *Verbindungen* In der Saison regelmäßige Dolmuşverbindungen nach İzmir und Selçuk.

• *Übernachten/Camping* **** **Denizatı**, sehr gepflegte, komfortable Ferienanlage in einem schattigen Pinienhain mit eigenem Strand am östlichen Ortsausgang von Gümüldür (leicht zu übersehen, auf Banner achten). Angenehme Bungalows mit Klimaanlage, TV und Terrasse, Restaurant, Pool, Kinderspielplatz, Disco, Animation usw. Es kann auch gecampt werden, gute Sanitäranlagen. DZ-Bungalow mit VP 114 €, Campen 7 €/Person, Zelt 5,30 €, Wohnmobil 7,50 €. Yeşilköy Cad. 8, ✆ 0232/7989191, ✆ 0232/7899190, www.denizati-hv.com.

Taç Motel, in Özdere in erster Reihe am Meer, leicht zu übersehendes Hinweisschild. Familienbetrieb. 13 schlichte, aber sehr saubere Zimmer mit Klimaanlage, Balkon und Steinböden, Ausbau geplant. Restaurant mit kleiner Speisenauswahl. DZ 27 €. 23 Sok. 41, ✆ 0232/7975992, in Deutschland buchbar über 0781/9195879, www.pashamtac.com.

Şah Pansiyon, 20 Betten in einfachen Zimmern, dazu 4 Apartments, daneben ein Pool. Die Zimmer liegen etwas abseits vom Meer, sind aber nur durch Mandarinen- und Olivenbäume von der netten Restaurantterrasse direkt am Strand getrennt. Der Herbergsvater spricht Deutsch. DZ 22 €, Apartments (für bis zu 5 Pers.) ab 30 €. Am östlichen Ortsende von Özdere (durch eine betonierte Toreinfahrt und dann den betonierten Weg bis zu seinem Ende fahren), ✆ 0232/7975087.

Sığacık

Der alte Kern des verschlafenen, charmanten Fischerdorfes liegt zusammengedrängt hinter den Mauern einer genuesischen Festungsanlage. Rund um die beschauliche Hafenfront an einer tiefen Bucht gibt es ein paar Fischlokale und Pensionen. Zudem befanden sich zuletzt ein paar Hotels im Bau – erstaunlich, denn selbst in der Hochsaison kam es bislang nicht zu Engpässen. Sığacık wurde vom großen Ansturm stets verschont, denn an guten Bademöglichkeiten mangelt es unmittelbar vor Ort.

Der nächste Strand, die schöne Bucht von **Akkum,** liegt 2 km südwestlich von Sığacık. Vorbei an Olivenhainen, Kneipen, Cafés und Souvenirständen gelangt man dorthin. Das Areal direkt hinterm Beach nimmt das Club Resort Atlantis ein, vorrangig Franzosen buchen es. An Sommerwochenenden, wenn sich Tagesausflügler aus İzmir zu ihnen gesellen, ist in Akkum die Hölle los. In der Nebensaison geht es hingegen recht beschaulich zu. Gleiches gilt für den **Emeksiz Plajı** nochmals 2 km weiter (der Beschilderung nach Teos folgen, s. u., dann ausgeschildert). Am kleinen, ca. 50 m breiten, idyllischen Strand gibt es ein nettes Lokal. Camper sind willkommen.

• *Verbindungen* Häufig Dolmuşe ins 9 km entfernte Landstädtchen Seferihisar. Dort umsteigen nach İzmir, Selçuk oder Kuşadası. Keine Direktverbindungen nach Çeşme (über İzmir). Zudem Dolmuşverbindungen zwischen Sığacık und Akkum, keine zum Emeksiz Plajı.

• *Anfahrt nach Akkum* Von der Festung in Sığacık (Burg-Pansiyon-Seite) die dem Hafen gegenüber liegende, bergauf führende Straße nehmen. Wenn man die Anhöhe überwunden hat und die geteerte Straße nach links abschwenkt, nach rechts auf die Pflasterstraße abzweigen.

• *Übernachten* **Teos Pansiyon**, im Norden von Sığacık zwischen Festungsmauer und Uferpromenade. Gepflegte Pension. 6 freundliche, saubere und klimatisierte Zimmer mit Holzböden, z. T. mit Meeresblick. Restaurant mit Wohnzimmeratmosphäre und Terrasse. Ganzjährig. Zuvorkommender Service, leider nicht fremdsprachig. DZ 27 €. 126 Sok. 14, ✆ 0232/7457463.

Sahil Pansiyon, im Norden von Sığacık. Vom netten Ehepaar Keleş geführt, das lange Jahre in Hamburg lebte. 14 schlichte, aber ordentliche Zimmer (6 davon mit Klimaanlage), 3 mit Aussicht auf die Bucht. Gärtchen mit Hühnern, auf Wunsch wird lecker gekocht. DZ 22 €. 127 Sok. 48, ✆/℻ 0232/7457741.

• *Essen & Trinken* **Çerkezağa**, neben all den mehr oder minder gleichartigen Fischlokalen rund um den Hafen von Sığacık ein abwechslungsreicher Tipp. Gemütliche Lokanta um einen alten Brunnen. Es gibt Suppen, Saç Kavurma oder Köfte. Günstig. Nahe der Pansiyon Burg am Hafen.

Teos (antike Stadt)

Die ionische Gründung aus dem 1. Jt. v. Chr. stand immer im Schatten Smyrnas. Lediglich nach dessen Zerstörung (6. Jh. v. Chr.) erlebte Teos eine kurze Blüte. Die damalige Hafenstadt war Geburtsort des Lyrikers Anakreon (ca. 580–495 v. Chr.), der u. a. den Wein und die gleichgeschlechtliche Liebe besang. Passend dazu war Teos berühmt-berüchtigt für seinen Dionysoskult, den hier eine Gilde von Schauspielern und Musikern zu Ehren ihres Schutzgottes feierte.

Die Ruinen der aufgegebenen Stadt wurden als Steinbruch benutzt, sodass vieles verloren ging. Am eindrucksvollsten ist die Ruine des **Dionysostempels** – der größte je gebaute Tempel für den Gott des Weins – mit einigen wieder aufgerichteten Säulenstümpfen. Wer auf dem idyllischen Gelände weiter herumstreift, findet auf dem flachen Hügel nördlich der Anlage, der einst die Akropolis trug, u. a. Reste eines **Theaters.** Die Aussicht von dort über Olivenhaine hinweg auf die Überreste der Stadt und auf die Küste, verliert durch den Bau monotoner Feriensiedlungen leider mehr und mehr an Charme.

• *Anfahrt/Öffnungszeiten* Über Sığacık (s. o.) zu erreichen. Von der Festung in Sığacık (Burg-Pansiyon-Seite) die dem Hafen gegenüber liegende, bergauf führende Straße nehmen und immer der geteerten Straße folgen, dann ausgeschildert. Das Gelände ist frei zugänglich und kostet – wenn der Wärter Sie findet – 1,20 € Eintritt.

An der Uferpromenade von Çeşme

Çeşme

(ca. 22.000 Einwohner)

Das ehemalige Fischer- und Handelsstädtchen gehört heute zu den großen Ferienorten der türkischen Ägäis. Neben seiner schönen Lage an der Spitze einer Halbinsel locken vor allem die feinsandigen Strände der Umgebung.

Çeşme thront am zweitwestlichsten Punkt Kleinasiens, nur 10 km trennen es von der griechischen Insel Chíos. Wahrzeichen des Städtchens ist die wuchtige, genuesisch-osmanische Festung am Hafen. Drum herum versprühen ein paar pittoreske Gässchen alten Charme. Zu viel erwarten sollte man aber nicht – Çeşme ist ganz ansehnlich, aber bei weitem kein Schmuckkästchen.

Das Treiben spielt sich entlang der Uferpromenade und in der autofreien Shoppingmeile İnkılap Caddesi ab. Hier geben sich türkische Familien und Pauschaltouristen aus den Bettenburgen der Umgebung ein allabendliches Stelldichein. Kommt dann noch eine Fähre aus Italien an und mit ihr Tausende von Deutschtürken auf dem Weg in den Heimaturlaub, ist in Çeşme die Hölle los.

Was Çeşme jedoch überhaupt nicht hat, das sind schöne Sandstrände vor der Haustür. Damit aber ist die gleichnamige Halbinsel gesegnet. Und so wuchern die Ferienkomplexe dort ungezügelt. Mit dem 6 km entfernten Retortenort Ilıca ist Çeşme mittlerweile fast zusammengewachsen.

Geschichte

Als Hafen der ionischen Stadt *Erythrai* auf der Karaburun-Halbinsel (→ S. 231) wurde Çeşme als *Cyssus* etwa 1000 v. Chr. gegründet. Schon unter der Herrschaft

Roms (ab 190 v. Chr.) kamen die ersten Touristen – nicht zum Baden im Meer, sondern in den Thermalquellen der Umgebung. Im 14. Jh. ließen die Genueser zur Sicherung ihrer wirtschaftlichen Interessen an der Levanteküste, wozu der Schutz der Meerenge zwischen dem Festland und der Insel Chíos gehörte, die noch heute imposante Festung am Hafen errichten.

1770 wurden die Bewohner Çeşmes Augenzeugen einer historischen Seeschlacht: Vor der Halbinsel versenkte die russische Kriegsmarine fast vollständig die osmanische Flotte. Den Befehlshaber über die türkischen Schiffe, Cezayirli Gazi Hasan Paşa, ehrt man trotz seiner Niederlage noch heute: Ein Denkmal vor dem Eingang zur Burg zeigt ihn in Pluderhosen und Turban zusammen mit einem Löwen, der seinen wilden Charakter symbolisieren soll.

Bis zu Beginn des 20. Jh. lebten in Çeşme Türken und Griechen weitestgehend friedlich nebeneinander. Ihr Auskommen fanden die meisten Einwohner in den traditionellen Erwerbszweigen wie Oliven- und Traubenanbau, Fischfang und Mastixgewinnung (→ Kasten). Nach dem Bevölkerungsaustausch 1923 verlor Çeşme als Handelshafen für Chíos an Bedeutung. Das griechische Erbe, darunter eine Basilika (→ Sehenswertes), verfiel.

Die feinsandigen Strände der Umgebung wurden in der 1960ern und 70ern zunächst von wohlhabenden Familien aus İzmir entdeckt, die sich hier ihre Ferienvillen bauten. Mit dem Beginn des Massentourismus in den 1980ern erlebte die Halbinsel einen zuvor nie gekannten Aufschwung. Seit 1996 führt eine sechsspurige Autobahn nach Çeşme. An Sommerwochenenden staut sich auf ihr zuweilen der Verkehr, v. a. sonntagabends zurück nach İzmir. Eine Marina mit 400 Liegeplätzen zieht seit der Jahrtausendwende zudem auch ein betuchteres Seglerpublikum an.

Information/Verbindungen/Ausflüge/Parken

- *Telefonvorwahl* 0232.
- *Information* Bei der Festung am Hafen. Sehr zuvorkommend, je nach Schicht auch Auskünfte in Deutsch. Mo–Fr 8.30–17.30 Uhr, Sa/So 9–17 Uhr. Mittagspause. İskele Meydanı 8, ✆/📠 7126653.
- *Verbindungen* **Bus**bahnhof 10 Gehmin. südlich des Zentrums nahe dem Turgut Özal Bul. Im Sommer Direktverbindungen in diverse größere Städte des Landes und nach İzmir – für die meisten Ziele im Reisegebiet muss man dort umsteigen. Nach İzmir (halbstündl. von 6–22.30 Uhr, 4,50 €, → İzmir/Verbindungen, S. 237), kann man auch am oberen Ende der Hauptstraße İnkılap Cad. zusteigen. Für Ausflüge auf die Halbinsel Karaburun nimmt man einen Bus nach Urla und steigt dort um.

Dolmuşe über Çiftlik zum Pırlanta- und Altınkum-Strand, nach Ilıca, Boyalık und Alaçatı starten vom kleinen Dolmuşbahnhof unterhalb der Festung bei der Tourist Information, Dolmuşe nach Dalyan in der Dalyan Cad. nahe der İnkılap Cad.

Taxis stehen am Cumhuriyet Meydanı und am Ende der İnkılap Cad. bereit. Zum Flughafen İzmir 72 €.

- *Schiffsverbindungen* Neben Fähren nach Italien (→ Weitere Anreisemöglichkeiten, S. 14) Fähren nach Chíos, von Anfang Mai–Mitte Sept. mindestens 1-mal tägl. um 18 Uhr, Di/Do/Sa zudem eine zweite Fähre um 9.30 Uhr, d. h., an diesen Tagen sind auch Tagesausflüge nach Chíos möglich (Stand 2007). Dauer ca. 1 Std. Einfach 25 €/Person, retour – egal ob am gleichen Tag oder später – 40 €. Auto einfach 70–90 €. Infos bei Ertürk gegenüber der Tourist Information (→ Reisebüros).
- *Bootsausflüge* Bucht man am besten bei den privaten Schiffseignern an der Mole. Angesteuert werden u. a. die ca. 1 Bootsstd. nördlich von Çeşme gelegene, unter Naturschutz stehende „Eselsinsel" (Eşek Ada; mit wild blühenden Narzissen und freilaufenden Eseln) und die Schwarze Insel daneben (Karaada, ein Schnorchelparadies). Auch der Strand von Ilıca mit seinen Thermalquellen ist ein beliebtes Ziel. 15–20 €/Person mit Lunch.

- *Organisierte Touren* Da in Çeşme selbst überwiegend Türken Urlaub machen, die über ein eigenes Auto verfügen, ist das Angebot an organisierten Ausflugsreisen mehr als bescheiden.
- *Parken* Bewachter gebührenpflichtiger Parkplatz südlich der Tourist Information am Hafen.

Adressen/Einkaufen/Sonstiges

- *Ärztliche Versorgung* Krankenhaus nahe der Straße nach İzmir ca. 2,5 km östlich des Zentrums. ✆ 7120077. Erste-Hilfe-Station am oberen Ende der İnkılap Cad.
- *Autoverleih* Mehrere lokale Anbieter, z. B. Sultan Rent a Car, İnkılap Cad. 68, ✆ 7127395. Ab 50 €/Tag inkl. Vollkasko.
- *Einkaufen* Schmuck, Lederwaren und Teppiche werden entlang der İnkılap Cad. angeboten. Çeşme ist aber kein Einkaufsparadies, besser nach İzmir ausweichen! Ein bunter Markt wird 2-mal wöchentl. (So in groß, Kleinausgabe am Mi) in der Kiste Cad. nahe der İnkılap Cad. abgehalten.

In der **Rumeli Pastanesi (6)**, einem kleinen Laden an der İnkılap Cad., kann man sich seit 1945 mit der hiesigen Harzkonfitüre (→ Kasten S. 226) eindecken. Zudem noch viele weitere ausgefallene Konfitürevariationen, z. B. aus Feigen, Orangen und Pistazien.

Çeşme
Karte S. 223

İlhan Nargile (9), eine Filiale aus İzmir (S. 240). Wasserpfeifen von guter Qualität. İnkılap Cad. 31 (gegenüber der Kirche).

• *Polizei* Neben der Tourist Information am İskele Meydanı. ✆ 7126627.

• *Post* An der Uferpromenade im Norden der Bucht. Während der Saison bis 24 Uhr.

• *Reisebüro* **Ertürk**, gegenüber der Tourist Information. Für Schiffsverbindungen nach Italien und Chíos, dazu Flüge mit THY, Onur Air, Atlasjet usw. ✆ 7126768, www.erturk.com.tr.

• *Türkisches Bad (Hamam)* **Çeşme Belediye Hamamı**, historischer Hamam nahe dem **Hotel Kervansaray (16)** in der Beyazıt Cad. Gemischtes Bad möglich. Mit einfacher Massage 25 €, mit Erdbeerölmassage weitere 17 €. Tägl. 8–23 Uhr.

• *Waschsalon* **Gerçek Çamaşırhane (10)**, hinter der Kirche bzw. neben Fatih Pide Pizza Salonu. Unverschämt teuer, da nach Stück abgerechnet wird (Jacke wie Hose 2,70–3,90 €).

• *Zeitungen* Zeitungen und Zeitschriften in deutscher Sprache verkauft der **Kocatürk Market (13)** im Sommer am Cumhuriyet Meydanı schräg gegenüber dem Rathaus.

• *Zweiradverleih* Bei **Sultan Rent a Car** (→ Autoverleih). Scooter 20 €/Tag.

Übernachten/Camping (siehe Karte S. 223)

Im Zentrum findet man kleine Hotels und Pensionen, nahe dem Hafen und hoch über dem Ort an der Straße nach İzmir gesichtslose Mittelklassehäuser. Für Resort- und Spa-Hotels der Luxusklasse muss man nach Ilıca ausweichen. An Wochenenden wird z. T. ein Aufschlag von 30 % erhoben, hinzu kommen Preisunterschiede von bis zu 50 % zwischen HS (Ende Juni–Mitte Sept.) und NS. Angegeben sind die HS-Preise unter der Woche.

*** **Hotel Kerasus (1)**, 2 km nördlich von Çeşme direkt am Meer, ausgeschildert. Mehrstöckige Hotelanlage. Alle Zimmer mit Meeresblick, doch überhaupt nichts Besonderes. Dafür privater Strand und toller Poolbereich. Restaurant, Hamam usw. DZ mit HP (obligatorisch) satte 150 €. Ayasaranda Koyu, ✆ 7120506, 📠 7127938, www.kerasus.com.

** **Hera Hotel (4)**, kleines Mittelklassehotel in erster Reihe im Norden der Bucht. Falls Ihre Plombe im türkischen Honig kleben blieb – der Besitzer ist Zahnarzt, seine Frau spricht deutsch. Freundlicher Service. DZ mit Klimaanlage und Meeresblick 55 €, ohne Meeresblick etwas billiger. 16 Eylül Mah. 4, ✆ 7126177, 📠 7129198, www.heracesme.com.

Pension Barınak (3), empfehlenswert. Blitzsaubere Zimmer von ausreichender Größe mit privaten Bädern. Entscheiden Sie sich für eines der teureren im OG – davor eine Dachterrasse mit Wahnsinnsblick über die Bucht! Im Sommer oft ausgebucht. DZ je nach Lage 33–39 €. 3052 Sok. 58, ✆ 7126670.

Sahil Pension (2), in der Nachbarschaft und gleiche Preise. Ebenfalls gut geführt und gepflegt. Alle Zimmer mit Fliesen- oder Steinböden sowie eigenem Bad. Leider keine Dachterrasse, dafür alle Zimmer mit Balkon. Gemeinschaftsküche. 3265 Sok. 3, ✆ 7126934, www.cesmesahilpansiyon.com.

Yalçın Hotel (15), im Gassengewirr oberhalb der Karawanserei. Deutschsprachiger Familienbetrieb, sehr freundlich und hilfsbereit. Von der Frühstücksterrasse schöner Blick über den Hafen. 18 z. T. sehr kleine, doch ordentliche Zimmer mit sauberen Bädern. EZ 22 €, DZ 27 €, mit Klimaanlage 2,80 € mehr. 1002 Sok. 10 (dem Weg rechts der Burg bergauf folgen, dann ausgeschildert), ✆ 7126981, 📠 7120623, www.yalcinhotel.freeservers.com.

Yeni Kervan Pansiyon (17), kleine Pension in Kastellnähe. Einfache saubere Teppichbodenzimmer mit Bad, etwas veraltete Sanitäranlagen. Leicht konservative Atmosphäre. Ein Plus ist die tolle Dachterrasse mit gemütlichen orientalischen Sitzecken. DZ 27 €. 1002 Sok. 36, ✆ 7128496.

• *Camping/Motel* **Kummotel Tursite**, 10 km südwestlich von Çeşme am Altınkum-Strand (→ Baden). Bietet rund 20 Stellplätze direkt am Meer. Kinderfreundlich, großes Restaurant mit Traumterrasse, gemütliche Strandbar. Kein Supermarkt. Deutschsprachig. 2 Pers. mit Zelt oder Wohnmobil 30 €. Übernachtung in einfachen, aber netten Bungalows (52 auf dem Gelände) mit Terrasse und Bad für 2 Pers. 100 €. Gepflegter Rasen drum herum, aber kein Meeresblick. April–Okt. Ganz nebenbei: Bis 2006 kostete das Campen 15 € und der Bungalow (damals noch nicht mit ein paar IKEA-Möbeln aufgepeppt) 56 €. So können sich die Preise ändern! Dafür kommt nun auch ein schickeres Publikum aus den Großstädten des Landes. ✆ 7222295, www.kumbeach.com.

Essen & Trinken (siehe Karte S. 223)

Fischlokale befinden sich an der Uferpromenade (oft wirbt man mit günstigen Menüs), jede Menge billige Lokantas und Dönerbuden an der İnkılap Cad. und ihren Nebengassen. Für ein stilvolles Abendessen lohnt zudem die Anfahrt nach Dalyan oder Alaçatı. Nett sitzt man auch in den Teegärten (manche mit Bierausschank) am Hafen vorm Kastell. Überall in Çeşme gilt: Rechnung stets überprüfen!

Sahil Restaurant (12), Korbsesselambiente in bester Lage direkt am Cumhuriyet Meydanı. Besteht seit 1954. Gute Auswahl an Snacks und Fleischgerichten zu 5–12 €. ✆ 7128294.

Deniz (✆ 7129142) und **Rıhtım (5)**, (✆ 7127433) sind zwei alteingesessene, sehr beliebte benachbarte Fischlokale in erster Reihe an der Uferpromenade im Norden der Bucht. Von beiden Terrassen blickt man direkt auf die schaukelnden Fischerboote. Küche bis spät in die Nacht. Gehobeneres Preisniveau (abgesehen vom aushängenden Sondermenü).

İmren Lokantası (11), große Auswahl an Moze (ca. 1,90 €), diverse leckere Topfgerichte (ca. 3 €) und saftige Spieße (ab 4,50 €). Hinten raus eine kleine Terrasse. Eins-a-Qualität. Leider werden Ausländer hier gerne abgezockt! Erfragen Sie jeden Preis im Voraus und ob Brot, Service und Couvert inklusive sind! İnkılap Cad. 6 A (nahe dem Cumhuriyet Meydanı), ✆ 7127620.

Fatih Pide Pizza Salonu (10), hinter der Ayios-Haralambos-Kirche. Knusprige Pide und Pizza zu günstigen Preisen. Netter Außenbereich.

Kale Lokantası (14), auch: Tokmak Hasan'ın Yeri. Hier verbringen die Einheimischen ihre Mittagspause. Einfache Lokanta mit schmackhaften Topfgerichten. Eine der besten Adressen in der unteren Preisklasse. Etwas versteckt in der Beyazıt Cad. gegenüber der Tourist Information. Nicht zu verwechseln mit dem nahen Kale Mangal Restaurant!

Nachtleben (siehe Karte S. 223)

Das Nachtleben auf der Çeşme-Halbinsel ist nicht auf trinkfreudige Pauschalurlauber aus Deutschland, England oder Russland zugeschnitten. Die Klientel ist anspruchsvoller und entstammt der vergnügungssüchtigen Oberschicht aus İstanbul, İzmir und Ankara.

Rund um die Halbinsel verteilen sich etliche Beachclubs, die heiße Partynächte am Meer versprechen. Zu den angesagtesten zählten bei unserem letzten Besuch **Shayna**, **Seaside**, **Babylon** (→ Alaçatı, S. 231), **Fontana** und **Mojito**. Die Fluktuation der Clubs ist enorm, die Hälfte davon mag bis zu Ihrem Besuch schon wieder anders heißen. Achten Sie auf Plakate! Eintritt ca. 15 €, ein Freigetränk ist meist inbegriffen. Am besten fährt man mit dem Taxi an.

Im Zentrum von Çeşme ist der **Club Street (7)** an der İnkılap Cad. (Eingang in einer Nebengasse) die populärste Adresse. Nicht vor Mitternacht kommen!

Eine nette Adresse ist zudem das **Blue Rıhtım Türkü Evi (8)** hinter der Ayios-Haralambos-Kirche. Einfach (abgeschabtes Mobiliar) und ein bisschen kitschig eingerichtet, man kann auch draußen sitzen. Regelmäßig türkische Livemusik.

Baden/Sport

Çeşme selbst verfügt nur über einen Ministrand ganz im Norden der Bucht. Er gehört zum schicken **Beachclub Rua X** und kostet 5,50 € Eintritt – dafür gibt es Liege, Sonnenschirm und ein Freigetränk. Die besseren Bademöglichkeiten setzen eine kleine Anfahrt (gute Dolmuşverbindungen zu allen Stränden) voraus. Einsamkeit darf man jedoch nirgendwo auf der Çeşme-Halbinsel erwarten. Aufgrund der kühlen Strömung (Schwarzmeerwasser fließt über die Dardanellen hierher) ist das Meer um die Halbinsel übrigens recht frisch. Die Thermalquellen vor der Küste erwärmen es nur unwesentlich.

Çeşme
Karte S. 223

Abkühlung am Altınkum-Strand

Altınkum-Strand: Den „Goldsand"-Strand, einen der schönsten der Halbinsel ca. 10 km südwestlich von Çeşme, belegen mittlerweile etliche Beachclubs. Die frei zugänglichen Abschnitte werden von Jahr zu Jahr weniger. Anfahrt: Von Çeşme die breite Straße am Fährterminal vorbei Richtung Çiftlik nehmen, dann mit „Tursite" ausgeschildert. Gebührenpflichtiger Parkplatz am Strand.

Pırlanta-Strand, noch vor dem Altınkum-Strand (kein eigenes Hinweisschild). Unverbauter, nicht überlaufener Kiessandstrand mit Volleyballfeld, Surfbrettverleih und Bar. Der Strand hat den Vorteil, dass das Wasser in der kleinen Bucht meist etwas wärmer ist, den Nachteil, dass es oft Wellen gibt. Anfahrt: Von Çeşme die breite Straße am Fährterminal vorbei nach Çiftlik nehmen, dann der Beschilderung „Yeni Meltem Tatil Köyü" folgen.

Weitere Bademöglichkeiten bestehen an den kinderfreundlichen Stränden von Boyalık und Ilıca (→ S. 229), in Dalyan (→ S. 230) und auf der Karaburun-Halbinsel (→ S. 231).

• *Surfen* Die Halbinsel von Çeşme ist ein Eldorado für Windsurfer. Mehr dazu unter Alaçatı, S. 230.

Mastix – Harz für den Harem

Wie auf Chíos (→ dort) gedeiht auch rund um Çeşme der immergrüne Mastixstrauch (Pistacia Lentiscus), der jenes Harz abgibt, das seit dem Altertum geschätzt wird: In Ägypten verbrannte man es als Weihrauch, Ärzte der Antike behandelten damit Entzündungen und Schlangenbisse, und Sultane verabreichten es den Haremsdamen zum Kauen – Mastix wird eine aphrodisierende Wirkung nachgesagt. Ob das stimmt, können Sie selbst testen. Örtliche Spezialität ist das *sakızlı dondurma*, Eis mit Mastixharz. Wer will, kann sich zudem noch mit *sakızlı reçel*, nämlich Mastixkonfitüre eindecken (→ Einkaufen). Im Geschmack ähnelt Mastix der harzigen Note des griechischen Retsinas.

• *Tauchen* **Koçluoğlu Diving Center**, in Boyalık (s. u.) im Altın Yunus Resorthotel. Deutschsprachige Tauchlehrer. PADI-Anfängerkurse 300 € (Dauer 3 Tage). 2 Bootstauchgänge inkl. Essen und Equipment 60 €. ✆/℻ 7231250, www.kocluoglu.com.

Sehenswertes

Die wenigen Sehenswürdigkeiten Çeşmes, allen voran das den Hafen beherrschende Kastell (s. u.), sind schnell abgelaufen. Die daneben gelegene, in der Blütezeit des Osmanischen Reichs errichtete **Karawanserei** aus dem 16. Jh. konnte man zuletzt nur noch von außen bewundern. Wegen dringend notwendiger Restaurierungsarbeiten war sie der Öffentlichkeit nicht mehr zugänglich. Sie soll aber künftig, wie schon früher, ein charmantes Hotel beherbergen. Bei einem Spaziergang durch die Stadt fallen zudem die vielen osmanischen **Brunnen** auf, nach denen Çeşme (dt. Brunnen) seinen Namen erhielt. Sie wurden von lokalen Würdenträgern gestiftet und werden größtenteils noch heute genutzt. Allerdings muss man seit einigen Jahren mit Tankwagen aushelfen, um den immens gestiegenen Wasserverbrauch der eigentlich wasserreichen Halbinsel zu gewährleisten.

Kastell: Die Festung in Hanglage wurde im 14. Jh. von den Genuesern erbaut, Anfang des 16. Jh. unter Sultan Beyazıt II. vergrößert, dazu mit neuen Türmen versehen und mit einer kleinen Burgmoschee ausgestattet. Das Museum darin besitzt eine archäologische Sammlung mit Funden aus Erythrai (→ S. 231), im Freigelände werden Grabsteine, -platten und -stelen und etliche Amphoren aus hellenistischer, römischer und byzantinischer Zeit präsentiert. Neu ist eine Ausstellung über die Seeschlacht von 1770 (→ Geschichte), in der auch heroische Gemälde des deutschen Malers Jacob Philipp Hackert (1737–1807) zu sehen sind. Als Dreingabe bekommt man eine schöne Aussicht über die Bucht. Den oberen Teil der Festungsanlage belegt eine Freilichtbühne, Schauplatz diverser kultureller Events im Sommer.

Öffnungszeiten Im Sommer tägl. (außer Mo) 8.30–12 u. 13–17.30 Uhr. Eintritt 1,10 €.

Ayios-Haralambos-Kirche: Jahrzehntelang stand die einzige Erinnerung an die griechische Bevölkerung von Çeşme leer und verfiel. Heute ist die Kirche aus dem 19. Jh. an der İnkılap Cad. notdürftig geflickt. Der kahle Innenraum – ein trauriger Anblick – wird als Kunsthandwerksbasar, für Ausstellungen und Veranstaltungen genutzt.

Ausflug auf die Insel Chíos

Sakız, Mastix, nennen die Türken Chíos, eine der reichsten griechischen Inseln. Ihren Wohlstand verdankt sie bis heute dem Harz des Mastixstrauches. Als Ferieninsel spielt Chíos mangels weiter Strände hingegen eine nur untergeordnete Rolle. Dafür, so heißt es, sind auf Chíos alle griechischen Landschaften vereint.

Chíos, mit über 840 km² die fünftgrößte griechische Insel, gehörte von 1566 bis 1912 zum Osmanischen Reich. In guter Erinnerung haben die Inselbewohner die Türken jedoch nicht. 1822 richteten diese nach einem gescheiterten Umsturzversuch ein entsetzliches Blutbad an, das als „Massaker von Chíos" in die Geschichte einging und Künstler wie Delacroix und Hugo inspirierte.

Inselhauptort ist **Chíos-Stadt,** auch Chóra genannt (ca. 25.000 Einwohner). Ihn steuern auch die Ausflugsboote von Çeşme an. Die Prokymaía, die Hafenstraße, ist so etwas wie das Herz der Stadt, v. a. abends, wenn sich die hiesigen Bars und Tavernen füllen. Leider dominieren hier gesichtslose 08/15-Blocks. Seinen Charme entfaltet das Städtchen in der nördlich des Hafens gelegenen, noch teilweise von einer Mauer umschlossenen Altstadt Kástro. Während der türkischen Herrschaft durfte kein Grieche dort wohnen. Für gewöhnlich gelangt man über die *Porta Maggiore* in das Viertel. Hinter dem Torbau führen Stufen zu einem spätgotischen Palast, der das kleine, aber feine Museum *Giustiniani* mit byzantinischer Kunst beherbergt (Di–So 9–15 Uhr, Eintritt 2 €).

Eine der sehenswertesten byzantinischen Kirchen der gesamten Ägäis ist im 9 km westlich von Chíos-Stadt gelegenen, über 900 Jahre alten Kloster **Nea Moní** zu besichtigen: meisterhafte Mosaike (Mo–Sa 9–13 und 16–20 Uhr)! Schöne Ausflugsziele sind zudem die Mastixdörfer im Süden von Chíos, allen voran das urwüchsige **Pyrgí.** Wie ein grauer Fleck liegt das Dorf in einer kargen, eintönigen Gebirgslandschaft, aus der Vogelperspektive gleicht es einem kubistischen Gemälde. Die Häuser am Dorfrand wurden miteinander zu einer Stadtmauer verbunden. Wer durch Pyrgí schlendert, verliert schon nach wenigen Metern die Orientierung: enge Straßen, Sackgassen, Winkel – ein einziges Labyrinth. Auffällig sind die zahlreichen Sgraffiti, die viele Fassaden zieren, selbst die Bischofskirche aus dem 17. Jh. ist damit geschmückt. Unweit der Platía erhebt sich der Fluchtturm, er diente früher als letzte Verteidigungsbastion.

Praktische Infos zu Chíos-Stadt

• *Information* **Chíos Tourist Office**, Kanari 18. Im Sommer tägl. 7–22 Uhr, sonst Mo–Fr 7–15 Uhr. ✆ 22710/44389.

• *Verbindungen* **Bus** mehrmals tägl. nach Pyrgí (Abfahrt beim Hafen), nur 2-mal wöchentl. zum Kloster Néa Moní.

• *Auto- und Zweiradverleih* Diverse Anbieter in Chíos-Stadt. Mopeds ab 13 €, Autos ab 30 €.

• *Übernachten* ****** Hotel Grecian Castle**, das wohl beste Haus der Stadt. Charmantes Ambiente in einer renovierten ehemaligen Nudelfabrik. Pool, 51 Zimmer. DZ 100–135 €. Enosseos Ave., ✆ 22710/44740, www.greciancastle.gr.

**** Hotel Kyma**, traditionsreiches Hotel am südlichen Ende des Hafens. Freundliche Atmosphäre, sonniger Frühstücksraum mit Deckenfresko. DZ 80 €. ✆ 22710/44500, ℻ 22710/44600.

Pension Rooms Alex, kleine Pension, von einem ehemaligen Kapitän geführt. Schön dekorierte Dachterrasse mit internationalem Publikum. DZ ab ca. 30 €. Südlich des Hafens, Livanou-Str. 29, ✆/℻ 22710/26054.

• *Essen & Trinken* **Taverne O Hotzas**, gute, preiswerte Küche in einem lauschigen Garten. Nicht leicht zu finden: Folgen Sie von der Platía Plastira der Einkaufsstraße Aplotarias bis ans Ende, an der Gabelung halbrechts, dann geradeaus bis zu einer Kreuzung, hier rechts, nach 30 m auf der linken Seite. Nur abends, So Ruhetag.

Ouzerí Theodossiou, an der Nordseite des Hafens, nahe der Tourist Police. Traditionelle Ouzerie, in der eine Fülle leckerer Kleinigkeiten geboten wird. Nur abends, So Ruhetag. Neorion-Str. 33.

Am Strand von Ilica

Umgebung von Çeşme

Aus der einst dünn besiedelten, kargen Çeşme-Halbinsel wurde in den letzten Jahrzehnten ein Urlaubsziel aus der Retorte mit riesigen Hotelanlagen und vielen Feriendörfern. Mit Zahlen lässt sich das am einfachsten belegen. Wo im Winter gerade 30.000 Menschen leben, treten sich im Sommer zuweilen bis zu 350.000 Erholungssuchende auf die Füße. Trotzdem findet sich noch das eine oder andere schöne Plätzchen. Attraktive Ziele sind z. B. die beschauliche Altstadt von Alaçatı oder die Bucht von Dalyan mit ihren vielen Fischlokalen.

Boyalık, Ilıca und Şifne

Wellness-Wochen am Meer bieten Boyalık, Ilıca und Şifne an der Nordküste der Halbinsel. Hier wohnen die meisten Urlauber, die aus dem Katalog gebucht haben. Die Orte sind bekannt für ihre Spa-Hotels und ihre feinsandigen, flach ins türkisblaue Meer verlaufenden Sandstrände. 40–60 °C warme, schwefelhaltige **Quellen** sprudeln hier zu Tage, es gibt auch unterseeische Quellen. Die einzige frei zugängliche, halbwegs gefasste Quelle im Meer findet man im Westen von Ilıca beim Hafen (beim nördlichsten Wellenbrecher auf der Südseite); ein betonierter Weg führt dorthin. Die großen Hotels besitzen Thermalpools, die auch Nichtgästen gegen Gebühr zugänglich sind. Die Heilkräfte des Wassers wussten schon die alten Römer zu schätzen; heute kommen Deutsche genauso wie Araber und immer mehr Russen. Das Wasser soll gegen Rheuma, Leber-, Nieren- und Hauterkrankungen helfen. Die Strände der drei Touristenzentren werden durch Landzungen getrennt. Boyalık, Ilıca und Şifne gehen nahezu fließend ineinander über, denn die weiten Buchten sind mit Hotelanlagen und Feriensiedlungen

Çeşme Karte S. 223

komplett verbaut. Dazwischen schlendert man durch künstliche Marktstraßen, ersteht Luftmatratzen, Schwimmflossen oder ein gefälschtes *Diesel*-Hemd und isst abschließend beim „Düsseldorfer Ahmet“.

• *Verbindungen* Regelmäßig **Dolmuşe** von und nach Çeşme.

• *Übernachten* ***** **Sheraton Çeşme**, wenn schon, denn schon. Hotel und Spazentrum am Ilıca-Strand. Von außen ein Klotz, von innen aber top. 377 überaus komfortable Zimmer, alle mit tollen Ausblicken. Mehrere Restaurants, Wellnesscenter auf 2400 m². DZ 231 €. Şifne Cad. 35, ✆ 0232/7231240, ℻ 0232/7231856, www.sheraton.com/cesme.

Dalyan

Auch rund um dieses ehemalige Fischerdorf, 5 km nördlich von Çeşme, entstanden unzählige Apartment- und Ferienhäuser. Der Strand ist recht klein, die Beachclubs sind aber okay. Schön ist der Hafenbereich mit der Marina, die von Turgut Reis, dem großen osmanischen Seefahrer aus dem 16. Jh., überblickt wird. Direkt am Wasser reiht sich Fischlokal an Fischlokal, v. a. Türken lassen es sich hier schmecken. Großer Beliebtheit erfreut sich u. a. das „Dalyan Restaurant Cevat'ın Yeri“ – bester Fisch der gehobenen Preisklasse (✆ 0232/7247045).

Verbindungen Regelmäßige **Dolmuşe** von und nach Çeşme.

Alaçatı

Das gemütliche, alte Griechenstädtchen liegt 11 km südöstlich von Çeşme im Landesinneren. Kopfsteingepflasterte, grün überrankte Gässchen zwischen traditionellen Erkerhäusern laden zum Schlendern durch das ab mittags für den Verkehr gesperrte Zentrum ein.

Alaçatı ist beispielhaft für den schnellen Wandel an der türkischen Mittelmeerküste. Noch in der vorletzten Auflage schrieben wir von Tavla spielenden Altherrenrunden in den Teehäusern und vom gemütlichen Feilschen auf dem urigen Gemüsemarkt. Das ist passé. Aus den Teehäusern sind schicke Cafés und teuere Restaurants geworden, aus den maroden Natursteinhäusern elegante Boutiquehotels. Das Idyll wirkt ein wenig gekünstelt, einladend ist es dennoch. Zudem besinnt man sich auf eine alte Tradition: Es wird wieder Wein gekeltert. 3 km südlich von Alaçatı liegt die gleichnamige Flachwasserbucht, das Windsurfermekka der Türkei. Vormittags gehört sie den Anfängern, dann weht es 1–3 Beaufort, nachmittags kommen die Cracks, dann bläst es 4–6 Beaufort. Zum Baden treibt es die wenigsten hierher – der Strand mit einem hässlichen Hotelklotz gehört nicht zu den schönsten der Halbinsel. Wer jedoch weiter nach Westen fährt, hat nach ca. 4 km, wenn die Straße ihre Teerschicht verliert, Zugang zum populären Beachclub Seaside und noch weiter westlich zu einsameren Buchten.

• *Verbindungen/Anfahrt* **Direktdolmuşe** von Çeşme nur bis Alaçatı-Dorf, nicht zum Strand. Kleiner „Otogar“ vorm Zentrum linker Hand. Von dort fahren auch halbstündl. **Busse** nach İzmir (Üçkuyular und Busbahnhof). Alaçatı ist von der alten Straße nach İzmir und von der Autobahn ausgeschildert.

• *Einkaufen* Wochenmarkt am Sa.

• *Übernachten* Es gibt eine ganze Reihe schicker Boutiquehotels mit gesalzenen Preisen. Wer aufs Geld schauen muss, hat in Alaçatı keine Chance, selbst das einfachste DZ kostet in der HS rund 70 €. Alle aufgeführten Unterkünfte befinden sich an der für den Verkehr gesperrten Hauptgasse.

O Ev, Hotel in einem herrlich restaurierten, alten Gebäude. Geführt vom Ex-Model Emel Aliberti. 17 stilvolle Zimmer, z. T. mit offenem Kamin. DZ 170 €. Kemalpaşa Cad. 76 A, ✆ 0232/7166150, ℻ 0232/7166152, www.o-ev.com.

Taş Otel, im hinteren Teil der Hauptstraße. 8 sehr romantisch eingerichtete Zimmer mit Klimaanlage. Pool, netter Garten. DZ 128 €. Kemalpaşa Cad. 132, ✆ 0232/7167772, 📠 0232/7168517, www.tasotel.com.

Sakızlı Han, ebenfalls äußerst stilvoll, hier verschmilzt italienisch anmutendes Design mit alter griechischer Bausubstanz. 8 Zimmer, schöner Garten. DZ 117 €. Kemalpaşa Cad. 114, ✆ 0232/7166108, 📠 0232/7166109, www.sakizlihan.com.

Sailors Otel, eine der günstigeren Adressen vor Ort, zudem eine der ältesten. Liebevoll eingerichtete Zimmer: helle Dielenböden, warme Farben. Sympathisches Café im Tavernenstil. DZ 88 €. Kemalpaşa Cad. 66, ✆ 0232/7168765, 📠 0232/7167310, www.sailorsotel.com.

• *Essen & Trinken* Die Restaurants sind durch die Bank von hohem Niveau, Gleiches gilt für die Cafés. 2 Tipps an der Hauptgasse:

Café Agrilia, großer, dennoch urgemütlicher Saal mit uralten Bodenfliesen und Lümmelsofas. Tolle Frühstücksadresse (am Wochenende); Salate und gute Pastagerichte. Junges Personal. Wochentags nur am Abend, Sa/So ganztägig. Kemalpaşa Cad. 75.

Köşe Kahve, nettes Eckcafé beim kleinen Atatürkplätzchen, ein Lesertipp. Weißes Holzmobiliar, hausgemachte Tarte und Kaffee aus der Maschine.

• *Nachtleben* **Beachclub Babylon**, am Strand von Alaçatı. Ein Ableger des İstanbuler In-Clubs. Regelmäßig Livebands auf hohem Niveau, darunter auch internationale Größen.

• *Surfen* Mehrere Surfschulen in der Alaçatı-Bucht. Ein renommierter Surfclub ist **aspc**. Surfbrettverleih (60 €/Tag, 140–220 €/Woche), zudem offizielle VDWS-Schule, Anfängerkurse (3 Tage) 180 €. Bar, Shop. März–Mitte Nov. Deutschsprachig, freundliche Atmosphäre. ✆ 7166611, www.alacati.de.

Halbinsel Karaburun

Ein Besuch der Halbinsel, die den Golf von İzmir abgrenzt, lohnt sich. Zu entdecken gibt es gemütliche Buchten und, als Schmankerl, die Ruinen des antiken Erythrai.

50 km lang und bis zu 20 km breit ist die Halbinsel Karaburun, die von der Çeşme-Halbinsel gen Norden ragt. Bis 1922 war sie überwiegend von Griechen besiedelt. Viele ihrer Dörfer sind heute verfallen, die Häuser oft Skelette – teils erobert die Natur die Ruinen zurück, teils geben sie ein traurig-abstruses Bild in der kargen Berglandschaft ab. Im Süden der Halbinsel, besonders an der Ostküste, begegnet man hingegen überwiegend den typisch türkischen, uniformen Feriensiedlungen. Doch das soll niemanden abhalten, das gebirgige „Schwarze Kap" (türk. *kara burun*) zu umrunden.

Als Einstieg bietet sich **Ildırı** im Südwesten der Halbinsel an. Oberhalb des ursprünglich griechischen Dörfchens liegen die Ruinen des antiken **Erythrai,** einst eine der 12 Städte des Ionischen Bundes. Erythrai erlebte seine Blüte im 7. Jh. v. Chr. Aber noch im Neuen Testament wurde Erythrai als lebendige, moderne Stadt erwähnt. Ihren Reichtum verdankte sie dem Sklavenhandel, dem Weinanbau und dem Export von Mühlsteinen. 5 km lang soll einst die Stadtmauer zum Schutz ihrer 30.000 Einwohner gewesen sein. Von all dem ist recht wenig erhalten bzw. ausgegraben. Dazu haben Häuslebauer aus dem Steinarsenal der antiken Stadt geschöpft. So zieren in Ildırı klassische Säulen schlichte Hauseingänge oder antike Reliefs die Fassade eines Ziegenstalls. Das, was übrig blieb, schlummert unaufgeräumt in der Hitze, und auf der Agora wachsen Tomaten, Melonen und Sesam. Zu sehen sind noch Relikte des Theaters, Teile der alten Stadtmauer und auf dem höchsten Punkt der Akropolis die Überbleibsel eines Tempels (Eintritt 1,20 €, der freundliche deutschsprachige Wärter findet Sie bestimmt).

Von Ildırı führt entlang der Westseite der Halbinsel eine schmale geteerte Straße gen Norden Richtung **Küçükbahçe,** einem ebenfalls ursprünglich griechischen Dorf. Unterwegs passiert man mehrere schöne Buchten mit kristallklarem Wasser. Hinter manchen sind Feriendörfer entstanden, andere liegen einsam da, wieder andere dienen als Fischzuchtstation.

Hinter Küçükbahçe wird die Berglandschaft immer karger, imposante An- und Ausblicke tun sich auf. Bizarr-gespenstisch wirken so manche verlassene Dörfer. Auch auf dieser Strecke kommt man an idyllischen Badebuchten vorbei. Für die gesamte Strecke von Ildırı bis Karaburun (ca. 70 km) sollten Sie mit rund zwei Fahrtstunden rechnen.

Karaburun ist mit rund 3000 Einwohnern der größte Ort der gleichnamigen Halbinsel. Sein altes Zentrum liegt abseits der Küste am Berghang. Mittwochs wird hier ein farbenprächtiger Gemüsemarkt abgehalten – beste Zeit für einen Besuch mit abschließendem Getränk im gemütlichen Aussichtscafé am zentralen Platz. Rund um die winzigen Sand- und Kiesbuchten unten am Meer findet man neben Feriensiedlungen auch einige Hotels und Pensionen, dazu wird fleißig gebaut.

Die Ostküste präsentiert sich viel grüner als ihr westliches Pendant. Schönstes Örtchen ist dort **Kaynarpınar.** Das intakte, urige Fischerdorf besitzt nur eine einzige Pension (→ Übernachten), ein paar gemütliche Cafés, ein Fischlokal und einen handtuchbreiten Strand, der den paar Gästen jedoch allemal genügt.

Weiter südlich liegt das alte Dorf **Mordoğan Köyü** wie Karaburun etwas abseits der Küste. Dessen wenig charmanter Ableger am Strand entstand in den letzten zwei Jahrzehnten. Es gibt zwar eine Reihe von Unterkünften, viel schöner übernachtet man jedoch in Karaburun oder Kaynarpınar. Spartanische Campingplätze und einladende Badebuchten, zu denen man z. T. noch ein Stück laufen muss, weisen den Weg nach **Balıklıova.** Ein schmales Sträßlein führt von dort quer über die Insel zurück nach Ildırı.

• *Verbindungen* Unregelmäßige **Dolmuş**verbindungen von Çeşme lediglich nach Ildırı. Die Ostseite der Halbinsel steuern nur Dolmuşe von İzmir aus an. Diese fahren über Mordoğan nach Karaburun-Stadt.

Hinweis für Selbstfahrer: Die Orte auf der Halbinsel sind schlecht ausgeschildert. Planen Sie für eine Rundfahrt mit Badestopps mindestens 5–6 Std., besser einen ganzen Tag ein.

• *Übernachten* **Pansiyon Ergin**, in Karaburun nahe dem Hotel Astoria direkt an einem schmalen Strandabschnitt; ausgeschildert. 14 saubere Zimmer mit neuem Mobiliar, Steinböden, Klimaanlage, TV und Föhn, mit und ohne Balkon. Holzsteg über dem Wasser. Schnuckelige, gute und günstige Fischtaverne angeschlossen. Deutschsprachig. DZ 33 €. Bodrum Mah. 25, ✆ 0232/7313078, 📠 0232/7312588, www.ergin-pension.de.

Pension Ata'nın Yeri, beim Fischerdorf Yeniliman, ca. 9 km nordwestlich von Karaburun. Freistehendes Haus mit Traumterrasse in einsamer Lage an einem Kies-Sand-Strand. 7 schlichte, aber sehr charmante, liebevoll dekorierte Zimmer, 5 davon mit privatem Bad, 2 teilen sich ein Bad. Niedliche Wohnküche für alle. Die freundliche Betreiberin spricht gut Englisch. Wegbeschreibung: In Yeniliman am Hafen vorbei entlang der Küste fahren bis nichts mehr geht. Bei einem Schiffswrack parken, von dort noch ca. 200 m zu Fuß am Strand entlang, vorletztes Haus am Strand. DZ mit VP (viel selbst gefangener Fisch) 77 €. Yeniliman, ✆ 0232/7354364, www.ataninyeri.com.tr.

Marina Pansiyon, in der idyllischen Bucht von Kaynarpınar, ein Tipp für Romantiker.

Pension mit Fischlokal. 15 saubere Zimmer mit bunt gestrichenen Wänden und Fliesenböden. Wer eines mit Balkon und Meeresblick erwischt, ist der König. Terrasse, Küche für alle. DZ 22 €. Kaynarpınar, ✆ 0232/7381042, www.marinapansiyonu.com.

• *Camping* Mehrere äußerst spartanische Plätze zwischen Mordoğan und Balıklıova, u. a. **Yakamoz Camping** an einer ganz netten Bucht. Meist ziemlich konservatives türkisches Publikum.

• *Essen & Trinken* Für ein opulentes Fischmahl abseits der Touristenströme eignen sich Balıklıova (etliche einfache Fischlokale) und Ildırı. Eine empfehlenswerte Adresse in Ildırı ist das **Ildırı Balık Restaurant**, von Çeşme kommend kurz vor dem Ortsbeginn. Einfaches, aber gepflegtes Lokal, in dem großer Wert auf guten Fisch gelegt wird. Die Tische stehen direkt am Meer. ✆ 0232/7251322.

Urla

Im 37.000 Einwohner zählenden Urla, östlich der Karaburun-Halbinsel an der alten Straße von Çeşme nach İzmir, wurde der Dichter Giorgos Seferis (1900–1971) geboren. Genau genommen im Stadtteil İskele, der 4 km vom Zentrum entfernt direkt am Meer liegt. 1963 erhielt Seferis als erster Grieche den Literaturnobelpreis, seine Lyrik zeichnet sich durch einfachen Stil und reiche Symbolik aus. Das Haus, in dem er seine Jugendjahre verbrachte – die Familie emigrierte 1918 nach Paris – beherbergt heute ein freundliches Hotel (s. u.). Am beschaulichen Hafen gibt es ein paar exzellente Fischtavernen, die vom internationalen Tourismus noch nicht entdeckt wurden und am Wochenende proppenvoll sind.

• *Verbindungen* Regelmäßige **Dolmuşe** nach Urla-İskele vom İzmirer Busbahnhof Üçkuyular.

• *Übernachten* **Hotel Yorgo Seferis**, liebevoll restauriertes, altes Steinhaus in zweiter Reihe. Urgemütliche Zimmer mit viel Holz und Aircondition. Hübsches Restaurant mit Seferis-Reminiszenzen. Frühstück im lauschigen Garten. DZ 83 €. İskele, ✆ 0232/7520414, 📠 0232/7523514, www.yorgoseferis.com.

Ursprünglich: Fischerhafen von Urla

Der Uhrturm, ein Wahrzeichen von İzmir

İzmir

(ca. 3–4 Mill. Einwohner)

İzmir ist ein türkischer Superlativ, überaus modern und zudem geschichtsträchtig. An die „Perle der Levante", wie man die Stadt noch zu Beginn des 20. Jh. nannte, erinnert jedoch wenig.

İzmir, nach İstanbul und Ankara die drittgrößte Stadt der Türkei, wuchert wild am *İzmir Körfezi,* dem 54 km langen und bis zu 24 km breiten Golf. Auf eine Ausdehnung von über 30 km hat es die Stadt bereits gebracht. Allein im letzten Jahrhundert hat sich die Einwohnerzahl weit mehr als verzehnfacht. Wie viele Menschen heute in İzmir leben, weiß keiner so genau.

İzmir ist Sitz des NATO-Hauptquartiers Südost. Raffinerien, Papierwerke und chemische Kombinate sowie einer der umschlagstärksten Häfen der Türkei machen die Stadt zu einem bedeutenden Wirtschaftsstandort. Die wichtigste Industriemesse des Landes geht hier alljährlich über die Bühne. Boomtown İzmir verdankt ihren Aufschwung nicht zuletzt den vielen billigen Arbeitskräften, insbesondere Zuzüglern aus Inner- und Ostanatolien. Sie leben draußen in den Armutsgürteln der Stadt, ihre Tageseinnahmen entsprechen oft nur dem Betrag, mit dem andere in den mondänen Restaurants an der Uferpromenade die Rechnung aufrunden.

İzmir, das alte *Smyrna,* ist seit jeher ein bedeutendes Handelszentrum. Doch an die Geburtsstadt von Homer und Aristoteles Onassis erinnert nicht mehr viel. Kriege und Brände haben ihre historische Substanz größtenteils zerstört. İzmir ist heute eine durch und durch moderne, türkische Großstadt mit Smogglocke, Verkehrslärm, Pressluftgehämmer und pausenlosem Sirenengeheul. Dennoch gibt es auch adrette Ecken im Gewirr der Straßen, Plätze und Boulevards, und von Jahr zu Jahr werden es mehr. Die Stadtverwaltung tut viel – da werden von Palmen gesäumte Fußgängerzonen angelegt, dort wird die noch erhaltene alte Bausubstanz restauriert. Und um den Verkehr zu entlasten, soll die Metro, das jüngste Prestigeobjekt der Stadt, ausgebaut werden. Ein Ausflug in die Millionenmetropole verheißt ein abwechslungsreiches Erlebnis: Hier lässt sich türkischer Großstadtalltag erfahren – egal ob beim Shoppen auf dem Basar oder bei einem kalten Getränk in einer der gemütlichen Bars an der Uferpromenade.

Orientierung: Das Zentrum der Metropole bilden die Stadtteile Konak, Basmane und Alsancak samt den dazwischen liegenden Vierteln.

Das Herz von **Konak** ist der gleichnamige Platz, der *Konak Meydanı,* benannt nach dem *Hükümet Konağı,* dem Gebäude der Provinzregierung. Der Platz ist einer der Dreh- und Angelpunkte İzmirs. Blickfang ist der *Saat Kulesi,* ein verspielter Rokoko-Uhrturm. Er wurde 1901 für Sultan Abdül Hamit II. anlässlich seines 25-jährigen Thronjubiläums errichtet – mit Geldern von dessen Amigo Kaiser Wilhelm II. In der Nähe des Turms erblickt man die hübsche, aber winzige *Konak-Moschee* (→ Sehenswertes). Des Weiteren findet man rund um den Platz das *Kaufhaus YKM* (→ Einkaufen), das *Rathaus (Belediye)* und das *Atatürk-Kulturzentrum (Atatürk Kültür Merkezi),* ein gewagter Zweckbau mit Konzertsaal, Opernbühne und Konservatorium. Mittels einer Fußgängerbrücke und einer neu angelegten Parkanlage ist der Platz mit der Schiffsanlegestation *Konak İskelesi* verbunden.

Vom *Konak Meydanı* verläuft die Atatürk Caddesi, auch *Kordon* genannt, in nördliche Richtung zum *Cumhuriyet Meydanı* („Platz der Republik"), dem Renommierplatz İzmirs. Als großes Reiterstandbild blickt Atatürk hier auf die Büros der internationalen Fluggesellschaften und einige der teuersten Hotels der Stadt.

Vom Cumhuriyet Meydanı führt der *Kordon* als abends für den Verkehr gesperrte Ufermeile weiter gen Norden in den Stadtteil **Alsancak,** ein nobles, modernes Eck mit teuren Boutiquen, Bars und Restaurants. Hier lebt, wer zu İzmirs Upperclass gehört und nicht in einer Villa am Stadtrand wohnt. Hauptstraßen Alsancaks sind neben dem Kordon der *Cumhuriyet Bulvarı* und die *Kıbrıs Şehitler Caddesi.* Von Letzterer gehen einige Bilderbuchgassen mit alten Holzerkerhäuschen ab.

Schwenkt man vom *Konak Meydanı* landeinwärts, gelangt man entlang der Anafartalar Caddesi in das **Basarviertel (Kemeraltı),** das sich bis nach Basmane erstreckt. Ein Bummel durch das Labyrinth der kleinen Läden gerät zum bilderreichen Streifzug durch die quirlige Welt orientalischen Verkaufsalltags. Im Basarviertel befindet sich auch die restaurierte *Kızlarağası-Karawanserei* aus dem 18. Jh. Einst diente sie Kaufleuten als Herberge und Warenlager, heute wird darin allerlei Orientkitsch feilgeboten.

Das Zentrum von **Basmane** bildet der gleichnamige Bahnhof. Rund um ihn findet man preiswerte Hotels und Restaurants. Nördlich davon schließt der *Kulturpark* (→ Sehenswertes) an.

İzmir Karte Umschlagklappe hinten

Geschichte

Keramikfunde im Stadtteil Bayraklı, ca. 7 km nordöstlich des Zentrums, lassen darauf schließen, dass die Bucht von İzmir bereits im 3. Jt. v. Chr. besiedelt war. Aber erst im 11. Jh. v. Chr. erfolgte an jener Stelle die Gründung *Smyrnas* durch äolische Siedler. Drei Jahrhunderte später wurde Smyrna von ionischen Griechen erobert und stieg zu einer wohlhabenden Stadt auf. Irgendwann zwischen 750 und 650 v. Chr. war sie die Heimat Homers, des ersten epischen Dichters des Abendlandes. Ihm schreibt man die Epen „Ilias" und „Odyssee" zu, auch wenn die moderne Philologie annimmt, dass beide Werke nicht vom gleichen Verfasser stammen. Es gibt übrigens Wissenschaftler, die sogar die Existenz Homers in Frage stellen.

575 v. Chr. nahmen die Lydier Smyrna ein und zerstörten es. Erst 334 v. Chr. ließ Alexander der Große die Stadt auf dem Pagusberg neu aufbauen. Aus jener Zeit stammt die *Kadifekale,* die „Samtburg" auf der Spitze des İzmirer Hausbergs. Unter griechischer und römischer Herrschaft entwickelte sich Smyrna zu einem wichtigen Handelszentrum, im 2. Jh. zählte es bereits über 100.000 Einwohner. Mit der Verlandung des Hafens von Ephesus gewann Smyrna zudem an Bedeutung. Im 7. Jh., unter Byzanz, trotzte die Stadt noch erfolgreich den Arabereinfällen, danach aber wurde sie zum Zankapfel zwischen Seldschuken und Kreuzfahrern.

1426 gelang es den Osmanen, die Stadt in ihr Reich einzugliedern. Aus Smyrna wurde İzmir, die Bevölkerung aber blieb größtenteils griechisch. Kaum ein Jahrhundert sollte vergehen, ohne dass sie unter Erdbeben, der Pest oder Feuersbrünsten zu leiden hatte. Dennoch erfuhr die Stadt nach jeder Katastrophe einen umso größeren Aufschwung; İzmir entwickelte sich zum wichtigsten Handelstor gen Westen. 1915 schrieb der Völkerkundler Ewald Banse über İzmir: „Hier herrscht der Grieche mit dem Europäer, und von den rund 250.000 Einwohnern glaubt die Hälfte orthodox, betet nur der vierte Teil in den Formeln des Koran, und in den Rest teilen sich Spaniolen und Armenier, Levantiner und Europäer." Die Sitten waren in etwa so streng wie in Paris oder im Berlin der goldenen Zwanzigerjahre.

Das Gesicht der Stadt änderte sich bald darauf grundlegend. Mit der Zerschlagung des Osmanischen Reiches 1918 wurde İzmir von griechischen Truppen besetzt. Die türkische Befreiungsarmee unter Atatürk eroberte die Stadt 1922 zurück: Weit über 100.000 Griechen und Armenier verließen in Panik ihre Häuser und versuchten auf Schiffen zu entkommen. Ganze Stadtviertel wurden in diesen schrecklichen Tagen ein Raub der Flammen. Nach den Weltkriegen erlebte İzmir einen wirtschaftlichen Aufschwung wie nur wenige Städte des Landes. Heute vollzieht İzmir den Wandel vom Moloch an einer stinkenden Bucht hin zu einer lebenswerten, schicken Mittelmeermetropole, die Kandidat für die *EXPO 2015* ist.

Information/Verbindungen/Ausflüge/Parken

• *Telefonvorwahl* 0232.

• *Information* Im Kültür ve Turizm Müdürlüğü Binası südlich des Pasaport-Fähranlegers, 1344 Sok. 2, ✆ 4836216, www.izmir turizm.gov.tr. Sehr hilfsbereit. Auskünfte auf Englisch und Deutsch. Mo–Fr 8.30–17.30 Uhr.

• *Verbindungen* İzmirs **Flughafen** Adnan Menderes liegt ca. 20 km südlich der Stadt. Im internationalen Terminal, 200 m vom nationalen entfernt, finden Sie im Ankunftsbereich Geldwechselmöglichkeiten, Bankomaten, Zweigstellen diverser Autoverleiher, eine Post und eine Tourist Information (im Sommer tägl. 8.30–20.30 Uhr).

Transfer vom und zum Flughafen: Teuerste und unkomplizierteste Variante ist das **Taxi** – ins Zentrum ca. 20 €, bis zur nächs-

Blick über eine Millionenmetropole

ten Bushaltestelle 5 €. Bequem gelangt man für 5,60 € auch mit den **Havaş-Bussen** ins Zentrum. Sie fahren von 3.30–23.30 Uhr stündl. (Stand 2007). Wer vom Zentrum auf diese Weise zum Flughafen möchte, steigt am Gazi Osmanpaşa Bul. vor dem Grand Efes Swisshotel zu. Infos unter ✆ 4440487, www.havas.com.tr oder im THY-Büro (→ Reisebüros).

Zudem besteht die Möglichkeit, mit dem **Zug** vom Zentrum (Basmane) zum Flughafen (Bahnsteig auf dem Flughafengelände) bzw. andersrum zu gelangen. 2007 wurde die Strecke tagsüber von 7.30–21 Uhr 6-mal bedient, Dauer 45 Min. Auch 6-mal tägl. Zugverbindungen vom Flughafen nach Selçuk (→ S. 194).

Bus/Dolmuş: İzmir hat mehrere Busbahnhöfe, der bedeutendste ist der Yeni Otogar. Dieser befindet sich ca. 12 km nordwestlich des Zentrums. Von dort mehrmals tägl. Überlandbusse in alle größeren Städte der Türkei (Bodrum 4 Std., Kuşadası 1 ¼ Std., Bergama 2 Std. oder Çanakkale 5 Std.). Buchungsbüros der Busgesellschaften auch beim Basmane-Bahnhof, rund um den Cumhuriyet Meydanı und am Gazi Osmanpaşa Bul. (dort z. B. Pamukkale, Ulusoy oder Varan).

Vom Yeni Otogar gelangt man am einfachsten mit einem Dolmuştaxı ins Zentrum (Dauer ca. 15 Min., im Busbahnhof der Beschilderung „Dolmuş" folgen und dann nach Taxis mit der Aufschrift „Otogar-Basmane" Ausschau halten). Etwas langwieriger ist die Fahrt mit dem Bus (Dauer ca. 45 Min.). Abfahrtsstelle der Stadtbusse zum Otogar im Zentrum am Halit Ziya Bul. (z. B. Ⓑ 51 o. 60). Wer mit größeren Busgesellschaften an- oder abreist, gelangt mit deren Servicezubringern ins Zentrum bzw. zum Busbahnhof.

Busse nach Çeşme und auf die Karaburun-Halbinsel fahren vom Busbahnhof am F. Altay Meydanı im Stadtteil Üçkuyular 4 km westlich von Konak ab. Ⓑ 169 fährt von Alsancak über den Cumhuriyet Bul., den Cumhuriyet Meydanı und Konak dorthin. Die Verbindung zwischen Yeni Otogar und Çeşme-Terminal stellt Ⓑ 605 her.

Dolmuşe nach Gümüldür oder Özdere (regelmäßig bis 21 Uhr) vom Busbahnhof Gaziemir einige Kilometer südöstlich des Zentrums. Von Konak fährt Bus Ⓑ 152 nach Gaziemir.

Zug: Wer mit dem Zug ankommt, steigt für gewöhnlich am Basmane-Bahnhof aus. Auf türkischen Fahrplänen und an den Bahnsteigen wird Basmane stellvertretend für

İzmir
Karte Umschlagklappe hinten

İzmir angegeben. Mehrmals tägl. nach Manisa, Balıkesir, Kütahya, Eskişehir, Nazilli, Selçuk, Denizli, Aydın und Ödemiş. ✆ 4845353.

Schiff: Als Personenfährhafen hat İzmir keine Bedeutung mehr, weder international noch innertürkisch.

> **Tipp**: Ein Ausflug mit der Fähre in den modernen Stadtteil Karşıyaka auf der anderen Seite der weiten Bucht von İzmir! Dabei genießt man die Skyline der Stadt vom Meer aus. Die Fähren legen von Konak, vom Cumhuriyet Meydanı (Pasaport İskelesi) und von Alsancak ab. Sie verkehren von 7–23.30 Uhr, sonntags jedoch stark eingeschränkt. Dauer einfach ca. 20–30 Min., Preis retour ca. 1,50 €.

• *Stadtverkehr* Das **innerstädtische Bussystem** funktioniert gut, geringe Wartezeiten, allerdings volle Busse, die nur selten einen Sitzplatz bieten. Pro Fahrt 1 €. Die İzmirer besitzen i. d. R. elektronische Wertkarten, alle anderen bezahlen bar beim Busfahrer (Kleingeld bereithalten!).

Zudem verfügt İzmir über eine steril saubere **Metro**, die rund um die Uhr in Betrieb ist. Die einzige Linie (wird ausgebaut) führt bislang vom Kazım Karabekir Meydanı (Üçyol) südlich des Zentrums über den Konak-Platz sowie die Stadtteile Çankaya und Basmane nach Nordosten. Pro Fahrt 0,70 €.

Wer mag, kann mit der **Pferdekutsche** den Kordon entlangfahren. Die Preise sind Verhandlungssache.

• *Organisierte Touren* Nur wenige Anbieter, da nur wenige Touristen mehrere Tage in İzmir verweilen. Ein paar Agenturen rund um den Cumhuriyet Meydanı, am Gazi Osmanpaşa Bul. und am Kordon. Die Touren richten sich vorrangig an ein türkisches Publikum, das für kurze Zeit aus der Stadt flüchten will.

• *Parken* Wer mit dem Auto ins Zentrum fahren möchte, folgt der Beschilderung in einen der zentralen Stadtteile. Die sonst in der Türkei übliche „Şehir Merkezi"-Beschilderung (= Zentrum) ist eher selten. Bewachte und gebührenpflichtige Parkplätze (Otopark) in diversen Baulücken, großes städtisches Parkhaus hinter dem YKM beim Konak-Platz, Zufahrt über die Milli Kütüphane Cad. (12 Std. 2 €).

Adressen

• *Ärztliche Versorgung* **Ege Sağlık Hastanesi**, privates Krankenhaus in Alsancak. 1399 Sok. ✆ 4218620.

• *Autoverleiher* In großer Anzahl in den vom Cumhuriyet Meydanı abgehenden Straßen. **Avis**, Şair Eşref Bul. 18/D, ✆ 4414417, am Flughafen ✆ 2742172, www.avis .com.tr. **Thrifty**, Şehit Nevres Bey Bul. 1, ✆ 4225550, www.garagecarrental.com. **National/Alamo**, Şehit Nevres Bey Bul. 11/A, ✆ 4227107, am Flughafen ✆ 2743910, www.yesnational.com. **Europcar**, nur am Flughafen, ✆ 2742163, www.europcar.com.tr. Preiswerteste Fahrzeuge der internationalen Verleiher ab ca. 50 €, die der lokalen Anbieter rund 20 % darunter.

• *Diplomatische Vertretungen* **Deutschland (Generalkonsulat)**, Havuzbaşı Kaplıca Alanı 1, Balçova, ✆ 4888888, www.izmir.diplo.de. Anfahrt: Der Mithatpaşa Cad. stets stadtauswärts folgen, irgendwann verläuft die Autobahn parallel dazu. Ein paar hundert Meter hinter dem Einkaufszentrum Kipa bei der Kreuzung mit BP-Tankstelle und Atatürk-Standbild links ab, nach weiteren 500 m rechter Hand. Von Alsancak über Konak fährt Ⓑ 169 nach Balçova.

Schweiz (Konsulat), 1380 Sok, Alyans Apt. B. Blok K:3 D:6, ✆ 4214239, yuce@gediknet.com.

• *Polizei* Beispielsweise am Konakplatz. Über die Notrufnummer 155 zu erreichen.

• *Post* **Hauptpost** am Cumhuriyet Meydanı, rund um die Uhr geöffnet.

• *Reisebüro* Etliche Reisebüros am Gazi Osman Paşa Bul., z. B. **Sky** (Hnr. 2, ✆ 4452627, www.skyturizm.com.tr). Tickets für Onur Air, Atlasjet, Pegasus, Lufthansa etc. **THY-Hauptbüro** am Halit Ziya Bul. 65, Çankaya, ✆ 4841220, www.thy.com.

• *Türkischkurse* Beste Adresse ist **Tömer**, das Sprachlehrzentrum der Universität Ankara. Kurse finden fast das ganze Jahr über statt, 4-Wochen-Kurse ab 243 €. Filiale İzmir in der Kıbrıs Şehitler Cad. 55, ✆ 4640544,

www.tomer.ankara.edu.tr.

• *Zeitungen* Zeitungen und Zeitschriften in deutscher Sprache sowie viel Literatur zur Türkei (v. a. in Englisch) im **Artı Kitabevi (16)**, Cumhuriyet Bul./Ecke 1378 Sok.

Einkaufen (siehe Karte Umschlagklappe hinten)

Verglichen mit vielen Küstenstädtchen, wo das Angebot in erster Linie den Bedürfnissen nach Markenimitaten gerecht wird, ist İzmir ein Shoppingparadies. In der Millionenmetropole bekommt man einfach alles. Gute Preise, gute Auswahl.

• *Basarviertel* Der **Kemeraltı** genannte İzmirer Basar rund um die Anafartaler Cad. ist einer der schönsten Basare der Türkei. Es gibt Gassen, in denen nur Klamotten verkauft werden, Gassen, in denen Handwerker die Wahl zwischen 1001 Schrauben haben, Gassen, in denen Lebensmittel (viel frischer Fisch) Appetit machen usw. Verlaufen macht hier Spaß. Wer Glück hat, findet eine der mittlerweile drei Filialen von **İlhan Nargile**, der berühmtesten Wasserpfeifenmanufaktur der Westküste (u. a. in der Kızlarağası-Karawanserei). Die hier angebotenen Nargiles dienen nicht nur der Dekoration, es gibt auch wirklich hochwertige mit Lammleder- anstelle von Kunststoffschläuchen. Für Goldschmuck sucht man im Basarviertel den **Eski Çarşı (32)**, den „Alten Basar" nahe der Anafartalar Cad. auf. So sind die Geschäfte geschlossen.

• *Sevgi Yolu* Ein gepflegtes, kopfsteingepflastertes und mit Palmen bestücktes Marktsträßchen nahe dem Hilton. Nachmittags werden hier Schmuck, Bücher, Raubkopien auf CD (unterm Ladentisch, fragen) und Alternativ-Accessoires verkauft.

• *Alsancak* Die Einkaufsstraße schlechthin ist hier die Kıbrıs Şehitleri Cad. Tolle Boutiquen und außergewöhnliche Geschäfte zudem im Dreieck Cumhuriyet Bul./Pilevne Cad./Talatpaşa Bul.

• *Konak* **Konak Pier (30)**, edles, wenn auch nicht riesiges Shoppingcenter direkt am Ufer, untergebracht in einem alten, liebevoll restaurierten Fähranlegegebäude. **Nautica, Hilfiger, Rolex & Co.**, dazu Cafés direkt am Wasser.

YKM (34), großes Kaufhaus am Konak-Platz, unter dem alten Namen Karamürsel einst eines der bekanntesten der Türkei.

Weitere Shoppingcenter im Stadtteil Balçova an der Straße nach Çeşme, z. B. **Agora**, **Palmiye**, **Migros** und **Kipa**. Ⓑ 311 von Konak.

Übernachten (siehe Karte Umschlagklappe hinten)

Viele Hotels auf hohem Niveau für Geschäftsleute und viele Absteigen auf niederem Niveau für Arbeiter und Händler. Dazwischen gibt es wenig, da nur selten Touristen in der Stadt übernachten. Nette Pensionen wie in den Ferienorten an der Küste fehlen. Hotelschwerpunkte sind der Gazi Osmanpaşa Bul., der obere Teil des Fevzipaşa Bul. (Richtung Bahnhof) und die Anafartalar Cad. mit ihren Seitengassen. Preiswerte Hotels ohne jegliche persönliche Note findet man insbesondere in Basmane, nur wenige sind leider sauber – wir haben hierbei versucht, „die besten unter den schlechten" herauszufinden.

***** **Swissotel Grand Efes (19)**, das ehemalige Büyük Efes Hotel. Wurde zum Zeitpunkt der letzten Recherche komplett restauriert, voraussichtliche Eröffnung 2008. Soll eines der besten Hotels der Stadt werden. Rund 400 Zimmer mit sämtlichem Luxus. Diverse Restaurants und Bars. Konferenzräume. Gazi Osmanpaşa Bul. Infos unter www.swissotel.com.

**** **Ege Palas (7)**, gepflegtes, mit viel Marmor ausgestattetes Haus im Herzen des modernen İzmirs. 109 Zimmer und 3 Suiten mit viel Komfort. Nichtraucheretage, österreichische Patisserie, Fitnesscenter und Pool auf dem Dach. Lediglich der Eingangsbereich wirkt billig. Eigene Parkplätze. DZ mit Meeresblick 137 €, EZ 111 €. Cumhuriyet Bul. 210 (Alsancak), ✆ 4639090, 📠 4638100, www.egepalas.com.tr.

**** **Otel Marla (21)**, unter den Vier-Sterne-Häusern eines der preiswertesten. Zentrale Lage (und nicht unmittelbar an einer der verkehrsreichen Straßen). Nette Straßenlokale in der Nachbarschaft. 68 Zimmer im Billigschick-Stil. Freundlicher Service. EZ 66 €, DZ 80 €. Kazım Dirik Cad. 7 (Pasaport), ✆ 4414000, 📠 4411150, www.otelmarla.com.

Myhotel (20), 2005 eröffnetes Designhotel. Nur 30 Zimmer. Viele Beigetöne und viel Glas. Sehr freundlicher Service. Der

Haken: laute Straße davor, jedoch schallisolierte Fenster. EZ 80 €, DZ 100 €. Cumhuriyet Bul. 132 (Alsancak), ✆ 4453937, www.myhotel.com.tr.

*** **İzmir Palas Oteli (15)**, in bester Lage am Kordon. Besteht seit 1927, 2005 komplett restauriert. 138 angenehme, komfortable Zimmer in Rottönen, die meisten mit Balkon. Nach hinten raus laut, nach vorne raus relativ ruhig und dazu toller Meeresblick. Lobby mit viel Marmor, dicke Teppiche in den Gängen. Könnte ruhig einen Stern mehr haben. DZ mit Meeresblick 94 €, ohne 83 €. Atatürk Bul. (Alsancak), ✆ 4650030, ℻ 4226870, www.izmirpalas.com.tr.

*** **Otel Kaya (26)**, neunstöckiges Haus der gehobenen Mittelklasse in lauter Lage. Alles etwas überladen dekoriert, aber anständig, sauber und gepflegt. Am besten sind die Zimmer in der obersten Etage: Balkon und weniger Lärm. Freundlicher Service. Klimaanlage. EZ 50 €, DZ 66 €. Gaziosmanpaşa Bul. 45 (Çankaya), ✆ 4839771, ℻ 4839773, www.otelkaya.com.

Otel Antik Han (33), das einzige Boutiquehotel der Stadt, am Rande des Basargetümmels nahe der Agora. Osmanischer Bau aus der Mitte des 19. Jh. Idyllischer Innenhofbereich. 30 leicht abgewetzte, aber charmante, teils recht geräumige Zimmer mit Klimaanlage. Bäder und Teppichböden hätten mal wieder ein Facelifting nötig. DZ 65 €, EZ 50 €. Anafartalar Cad. 600 (Çankaya), ✆ 4892750, ℻ 4835925, www.otelantikhan.com.

** **Avşar Otel (28)**, saubere Zimmer mit modernen Bädern (Duschkabine) in einer relativ ruhigen Seitengasse. Die Teppichböden sind wellig und das Mobiliar fällt teilweise schon auseinander, trotzdem ganz okay. Der Service ist nicht immer der freundlichste. DZ verhandelbare 39 €. 1364 Sok. 8 (Basmane), ✆ 4419552, ℻ 0256/8133514.

Hotel Alican 2 (29), älteres Haus, das 2006 ein Facelifting erhielt. Alle Zimmer mit neuen Bädern und Klima, ansonsten nichts Besonderes. DZ 33 €. 1367 Sok. 3 (Basmane), ✆ 4252912, info@alicanotel.com.

Hotel Gordon (1), 2006 eröffnetes, pseudoelegantes Stadthotel. 17 rosafarbene Zimmer mit Klimaanlage. Noch alles andere als abgewohnt, was sich jedoch schnell ändern kann. Bezüglich Lage (viele nette Kneipen drum herum, dennoch recht ruhige Gasse) und Preis-Leistungs-Verhältnis der Tipp. Einziger Haken: Falls voll, kaum Ausweichhotels der gleichen Preisklasse in der Gegend. DZ und (!) EZ 33 €. 1487 Sok. 1 (Alsancak), ✆ 4214556, ℻ 4214419.

Huzur Oteli (31), hier nächtigen Sie in einem alten, morbiden Stadtpalais unter 5 m hohen Decken (von denen z. T. die Farbe blättert). Mit Abstand die außergewöhnlichste Billigabsteige der Stadt. Nur 14 Zimmer (oder Löcher?). Etagentoilette (einigermaßen sauber). DZ 18 €. Fevzipaşa Bul. 77 (Basmane), ✆ 4841065.

Hotel Dilen (27), Billigabsteige inmitten von Fahrradläden in einer ruhigen Seitengasse. Bunt gestrichene Zimmer, teilweise mit Balkon. Saubere Laken, Bäder nachlässig geputzt. DZ 17 €. 1361 Sok. 9 (Basmane), ✆ 4459671, www.oteldinlen.com.tr.

• *Camping* In İzmir selbst keine Möglichkeit, → Karaburun-Halbinsel (S. 232) oder Gümüldür (S. 219).

Essen & Trinken (siehe Karte Umschlagklappe hinten)

Gute und preiswerte Lokantas, Döner- und Pidesalons rund um den Bahnhof Basmane und in der Kıbrıs Şehitler Cad. in Alsancak. Eine Vielzahl gehobener Fischlokale an der Uferpromenade von Alsancak – am Abend sehr gemütlich, wenn der Kordon für den Verkehr gesperrt ist. Je nach Lokal sollten Sie hier mindestens 50 € für ein Abendessen für 2 Pers. inkl. Getränke einplanen. Preiswerter und legerer geht es in den Restaurants und Kneipen südlich des Pasaport-Fähranlegers zu – entweder direkt am Wasser oder auf der anderen Straßenseite. Ein Tipp sind zudem die Grilllokale auf dem Berg Dededağ in Balçova (→ Baden, S. 244). Zu den Spezialitäten der Stadt gehören *Çipura* (Goldbrasse) und *İzmir Köfte* (Hackfleischbällchen in Tomatensauce).

Asansör, grandioses Terrassenlokal mit herrlicher Aussicht über der gleichnamigen Sehenswürdigkeit (→ Sehenswertes). Hier werden bei Geschäftsessen Millionen verschoben, hier hält man aber auch um die Hand der Verlobten an. Gehobene Preisklasse. Dario Moreno Sok. (Asansör), ✆ 2612626. Das Café Moreno daneben lädt zum gemütlichen Sundowner ein.

Deniz Restaurant (15), das etablierte Lokal gilt als eines der besten Fischrestaurants der Stadt. Gediegenes Ambiente, unaufdringlicher, erstklassiger Service. Terrasse direkt am Kordon. Teuer. Atatürk Cad. 188 (Alsancak), ✆ 4644499.

La Sera (14), in der Nachbarschaft. Großräumiges Barrestaurant mit gigantischer Außenbestuhlung. Hin und wieder Livemusik. Trendiges junges Publikum. Internationale Karte, man kann auch frühstücken. Auch nicht ganz billig. Atatürk Cad. 190/A, ✆ 4642595.

Kemal'ın Yeri (5), empfehlenswerte Adresse für Fisch und Meeresfrüchte der mittleren Preisklasse. Außenbestuhlung, eher einfaches Ambiente. 1453 Sok. (Alsancak), ✆ 4223190.

Meyhane Alsancak (11), netter Ort für ein gemütliches Dinner bei türkischer Livemusik. Hier geht jeden Abend die Post ab, und das zu fairen Preisen: Fix Menüs mit unbegrenzten lokalen Getränken 17–30 €. 1448 Sok. 18/B (Alsancak), ✆ 4220531.

Borsa Restaurant (24), im Börsengebäude gegenüber der Tourist Information, Cumhuriyet Bul./Ecke Gazi Bul. (Pasaport). Interessante Atmosphäre im hohen Speisesaal, Kellner in weißen Hemden. Meze und Grillgerichte der mittleren Preisklasse. ✆ 4411888.

Vejetaryen (17), in İzmirs einzigem „vegetarischen" Restaurant zählt auch Hühnchen zur fleischlosen Küche. Ansonsten interessante Speisekarte mit ökologisch korrekter Kichererbsensuppe, Sojagerichten, Falafel u. Ä. Wechselnde Tagesgerichte, es werden auch Bioprodukte verkauft. Rauchverbot. Faire Preise. Şehit Nevres Bey Bul. 9 A (Alsancak), ✆ 4641103.

Ege By (23), gegenüber dem Hotel Marla in der Kazım Dirik Cad. (Pasaport). Gepflegtes Kebablokal in einer relativ ruhigen Seitenstraße. Für das Gebotene faire Preise, regelmäßig Livemusik am Abend.

Dört Mevsim Ocakbaşı (25), in der 1369 Sok. (Basmane). Eine gute und relativ preiswerte Adresse für Gegrilltes (großer Grill in der Mitte). Männerlastig.

Tipp: In der **1444 Sokak**, einer hübschen Nebengasse der Kıbrıs Şehitler Cad. in Alsancak, reiht sich ein Fischlokal ans nächste. Hier speisen Sie um einiges billiger als in den Fischrestaurants am Kordon.

• *Snacks/Cafés* **Alin's (8)**, Schnellrestaurant auf hohem Niveau. Große Auswahl, gute Sandwiches. Einer Kette angehörig. Kıbrıs Şehitler Cad. 55 (Alsancak).

Özsüt (13), leckere Süßspeisen in allen Varianten. Atatürk Bul. (nahe dem Restaurant La Sera; Alsancak).

Alf Café (18), eines von mehreren kleinen Lokantas in der 1379 Sok. (Alsancak), die auf Kumpir, lecker gefüllte Riesenkartoffeln, spezialisiert sind. Eine davon (ca. 2,50 €) kann ein komplettes Essen ersetzen. Zudem frisch gepresste Fruchtsäfte.

Otantik Café (10), mehrstöckiges Café mit alternativer Einrichtung: Räucherstäbchen, bunte Decken, zusammen gewürfelter Asia-Kitsch. Worldmusic. 1448 Sok. (Alsancak).

Viran Gönüller (3), das etablierte Café „der gebrochenen Herzen" ist ein gemütlicher Studententreff. Versuchen Sie, einen Platz am Erkerfenster mit Blick auf die trubelige Fußgängerzone unter Ihnen zu ergattern. Kıbrıs Şehitler Cad./Ecke 1453 Sok., im 1. Stock (Eingang leicht zu übersehen; Alsancak).

Nargile Konağı (2), hübsches, weithin duftendes Wasserpfeifencafé in einem restaurierten Konak. Kein Alkohol, dafür Backgammon. 1482 Sok. (Alsancak).

Sevinç Pastanesi (12), eine weit über die Grenzen İzmirs hinaus bekannte und beliebte Konditorei mit besten Kuchen und Torten, leckerem Eis und süßen Teilchen jeder Art. Talatpaşa Bul./Ecke Kıbrıs Şehitler Cad. (Alsancak).

Nachtleben (siehe Karte Umschlagklappe hinten)

Das Nachtleben spielt sich in den Clubs und Kneipen in Alsancak ab, genauer gesagt in den Seitengassen der Kıbrıs Şehitler Cad. – schauen Sie sich z. B. einmal in der 1448 Sok., der 1453 Sok. (auch Gazi Kadınlar Sok. genannt) oder der 1482 Sok. (auch: Muzaffer İzgü Sok.) um, wo sich eine Location nach der nächsten auftut. Lebendig und vielseitig ist das Nightlife im Winter, beschaulich im Sommer, da viele In-Clubs und ihre Stammgäste dann auf die Çeşme-Halbinsel,

Bierselig: Kneipengasse in Alsancak

nach Kuşadası oder Bodrum umziehen. Was gerade angesagt ist, erfährt man am besten von der Szene selbst, in den unten aufgeführten Adressen werden Sie schlauer. Abzuraten ist von den schmierigen, halbseidenen Amüsierbetrieben rund um den Basmane-Bahnhof.

Windows on the Bay (22), der Tipp für den spektakulärsten Sundowner İzmirs. Bar im 31. Stock des Hilton Hotels, mit tollem Blick über das abendliche Lichtermeer. Auch Nichtgasten zugänglich. Ab 17.30 Uhr. Gazi Osmanpaşa Bul. 7 (Çankaya).

Mavi Bar (9), gemütliche Bierkneipe in einem schmucken Stadthaus mit blau umrahmten Fenstern. Eine Institution im alternativen İzmirer Nachtleben. Hin und wieder Partys und Livemusik. Ecke Cumhuriyet Bul./1448 Sok. (neben dem Hotel Ege Palas, Alsancak).

Kybele (6), efeubewachsenes Haus in einer gemütlichen Pflastergasse. Livemusik, Außenbestuhlung – idealer Platz zum Peoplewatching. 1453 Sok. (Alsancak).

Bios (4), angesagter Treffpunkt nur ein paar Häuser weiter an der 1453 Sok. Jeden Abend Livemusik, der Schwerpunkt liegt auf schräg-alternativen Events, auch internationale Gäste.

Baden/Sport/Kultur

• *Baden* Für einen Sprung ins Meer weicht man am besten an die Sandstrände der **Çeşme-Halbinsel** oder nach **Gümüldür** aus.

Das 30–60 °C warme Quellwasser der **Agamemnon-Thermen** (Agamemnun Kaplıcası) im Stadtteil Balçova ca. 8 km südwestlich des Zentrums (mit „Teleferik/Agamemnon" ausgeschildert, Ⓑ 169 von Konak und Alsancak) soll gegen rheumatische und neurologische Beschwerden helfen. Baden kann man dort im Balçova Termal Hotel, einem Komplex mit mehreren Innen- und Außenpools (2 Std. 11 €). 2005 wurde in der Nachbarschaft zudem ein Aquapark eröffnet.

• *Picknick* Nach dem Bad bietet sich die Möglichkeit, mit einer Seilbahn (*teleferik*, ca. 1 km vom Bad entfernt, tägl. 10–22 Uhr, hin/zurück 1,40 €) auf den **Berg Dededağ** zu gondeln – garantiert nichts für Leute mit Höhenangst! Oben gibt es Teegärten und Restaurants mit dem Motto „Kendin pişir, kendin ye" („Koch selbst, iss selbst"): Dazu kauft man auf dem Berg Grillfleisch samt Zutaten in

Karte Umschlagklappe hinten

einem kleinen Supermarkt (nach oben darf man keine Lebensmittel mitbringen!); zubereiten kann man sein Mahl auf dem angeschlossenen Picknickareal – ein bereits angefachter Grill wird direkt an den Tisch geliefert. Herrliche Ausblicke sind garantiert!

• *Türkisches Bad (Hamam)* Als bester Hamam der Stadt gilt der **Karataş Hamamı** in der 360 Çıkmaz Sok., einer Seitengasse der Mithatpaşa Cad. nahe dem Asansör (→ Sehenswertes). Ca. 1,5 km bzw. 10 Fußmin. südwestlich des Konak-Platzes, von Konak der Mithat Paşa Cad. gen Süden folgen, dann linker Hand. Eintritt mit Massage 14 €. Frauen tägl. 11–17 Uhr, Männer 7–11 u. 17–24 Uhr.

• *Kultur* Das **Atatürk-Kulturzentrum**, unübersehbar an der Mithatpaşa Cad. südlich des Konak-Platzes, ist Dreh- und Angelpunkt des städtischen Kulturlebens. Breite Palette an Veranstaltungen, Infos in der Tourist Information.

Staatsoper (İzmir Devlet Opera) an der Milli Kütüphane Cad. hinter dem Kaufhaus YKM am Konak-Platz. Kartenvorverkauf für Oper, Ballett, Theater, Jazzkonzerte usw. im Haus, ✆ 4836298 o. 4890474.

• *Veranstaltungen* Das **Internationale İzmir-Festival** (Juni–Aug.) präsentiert Theater, Konzerte usw. Schauplatz ist neben dem Openair-Theater im Kulturpark auch das Theater von Ephesus. Die **Industriemesse** Ende August/Anfang September wird von kulturellen Rahmenveranstaltungen begleitet.

Sehenswertes

Es gibt viel zu besichtigen. Außerdem können ein Bummel durch den Basar, eine Fahrt mit dem Linienschiff nach Karşıyaka oder mit der Seilbahn über die Dächer von Balçova zu schönen Erlebnissen werden. Von den 13 Museen der Stadt sind nur die bedeutendsten erwähnt – eine bei der Tourist Information erhältliche Broschüre gibt Auskunft über den Rest.

Kadifekale („Samtburg“): Sie erhebt sich auf dem Pagusberg im Süden der Stadt und wurde im 4. Jh. v. Chr. unter Lysimachos, einem Feldherrn Alexanders des Großen, erbaut. Die Mauerreste der Burg sind wenig spektakulär, die Aussicht von ihr aber ist beeindruckend – insbesondere zum Sonnenuntergang, wenn die Millionen Lichter der Stadt zu flackern beginnen. Sofern der Smog es zulässt, überblicken Sie die gesamte Bucht von İzmir. Ein paar Teegärten und Bierlokale mit tollem Stadtblick haben sich außerhalb der Mauern angesiedelt. Nach Sonnenuntergang sollte man von einem Spaziergang auf dem etwas vermüllten Gelände absehen, die Viertel drum herum zählen nicht zu den besten. Auch den Mietwagen lässt man besser anderswo stehen.

Anfahrt/Öffnungszeiten Ⓑ 33 (Abfahrt von der Bushaltestelle Varyant südlich des Konak-Platzes) bringt Sie zur Kadifekale. Die Burg ist rund um die Uhr frei zugänglich. Taxi vom Zentrum retour mit Wartezeit ca. 10 €.

Agora: Im ärmlichen Stadtteil Namazgah nahe dem Basar liegt die Agora, in der Antike der Markt- und Versammlungsplatz. Die Überreste stammen aus römischer Zeit; Mark Aurel ließ die Markthalle 178 n. Chr. nach einem Erdbeben neu errichten. Zu sehen gibt es 13 gut erhaltene korinthische Säulen, zudem die Überreste einer 160 m langen dreischiffigen Basilika. Die Marmorfiguren des Poseidon und der Demeter, die die Agora einst schmückten, befinden sich heute im Museum für Geschichte und Kunst (s. u.).

Adresse/Öffnungszeiten Ab dem Beginn der Anafartalar Cad. am Konak-Platz ausgeschildert. Tägl. (außer Mo) 8.30–19.30 Uhr, im Winter 8–17.30 Uhr. Eintritt 1,10 €.

Archäologische Museen: İzmir besitzt zwei. Das Spannendere ist das 2004 eröffnete und mit dem etwas irreführenden Namen versehene *Museum für Geschichte und Kunst (İzmir Tarih ve Sanat Müzesi).* Dessen z. T. sensationelle Exponate sind auf drei Gebäude im Kulturpark (s. u.) verteilt. Nur die Highlights aufzuführen,

Abenteuerlich: Mit der Gondel auf den Dededağ

ergäbe fast ein eigenes kleines Büchlein! Prunkstück der sog. Skulpturenhalle ist die Statue des liegenden Flussgottes Kaystros aus Ephesus. Zudem sieht man Überbleibsel aus Smyrna wie Demeter und Poseidon von der Agora (s. o.), zwei geflügelte Löwen vom Belevi-Mausoleum, Mosaike aus Pergamon, den Fries des Dionysos-Tempels von Teos und vieles, vieles mehr. In der Keramikhalle stößt man auf Figuren aus Phokäa, dazu auf Amphoren, Vasen, Öllämpchen und kunstvoll bemalte Töpferware aus allen möglichen Epochen und Ausgrabungen. Die sog. Precious Artefacts Hall widmet sich besonders wertvollen Fundstücken aus den verschiedensten Ländern und Zeiten: Münzen, Goldschmuck, Bronzefiguren etc.

Der Bau des Museums für Geschichte und Kunst war nötig geworden, da man nicht mehr wusste, wohin mit dem grandiosen, stetig wachsenden Fundus des alten *Archäologischen Museums (Arkeoloji Müzesi)* nahe dem Konak Platz. Im Erdgeschoss werden dort vornehmlich kopflose Statuen und Köpfe ohne Körper aus Ephesus, Milet, Magnesia, Sardes, Nysa, Klaros und Didyma ausgestellt. Außerdem gibt es eine Metropolis-Abteilung. Der größte Teil der Ruinen der antiken Handelsstadt 40 km südöstlich von İzmir bei Torbalı (von dort ausgeschildert, kein Eintritt) schlummern noch unter einem Olivenhain. Erst seit 1989 gräbt hier, gesponsert von Philip Morris, die İzmirer *Dokuz Eylül Üniversitesi* – und mit was für einem Tempo! Das Theater wurde bereits rekonstruiert, zudem wurden Teile der Stoa, der Akropolis und des Badgymnasions sowie diverse Bodenmosaike freigelegt. Trotzdem ist Metropolis bislang nur für Spezialisten sehenswert.

Schwerpunkte des Obergeschosses sind schöne Gefäße aus Ton und Terrakotta, darunter Exponate aus dem 3. Jt. v. Chr., Sarkophage und diverse byzantinische Teller. Das Untergeschoss, das einst u. a. Sarkophage beherbergte, war bei unserem letzten Besuch nicht zugänglich.

Adresse/Öffnungszeiten **İzmir Tarih ve Sanat Müzesi**, Kültür Parkı, dort ausgeschildert, Eintritt 2,80 €. **Arkeoloji Müzesi**, Birleşmiş Milletler Yokuşu (Serpentinenstraße oberhalb des Konak-Platzes), Eintritt 1,10 €. Beide Museen sind tägl. (außer Mo) 8.30–17.30 Uhr geöffnet.

Karte Umschlagklappe hinten

Ethnographisches Museum (Etnoğrafya Müzesi): Es ist in der einstigen Quarantänestation für Pestkranke untergebracht. Die Präsentation erinnert an Museen aus sozialistischer Zeit, ein Besuch ist dennoch interessant. Traditionelle, z. T. ausgestorbene Handwerksberufe (Töpfer, Sattler, Fellmacher etc.) werden anschaulich vorgestellt, so z. B. die Produktion von *Boncuk*, den blauen Glasperlen, die vor dem „Bösen Blick" schützen sollen. Zudem erhält man Einblicke in großbürgerliches Familienleben osmanischer Zeit. Zu bewundern sind u. a. auch ein Nachbau der ersten türkischen Apotheke, das Modell eines Kamels in traditioneller Kampftracht und eine Waffensammlung.

Adresse/Öffnungszeiten Birleşmiş Milletler Yokuşu, neben dem archäologischen Bruder. Tägl. (außer Mo) 9–12 u. 13–17 Uhr. Eintritt 1,10 €.

Kulturpark (Kültür Parkı): Zwischen den Stadtteilen Basmane und Alsancak erstreckt sich der Tivoli İzmirs, nach 1922 auf den Trümmern des abgebrannten griechischen Viertels angelegt. Er umfasst 335.000 m^2 Grünfläche und beherbergt u. a. einen Aussichtsturm, einen kleinen Zoo mit den gängigsten Tierarten, einen Botanischen Garten, einen See zum Tretbootfahren, Sportplätze sowie mehrere Teegärten und Restaurants. Neben dem Museum für Geschichte und Kunst (→ Archäologische Museen) kann man hier das *Museum für Gemälde und Skulpturen (Resim ve Heykel Müzesi)* besichtigen (tägl. außer So u. Mo 8.30–17.30 Uhr, Eintritt 1,10 €). Es zeigt über 400 Werke bedeutender türkischer Künstler vom romantischen Maler Şeker Ahmet Paşa (1841–1907) bis zum figurativ-expressionistischen Künstler Nedim Günsur (1924–1994). Im Westteil des Parks befinden sich die Ausstellungshallen des Messebezirks. Die größte Messe der Stadt, die Industriemesse, zählt jährlich mehrere hunderttausend Besucher.

Öffnungszeiten Tägl. 7–24 Uhr.

Moscheen und Kirchen: Unter den vielen Moscheen der Stadt ist keine, deren Besuch zum Pflichtprogramm gehört. Am schönsten sind noch die 1598 erbaute *Hisar-Moschee (Hisar Camii)* im Basarviertel und die 1754 vollendete und mit Fayencen aus Kütahya geschmückte kleine *Konak-Moschee (Konak Camii)* am gleichnamigen Platz. Für die wenigen verbliebenen Kirchen der Stadt gilt das Gleiche. Von historischer Bedeutung ist jedoch die *Kirche St. Polycarp* (etwas versteckt an der Ecke Vali Kazim Dirik Cad./1354 Sok.). Sie gehörte zu jenen sieben Kirchen, die in der Apokalypse des Evangelisten Johannes erwähnt wurden. Benannt ist sie nach dem ersten Bischof İzmirs, der im Jahre 155 als Märtyrer starb. Der heutige Bau stammt jedoch weitestgehend aus den 30er Jahren des 20. Jh. Sonntags werden hier katholische Messen abgehalten.

Atatürk-Museum (Atatürk Müzesi): 13-mal besuchte der Staatsgründer İzmir, und stets bezog er jenes Haus, in dem heute das Museum eingerichtet ist. Wie in nahezu allen Atatürk-Museen des Landes erinnern auch hier ein paar persönliche Habseligkeiten an den Vater der Türken, darunter einige Handtücher, eine Seife und sein privater Friseursalon.

Adresse/Öffnungszeiten Atatürk Cad. 248. Tägl. (außer Mo) 9–12 und 13–17.15 Uhr. Eintritt frei.

Asansör: Dieser Stadtteil ca. 1,5 km südwestlich von Konak bildete einst das jüdische Viertel. Die *Bet Israel Synagoge* an der Mithatpaşa Cad. 261 und ein paar pittoreske, z. T. jedoch restaurierungsbedürftige Gassen erinnern noch daran. Die bekannteste ist die *Dario Moreno Sokağı,* benannt nach ihrem berühmtesten Bewohner,

Am Kordon

dem jüdischen Schauspieler, Sänger und Gitarristen Dario Moreno (gebürtiger Name Dario Arugete, 1921–1968). Einen seiner größten Erfolge feierte er im Film „Lohn der Angst“ (1953) von Henri-Georges Clouzot, der Maßstäbe für das spätere Actionkino setzte. Am Ende der Gasse befindet sich der *Asansör*, ein im 19. Jh. gebauter Aufzug (frz. Ascenseur), der dem Stadtteil seinen Namen gab. Wie der Elevador Santa Justa in Lissabon zählt er zu den Wahrzeichen der Stadt. Er verbindet zwei übereinander liegende Straßen, der Höhenunterschied beträgt 51 m. Auf der Terrasse am höchsten Punkt befinden sich ein hervorragendes Restaurant und ein schickes Café mit herrlichen Ausblicken (→ Essen & Trinken).

Anfahrt/Öffnungszeiten Mit Ⓑ 169 von Konak zu erreichen. Zu Fuß läuft man von Konak jedoch keine 15 Min., einfach der Mithatpaşa Cad. gen Süden folgen. Der Asansör ist tägl. von 10–23 Uhr in Betrieb, gelegentlich wird ein kleiner Obolus verlangt.

Bayraklı/Tepekule: Etwa 7 km nördlich des Zentrums liegt der Stadtteil Bayraklı. Hier entdeckten türkische und englische Archäologen die Reste einer ionischen Siedlungsanlage aus dem 7. Jh. v. Chr., *Alt-Smyrna* genannt. Bei den Grabungen stieß man auch auf Funde, die auf eine Besiedlung der Gegend bis ins 3. Jt. v. Chr. schließen lassen. Was spannend klingt, muss vor Ort nicht spannend anzusehen sein: Lediglich die Grundrisse von Rundbauten und die spärlichen Reste eines Tempels können besichtigt werden (für Laien genügt der Besuch des Archäologischen Museums mit seinen diversen Funden und Fotos). Die Ausgrabungsstätte wird im Türkischen „Tepekule“ genannt.

• *Anfahrt/Öffnungszeiten* Am einfachsten mit der Fähre von Konak zu erreichen (Mo–Sa 9-mal tägl., So nur 2-mal). Von der Fähranlegestelle (İskele) in Bayraklı noch ca. 400 m landeinwärts, durchfragen. Frei zugänglich, kein Eintritt.

Auf der Akropolis von Bergama

Ausflug nach Pergamon/Bergama

Alltägliches versus Prunk, Provinznest versus Weltstadt, Gegenwart versus Antike – alles vereinigt in Bergama, dem einstigen Pergamon.

Rund 70.000 Einwohner zählt Bergama. Zwei bis drei Fahrstunden sollte man für die 110 km von İzmir einplanen, denn die Millionenmetropole verlässt man im unvermeidlichen Stop-and-go-Verkehr. Die nette Provinzstadt liegt inmitten der fruchtbaren Ebene des Bakır Çayı auf den Ruinen des römischen Pergamon und zu Füßen jenes Berges, von dessen Akropolis die Attaliden zuvor ein Weltreich regierten. Die meisten Besucher sind Tagestouristen. Es gibt aber auch eine Handvoll Unterkünfte für alle, die länger bleiben wollen. Wer sämtliche Sehenswürdigkeiten auf eigene Faust entdecken will, braucht mindestens einen Tag. Pergamon ist kein kleines kompaktes Ausgrabungsgelände, die Highlights liegen kilometerweit verstreut.

Geschichte

Funde bezeugen, dass die Umgebung Pergamons bereits seit der Bronzezeit besiedelt ist. Erste Befestigungen auf dem Burgberg, übrigens ein alter Vulkanschlot, entstanden vermutlich im 7.–6. Jh. v. Chr. Geschichte begann Pergamon jedoch erst nach dem Tod Alexanders des Großen zu schreiben. Dessen bedeutendster Feldherr Lysimachos hatte sich in Thrakien und Kleinasien einen eigenen Herrschaftsbereich geschaffen und aus vielen Eroberungszügen ein Vermögen von rund 90 Talenten angeeignet. 1 Talent entsprach einem 20 kg schweren Silberbarren – Lysimachos saß also auf einem Berg Silber von rund 1800 kg! Bevor Lysimachos in die Schlacht gegen den Syrerkönig Seleukos zog, ließ er den Schatz nach Pergamon bringen und dort von seinem Eunuchen Philetairos bewachen. Lysimachos kam nie aus der Schlacht zurück – er fiel 281 v. Chr.

Der reich gewordene Philetairos schwang sich zum Herrscher von Pergamon auf – die Geburtsstunde eines neuen Reiches. Seinem Adoptivsohn Eumenes gelang es, durch die siegreiche Schlacht gegen die Syrer bei Sardes 262 v. Chr. den Herrschaftsbereich weiter auszudehnen. Dessen Nachfolger, sein Neffe Attalos, triumphierte über die Kelten in der Schlacht bei den Kaikos-Quellen 230 v. Chr. Daraufhin nahm er den Königstitel an und wurde als Attalos I. erster Regent des pergamenischen Königshauses. Pergamons Ruhm verbreitete sich daraufhin im ganzen hellenistischen Kulturraum. Es folgten der Bau der berühmten Bibliothek, des Athenatempels und etlicher Denkmäler.

Attalos I. schloss zudem eine Allianz mit Rom. Seinem Sohn Eumenes II. gelang mit Hilfe des mächtigen Verbündeten 190 v. Chr. in der Schlacht von Manisa (40 km nordöstlich von İzmir) ein weiterer Sieg gegen die Syrer. Nach dem Motto „Divide et impera!" („Teile und herrsche!") überließen ihm die Römer den größten Teil der neu gewonnenen Gebiete. Während seiner Regierungszeit avancierte Pergamon zur Weltstadt. Die Akropolis wurde mit einer Stadtmauer versehen, das Gymnasion gebaut, die Theaterterrasse, die Untere Agora und der berühmte Zeusaltar. Intellektuelle und Künstler aus der ganzen antiken Welt zog es auf den Burgberg.

133 v. Chr. starb Attalos III., der letzte König von Pergamon. Er soll ein sonderbarer Mann gewesen sein, der seinen Palast aus Verfolgungswahn selten verließ und sich vorrangig dem Studium von Giftpflanzen widmete, die er an Verbrechern testete. Der schnell aufeinander folgende Tod seiner Mutter und seiner Frau brach ihm schließlich das Herz. In seinem Testament zeigte er jedoch wie seine Vorgänger politische Weitsicht: Um einer stabilen Politik willen vermachte er sein Reich den Römern.

So kam einer der menschenreichsten und wohlhabendsten Landstriche der damals bekannten Welt als *Provinz Asia* zu Rom, und aus dem Reich wurde ein Imperium. Die Stadt selbst profitierte davon und erlebte ihre größte Blüte. Vom Burgberg bis in die weite Ebene dehnte sie sich nun aus, die Einwohnerzahl stieg auf 150.000 an. Unter dem Arzt Galenos entwickelte sich das Asklepieion zu einer der berühmtesten Heilstätten der Antike. Zudem besaß Pergamon aufgrund seiner großen christlichen Gemeinde auch noch eine der sieben apokalyptischen Kirchen.

Orientierung: Wer von İzmir auf der Küstenstraße 550 gen Norden nach Bergama fährt, gelangt über die İzmir Caddesi geradewegs ins Zentrum. Die Straße ist zugleich die Hauptachse des Städtchens, nahezu alle öffentlichen Einrichtungen liegen an ihr oder sind von ihr ausgeschildert. Sie ist mehrere Kilometer lang, das Zentrum beginnt auf Höhe des *Archäologischen Museums*. Etwas weiter nördlich ändert die İzmir Caddesi ihren Namen in Bankalar Caddesi. Sie endet in der geschäftigen Altstadt um die riesige Ruine der *Kızıl Avlu (Rote Halle)*. Hier schmiegen sich windschiefe Backsteinbauten eng aneinander, durch die verschlungenen Gassen passen oftmals nur noch Mopeds.

Die zwei größten Attraktionen Pergamons liegen außerhalb des Zentrums: das *Asklepieion* im Südwesten der Stadt (ca. 30 Gehmin. vom Archäologischen Museum, ausgeschildert), die *Akropolis* in entgegengesetzter Richtung (zu Fuß auf den Burgberg mindestens 90 Min.). Es gibt keine öffentlichen Verkehrsmittel zur Akropolis oder zum Asklepieion. Den Transport besorgen Taxis, zur Akropolis 7,20 €, zum Asklepieion 5,50 €, 2- bis 3-stündige Tour zu beiden Sehenswürdigkeiten mit Wartezeiten 27 €.

Nach dem Goteneinfall 262 n. Chr. begann Pergamons Stern zu sinken. In byzantinischer Zeit verlor die Stadt so an Bedeutung, dass sich die Einwohnerzahl auf 8000

reduzierte. Das Stadtgebiet verlagerte sich wieder auf den Burghügel, wo man sich besser gegen einfallende Turkstämme schützen konnte. Erst als die Osmanen im 14. Jh. den Landstrich eroberten, verließen die Bewohner den Burgberg wieder. Am Fuß des Hügels legten sie, über den Ruinen der römischen Blütezeit, den Grundstein zum heutigen Bergama.

1873 entdeckte der deutsche Ingenieur Carl Humann nahe Bergama im Stroh eines Ochsenkarrens eine mit Reliefs verzierte Marmorplatte. Er kaufte sie dem Bauern für einen Pfennigbetrag ab und schickte sie an jenes Museum in Berlin, das heute als *Pergamon-Museum* bekannt ist. Fünf Jahre danach begannen unter Humanns Leitung die Ausgrabungen der antiken Weltstadt Pergamon. Die wertvollsten Fundstücke verschwanden schnell in Berlin, so der einzigartige Fries des Zeustempels. Humann ließ sich nahe dem einstigen Zeustempel bestatten. Heute leitet das Deutsche Archäologische Institut İstanbul die Ausgrabungen vor Ort.

Information/Verbindungen

- *Telefonvorwahl* 0232.
- *Information* An der Durchgangsstraße, ausgeschildert. Mo–Fr 8.30–17.30 Uhr, im Winter 8–17 Uhr. Yeni Hükümet Konağı, B Blok Zemin Kat., ✆/℻ 6312851.
- *Verbindungen* **Bus:** Busbahnhof an der İzmir Cad. ca. 500 m südlich des Zentrums. Direktverbindungen nach İzmir. Achtung: Nicht alle Busse auf der Strecke İzmir–Çanakkale steuern den Busbahnhof an, manche lassen ihre Fahrgäste an der Schnellstraße bei der Abzweigung nach Bergama (ca. 8 km vom Zentrum entfernt) aussteigen. Von dort fahren Dolmuşe ins Zentrum, mit dem Taxi darf die Strecke nicht mehr als 7 € kosten. Erkundigen Sie sich am besten vorher, ob die jeweilige Gesellschaft Bergama direkt anfährt. **Hinweis:** An besagter Abzweigung war im Sommer 2007 Bergamas neuer Busbahnhof im Bau – wann dieser jedoch eröffnet wird, steht in den Sternen.

Adressen/Einkaufen/Sonstiges

• *Ärztliche Versorgung* **Krankenhaus** bislang nahe dem Museum, ausgeschildert. ✆ 6312894. Das neue Krankenhaus an der Straße nach Kınık/Soma (ca. 1 km außerhalb) war bei unserem letzten Besuch noch nicht eröffnet.

• *Einkaufen* **Teppiche** aus Bergama zählen zwar zu den besten der Türkei, Qualitätsstücke aber werden als Auftragsarbeiten fast ausschließlich in İstanbul oder Europa verkauft. Wer mag, kann sich bei den Händlern gegenüber der Kızıl Avlu umschauen. Der **Kapalı Çarşı,** der Gedeckte Basar an der Bankalar Cad., ist eine ziemlich trostlose Angelegenheit mit vielen geschlossenen Läden. Mo bunter **Wochenmarkt** im alten Zentrum, dieser soll jedoch an die Straße nach Kınık/Soma ca. 1 km außerhalb des Zentrums verlegt werden.

• *Festival* **Bergama Festival** Mitte/Ende Juni. 7 Tage volles Programm mit türkischen Folkloregruppen und Schlagergrößen, dazu Paraden, archäologische Konferenzen etc.

• *Türkisches Bad (Hamam)* Das **Çarşı Hamamı (Hacı Hekim Hamamı)** an der Bankalar Cad. war zuletzt geschlossen.

• *Polizei* Nahe der Infostelle an der Durchgangsstraße. ✆ 6317001.

• *Post* Im Zentrum am Cumhuriyet Meydanı.

Übernachten

*** **Hotel Berksoy (13)**, der Sternenzahl nach bestes Haus der Stadt, ca. 3 km außerhalb des Zentrums an der Straße nach İzmir. 60 geräumige Zimmer mit TV und leicht ausgefransten Teppichböden. Zentralheizung, großer Poolbereich. DZ 60 €, EZ 45 €. İzmir Yolu, ✆ 6332595, www.berksoyhotel.com.

Anil Hotel (9), im Zentrum. Lila gestrichenes Haus. 12 pseudoschicke Zimmer, bei denen mit Farben nicht gespart wurde, alle mit Klimaanlage, TV und Föhn. Freundlicher Service. EZ 36 €, DZ 52 €. Hatuniye Cad. 4, ✆ 6311830, 📠 6326353, www.anilhotelbergama.com.

Akropolis Guesthouse (2), ca. 5 Fußmin. vom Zentrum, von der Straße nach Pergamon ausgeschildert. Kleine freundliche Anlage im Farmhausstil, sehr ruhig. 8 schlicht möblierte Zimmer mit Klimaanlage um einen Pool, Ausbau geplant. 2006 eröffnet. Abendessen auf Wunsch. DZ 45 €. Kayalık Sok. 5, ✆ 6312621, www.akropolisguesthouse.com.

Pension Athena (3), einfache, aber einladende Herberge in einem osmanischen Haus. Relaxte Atmosphäre für Paare und männliche Traveller. Allein reisende Frauen sollten von dieser Unterkunft Abstand nehmen, der zuvorkommende Service kann dann laut Leserinnenmeinungen belästigend werden. Kleiner gemütlicher Innenhof. Waschmaschine. DZ mit Bad 30 €, ohne 22 €. İmam Çıkmazı 5 (von der Durchgangsstraße im Norden des Zentrums ausgeschildert), ✆ 6333420, 📠 6313620, www.athenapension.8m.com.

Gobi Pension (10), nicht die attraktivste Lage an der Durchgangsstraße im Süden der Stadt (10 Gehmin. ins Zentrum), aber von Lesern immer wieder gelobt. 12 sehr saubere, meist geräumige Zimmer mit Steinböden und bunten Teppichen, mit und ohne Bad, mit und ohne Balkon. Nach vorne raus laut, dafür ruhiger kleiner Garten fürs reichhaltige Frühstück. Hilfsbereiter englischsprachiger Inhaber. DZ mit Bad 30 €, ohne 25 €. İzmir Cad. 18, ✆ 6332518, www.gobipension.com.

Böblingen Pension (11), nach der Partnerstadt von Bergama benannt, an der Abzweigung zum Asklepieion. Saubere, aber recht verwohnte Zimmer mit und ohne Bad, größtenteils mit Stein- oder Dielenböden. Restaurant, Frühstücksterrasse. Die nette Wirtsfamilie spricht Deutsch. Waschmaschine, Küchenbenutzung. DZ mit Bad 27 €, ohne 22 €. Asklepion Cad. 2, ✆ 6332153, 📠 6315676, dincer_altin@hotmail.com.

Odyssey Guest House (4), historisches Stadthaus in bester Lage, 2005 eröffnet. Schlichte Zimmer, die sich drei Bäder teilen. Wenig Komfort, aber sehr viel Charme (Holzböden, ultrahohe Decken etc.). Sauber, freundlicher Service, reichhaltiges Frühstück, umfangreiche Bibliothek, kleine Dachterrasse mit Blick auf die Rote Halle. Internet. Von Lesern sehr gelobt. DZ 22 €. Abacıhan Sok. 13, ✆ 0505/6539189 (mobil), www.odysseyguesthouse.com.

• *Camping* **Bergama Caravan Camping (12)**, 3 km außerhalb des Zentrums an der Straße nach İzmir. Rasengelände, das mit jedem Jahr etwas schattiger wird, und ein Pool mittendrin. Ordentliche Sanitäranlagen – Warmwasserduschen, sauberer Waschraum, Waschmaschine. Restaurant mit einsehbarer Küche, für Busgruppen ausgerichtet. Ganzjährig geöffnet. 2 Pers. mit Auto und Zelt 8,50 €, mit Wohnmobil 13 €. İzmir Yolu, ✆ 6333902, 📠 6331792, www.caravancamping.net.

Essen & Trinken (siehe Karte S. 250)

Ticaret Odası Sosyal Tesisleri (1), das der Handelskammer angehörige Lokal galt zuletzt als das beste der Stadt. Historisches Gebäude hoch über dem Zentrum, Terrasse mit herrlicher Aussicht. Kleine Karte (Meze und Grillgerichte), Hg. um die 4 €. Lesertipp. Zu Fuß kürzer als mit dem Auto: Man folgt vom Zentrum der Beschilderung nach Kozak und nimmt die zweite Brücke rechter Hand. Nach der Brücke nimmt man das bergauf führende Sträßlein links der dortigen Moschee. Das Restaurant ist von hier bereits zu sehen. Büyükalan Mevkii, ✆ 6329641.

Sağlam Restaurant (8), von Lesern sehr empfohlen. Großer Speisesaal, einfach, aber ordentlich. Gute Auswahl an Meze, Kebabs, Topfgerichten und Pide. Spezialität: *Patlıcan Kebap* (Auberginenkebab). Moderate Preise. Cumhuriyet Meydan 47, ✆ 6328897.

Sarmaşık Lokantası (7), freundliche, einfache Lokanta im oberen Ortsbereich an der Bankalar Cad. Gute Auswahl an leckeren Topfgerichten, auch für Vegetarier. Am besten mittags kommen, schließt abends früh. Günstig.

Arzu (5), hier serviert man die beste Pide der Stadt. Schräg gegenüber dem Sarmaşık.

Pala (6), winziger Laden und zugleich die älteste Köftebräterei Bergamas. Zu den Fleischbällchen isst man am besten *Piyaz* (Salat aus weißen Bohnen). Ums Eck vom Sarmaşık (beim grünen Haus, das *Tuborg* verkauft, in die Seitengasse rechts rein).

Die Akropolis von Pergamon – Rundgang durch die Oberburg

Eine 6 km lange Straße windet sich in Serpentinen vom Zentrum Bergamas an der *Roten Halle* (s. u.) vorbei zur Akropolis. Oben angekommen, genießt man eine grandiose Aussicht auf das rote Dächermeer der Provinzstadt.

Hinweis: Der hier beschriebene Rundgang durch die Oberburg vorbei an den wichtigsten Ausgrabungen beginnt und endet dort. Er ist die Standardtour für alle, die mit dem eigenen Fahrzeug die Akropolis ansteuern. Wer mit dem Taxi kommt, braucht dieses nicht warten lassen, da man von der Oberburg durch die Unterstadt nach Bergama absteigen kann. Am Ende der Tour durch die Unterstadt gibt es zwar einen Maschendrahtzaun, doch findet sich i. d. R. immer ein Loch zum Hindurchschlüpfen – halten Sie am besten schon an der Straße bergauf danach Ausschau. Eine Besichtigung in entgegensetzter Richtung ist zwar möglich, aber im Sommer überaus schweißtreibend. Denken Sie an viel Wasser! Übrigens soll in naher Zukunft eine Seilbahn auf die Akropolis führen, Endpunkt auf Höhe des dortigen Parkplatzes.

Vom Kassenhäuschen am Parkplatz führt ein Weg bergauf zum einstigen **Burgtor,** von dem nur noch spärliche Reste erhalten sind. Dabei passiert man das **Heroon** (linker Hand). Es war ein großer, um einen Säulenhof angelegter Kultbau zu Ehren der pergamenischen Könige. In römischer Zeit war das Innere des Gebäudes ganz mit weißem Marmor ausgekleidet, heute ist nicht mehr viel erhalten.

Hinter dem Burgtor lag linker Hand der **Heilige Bezirk der Athena.** Doch an den ältesten Tempel Pergamons, der der siegreichen Stadtgöttin geweiht war, erinnert nur noch das Fundament. Das Bauwerk war flankiert von je sechs Säulen an den

Schmal- und je zehn an den Längsseiten. Reliefs und Statuen verherrlichten den siegreichen Kampf gegen die Gallier.

Steigt man hinter dem Burgtor weiter bergauf, reihen sich zur Rechten die niederen Mauerreste mehrerer **Königspaläste** aneinander. Es waren recht bescheidene Gebäude mit einem Innenhof, der von einer Säulenreihe (Peristyl) umgeben war.

Wieder linker Hand lag die berühmte **Bibliothek** von Pergamon. Sie soll einen Bestand von 200.000 Bänden gehabt haben. Zum Schutz vor Feuchtigkeit waren die Räume mit kostbaren Hölzern getäfelt. Der große Lesesaal war über 5 m hoch und mit einer fast genauso hohen Athena-Statue geschmückt.

Das Trajaneum von Pergamon

Schräg über der Bibliothek erhebt sich das **Trajaneum,** heute die imposanteste, vor Ort zu sehende Ruine Pergamons – ein Triumph römischer Baufertigkeit und moderner Restaurationskunst. Der Tempel, ganz aus weißem Marmor errichtet, entstand für den vergöttlichten Kaiser Trajan. Zu römischer Zeit prägte er das Bild des Burgberges. Teile der Säulenhallen wurden wieder aufgerichtet, besonders aber zieht eine wieder erstellte, korinthische Giebelecke den Blick auf sich. Der Platz um den Tempel wurde gen Südwesten hin künstlich auf gewaltigen Stützmauern und Gewölben geschaffen. Von dort blickt man hinab auf das Theater (s. u.).

Aus der Not geboren – das Pergament und das Buch

Als die Bibliothek von Pergamon die von Alexandria zu überflügeln drohte, verboten die ägyptischen Könige kurzerhand die Ausfuhr von Papyrus. Die Einwohner von Pergamon (Pergament!) besannen sich daraufhin auf die alte ionische Kunst, Schreibmaterial aus dünn geschabten Tierhäuten herzustellen. Da sich diese jedoch nicht wie das Papyrus rollen ließen, schnitt man sie zu Seiten und band sie in einem ledernen Deckel zu einem Buch.

Verlässt man das Trajaneum an seiner Nordostecke bei einem Torso über eine Treppe, und steigt von da weiter zu einem auffälligen Neubau auf, gelangt man zu einer vollständig erhaltenen Zisterne, von einem Eisengeländer umringt. Sie gehörte zu einem der Königspaläste. Heute dient sie als **Glücksbrunnen,** der Wünsche in Erfüllung gehen lässt, sofern Sie in der Lage sind, hintereinander drei Münzen so auf die darin „versenkte Säule" zu werfen, dass sie oben liegen bleiben. Der Wunsch muss zuvor festgelegt werden.

Ein Pfad führt von hier durch einen recht verwilderten Abschnitt der Akropolis zu einem Mauerdurchbruch und weiter hinaus auf einen schmalen Vorsprung am

Imposant: Theater von Pergamon

Nordende der Burg. Dort liegen die überaus spärlichen Reste der **Arsenale,** fünf längliche Baracken, in denen 900 steinerne und bleierne Kugeln gefunden wurden, die einst von katapultartigen Schleudern auf nahende Feinde abgeschossen wurden. Eindrucksvoll ist hier auch der Blick auf die **Nordwestmauer,** die noch heute aus 32 Quaderschichten besteht. Sie stammt aus hellenistischer Zeit, war früher viel höher und wurde von Zinnen abgeschlossen.

Aber auch der Fernblick ist imposant. Im Tal wird der Flusslauf des *Kestel Çayı* gestaut, um die Wasserversorgung Bergamas sicher zu stellen. Dort lassen sich auch Reste eines römischen **Aquädukts** (2. Jh. n. Chr.) ausmachen. Eine künstliche Trinkwasserversorgung hatte Pergamon aber schon rund 400 Jahre früher. Dabei wurde von dem 45 km nördlich gelegenen Berg Madra Dağı Wasser über eine dreisträngige, aus 240.000 Einzelteilen gefertigte Tonrohrleitung in eine Kammer auf den Bergrücken gegenüber der Burg geleitet. Von dort gelangte es in einer unterirdisch verlegten Druckleitung aus Blei mit bis zu 20 atü auf den Burgberg. So wurde ein Höhenunterschied von über 200 m nur durch Eigendruck, ohne eine einzige Pumpe überwunden. Von den Arsenalen verläuft außerhalb der Burgmauern gen Süden ein Pfad auf die Terrasse des Trajaneum. Im Südwesten führen Stufen hinab zu dessen imposantem Unterbau.

Kurz darauf steht man oberhalb des **Theaters,** auf dessen Ränge man über einen Treppenschacht gelangt. Das Theater war das kulturelle und gesellschaftliche Zentrum Pergamons. Über der ersten Querreihe lag, ganz aus Marmor, die königliche Loge. Die Sitzreihen der restlichen 10.000 Plätze aus vulkanischem Andesit wurden in den Hang gebaut. Die Bühne bestand ganz aus Holz und wurde nur zu den Festspielen aufgebaut. Die restliche Zeit sollte die Theaterterrasse frei bleiben, damit der kleine **Dionysostempel** direkt daneben auch optisch zur Geltung kam. Einige lange Säulentrommeln und schöne Kapitelle sind von ihm erhalten.

Die 250 m lange **Theaterterrasse** war – heute kaum mehr zu erahnen – Pergamons Einkaufszentrum und Flanierstraße. Die extreme Hanglage machte auf der Talseite die Errichtung einer bis zu 12 m hohen, dreistöckigen Stützmauer erforderlich, gekrönt von einer durchgehenden Säulenhalle. Auf beiden Seiten der Straße gab es Läden und fliegende Händler. Am Südende der Terrasse lag die **Obere Agora,** der mit Säulenhallen umgrenzte Marktplatz Pergamons. Viel erhalten blieb nicht.

Darüber markieren heute zwei prächtig gewachsene Pinien den Standort des riesigen **Zeusaltars** (34 x 34 m). Nur noch seine Fundamente sind vorhanden. Den Rest

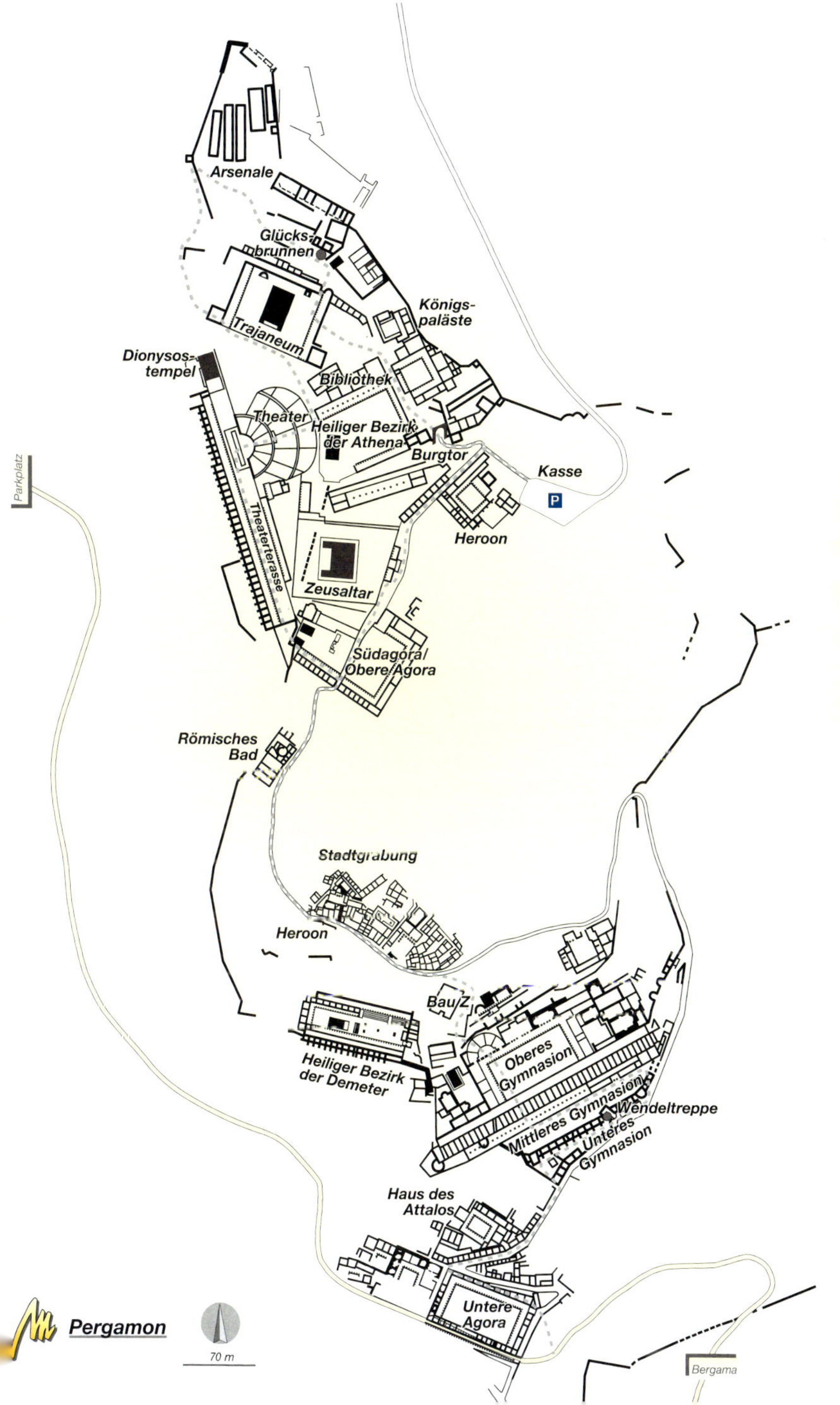

Arsenale
Glücks-
brunnen
Königs-
paläste
Trajaneum
Dionysos-
tempel
Bibliothek
Theater
Heiliger Bezirk
der Athena
Burgtor
Kasse
P
Parkplatz
Theaterterasse
Heroon
Zeusaltar
Südagora/
Obere Agora
Römisches
Bad
Stadtgrabung
Heroon
Bau Z
Heiliger Bezirk
der Demeter
Oberes
Gymnasion
Mittleres Gymnasion
Wendeltreppe
Unteres
Gymnasion
Haus des
Attalos
Untere
Agora
Pergamon
70 m
Bergama

kann man als Nachbau mit den Originalfriesen im Berliner *Pergamon-Museum* bewundern. Ohne Zweifel wäre er hier schöner platziert – die Rückgabe wird gefordert. Steigt man nun weiter bergauf, gelangt man am Heroon vorbei wieder zum Parkplatz. Wer mag, kann aber auch durch die Unterstadt nach Bergama absteigen – einfach wieder ein paar Schritte zurück zur Oberen Agora und los kann es gehen.

Öffnungszeiten Tägl. 8.30–18 Uhr. Eintritt 5,50 €. Die Orientierung auf dem Gelände fällt leicht. Der Weg ist i. d. R. mit blauen Punkten markiert, zudem informieren mehrsprachige Schautafeln vor allen wichtigen Ausgrabungen.

Durch die Unterstadt nach Bergama

In die Unterstadt verirren sich nur wenige Touristen, oft ist man allein mit weidenden Ziegen. Von der Oberen Agora führt ein markierter Weg auf einer antiken Straße, deren Pflaster z. T. noch zu erkennen ist, an den Grundmauern eines **römischen Bades** vorbei zur sog. **Stadtgrabung.** Unter Leitung des deutschen Archäologen Wolfgang Radt versuchte man hier, Einblicke in die Lebensweise des einfachen Volkes zu erhalten. Man stieß u. a. auf eine kleine **Garküche** und einen **Verkaufsladen** für Wein und Öl. Neben schiefen, aus unbehauenen Steinen errichteten Wohnhäusern fand man auch Reste repräsentativer Bauten, die mit denen der Akropolis jedoch nicht konkurrieren können. Dazu gehörte z. B. ein **Heroon** für Diodoros Pasparos, ein Wohltäter der Stadt. Es bestand aus einem Kultsaal und einem Odeion mit gemeinsamer Vorhalle. Das Heroon ist größtenteils überdacht und nicht zugänglich, aber durch ein Gitter einsehbar.

Auch der sog. **Bau Z,** dessen Schutzdach 2004 fertig gestellt wurde, war zum Zeitpunkt der letzten Recherche offiziell noch nicht von innen zu besichtigen, zuweilen aber ist ein freundlicher Wärter vor Ort und schließt auf. Die drei Mosaiken darin zählen zu den prächtigsten, die je in der Türkei entdeckt wurden. Vermutlich beherbergte das Peristylhaus einst das Prytanaion, wo der Rat der Stadt tagte.

Der Weg führt weiter zum nahe gelegenen **Heiligen Bezirk der Demeter,** eine 100 x 45 m große Terrassenanlage, bestehend aus Tempel, Altar, Säulenhallen, einem Opferschacht für den Hades und einer neunstufigen Tribüne. Bei nächtlichem Fackelschein feierten hier Priesterinnen Kultfeste zu Ehren der Göttin der Feldfrüchte, die zu Fruchtbarkeit und einem Leben nach dem Tode verhelfen sollten.

Dem Demeterbezirk gegenüber lag der riesige Komplex des **Gymnasions,** die größte weltliche Anlage Pergamons, die sich über drei Terrassen erstreckte. Der Gebäudekomplex der obersten Terrasse, der Jugendlichen über 16 Jahren vorbehalten war, war der schönste. Er besaß einen theaterförmigen Saal für Vorträge und Konzerte, einen Ehrensaal und eine Badeanlage. Die mittlere Terrasse gehörte den pubertierenden Epheben. Die unterste Terrasse schließlich war eine Art Spielplatz für Kinder.

Über eine noch vollständig erhaltene, überdachte Wendeltreppe gelangt man hinab zum **Haus des Attalos,** das rechts erhöht des Weges liegt. Das Gelände macht einen etwas verwahrlosten Eindruck: Die schönen Mosaiken des Peristylbaus werden zwar von oben durch ein Schutzdach gesichert, von unten jedoch von der Natur zurückerobert.

Es folgt die **untere Agora,** von der aber nur spärliche Reste neben neuzeitlichen Häusern, den Lagerräumen des Grabungsteams, erhalten sind. Einst waren hier Inschrifttafeln aufgestellt, die u. a. über Gesetze des öffentlichen Lebens informierten (z. B. zum Wege- und Hausbau oder zur Pflege der Zisternen). Der Weg endet an der Straße von Bergama nach Pergamon vor einem Maschendrahtzaun, der durch ein Loch passiert werden kann. Von dort läuft man noch ca. 15 Minuten ins Zentrum.

Asklepieion

Am westlichen Stadtrand von Bergama liegt, inmitten einer weitläufigen Kasernenstadt (z. T. Fotografierverbot!), das Ruinenfeld des Asklepieions, eine der berühmtesten Heilstätten der Antike. Im 4. Jh. v. Chr. wurde sie gegründet, in römischer Zeit erlebte sie unter dem Arzt Galenos (129–199) ihre größte Blüte, selbst Kaiser suchten die Heilstätte auf.

Zum Asklepieion gelangte man früher über die *via tecta,* eine knapp 1 km lange Basarstraße, beidseitig von Arkaden und Geschäften gesäumt. Noch heute führt auf ihr der Weg vom Ticketschalter zum Asklepieion, nur zieren die einstige Prachtkolonnade lediglich Säulenstümpfe. An ihrem Ende ging es über Stufen durch ein Tor hinab zum Propylon; hier wurden die Patienten feierlich empfangen.

Etwas weiter macht rechter Hand ein Schild auf die **Bibliothek** aufmerksam – ohne dieses würde man die spärlichen Reste glatt übersehen. Von der Bibliothek führt die über 120 m lange **Nordgalerie,** einst eine Säulenhalle von fast 10 m Höhe, zum Theater. Einige wieder aufgerichtete Säulen lassen die einstige Pracht des Komplexes erahnen. Aufführungen in dem noch gut erhaltenen **Theater,** das annähernd 4000 Zuschauer fasste, sollten für Zerstreuung sorgen und neue Lebensgeister wecken. Noch heute wird es gelegentlich für Veranstaltungen genutzt.

Von der **Westgalerie** steht nicht mehr viel und an die einst doppelstöckige **Südgalerie** erinnert so gut wie nichts mehr. In der Ecke, wo sich beide trafen, gab es, mit viel Phantasie noch zu erkennen, nach Geschlechtern getrennte Toiletten mit Wasserspülung.

Etwa in der Mitte des von den Galerien umrahmten Platzes plätschert bei einer großen Platane Wasser aus einem Metallrohr. Das angeblich einst heilwirksame Wässerchen hilft, so Untersuchungen aus neuerer Zeit, heute keiner Seele mehr. In der Nähe führen Stufen hinab in einen 80 m langen unterirdischen Gang, in den durch Luken gespenstisches Licht einfällt. Er endet beim **Kurhaus,** gleichzeitig ein Tempel, in dem Wasserbehandlungen vorgenommen wurden. Treppen führen ins Obergeschoss, in jenen Trakt, wo die Patienten zum Träumen schliefen. Gleich

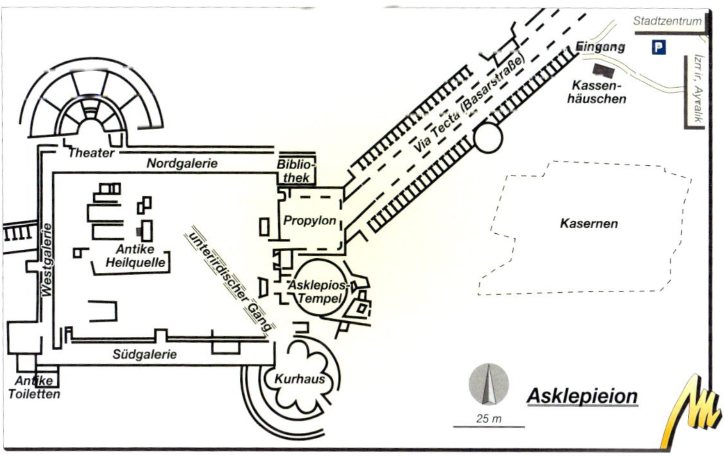

Ausflüge

daneben lag einst der Haupttempel des Bezirks, der **Asklepios-Tempel** – ohne ein Hinweisschild würde man auch dessen spärliche Reste kaum mehr ausmachen.

Adresse/Öffnungszeiten Von der İzmir Cad. im Süden des Zentrums ausgeschildert. Im Sommer tägl. 8.30–18.30 Uhr, im Winter verkürzt. Eintritt 5,50 €.

Asklepios und die antiken Behandlungsmethoden

Asklepios, Sohn von Apollon und Koronis, war in der Antike der Gott der Heilkunst. Seinen Tod bewirkte Zeus, der ihn mit einem Donnerkeil erschlug, weil er es gewagt hatte, Tote lebendig zu machen. Schlangen waren dem Asklepios heilig, und man sagte, er habe sich in ihnen verkörpert. Auf Asklepios geht der Äskulapstab zurück. Mit einer um einen Stab gewickelten Schlange symbolisiert er den ärztlichen Stand.

Das Asklepieion von Pergamon war in der Antike nicht das einzige seiner Art, es gab mehr als 200 solcher Stätten. Sie waren keine reinen Kultorte, sondern eine Art Kurbad mit Tempel, Wohn- und Krankenkomplex, Theater, Bibliothek u. v. m. Die Heilsuchenden verbrachten hier im Schnitt mehrere Monate. Behandelt wurden Leib und Seele gleichermaßen. Grundlage der Diagnose war oft die Inkubation (Schlaf im Tempel) bzw. die darauf folgende Traumdeutung durch Priester und Ärzte. Dementsprechend empfahlen sie dann Diäten, Bäder-, Honig- oder Kräuterkuren, körperliche Übungen, das Trinken von verdünntem Schierlingssaft, Kreidebrei o. Ä. Vieles über die Behandlungsmethoden weiß man aus den Aufzeichnungen von Galenos, dem nach Hippokrates wohl berühmtesten Arzt der Antike. Noch heute sind von Galenos, der u. a. auch Leibarzt Mark Aurels war, rund 180 Schriften erhalten. Der gute Arzt erreichte übrigens für die damalige Zeit das hohe Alter von 70 Jahren.

Weitere Sehenswürdigkeiten in und um Bergama

Kızıl Avlu (Rote Halle): Der Monumentalbau (60 x 60 m) aus roten Ziegeln, unter Kaiser Hadrian im 2. Jh. errichtet, diente der Verehrung des ägyptischen Gottes Serapis. Er enthielt eine 12 m hohe Kolossalstatue Serapis' und war ursprünglich komplett mit farbigen Marmorplatten verkleidet. In byzantinischer Zeit wurde die Halle in eine dreischiffige Johannesbasilika umgebaut und mit einer Apsis versehen – daher wird sie auch als „rote Basilika" bezeichnet. Zwei turmartige Rundbauten flankieren sie, in einem davon befindet sich heute eine Moschee.

Adresse/Öffnungszeiten An der Straße zur Akropolis, ausgeschildert. Im Sommer tägl. 8.30–18.30 Uhr, im Winter verkürzt. Eintritt 2,80 €.

Archäologisches Museum: Die Sammlung fällt im Vergleich zum Pergamon-Museum in Berlin ziemlich bescheiden aus. Wer aber noch nie im Berliner Museum war, kann hier zumindest ein kleines, etwas plump ausgefallenes Modell des Zeusaltars besichtigen. Zu den bedeutendsten Exponaten gehören eine Kolossalstatue Hadrians aus der Bibliothek des Asklepieions, ein prächtiges Bodenmosaik mit einem Medusenkopf aus hellenistischer Zeit und die 1,5 m große Statue einer Nymphe oder Aphrodites aus Allianoi (18 km nordöstlich von Bergama), die bis zu ihrer Entdeckung im Jahr 2000 in 8 m Tiefe geschlummert hatte.

Adresse/Öffnungszeiten İzmir Cad. Im Sommer tägl. 8.30–12 u. 13–19 Uhr, im Winter verkürzt. Eintritt 1,10 €.

Etwas Türkisch

Aussprache

Nur wenige Buchstaben sind im Deutschen unbekannt oder werden anders ausgesprochen:

C, c wie Dsch (nie wie K!)

Ç, ç wie Tsch

ğ nach dumpfen Vokalen ein schwach hörbares, gutturales G, nach hellen Vokalen hingegen ähnlich dem deutschen J

h am Silbenende wie ein schwaches Ch

I, ı ein bei uns unbekannter Vokal; kehliges I, eine Art Mischung zwischen I und E

J, j wie J in Journal

Ş, ş wie Sch

V, v wird stets stimmhaft ausgesprochen wie W in Wiesel

Y,y wie deutsches J in ja

Z,z stimmhaftes S (nie Tz!)

Grundlegendes

Evet/Hayır	*ja/nein*
Teşekkür ederim/ Lütfen	*danke/bitte*
Affedersiniz!	*Entschuldigen Sie bitte!*
Merhaba!	*Hallo!*
Allaha ısmarladık!	*Auf Wiedersehen! (sagt der Gehende)*
Güle Güle!	*Auf Wiedersehen! (sagt der Bleibende)*
Hoşça kal!	*Tschüss!*
Günaydın	*Guten Morgen*
İyi günler	*Guten Tag (auch als Verabschiedung)*
İyi akşamlar	*Guten Abend*
İyi geceler	*Gute Nacht*

Unterwegs

Tren İstasyonu	*Bahnhof*
Garaj/Otogar	*Busbahnhof*
Havalimanı/Havaalanı	*Flughafen*
İskele	*Fähranlegestelle*
Saray	*Palast*
Sokak	*Gasse*
Cadde	*Straße*
Meydan	*Platz*
Cami	*Moschee*
Hisar	*Festung*
Kilise	*Kirche*
Müze	*Museum*
Banka	*Bank*
Hastane	*Krankenhaus*
Köprü	*Brücke*
Ada	*Insel*
Eczane	*Apotheke*
Süpermarket	*Supermarkt*
Postane	*Post*
Nerede ...?	*Wo ist ...?*
Ne zaman?	*Wann?*
Sağ	*rechts*
Sol	*links*
Doğru	*geradeaus*
Otobüs	*Bus*
Tren	*Zug*
Vapur	*Fähre*
Bilet	*Fahrkarte*

Hinweisschilder

Giriş	*Eingang*
Çıkış	*Ausgang*
Tuvalet	*Toilette*
Bay	*Herren*
Bayan	*Damen*
Açık/Kapalı	*Offen/Geschlossen*
Polis	*Polizei*
Girilmez	*Eintritt verboten*

Übernachten

İyi bir otel biliyor musunuz?	*Kennen Sie ein gutes Hotel?*
Boş odanız var mı?	*Haben Sie ein freies Zimmer?*
Tek kişlik oda	*Einzelzimmer*
İki kişlik oda	*Doppelzimmer*
Duş	*Dusche*
Banyo	*Badezimmer*
Dolu	*belegt*

Essen und Trinken

Allgemein

Afiyet olsun!	*Guten Appetit!*
Şerefe!	*Prost!*
Yemek listesi	*Speisekarte*
Hesap, lütfen!	*Zahlen, bitte!*
Kahvaltı	*Frühstück*
Öğle yemeği	*Mittagessen*
Akşam yemeği	*Abendessen*

Frühstück

Beyaz Peynir	*Schafskäse*
Kaşar Peynir	*Milder gelber Käse*
Bal	*Honig*
Reçel	*Marmelade*
Tereyağı	*Butter*
Yumurta	*Eier*
Ekmek	*Brot*
Şeker	*Zucker*
Tuz	*Salz*

Getränke

Kahve	*Kaffee*
Türk Kahvesi	*Türkischer Mokka*
Neskafe	*Nescafé*
Çay	*Tee*
Süt	*Milch*
Su	*Wasser*
Soda	*Mineralwasser*
Meyve Suyu	*Fruchtsaft*
Ayran	*Getränk aus Joghurt, Wasser und Salz*
Bira	*Bier*
Şarap	*Wein*
Beyaz Şarap	*Weißwein*
Kırmızı Şarap	*Rotwein*

Vorspeisen

Meze	*Türkische Vorspeise*
Ezme	*Creme aus Gemüse oder Joghurt*
Haydari	*Joghurtdip mit Minze und Knoblauch*
Humus	*Kichererbsenpüree*
Patlıcan Salatası	*Auberginensalat*
Zeytinyağlılar	*Kaltes Gemüse in Olivenöl*
Piyaz	*Salat aus Bohnen, Olivenöl und Zitrone*
Sigara Böreği	*Mit Schafskäse gefüllter, frittierter Blätterteig in Zigarrenform*
Çerkes Tavuğu	*"Tscherkessenhuhn" (Hühnerfleisch in Walnusssauce)*
Çiğ Köfte	*Frikadellenart aus rohem Hackfleisch und Weizengrütze*
Çorba	*Suppe*
Mercimek Çorbası	*Linsensuppe*
Yayla Çorbası	*Almsuppe (Joghurtsuppe mit Zitrone und Minze)*
Domates Çorbası	*Tomatensuppe*
Tavuk Çorbası	*Hühnersuppe*
İşkembe Çorbası	*Kuttelflecksuppe*

Hauptgerichte

Dolma	*Gefülltes Gemüse*
Yaprak Dolması	*Gefüllte Weinblätter*
Biber Dolması	*Gefüllte Paprikaschoten*
Patlıcan Dolması	*Gefüllte Auberginen*
Kabak Dolması	*Gefüllte Zucchini*

İmam bayıldı	*"Der İmam ist in Ohnmacht gefallen" (Gebackene Aubergine mit Zwiebeln und Tomate)*
Güveç	*Gemüseschmortopf, oft mit Fleischstückchen*
Köfte	*Hackfleischbällchen*
Hindi	*Putenfleisch*
Tavuk	*Huhn*
Piliç	*Brathuhn*
Sığır	*Rind*
Dana	*Kalb*
Kuzu	*Lamm*
Pirzola	*Kotelett (meist Lamm)*
Karışık Izgara	*Mixed Grill*
Şiş Kebap	*Spieß*
Tas Kebap	*Lammschmortopf*
Arnavut Çiğeri	*"Albanische Leber" (Leberstückchen)*

Gemüse und Beilagen

Sebze	*Gemüse*
Bamya	*Okraschoten*
Kuru Fazulye	*Getrocknete Bohnen*
Taze Fazulye	*Grüne Bohnen*
Bezelye	*Erbsen*
Ispanak	*Spinat*
Karnıbahar	*Blumenkohl*
Lahana	*Kraut*
Domates	*Tomate*
Zeytin	*Olive*
Soğan	*Zwiebel*
Salatalık	*Gurke*
Sarımsak	*Knoblauch*
Çoban Salatası	*Hirtensalat (gemischter Salat mit Schafskäse)*
Salata	*Salat*
Yeşil Salata	*Grüner Salat*
Cacık	*Joghurtsauce mit Knoblauch und Gurke*
Makarna	*Nudeln*
Patates	*Kartoffeln*
Pilav	*Reis*
Bulgur	*Weizengrütze*

Fisch und Meeresfrüchte

Balık	*Fisch*
Barbunya	*Meerbarbe*
Levrek	*Seebarsch*
Lüfer	*Blaubarsch*
Kılıç	*Schwertfisch*
Sardalya	*Sardine*
Kalkan	*Steinbutt*
Hamsi	*Schwarzmeersardine*
Uskumru	*Makrele*
Midye	*Muscheln*

Obst

Meyve	*Obst*
Armut	*Birne*
Elma	*Apfel*
Karpuz	*Wassermelone*
Kavun	*Honigmelone*
Üzüm	*Weintrauben*
Muz	*Banane*
Portakal	*Orange*
Ayva	*Quitte*
Çilek	*Erdbeeren*
İncir	*Feige*
Kayısı	*Aprikose*
Şeftali	*Pfirsich*
Kiraz	*Kirsche*
Vişne	*Sauerkirsche*
Nar	*Granatapfel*
Limon	*Zitrone*

Süßes

Sütlaç	*Gebackener Milchreis*
Baklava	*Gefüllter Blätterteig in Zuckersirup*
Helva	*"Türkischer Honig"*
Lokum	*Konfekt aus Stärke und Zucker, verschiedenartigste Varianten*
Dondurma	*Eis*
Kek	*Kuchen*
Pasta	*Torte*

Register